辩控攻略

DEFENCE VS ACCUSATION

刑事律师胜诉之道

康君元　姜瑞云◎著

法律出版社 | LAW PRESS
北京

图书在版编目(CIP)数据

辩控攻略：刑事律师胜诉之道／康君元，姜瑞云著
．--北京：法律出版社，2023
ISBN 978－7－5197－8230－6

Ⅰ．①辩… Ⅱ．①康… ②姜… Ⅲ．①刑事诉讼法－中国－指南②律师业务－中国－指南 Ⅳ．①D925.2－62 ②D926.5－62

中国国家版本馆 CIP 数据核字(2023)第 153648 号

辩控攻略：刑事律师胜诉之道
BIANKONG GONGLÜE：XINGSHI LÜSHI SHENGSU ZHI DAO

康君元　姜瑞云　著

策划编辑　张　珺
责任编辑　张　珺
装帧设计　汪奇峰

出版发行　法律出版社
编辑统筹　法商出版分社
责任校对　王晓萍
责任印制　胡晓雅
经　　销　新华书店

开本　710 毫米×1000 毫米　1/16
印张　24　　字数　322 千
版本　2023 年 10 月第 1 版
印次　2023 年 10 月第 1 次印刷
印刷　三河市龙大印装有限公司

地址：北京市丰台区莲花池西里 7 号(100073)
网址：www.lawpress.com.cn
投稿邮箱：info@lawpress.com.cn
举报盗版邮箱：jbwq@lawpress.com.cn
销售电话：010－83938349
客服电话：010－83938350
咨询电话：010－63939796

书号：ISBN 978－7－5197－8230－6
定价：98.00 元

序　　言

现代刑事诉讼功能与目的的实现有赖于控诉、辩护和审判的相互监督、相互制约和相互促进。“控、辩、审”构成现代刑事诉讼不可或缺的三极，缺一不可。控辩贯穿刑事诉讼始终，没有对等的控辩关系就没有现代意义上的刑事诉讼。控之于辩，如矛之于盾，有攻有防，在动态的控辩攻防战中，有效帮助居中审判者查明案件事实，还原事实真相，实现公平正义。随着现代文明的发展，刑事诉讼中刑事辩护人的地位和作用越来越受到重视。刑事辩护不仅维护着当事人的合法私权利，而且制约着代表国家行使的侦查、控诉和审判等公权力，监督司法机关依法办案，促进法律的正确实施，实现社会的公平和正义。

刑事辩护与代理是律师业务“皇冠上的明珠”，不唯其关系着人的财产、自由乃至生命，而且全面彰显着律师的辩护、代理水平、专业素养和综合实力。刑事辩护和代理如何保障犯罪嫌疑人、被告人、被害人的合法权益，如何为犯罪嫌疑人、被告人、被害人提供高效、优质的专业服务，如何指控惩治犯罪，如何促进实现社会公平和正义，是一门博大精深的应用型艺术。优秀的刑事律师除了扎实的理论功底和良好的法律素养，还需要掌握控辩的相互关系和内在规律，需要了解和掌握刑事辩护、代理的策略和技巧。然而很多喜欢刑事专业的律师不得其门而入,不了解刑事辩护、代理的"前世今生",鉴于此,重视和研究律师刑事辩护、代理的历史渊源、功能作用和执业技能,是本书写作的目的和初衷。

为了提升律师的刑事辩护、代理技能,本书作者结合自身二十年来的刑事辩护、代理实务经验撰写了本书。本书以《刑事诉讼法》规定的不同阶段的刑事辩护及刑事代理权利为主线,融入《刑事诉讼法》关于辩护、代理权利的历史沿革和最新修改成果,从刑事诉讼不同阶段的刑事辩护、代理权利的概念、特征入手,理论和实务相结合,侧重控辩攻防攻略,探究古今中外刑事诉讼控辩权利演变的历史渊源,同时结合案例,总分结合,抽丝剥茧、条分缕析,全面呈现刑事辩护和代理实务操作中的规律、技巧和方法。

本书总共十七章。第一章至第七章从宏观的角度阐释贯穿刑事诉讼各阶段的辩护、代理权利及实施活动。第一章主要以理论为主,从概念、特征、渊源等方面阐明控辩关系、刑事辩护和刑事代理。第二章至第五章分别对刑事接待、会见、阅卷、调查取证等辩护活动进行阐述,以期读者了解各个阶段的不同技巧和方法。2018 年修订的《刑事诉讼法》增加了认罪认罚程序,本书在第六章对其单独进行了阐述。律师进行辩护的目标就是实现有效辩护,本书在第七章对何为有效辩护、怎样实现有效辩护进行了探索。

第八章至第十六章就刑事诉讼各阶段进行了详细阐述。第八章以控辩思路的确立与完善,统摄、引入分则内容,第九章至第十三章则分别以侦查、审查起诉、一审审判、二审审判和审判监督等刑事诉讼的各个诉讼阶段为主线,在理论的基础上,有针对性地阐述刑辩律师在各个阶段的工作重心及辩护代理攻略。例如,在第十一章"第一审程序的辩护"中,首先阐释庭审的理论,在此基础上,对庭审中的重要环节的发问、举证质证、法庭辩论等分别阐述,重点突出各个环节在实务中的技巧攻略。而第十四章是对二审阶段维持死刑后的延伸,即对死刑复核阶段的律师辩护进行阐述。第十五章介绍了无罪辩护的特征和规律。第十六章则对新型刑事辩护中的"特殊辩护"专列一章,分别为对刑事责任特殊主体的未成年人的刑事辩护和对涉案财物的辩护。第十七章阐述不同阶段的刑事代理，与第一章的刑事代理相呼应，同时与不同阶段的辩护相对应，更体现出律师在控辩过程中的职责转换和角色易位，亦使本书的内容结构更加科学合理和系统完善。

在此，由衷地希望这本书对积淀律师的刑事辩护和代理理论功底、提升律师刑事辩护和代理执业技能有所裨益，希望本书能够成为广大刑事律师执业旅途中的“羊皮卷”。

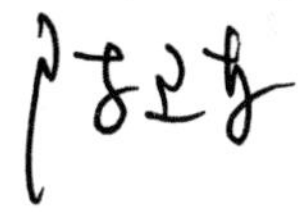

2023 年 9 月 29 日

目 录 Contents

第一章 刑事控辩概说

第二章 刑事接待

第三章 会 见

第四章 阅　　卷

第五章 调 查 取 证

第六章 认罪认罚从宽制度

第七章 有效辩护制度

第八章　辩护思路的确立和完善

第九章 侦查阶段的辩护

第十章　审查起诉阶段的辩护

第十一章 第一审程序的辩护

第十二章　第二审程序的辩护

第十三章　刑事审判监督程序中的辩护

第十四章 死刑复核程序中的辩护

第十五章　无罪辩护

第十六章　特殊辩护

第十七章　不同阶段的刑事代理

第一章　刑事控辩概说

现代刑事诉讼制度是一国的基本司法制度，是国家治理体系和治理能力现代化的制度基石，具有“惩罚犯罪”和“保障人权”的双重功能。控方的追诉活动与辩方的辩护活动贯穿刑事诉讼的始终。司法实践一再证明，只有控辩双方平等对抗，法官居中裁判，才能有效实现司法的公平公正。只有控辩关系平等对抗的前提下，才能构建合理的诉讼结构，设置正当科学的法律程序，筑牢防范冤假错案的底线，同时也能减少司法资源的浪费，提高诉讼效率。

自 1979 年至今 40 余年，《刑事诉讼法》三次修正，成就斐然，进步巨大，始终贯穿着探索符合中国国情、符合司法规律、符合实际需要的主基调；实现了由法律移植向立法本土化，重构和再塑了具有中国特色的刑事诉讼法律体系，完成了刑事诉讼的华丽转身；展现了我国诉讼活动的民主化程度、法治文明程度和法治发展水平的最新成果。

今天，在实现刑事诉讼本土化的过程中，我们以诉讼模式论为视角回归问题原点，基于历史渊源、法文化传统、权力（权利）配置的三重模式判断标准重新审视和全面解析控辩关系，并立足中国国情，关注司法实践，回应《刑事诉讼法》实施和司法体制改革中的热点、重点和难点问题。

现代国家有法律,必有律师,律师是司法实践、法治建设中不可或缺的重要一极。其中,律师辩护与律师代理制度作为刑事诉讼中的两项重要制度,既相通,又有区别。在这两种制度中,律师扮演不同角色、发挥各自作用,实现了从无到有、与时俱进、逐步完善的历史演变,以此保障当事人的基本权利、促进刑事诉讼顺利进行,并为建设中国特色社会主义法治体系,开创符合中国司法实践,丰富刑事诉讼法的前瞻视野,贡献智慧和力量。

众所周知,律师制度恢复源于刑事辩护的直接需要;律师的参与,让刑事诉讼的广度和深度大大扩展;在实现惩罚犯罪与保障人权相统一的道路上,律师责无旁贷,任重道远。

第一节　刑事"控"与"辩"

一、控、辩要义

控方是代表国家对被告进行追诉,辩方是针对控诉进行防御,由于双方的角色和任务不同,决定了控辩双方在释义上存在一定的差异。

(一)控的概念、特征

"控",即控方,指犯罪事实发生后,行使指控职能的国家机关依法侦查、起诉和支持公诉,惩治犯罪,追究被追诉人刑事责任的诉讼活动。狭义的控方仅指检察机关(检察官);广义的控方除了检察机关外,还包括侦查机关、监察机关、自诉人、刑事附带民事原告人、刑事被害人等。本书控方指广义的控方。

其在刑事诉讼中具有以下特征:

1. 以国家为主体行使国家刑罚权。国家刑罚权是国家对实施了犯罪行为的人处以刑事处罚的权力。刑事诉讼的具体内容为国家依法查明犯罪事实及其定罪量刑情节,并对犯罪主体苛以刑罚处罚。

2. 国家专门机关实施。在我国,公安机关、国家安全机关、监察机关、人民检察院等是刑事诉讼中行使诉讼权利的国家专门机关。其中,公安机关、国家安全机关负责对刑事案件的受理、立案、侦查、拘留、执行逮捕等;检察机关负责批准或者决定逮捕、对直接受理的案件的立案侦查、审查起诉和提起公诉、对刑事诉讼实行法律监督。另外,监察机关对其管辖的案件也有受理、立案、留置、申请批捕等相应职权。

3. 具备严格、完备的规则。刑事诉讼的结果直接影响人身自由、财产乃至生命等各项权利。因此,办案机关追诉犯罪的活动,必须有法可依,并严格依照法律规定的程序和法律规范进行,以防权力滥用,保障法律的正确实施。当事人和其他诉讼参与人也只有严格遵循法定程序和规范进行诉讼活动,才能有效地维护自己的诉讼权利。在我国,刑事诉讼法以及公安部、最高人民检察院、最高人民法院以及多部门联合发布的名目繁多的司法解释及执行细则等规范性文件对刑事的控诉作了全面、详尽的规定。

4. 在当事人和其他诉讼参与人的参加下进行。由于刑事诉讼的核心内容是解决被追诉人的刑事责任,因此,除少数特别程序外,刑事诉讼都必须有犯罪嫌疑人、被告人参加。为了在诉讼中查明案件事实,维护犯罪嫌疑人、被告人和被害人的合法权益,也需要有辩护人、代理人和证人、鉴定人、翻译人员等参与诉讼。

(二)辩的概念、特征

“辩”的字面意思是说明是非或争论真假。与“控”的概念相对应,本书所称的“辩”指狭义的“辩”,指刑事诉讼过程中,辩护人按照法定程序就事实认定和法律适用分别对指控的犯罪行为依法进行的无罪、罪轻的辩解和辩论。

刑事辩护具备以下基本特征:

1. 辩护主体是犯罪嫌疑人、被告人及其辩护人。现代刑事诉讼和刑事辩护制度的设立,围绕指控犯罪主体展开的,旨在惩治犯罪、保障人权。因此,犯罪嫌疑人、被告人必然是辩护的主体。同时,由于国家本位主义控辩模式下的控辩双方力量相差悬殊，犯罪嫌疑人、被告人不仅面临的是强大的国家公权力，而且自身又不具备保护自己的法律专业知识。因此，为平衡双方的力量，法律设置了具有法律专业知识的辩护人，以制衡国家刑罚权，保障人权，维护犯罪嫌疑人、被告人的合法权益。

2. 辩护是针对控诉作出有利辩解的活动。辩护是因指控而存在的，先有进攻性的指控才有防御性的辩护、无控则无辩。所谓“辩”，即辩解、辩论；所谓“护”，则是保护、防御。辩护活动就是对控方的指控进行抵御、化解等活动，既针对被追诉人是否构成犯罪及涉嫌罪名等实体上的辩护，也针对控方所采取的强制性措施、手段等程序上的辩护。

3. 辩护的目的是保障犯罪嫌疑人、被告人的合法权益。惩治犯罪与保障人权是现代法治国家刑事诉讼的基本原则，保障人权与惩治犯罪，二者同等重要，缺一不可。辩护权是一项绝对权利，目的在于尊重保障人权，维护犯罪嫌疑人和被告人的合法权益，任何犯罪嫌疑人、被告人无论实施何种犯罪、触犯何种罪名，只要进入刑事诉讼程序，均有权利行使辩护权。

4. 辩护具有监督国家公权力、促进法律公正实施的作用。刑事辩护在维护当事人的合法权益同时，也促进着法律正确实施。辩护对于监督与制衡公、检、法等公权力机关，促使其依法办案，实现公平正义具有重要意义。

二、全面理解控辩关系

现代意义上的刑事诉讼是由控诉、辩护、审判三方组成，三方共同构成现代刑事诉讼基本结构，成为擎起现代刑事诉讼“大厦”的三极。在以审判为中心的现代刑事诉讼框架构建下，对被追诉人的控诉和辩护活动，则与《刑事诉讼法》惩治犯罪和保障人权两项功能相对应，是现代刑事诉讼的两项具体职能。控诉和辩护是对立的两个方面，都处于一个矛盾的统一体中，任何一方不可偏废。控诉是刑事诉讼产生和存在的前提，没有控诉就没有辩护；同时，控诉也需要经过辩护的验证和监督。辩护则是现代刑事控辩模式的对立面，它与控诉相始终，共同还原案件事实、揭示事实真相，使居中裁判的审判方可以听到与控方不一致甚至相反的辩方声音，促使其对案件认识逐步深化清晰，裁判不偏不倚。没有辩护的刑事诉讼，就偏离了现代刑事诉讼的良性轨道，现代刑事诉讼的法治大厦则有倾颓之危机，甚至可能会倒退到武断专横的纠问式或其他愚昧野蛮的刑事诉讼模式。因此，现代刑事的控辩关系是相互对立却又相互依存的辩证统一关系。

(一)目标一致的合作关系

控辩双方在价值目标上具有共同性、一致性，在惩治犯罪的同时追求个案公平正义，保障人权，促进法律正确实施，提高刑事诉讼效率。控辩存在对话与合作的基础，在于共同追求质量优先、公正至上原则，表明了控辩双方的共同价值取向，都是为了厘清事实和证据，排除不合理怀疑，排除非法证据，严防冤假错案发生。

例如，诉辩交易就体现了控辩双方一种典型的合作关系。诉辩交易制度，起源于美国，在英国、德国、意大利、日本等国家都有类似的控辩交易的规定。我国认罪认罚从宽制度在理念上与诉辩交易有相似之处，为司法实践注入了中国特色。

控辩关系的发展是折射我国刑事法律制度发展的一面镜子，随着我国《刑事诉讼法》的不断修改和完善，将先进的法律制度与我国的司法实践相结合，在控辩之间形成有效沟通的良好路径，建构良性互动格局，构建既根植于中国刑事诉讼的本土文化，又符合刑事程序规律的新型控辩关系，为依法治国与法治化建设提供刑事法律制度上的保障。

(二)如影随形的对抗关系

现代刑事诉讼的控诉和辩护形影相随。有控诉，就有辩护；有辩护，才有平衡。控诉方要举证被告人有罪、罪重以及出具量刑意见；而辩护方则证明被告人无罪、罪轻或者其他有利于被告人的其他情形，以对抗控诉方的指控。

控诉方和辩护方利益、立场和侧重点均不相同。控诉方侧重惩治犯罪，辩护方侧重保障人权——维护当事人合法权益。因此，辩护方观察和分析案件的角度与控诉方往往不同,容易发现控诉方出现的纰漏,甚至对整个案件得出截然不同的结论。在诉讼过程中,控诉方和辩护方作为同一诉讼中矛盾的两个方面,经过激烈对抗对被告人的犯罪事实和相关证据的认识自然而然地发生此消彼长的变化,并逐渐清晰明确。这必将促使和帮助第三方裁决机关了解案件的真实情况,做出公正裁决,避免主观臆断,保障刑事诉讼的公正性。在控辩双方对抗中,最激烈的当属辩护人的无罪辩护。

随着《刑事诉讼法》的不断完善,非法证据排除规则、证据合法性调查程序、证人出庭作证、量刑调查程序等内容的增加,控辩双方都由传统偏重的实体之辩向现代程序之辩与实体之辩并重的多元化辩论形态转变,这些转变又客观上增强了控辩双方的对抗。

(三)同场博弈的竞技关系

现代刑事控辩对抗最能体现控辩双方的策略技巧与综合实力。除体制上赋予控辩双方各自职责的天然差别外,双方的法律功底、办案经验、责任心、心理素质、语言能力和逻辑思维等综合实力对办案结果都有着直接或间接的影响。双方在没有硝烟的刑事诉讼中,不仅在法庭上唇枪舌剑、刀来剑往,而且在整个刑事诉讼过程,都在运筹帷幄、排兵布阵,无时无刻无处不显示着双方的策略技巧,无时无刻无处不体现着各自的办案水平。因此,现代刑事诉讼的控辩双方在诉讼过程中的表现有着很强的竞技关系,而庭审过程将此竞技关系体现得淋漓尽致。

(四)监督制约的制衡关系

在我国,控诉方以国家强大的强制力为后盾,辩护人制度的设立旨在平抑控诉方的力量,改变国家对被追诉人享有的绝对优势,加强犯罪嫌疑人、被告人维护自身合法权益的能力,及时发现控方是否有违法违规行为,促使办案机关依法行使权力,从而平衡控辩双方的力量,对控方形成监督制约。例如,辩护人通过行使会见权、阅卷权能够及时地发现刑讯逼供等非法取证行为,代为申诉控告、监督、制约侦查权力;审理阶段可以申请排除非法证据,申请侦查人员出庭,防止侦查起诉权力滥用,从而促进办案机关依法办案,促进法律的正确实施。

(五)贯穿始终的全局关系

本书所称的控辩双方的活动,贯穿于刑事诉讼的始终。在侦查阶段,侦查机关决定立案,开始对犯罪嫌疑人采取侦查措施之时,辩护人就可以通过接受委托,会见犯罪嫌疑人,申请变更强制措施,申请羁押必要性审查,对犯罪嫌疑人做出不构成犯罪的法律意见,形成初步的辩护思路。

审查起诉阶段,作为控方的检察机关,审查侦查机关移送的案卷,并作出是否对犯罪嫌疑人提起公诉的决定。律师自案卷移送检察机关起,可以进行阅卷,提出法律意见等。

在审判阶段,检察机关应当派员出庭,提出控诉观点及量刑建议,针对辩护人的观点进行答辩,对未生效的一审判决进行抗诉;辩护人则应当出庭辩护,提出被告人罪轻、无罪、从轻、减轻或者免除处罚的辩护意见。经被告人同意,对未生效的一审判决提起上诉。在二审中提出新的证据或辩护意见,即使到了申请再审申诉阶段,法院决定立案后也需要派检察员出庭,形成控辩对抗的模式进行开庭审理。

因此,控辩双方贯穿刑事诉讼的始终,控辩的每一个环节都关乎整个案件的形势走向和最终处理结果。

第二节　刑事辩护

一、刑事辩护概述

刑事辩护是犯罪嫌疑人针对司法机关指控的罪行,自行或者委托辩护人进行从轻、减轻或者无罪辩护的诉讼活动。

辩护,从字面理解,就是据理力争,维护其合法权益不受侵害,针对被指控的犯罪行为作出的申辩、辩解。刑事辩护是司法制度的一项重要内容，对查明事实真相、实现公平正义有着重要的作用。

我国《宪法》对辩护权作出了明确的规定，《宪法》第 130 条规定："人民法院审理案件，除法律规定的特别情况外，一律公开进行。被告人有权获得辩护。"根据《刑事诉讼法》第 33 条的规定，犯罪嫌疑人、被告人除自己行使辩护权以外，还可以委托 1 人至 2 人作为辩护人。可以被委托为辩护人的主要有三类，一是律师；二是人民团体或者犯罪嫌疑人、被告人所在单位推荐的人；三是犯罪嫌疑人、被告人的监护人、亲友。不得担任辩护人的情形有两种：一是正在被执行刑罚或者依法被剥夺、限制人身自由的人；二是被开除公职或者被吊销律师、公证员执业证书的人，但系犯罪嫌疑人、被告人的监护人、近亲属的除外。

因此，在整个刑事诉讼过程中，犯罪嫌疑人或被告人可以自行辩护、委托律师辩护、申请法律援助指派律师辩护，通过充分地行使辩护权来维护自身合法权益，促进法律正确实施，实现司法公平正义。

此外，立法机关还制定、修改了一系列有关辩护制度的法律法规，如《律师法》《人民法院组织法》《法律援助法》等，我国的刑事辩护制度进入自新中国成立以来前所未有的发展时期。

二、刑事辩护原则

刑事辩护作为刑事诉讼过程中的重要组成部分，对刑事案件涉案当事人的合法权益具有保障作用，刑事辩护至关重要，而有效的刑事辩护就必须遵循一定的原则。

（一）以事实为根据

事实原本是指事件的真实情况，强调的是事件的真实性。这里的事实则是指法律事实，是事实的一种，是一种法律现象。法律事实是依据法律规定，能够引起法律关系产生、变更和消灭的现象。事实包括与涉案事件有关的时间、地点、人物和事件经过等因素，而且会涉及案件发生时的特定时间、地域以及对人的行为目的、精神状态和心理状态有影响的相应事实。事实问题需要通过物证、书证、证人证言、专家证言等合法证据来证明，得出结论。

第一，法律事实是一种规范性事实。法律事实是法律规范性的体现。法律的规范性可以为人的行为提供参考，包括模式、标准、样式和方向。法律事实必须以法律为指引，与法律的规范性相符合。

第二，法律事实是一种客观事实。客观事实强调的是事实本身，而法律事实的客观性在于通过证据证明、还原。从司法的角度来看，所有的案件在刑事辩护时都是已经发生过的事实，我们不可能完全再现，只能通过各种证据来还原案件事实，并通过还原出来的案件事实作为刑事辩护的根据。因此，法律事实是一种必须通过证据证明和还原的客观事实。

（二）以法律为准绳

以法律为准绳则是指辩护人在辩护时，根据所掌握的事实以及对法律规则的理解来正确适用法律。事实是法律适用的前提，只有发生了法律事实，才能引起法律关系的产生、变更和消灭。适用法律是结果，是对法律事实的评价。

辩护人分析案件时，往往会将事实与法律分开，在认识事实的基础上证明事实、适用法律，对其定罪量刑进行评价。例如，一个人的行为造成了另一个人的死亡，这是事实认定问题。但是，这个人的行为是否构成犯罪，以及构成故意伤害罪还是故意杀人罪则是法律适用问题。

（三）恪守律师职业道德和执业纪律

辩护律师作为提供法律服务的执业人员，是社会主义法治建设的重要力量。辩护律师应当在法治化进程中肩负起自己的使命，为法治建设贡献自己的力量。只有提高自身的道德水准、规范执业行为，才能维护当事人的合法权益，维护国家法律的正确实施。

律师的辩护工作就是给当事人提供刑事法律服务，在执业活动中与个人、企事业单位形成委托关系，并与国家机关及其工作人员、社会团体以及和其他诉讼参与人有着广泛的接触，其一举一动都体现了律师的职业形象，反映了律师队伍的整体素质。因此，辩护律师的行为应严格恪守律师执业职业道德规范和执业纪律。

（四）维护当事人的合法权益

《刑事诉讼法》第37条规定："辩护人的责任是根据事实和法律，提出犯罪嫌疑人、被告人无罪、罪轻或者减轻、免除其刑事责任的材料和意见，维护犯罪嫌疑人、被告人的诉讼权利和其他合法权益。"因此，律师要积极地维护当事人的合法权益，在刑事辩护时，应当根据掌握的案件事实、证据和法律，对犯罪嫌疑人或被告人作出无罪、从轻处罚、减轻处罚或者免除处罚的辩护。

除此之外，为维护当事人的合法权益，辩护律师对当事人还负有消极不作为的义务——不能作出对当事人不利的行为。例如，辩护人具有不揭发办案机关尚未掌握的当事人的其他犯罪事实的义务，不得泄露当事人隐私、不得泄露当事人不愿公开的相关信息情况等义务。但例外情形是辩护律师在执业活动中，如果发现委托人或者相关其他人员准备或者正在实施的是危害国家安全、公共安全以及其他严重危害他人人身、财产安全的行为的，应当及时告知司法机关。

（五）独立辩护

《律师办理刑事案件规范》第5条规定："律师担任辩护人，应当依法独立履行辩护职责。"律师辩护应当在法律和事实的基础上尊重当事人意见，按照有利于当事人的原则开展工作，不得违背当事人的意愿提出不利于当事人的辩护意见，可以不受委托人的意志限制提出独立的辩护意见，独立自主地为当事人进行辩护，最大限度地维护当事人的合法权益。

在刑事辩护实务中，律师行使独立辩护权，指的是犯罪嫌疑人或被告人认罪，而其辩护律师经过分析案情，认为无罪辩护的理由正当充分，在征求当事人意见却未能达成一致的情况下，辩护律师行使独立辩护权为其作无罪辩护。

刑事辩护实践中,一些犯罪嫌疑人或者被告人为了争取从轻、减轻处罚情节选择认罪,或在司法机关威逼利诱、刑讯逼供下认罪或另有隐情选择认罪。这时,辩护律师的辩护意见可以与当事人的认罪事实不一致,独立进行辩护。

在司法实务中,有些当事人委托了两位律师,辩护观点却不一致。例如,一位辩护律师认为应当作罪轻辩护,另一位辩护律师认为应当作无罪辩护。根据独立辩护原则,这两位辩护律师都可以坚持自己的辩护观点,但在刑事辩护实践中这种情况少之又少。辩护律师之间如果认识不一致,最好在开庭前协商一致、统一意见,形成合力,以期达到好的庭审辩护效果。

三、刑事辩护的分类

刑事辩护根据辩护人产生方式不同、辩护内容不同、辩护方向不同可以作不同分类。

(一)根据辩护人的产生方式,刑事辩护分为自行辩护、委托辩护、指定辩护

目前,在我国根据辩护人产生的方式,辩护可以分为三种类型:第一种是犯罪嫌疑人或者被告人的自行辩护。在实践中,很多人由于种种原因并没有聘请律师辩护,自行辩护就显得尤为重要。从侦查阶段到审查起诉阶段,再到审判阶段的整个刑事诉讼的过程中,自行辩护贯穿始终,是当事人维护自身权益的重要途径。但在司法实践中,由于当事人文化水平差异大、加之又缺乏法律知识,在自行辩护时会遇到各种困难,使自行辩护难以发挥良好的作用,具有一定的局限性。

第二种是委托辩护。委托辩护可以弥补当事人自行辩护的局限或不足,当事人及其近亲属可以通过委托具备专业法律知识的律师,通过签订刑事委托协议,约定双方的权利和义务,并由委托律师依法为其辩护。

第三种是指定辩护。指定辩护是法律援助制度的产物，即当符合法律规定的情形出现的时候，为特定的犯罪嫌疑人或者被告人指定辩护律师。指定辩护又分为两种情形，一种是应当指定辩护的情形。根据《法律援助法》第25条第1款的规定："刑事案件的犯罪嫌疑人、被告人属于下列人员之一，没有委托辩护人的，人民法院、人民检察院、公安机关应当通知法律援助机构指派律师担任辩护人：(一)未成年人；(二)视力、听力、言语残疾人；(三)不能完全辨认自己行为的成年人；(四)可能被判处无期徒刑、死刑的人；(五)申请法律援助的死刑复核案件被告人；(六)缺席审判案件的被告人；(七)法律法规规定的其他人员。"另一种是可以指定辩护的情形。根据《法律援助法》第25条第2款的规定："其他适用普通程序审理的刑事案件，被告人没有委托辩护人的，人民法院可以通知法律援助机构指派律师担任辩护人。"由此可见，根据指定辩护的法律效力分类，指定辩护又分为以下两类：一是强制辩护，即人民法院必须为被告人指定辩护人，由法律援助机构提供法律援助；二是非强制性的，人民法院可以根据实际情况决定是否为被告人指定辩护。指定辩护制度是国家实现司法公正、保障人权的立法宗旨的最好体现，保障了相对于国家公权力而言处于弱势地位的犯罪嫌疑人或者被告人的辩护权，对于实现实体正义和程序正义有重要的现实意义。

(二)根据辩护的内容，刑事辩护分为实体性辩护、程序性辩护

实体性辩护，是指依据我国的刑事实体法，从事实认定和法律适用的角度，为犯罪嫌疑人或被告人作出无罪或罪轻的辩护。例如，根据《刑事诉讼法》第253条的规定，当事人及其法定代理人、近亲属的申诉符合下列情形之一的，人民法院应当重新审判：(1)有新的证据证明原判决、裁定认定的事实确有错误，可能影响定罪量刑的；(2)据以定罪量刑的证据不确实、不充分、依法应当予以排除，或者证明案件事实的主要证据之间存在矛盾的；(3)原判决、裁定适用法律确有错误的……针对上述三种违反实体法的情形，辩护律师可以提出申诉。刑事辩护人在不同阶段，都可以参考上述规定，进行刑事辩护。

程序性辩护，是指在刑事诉讼过程，犯罪嫌疑人、被告人或者律师提出的有利于当事人的程序性请求，一般是针对办案机关的程序违法行为进行控告，请求对其违法行为进行审查，要求办案机关宣告与该行为相关的诉讼行为无效，削弱、否定其调取收集的证据效力，从而维护犯罪嫌疑人、被告人的合法权益。例如，为了规范司法行为、促进司法公正，最高人民法院、最高人民检察院、公安部、国家安全部和司法部五部门联合出台《关于办理刑事案件严格排除非法证据若干问题的规定》。如果刑事案件中的指控证据是通过采取规定中涉及的刑讯逼供、威胁、引诱或者欺骗等非法手段获取，犯罪嫌疑人、被告人或者律师就可以提出排除非法证据申请，请求不得将该证据作为定罪量刑的依据。

我国《刑事诉讼法》还规定了犯罪嫌疑人、被告人或者律师的权利依法受到保障，如律师的会见权、通信权、阅卷权、申请调取证据权、申请证人出庭作证权、申请鉴定权，等等。如果侦查机关、审查起诉机关或者审判机关违反了相关的程序性法律规定，或者在办理案件的过程中侵犯了犯罪嫌疑人、被告人的基本权利，辩护人就可以通过程序性辩护来阻却指控犯罪，否定某个诉讼行为或者某项证据的有效性，从而达到维护当事人合法权益的目的。

另外，根据《刑事诉讼法》第 238 条规定："第二审人民法院发现第一审人民法院的审理有下列违反法律规定的诉讼程序的情形之一的，应当裁定撤销原判，发回原审人民法院重新审判：(一)违反本法有关公开审判的规定的；(二)违反回避制度的；(三)剥夺或者限制了当事人的法定诉讼权利，可能影响公正审判的；(四)审判组织的组成不合法的；(五)其他违反法律规定的诉讼程序，可能影响公正审判的。"针对上述五种情形，辩护人都可以提出上诉，进行程序性辩护，要求撤销原判、重新审理。

实体性辩护和程序性辩护相辅相成、相得益彰，对维护犯罪嫌疑人、被告人的合法权益，实现社会公平正义，促进我国法治建设起到了重要的推动作用。

(三)根据辩护的方向，刑事辩护分为无罪辩护、罪轻辩护、量刑辩护

无罪辩护，是指犯罪嫌疑人或者被告人及其辩护人对指控犯罪行为不构

成犯罪的辩护。无罪辩护，首先，审查指控的犯罪行为是否真实发生；其次，审查分析指控的犯罪结果是否属于被追诉人实施；再次，分析被指控人的行为是否符合犯罪构成要件；复次，审查有无确实充分的证据以及证据之间是否可以形成严谨的证据链条；最后，还要审查案件当中是否存在阻却犯罪的情形和理由等。

罪轻辩护，是指犯罪嫌疑人或者被告人及其辩护人对于犯罪事实没有争议，但对指控罪名、罪数、数额、程度等有异议，从而作出变更罪名、减少罪数、数额等从轻、减轻辩护。例如，两人因为琐事争执斗殴，致其中一人死亡，侦查机关以故意杀人罪追究犯罪嫌疑人刑事责任。如果该案犯罪嫌疑人只是在斗殴中失手致人死亡，犯罪嫌疑人主观方面并没有杀人的主观故意，结合斗殴的实际情形，其行为涉嫌故意伤害罪或者过失致人死亡罪，而非被指控的故意杀人罪。这种从重罪改为轻罪的辩护方向，就是罪轻辩护。

量刑辩护和罪轻辩护都属于从轻、减轻辩护。量刑辩护是指犯罪嫌疑人、被告人和辩护人对公诉机关指控的罪名无异议，针对该罪名法定、酌定的从轻、减轻处罚情节的认定量刑问题和对量刑建议有异议所作的从轻或者减轻处罚的辩护。量刑辩护的空间相对较小，仅限于被告人应当适用何种刑罚以及判处多长时间的从轻、减轻处罚的辩护。

第三节　刑事诉讼代理

一、刑事代理要义

被害人作为刑事诉讼的主体参与诉讼，但是由于自身知识、精神、心理情绪等方面的限制不能完全保护自己的合法权益。律师作为专业的法律工作者，拥有比较丰富的法律知识和实践经验，能够全面充分地实现被害人的权利。这是刑事诉讼代理制度确立的基础。

(一)刑事代理的概念

刑事诉讼代理,是指代理人接受公诉案件的被害人及其法定代理人或者近亲属、自诉案件的自诉人及其法定代理人、附带民事诉讼的当事人及其法定代理人的委托,以被代理人名义参加诉讼,由被代理人承担代理行为的法律后果的一项刑事诉讼活动。详见第十七章,在此不赘。

根据《刑事诉讼法》第47条的规定,委托诉讼代理人,参照《刑事诉讼法》第33条的规定执行。因此,下列人员可以担任代理人:(1)律师;(2)人民团体或者被害人、自诉人、附带民事诉讼当事人所在单位推荐的人;(3)被害人、自诉人、附带民事诉讼当事人的监护人、亲友。

公诉案件的被害人及其法定代理人或者近亲属,附带民事诉讼的当事人及其法定代理人,自案件移送审查起诉之日起,有权委托诉讼代理人。自诉案件的自诉人及其法定代理人、附带民事诉讼的当事人及其法定代理人,有权随时委托诉讼代理人。

(二)刑事代理的一般性特征

从刑事代理的概念可以看出,刑事代理具有诉讼代理的一般共同性特征:

1. 代理人根据被代理人的授权进行,刑事代理权源于被代理人的授予,而非法院的直接指定或是其他方式。刑事代理权是法律赋予被代理人的一项权利,被代理人可以按照自己的意志决定或放弃行使,而不受其他任何人的干涉。

2. 代理人应在被代理人授予的权限范围内进行代理活动。代理人不得超越代理权进行代理活动。代理人应在授权范围内进行代理活动,维护被代理人的合法权益。

3. 法律后果由被代理人承担。刑事代理只是代理人以受委托人的身份参与由被代理人作为当事人的诉讼,并依法维护被代理人的合法权益。因此,相应的法律后果应当由被代理人承担。

(三)刑事代理的特殊性特征

刑事代理除具备上述一般性特征外，也具备其特殊性：

1. 刑事性。刑事代理不同于其他的委托代理，刑事代理产生于刑事诉讼过程中，由刑事诉讼法加以规范。法律之所以对刑事代理加以规范，是平衡双方当事人之间的权益的结果，是刑事诉讼中保障人权理念在实践中不断丰富的具体体现。

2. 限定性。被代理人只能是公诉案件的被害人、自诉案件的自诉人、附带民事诉讼的原告人。

3. 私权性。主要表现在附带民事诉讼的代理中。附带民事诉讼本质上是民事诉讼，附带民事诉讼的代理人是为原告人因犯罪所致的财产损失或身体损失而进行代理活动。相对于公诉人通过打击犯罪、维护正义以实现国家的惩罚权，附带民事诉讼的代理人则是为了更好地保护其当事人的民事权利。

4. 相对独立性。代理人在授权范围内进行相对独立的诉讼活动。代理人在被代理人授权范围内参加诉讼活动，根据授权范围的不同，代理人的诉讼代理权限也不相同，如出庭权、阅卷权、法庭调查权、法庭辩论权等。

5. 特殊职能性。刑事诉讼中，法官、检察官和犯罪嫌疑人、被告人及其辩护人分别承担裁判、控诉和辩护职能，而刑事诉讼代理人承担的诉讼职能取决于被代理人的诉讼职能。例如，在公诉案件、自诉案件中，被害人、自诉人承担的是控诉职能，其代理人诉讼职能是对公诉机关控诉职能的实现进行协助，附带民事诉讼代理人则兼具主张民事赔偿。

二、刑事代理和刑事辩护的关系

作为刑事诉讼的两项基本制度，刑事代理和刑事辩护有相似之处，亦有明显区别。

(一)刑事代理和刑事辩护的相似之处

1. 代理人的范围与辩护人的范围相同。《刑事诉讼法》第 33 条规定:“犯罪嫌疑人、被告人除自己行使辩护权以外,还可以委托一至二人作为辩护人。下列的人可以被委托为辩护人:(一)律师;(二)人民团体或者犯罪嫌疑人、被告人所在单位推荐的人;(三)犯罪嫌疑人、被告人的监护人、亲友。正在被执行刑罚或者依法被剥夺、限制人身自由的人,不得担任辩护人。被开除公职和被吊销律师、公证员执业证书的人,不得担任辩护人,但系犯罪嫌疑人、被告人的监护人、近亲属的除外。”第 47 条规定:“委托诉讼代理人,参照本法第三十三条的规定执行。”

2. 诉讼代理人和辩护人都与诉讼结果无直接利害关系。二者都是为协助当事人进行诉讼,而辩护和代理的后果也都由被代理人承受。

3. 诉讼代理人和辩护人在诉讼权利和义务上有相同之处。二者都可以了解案情,在法律规定的范围内进行调查、收集证据,在法庭上参与调解、进行辩论,为委托人保密等。

4. 诉讼代理人和辩护人进行刑事诉讼活动均不受法院、检察院和其他机关、团体或者个人的干涉。

5. 在刑事诉讼中,法律规定了委托诉讼代理人的人数与辩护人的人数均为 1 人至 2 人。

(二)刑事代理和刑事辩护的区别

刑事辩护与刑事代理毕竟是不同的诉讼制度,二者代理的是不同的当事人,因此存在很大的区别。

1. 产生的依据不同。诉讼代理人依据被害人及其法定代理人或者近亲属、附带民事诉讼的当事人及其法定代理人、自诉人及其法定代理人的委托。而辩护人则接受犯罪嫌疑人、被告人及其近亲属的委托或法律援助机构的指定。

2. 针对的范围不同。刑事代理人针对的是自诉人、被害人、附带民事诉讼的当事人。而刑事辩护人针对的是公诉案件和自诉案件的犯罪嫌疑人、被告人。

3. 承担的职能不同。在公诉案件、自诉案件中被害人、自诉人承担的是控诉职能,因此,代理人所承担的诉讼职能是对被代理人的控诉职能的协助。而辩护人则行使辩护职能,即对控诉机关提出的有罪、重罪等不利于被告人的控诉,依法进行反驳而做出无罪或从轻、减轻处罚辩护。

4. 权利的范围和内容不同。刑事代理权的权利,是基于相关当事人及其法定代理人的授予。因此,刑事代理人在诉讼过程中必须严格遵守被代理人授权的权限和范围,代理权受到一定限制,其在范围和内容上都有别于辩护权。刑事辩护人的权利虽然基于当事人委托产生,但其享有的某些特定辩护权却是法律赋予的。例如,在诉讼过程中,辩护律师能够依法同在押的犯罪嫌疑人、被告人会见和通信,依法进行调查取证等活动,享有比代理人更为广泛的权利。

5. 以不同的名义参与诉讼活动。刑事代理人的权利是由被代理人授予的,因此在诉讼过程中应以被代理人的名义进行诉讼活动。而辩护人在刑事诉讼中享有独立的诉讼地位,能够以自己的名义从事各项诉讼活动。

1996 年《刑事诉讼法》第 40 条第 1 款规定:“公诉案件的被害人及其法定代理人或者近亲属,附带民事诉讼的当事人及其法定代理人,自案件移送审查起诉之日起,有权委托诉讼代理人。自诉案件的自诉人及其法定代理人,附带民事诉讼的当事人及其法定代理人,有权随时委托诉讼代理人。”第 41 条规定:“委托诉讼代理人,参照本法第三十二条的规定执行。”2001 年修正的《律师法》第 25 条对此也作了明确规定,律师可以接受自诉案件自诉人、公诉案件被害人或者其近亲属的委托,担任代理人,参加诉讼。2021 年最高人民法院《关于适用〈中华人民共和国刑事诉讼法〉的解释》(以下简称《刑事诉讼法解释》)第 62 条规定:“人民法院自受理自诉案件之日起三日以内,应当告知自诉人及其法定代理人、附带民事诉讼当事人及其法定代理人,有权委托诉讼代理人,并告知其如果经济困难,可以申请法律援助。”由此可见,我国的刑事代理制度同样经历了从无到有逐步完善的历史演变。

三、刑事代理攻略

刑事诉讼中，刑事被害人需要借助国家的力量追诉犯罪，保护其合法权益。但是，国家机关在行使惩治犯罪的职能时，并不能涵盖所有被害人的个体利益，代表国家起诉的检察机关，也并不能完全代表和维护被害人的利益。如果没有被害人、自诉人、附带民事诉讼当事人的参与，如果没有其委托的具有法律专业知识的代理人参与和代理，刑事诉讼就会出现缺位，被害人合法权益就很难得到充分有效的保护。

作为一名刑事诉讼代理人，首先要认识到刑事代理的重要性，其次要掌握刑事代理的诉讼攻略。

（一）以刑促民，以民换刑

以刑促民，就是以追究犯罪嫌疑人、被告人的刑事责任为手段，促使其为获得被害人谅解争取变更强制措施、从轻处罚的情节，从而积极赔偿被害人。同理，以民换刑，则是犯罪嫌疑人、被告人及其近亲属等相关人员通过民事赔偿手段争取被害人谅解，换取变更强制措施、从轻减轻处罚等对其有利的处理结果。

在刑事诉讼实践中，一方面，部分刑事案件可以进行和解，被害人出具刑事谅解书，对犯罪嫌疑人、被告人的量刑起到积极影响。根据最高人民法院、最高人民检察院印发的《关于常见犯罪的量刑指导意见（试行）》（法发〔2021〕21 号）第三部分常见量刑情节的适用中第 11 条规定："对于积极赔偿被害人经济损失并取得谅解的，综合考虑犯罪性质、赔偿数额、赔偿能力以及认罪悔罪表现等情况，可以减少基准刑的 40% 以下；积极赔偿但没有取得谅解的，可以减少基准刑的 30% 以下；尽管没有赔偿，但取得谅解的，可以减少基准刑的 20% 以下。对抢劫、强奸等严重危害社会治安犯罪的，应当从严掌握。"另一方面，刑事的预期判决结果也将给犯罪嫌疑人、被告人带来一定的心理压力，促使其产生赢得谅解、争取从轻减轻处罚从而进行赔偿的迫切心理，作为刑事诉讼的代理人可以在与犯罪嫌疑人、被告人或其家属谈判时，以刑促民，最大限度地维护当事人的正当权利，为当事人争取最大的经济赔偿。

（二）用心调解，化解矛盾

诉讼代理人在与犯罪嫌疑人、被告人或其家属调解时应注意以下五个方面：

1. 充分尊重当事人的意见。在刑事犯罪中，被害人及其家属身心受到很大的伤害，被害人及其家属往往会拒绝民事调解，只要求严惩犯罪而明确放弃民事赔偿。作为诉讼代理人律师，应当充分尊重被害人及其家属的感受，而不能违背委托人的意愿。

2. 考虑对方当事人的身份。犯罪嫌疑人、被告人的政治身份和经济地位都影响着律师谈判。例如，对方当事人如果是国家工作人员，定罪与否直接决定其公职身份的保留与褫夺；对方当事人若是惜时如金的商人，限制人身自由必将给其造成巨大损失。因此，通过权衡利弊，对方往往会积极主动地进行谈判和解，以期达到免除处分或者早日恢复人身自由。

3. 考虑对方的经济承受能力。在要求民事赔偿时，要考虑民事赔偿的现实可行性，主张民事赔偿不能超出对方当事人的承受能力。否则，不能达成双方的合意，导致最终无法实现民事赔偿的目的。

4. 可能被判处的刑罚。对于可能被判处 3 年以下有期徒刑的对方当事人，一般会积极赔偿争取谅解，以期判处缓刑，这就为诉讼代理人提供了充分的调解空间。相反，对于可能被判处 3 年甚至 10 年以上刑期的对方当事人，没有判处缓刑的可能，民事赔偿的动力不足，双方和解余地较小，调解空间有限。

5. 紧扣案件的时间节点。辩护人、代理人审时度势把握好诉讼节点，对促成双方调解，往往起到事半功倍的作用。例如，侦查阶段采取羁押措施前、羁押措施变更为非羁押措施前、审查起诉阶段决定是否起诉前、开庭或者临判决前，都是转瞬即逝的最佳调解时间节点。

(三)整合资源,积极引导

普通大众对刑事犯罪的痛恨,对被害人的感同身受,易使被害人占据舆论和道德优势。作为被害人的诉讼代理人,一方面,要善于引导被害人利用自己的优势,打好感情牌、道德牌。另一方面,要引导被害人通过合法途径,如舆论关注、依法信访等寻求支持和帮助。

笔者曾经成功地代理过一起驾车碾压致人死亡案。通过运用媒体、法律援助、依法信访等手段,仅用了1年时间,从案发侦查、审查起诉、一审、二审直至执行完毕,该起案件从交通事故到交通肇事、再到故意伤害直至以故意杀人罪定罪,最终达到了理想的代理效果,在严惩犯罪的同时,为被害人伸张了正义。《燕赵都市报》、《河北青年报》、搜狐网、新浪网、腾讯网等多家新闻媒体对本案进行了跟踪报道。2006年7月20日,中央电视台“今日说法”栏目又进行了专题报道。舆论的持续发酵,对案件进程、案件定性的推动产生了重要影响。[1]

---

〔1〕 参见第十七章“不同阶段的刑事代理”,在此不赘。

第二章　刑 事 接 待

刑事接待是律师工作的重要组成部分,贯穿律师刑事工作的始终。刑事接待既是律师业务工作的第一个环节,直接影响着案源的转化形成,又是贯穿律师刑事诉讼代理案件始终的主线,推动着案件的代理和辩护的不断发展。

司法实践中,律师通过接待形成案源很难一蹴而就,有的甚至咨询十几次都没有转化成案源。因此,律师接待过程中一定要摒除急功近利的心态,耐心、专业、精诚地为当事人提供法律服务。

➢ 刑事接待体现了律师的刑事专业能力、水平和刑事专业素养

良好的开端是成功的一半。刑事案件的接待,特别是第一次接待,既是对律师专业素养的考验,又特别促进律师的业务能力的提升。初期刑事接待对以后的代理辩护工作影响深远。律师在初期接待工作中,初步形成的案件代理架构和辩护思路,在整个案件最终辩护思路中占比很高,甚至高达 80% 以上,而接待之后的辩护工作实际是此前辩护思路的执行和落实,虽然占据了很多时间,但在思路形成方面作用相对较小。

➢ **刑事接待检验了律师的逻辑思维、法律功底等综合实力**

刑事接待过程中，律师的言谈举止、语气语调、穿衣打扮，甚至举手投足间，无不体现律师的法律功底、办案经验和专业精神，无不显示律师的逻辑思维、语言组织、整合资源、控场等方面综合实力。

➢ **刑事接待关系着律师成案的转化率和收费水平**

刑事接待，既是律师接受咨询者检验和面试的过程，也是展示律师形象、稳固咨询客户以及发展潜在客户的一个重要手段。接待案件的案源转化率，与律师刑事接待时展现的专业水平、综合实力和心态成正比。

第一节 刑事接待概述

一、刑事接待的概念

刑事接待，是指为律师接待当事人及其亲友等相关人员，为其规避刑事责任风险、应对刑事诉讼、进行刑事合规审查、提出咨询建议和解决方案的专业服务行为。

二、刑事接待的特征

一个案件往往都是从接待开始，也就是说接待是律师参与刑事辩护的起点。那么接待得好，建立了委托关系，我们才是辩护人；接待得不好，得不到当事人信任，你与这个案件就没有关系。要重视刑事接待工作，特别是首次接待，就首先要了解刑事接待的特征。

1. 紧迫性。与民事案件接待不同，刑事案件的当事人及其家属对法律专业帮助的需要更为急迫，比如在侦查阶段，刑事案件的犯罪嫌疑人在第一次被讯问、第一次被采取强制措施时对专业帮助的需求尤为迫切。

2. 阶段性。刑事诉讼与民事诉讼、行政诉讼相比，时效性和阶段性都很强。刑事诉讼不同阶段的特征和工作重心不一样,当事人在不同阶段的诉求也不一样,律师在案件不同阶段、不同节点提供法律帮助,代理或者辩护效果差别很大。律师在接待当事人及其家属时,必须紧扣刑事案件的阶段性、时效性、紧迫性等特点,有所侧重。

3. 复合性。刑事案件与其他类型案件相比,往往涉及更多的法律关系,涉及的社会司法资源最多。例如,很多经济型犯罪可能会涉及民法,出现民刑交叉状态,经济纠纷与合同诈骗往往存在灰色地带而非泾渭分明。不同案件由于涉案金额、程度不同等,往往导致定性不同:数额较小、程度较轻可能会定性为民事违约、行政违法;数额较大、结果较重就会涉及刑事犯罪。刑事犯罪的公诉案件往往需要侦查机关、审查起诉机关和审判机关等多部门相互配合、相互制约。

4. 商业性。刑事案件接待除了答复当事人的咨询、推进代理辩护工作外,都有将咨询案件转化为案源的现实考量,以及案件代理收费的商业目的。刑事案件和民事案件的代理收费标准不同,决定了刑事接待的侧重不同。例如,代理大型公司的经济型犯罪案件,涉及同样标的数额,经济案件按标的数额比例收取律师费用;而刑事案件按照阶段收费。虽然代理刑事案件给当事人带来的潜在价值要远远高于代理经济案件所带来的价值,且刑事辩护的实际工作强度也远高于经济案件的代理,但却不能比照经济案件的收费。刑事案件代理商业回报虽不及经济案件代理,但刑事案件成功代理和辩护带来的影响力和知名度,也非经济案件的代理可以相提并论。因此,刑事接待的商业性不仅要考虑经济回报,同时也要考虑刑事案件代理和辩护的社会效果。

5. 保密性。对刑事律师而言,保密性要求远远高于其他案件的代理。实践中,在开庭审理公开之前刑事案卷中的某些法律文书、司法鉴定意见、某些言词证据等,往往被司法机关严加设防,甚至被设定为相应密级和保密期限。如果案卷内容不加区分地泄露给他人,就会涉嫌故意泄露国家秘密罪,从而招致不必要的刑事风险。例如,曾有律师在审判阶段把刑事案卷出示给当事人看,就被一审法院以构成故意泄露国家秘密罪判处有期徒刑,虽然二审改判无罪,但该律师却因被限制人身自由并停止执业长达 1 年之久,这样的教训足够引人深思、警示他人。

同时,律师刑事接待往往接触到当事人的隐私和秘密,这也给予了刑事律师更高的保密要求。保护当事人的隐私,是律师的职业道德和基本纪律要求。如果不当披露导致相关当事人利益受损或造成其他严重后果,律师也应承担相应的法律责任。

6. 枢纽性。律师接待贯穿了整个刑事诉讼过程。刑事诉讼的当事人往往会被限制,甚至被剥夺人身自由,导致信息严重不对称,使律师接待在刑事辩护过程中发挥着信息中枢作用。律师接待时,当事人家属和相关人员给律师提供各种与案件相关的证据及线索,律师通过会见当事人进行核实,而律师会见当事人时获取的证据及线索,也需要当事人亲友协助调查落实。通过律师接待铺就了当事人与案件相关人员的信息通道,从而更好地调查了解案件事实,进行有效辩护。尤其案件到了审查起诉阶段,律师阅卷后还要再通过梳理案卷证据,会见当事人、接待当事人家属及相关人员,进一步查证核实,并安排下一步工作进行部署、反馈汇总。因此,律师接待发挥的信息枢纽作用非常重要。

第二节　刑事接待中律师与当事人的关系定位

一、法律服务关系

律师和当事人之间是一种专业服务关系,是律师通过自己特有的法律专业为当事人提供帮助,防御国家机关不法、不当追究其刑事责任的服务。这种服务关系既有别于劳动密集型行业的雇佣关系,也非司法机关对当事人行使职权形成的相对关系,而是具有一定独立性的特殊的法律服务关系。由于刑事诉讼中不同阶段的参与主体不同,不同阶段的关系特征不尽相同,因而,刑事辩护律师在每个阶段都应该给当事人提供专业的且有针对性的法律服务。

二、统一对立关系

律师和当事人的利益一致，对外有着共同的目标，都希望有利于当事人，针对指控罪名作无罪辩护或者从轻、减轻辩护。同时，因为律师和当事人之间在律师费上存在此消彼长的利益关系，当事人既是律师服务的接受对象，又是考评律师服务的对价支付者，因此，律师和当事人之间存在统一对立的关系。

三、健康适度关系

律师和当事人既要在法律专业服务上建立起信任，塑造聪明、正直、能干的专业优秀律师的形象；又要在非法律领域之间，特别是生活方面保持距离，更不能对当事人过于亲近，甚者进行不合时宜的交往，偏离法律服务专业范围。因此，律师要把握好交往的尺度，与当事人保持健康、适度的关系。

第三节　刑事接待的分类

刑事接待按照诉讼阶段可以分为多种类型，每种类型接待方式各具特征，侧重点各有不同。

一、按照诉讼阶段分类

刑事诉讼阶段主要包括侦查阶段、审查起诉阶段、一审阶段、二审阶段和再审阶段。

1. 侦查阶段的接待。立案侦查阶段的接待往往是第一次接待，当事人或其家属提供的信息非常有限，很多案件由于当事人已被羁押，其家属对案情一无所知。律师在这个阶段,只能了解案件概况,根据自己的经验作出大致分析判断。

律师接待前需要熟悉侦查机关的办案程序和实务操作,重点关注程序性法律文书,通过刑事拘留通知书、批捕决定书等法律文书,了解当事人涉嫌罪名、办案机关及办案人员、羁押场所等基本信息,还可以发现其他重要信息,例如,批捕时间是否延长、程序有无明显违法等信息,这些都能释放出案件可能存在认识分歧,甚至事实不清、证据不足等重要内容。

律师接待时对事实和证据分开了解,更有利于高效沟通。律师倾听咨询者的陈述要耐心,不要以核实证据为由,轻易打断其说话,进而影响其陈述事实的连贯性和完整性,导致遗漏重要情节和关键细节。等到咨询者陈述完毕,律师再向其核实相关证据,从涉案罪名的犯罪构成方面引导提示,包括证据种类、内容、证据来源等,引导得越专业、越精准,就越能体现律师的专业素养和办案能力。

2. 其他阶段的接待。除侦查阶段外,其他阶段的接待包括审查起诉阶段接待、一审阶段接待、二审阶段接待和再审阶段接待。工作重心虽各自不同,但通过阅看法律文书,则是迅速了解案情的不二法门和提高接待效率的捷径之一。

律师接待时首先要看法律文书。例如,在审查起诉阶段一定要看起诉意见书,再结合案卷和会见情况核实案情;一审阶段要认真查阅公诉机关的起诉书;二审阶段要认真查阅分析一审判决书;再审阶段要认真查阅案件再审决定书、各种裁定书、生效判决书等。

法律文书要着重阅看“经查明”和“认为”部分,迅速抓住案件中心和重点,也是每个案件的关键部分。“查明”侧重事实认定;“认为”则侧重适用法律。

二、按照委托程序分类

可按接受委托前和接受委托后的不同阶段细分。

1. 委托前接待。紧扣各个阶段诉讼特征和律师工作重心,一是针对当事人的诉求主张,进行初步法律分析。二是提高成案转化率,可以有步骤有策略地宣传推介自己。例如,告知其自己曾成功办理过的同类型案件,并不失时机地介绍自己为此出版的著述、发表的文章等。三是对当事人适度提示风险,不要轻易承诺。

2. 委托后接待。此时需要注意以下三点:一是侧重完善委托手续,尤其注意委托协议中权利义务的设定,保障律师自身的合法权益;二是主动适时跟进,与当事人保持联系推进案件进展;三是做好当事人心理安慰和情感疏导工作。

三、按照当事人身份分类

委托人的身份不同,对于律师而言也需要做出不同的应对。

1. 被害人、刑事自诉人及其家属的接待。接待工作主要围绕了解犯罪事实,调查搜集犯罪嫌疑人或者被告人的犯罪证据,提交其构成犯罪或者加重、从重处罚的代理意见,视不同情形提起附带民事赔偿。

2. 犯罪嫌疑人、被告人及其家属的接待。律师的接待重心要围绕案件焦点、紧扣犯罪构成、了解案件事实、调查收集有利于被告人的证据,为犯罪嫌疑人、被告人做无罪辩护或者从轻、减轻处罚的辩护。

四、按照案件处理时间分类

对于律师来说,不同的案件处理时间所要做的专业工作是不同的。

1. 案件结案前接待。目的在于促进律师与办案机关沟通,并促成办案机关作出对当事人有利的决定。同时,根据案件情况查漏补缺,出具相关法律意见,向办案机关呈交有可能影响办案机关作出有利于当事人决定的证据材料。

2. 案件结案后接待。目的在于做好善后处理工作。案件胜诉,律师要总结整个案件的代理过程,强调律师在其中发挥的作用,进一步营销专业水平和办案能力,赢得当事人信任,并为今后与当事人的潜在合作打下良好基础。同时,找出该次辩护过程中出现的问题和需要改进的地方,进一步补齐短板、提升能力。案件败诉或者结果不尽如人意,律师更需要做总结,化被动为主动,对当事人及其家属做好心理疏导和劝解,稳定其情绪,同时分析案件不利的原因,从而保护自己、规避风险。案件即便败诉,当事人依然信任、感激,才是律师接待的最高水平,是律师工作的最高境界。

第四节　刑事接待答复应对

律师刑事接待直接关系着案源转化率,接待律师的很多因素:专业知识、接待技巧、性格习惯、三观喜好、人文背景、社会知名度,甚至年龄、穿着和说话语气口吻等任何一个看来微不足道的因素,都会对咨询者是否聘请律师产生直接或间接的影响。提高成案率非朝夕之功,除日积月累外,讲究接待方法也很重要。其中,对接待的当事人进行分类处理,因人而异、因案施策、有的放矢并实现精准对接是一种行之有效的方法。具体来说,咨询可以分为以下四种。

一、事务咨询类

这一类当事人往往是遇上了现实困难,咨询的问题要么清晰明了,只是不知道法律上如何处理;要么就连问题都无法提炼,需要律师循循善诱,帮其找出问题关键并予以分析答复;要么咨询问题和相关法律均相对清晰,只是通过咨询以求内心确认。对于这一类当事人的应对之策是做好专业接待,做好心理安慰,培养潜在客户,扩大专业影响。

二、委托咨询类

这一类人一般是涉案的刑事嫌疑人、被告人及其家属，或者是准备提起刑事案件的自诉人、刑事被害人，他们遇上的问题不仅涉案或者即将立案，而且问题具体、形势紧迫，急需律师的代理帮助。这一类案源转化率很高。

答复这类咨询首先要热忱接待，积极做好法律专业解答，强调这一阶段律师辩护工作的必要性和紧迫性。例如，案件批捕前的“黄金 37 天”，这段时间律师介入就显得尤为重要，律师尽快会见，与办案部门沟通，就可争取不予批捕或者直接变更强制措施。以专业赢得当事人信任，促成咨询人委托代理；还要紧扣案件的节点开展工作，做好多方精准对接，充分沟通，及时反馈。

三、无效叨扰类

这一类的咨询往往是类似缠讼、信访咨询，或者是深陷诉讼纠纷泥潭、幻想咸鱼翻身类的咨询。这一类人有大把时间与律师聊天，甚至能够为了一个微不足道的小事往返数次、煲电话粥咨询，却从不谈委托及费用，或只谈风险代理，甚至是以咨询为名行骚扰之实的咨询。

对于这一类咨询，律师的应对之策是要把握话语权，并严格限定时间，对于当事人的无理要求果断说不，节省自己的宝贵时间，不做无用之功。

四、案件推进类

这一类的咨询案件一般是已经进入程序。当事人及亲友通过咨询，从律师这里了解案件进展信息，得到专业指导。例如，向律师提供证据线索、推进调查取证，或者请求律师会见被羁押的当事人、了解案件相关情况，或者结合会见阅卷的情况进一步了解案件事实。通过这类接待，律师可以适时调整工作重点，制定代理或者辩护方案，还可以结合双方资源形成合力来推进案件进展。

这一阶段的应对之策,律师要积极主动与当事人及其家属坦诚沟通:把握案件节点,与当事人及其家属及时沟通;制定方案,提出有倾向性的专业意见,与当事人及家属高效沟通。同时,律师必须保密和自我保护,说话谨慎负责、留有余地,注意适度沟通。

第五节　刑事接待流程

一、准备接待阶段

律师接到当事人的第一个电话时,就开始了律师接待。律师接到咨询电话,先不急于答应马上见面,可以先简单沟通,了解咨询者与当事人的身份及相互关系,了解案件的基本信息:涉案罪名、涉案罪数、人数、诉讼阶段,当事人被采取的强制措施和羁押的机关等,以便在接待前有所准备,查阅法律法规和相关案例。了解了基本信息后,在接下来的接待中进一步了解案情并进行分析。

1. 初步了解咨询人或者当事人及其家属反映的问题和诉求。如果案件有辩护空间和余地,要进一步了解咨询者诉求;如果诉求超过了案件辩护的余地,即使法律上有“点”的案件,也无法满足咨询人诉求,咨询案件不具备案源转化的合理性和可能性,面对这样的案件,律师就不要接受委托代理。

2. 了解咨询人、当事人与中间人的关系,并了解中间人的诉求。中间人的身份、地位以及与当事人的关系直接影响咨询案件的转化率。律师接待可以通过中间人,更多地了解案件信息,从而更好地争取当事人的信任,促进矛盾解决,促成案源转化。

3. 律师还要注意自身言谈举止、仪表妆饰和接待场所等。这些因素无不影响咨询者对律师的认可和接受程度,一个言谈举止大方、仪表端庄得体的律师,加之一个严肃、庄重、整洁的接待场所,无疑更有利于提高案源转化率。

二、认识事实阶段

这个阶段是听取当事人陈述,充分了解案件的阶段。

1. 了解案件的背景事实。这主要包括产生的原因、背景以及案件形成来源。例如,一起杀人案件,可能系仇杀、情杀或者应激杀人;有的经济案件本源于经济纠纷,却因为人为干预立案;还有的案件则是由于涉众上访,引发刑事立案。虽然这些背景事实不影响案件的定罪量刑,但对辩护思路和方案的设计以及对案件的处理、矛盾的解决具有重要的影响。

2. 了解案件的涉案事实。即犯罪构成事实,包括案件事实经过的六要素:时间、地点、人物、过程、原因、结果。律师在充分听取咨询者的陈述后,根据其提供的案件信息初步判断是否构成犯罪以及指控涉嫌的罪名,再根据指控罪名的犯罪构成事实作进一步梳理了解,接下来结合案件证据作进一步研判。例如,了解核实现有证据,审查证据是否充分,证据之间是否存在矛盾,合理怀疑能否排除,等等。最后,根据案件事实、证据,提炼出本案的诉辩争议焦点及辩护代理思路。

3. 了解案发前后关于案件的相关处理意见和处理程序。例如,案件经过了哪些机关或者机构处理,以及处理的程序、过程、结果,是否具有相应的处理文书。这些文书本身就是一种证据,其认定事实和适用法律,对律师接待往往具有很大的借鉴意义。

咨询者就一个案件往往不止咨询一个律师,此前律师的答复综合意见也有助于本次律师接待的参考分析,有助于辩护路径的择优选择和辩护思路的科学设计。

这一阶段,律师接待要以倾听为主,发问为辅,主辅结合,相辅相成。对于语言表达能力强的咨询者,要侧重倾听其陈述,不要轻易打断其发言,相当一部分案件的信息量在其陈述中都能清楚地展现出来,甚至超出你想要获取的信息及细节,而这些往往不是靠律师引导发问所能获得的。当咨询者陈述告一段落或者无法陈述清楚事实时,律师才可以引导发问,获取想要了解的关于案件事实的内容。

三、证明事实阶段

这一阶段刑事接待的主要任务就是核实证据，主要方法是以询问为主，当事人陈述解释为辅，接待律师占据主导地位。了解案件事实后，就需要核实对当事人有利的事实有无证据支持，是否形成严谨的证据链条，不同证据是否相互印证，且要甄别相应证据的证明资格和证明力。

接待律师要针对案件节点进行有针对性的引导发问，就本案犯罪构成要件事实及相关细节进行询问，核实证明本案事实的基本证据和定罪量刑的关键证据，进一步了解对当事人有利的证据和线索，明确下一步的调查取证、会见核实等工作。

四、评价事实阶段

这一阶段主要是对指控涉嫌罪名的犯罪构成进行法律分析。律师经过了解涉嫌罪名及相应罪名的犯罪构成要件和核实证据后，归纳控辩双方的争议焦点。律师应当归纳并紧扣本案的焦点问题，结合法律规定、联系本案事实与证据，从正反两方面具体分析，然后得出结论和建议。律师通过初步提出辩护或代理方案，维护当事人合法权益。对当事人有利的，将利益最大化，积极引导当事人保障自身合法权益，对当事人不利之处，积极寻求因应对策，将不利影响降到最低。

分析案件一定要理论联系实践，切忌坐而论道、纸上谈兵。律师分析不仅要言之有据，而且还要考虑到实践中的可能性与可操作性。分析要精准到具体细节，即案件节点、适用程序、管辖机关，甚至每一名办案人员。

律师接待最后要有总结意见，总结确认案件事实，得出结论意见，提出解决问题的倾向建议。

五、洽谈委托阶段

洽谈委托有三要件:第一,案件有点。这个“点”是可以帮助当事人解决问题的“点”,而并不总是专指胜诉“点”。诉讼是帮助当事人解决问题的手段之一,而非终极目的。第二,委托人有意。只有在委托人有明确委托意图的情况下,再商谈委托和收费事项。第三,律师有利。有利于律师发展而并非仅指经济利益。例如,有些法律援助的公益案件,虽然经济回报低,但律师可以通过案件提升能力、美誉度和影响力。

六、谈判收费阶段

谈判收费主要遵循三个原则:第一,择机报价原则,即当事人咨询事情相对较急、有明确委托意向。第二,综合取费原则,根据案件难易、风险程度、案件工作量、当事人经济状况、委托意愿,以及律师自身专业能力和行业影响力,甚至还要根据中间人的价值作用等方面综合判断。第三,灵活收费原则,结合案件的不同情况具体问题具体分析,灵活掌握。

七、结束接待阶段

接待到最后,律师一定要控制结束时间和结束语,结束时回应当事人诉求、互留联系方式、明确下一步工作,必要时应当留下相关案件材料。

第六节　刑事接待策略技巧

律师接待工作展现了律师的责任心、法律素养、办案能力等综合实力,不仅直接影响咨询案件能否转化成案源,而且直接影响咨询者对接待律师的评价。

一、接待原则

以下接待原则是刑事律师工作中需要重点把握的：

1. 全面和充分准备原则。根据了解到的涉案信息，从实体和程序两方面入手，查阅相关的法律、法规、司法解释和案例，做好充分准备，在接待中举一反三、触类旁通，以此赢得咨询人的信任。

2. 尊重和质疑相结合原则。充分尊重咨询者陈述，不要轻易打断其说话，给其足够的时间和尊重。但是，有些咨询者能够提供的信息却非常有限，且所提供的线索一般都是传来的、不准确的，致使刑事诉讼接待获得的信息大多残缺不全，呈现碎片化状态；即使是当事人，除了对其亲历的案件事实的陈述相对准确之外，涉及案件的其他证人证言、物证书证等往往也是间接和不准确的。因此，接待律师要利用自己的法律经验和生活常识合理质疑，引导当事人准确客观陈述案情，全面掌握案件事实。

3. 顺势和引导相结合原则。根据案件事实发生的先后顺序，按照先实体后程序、先事实后证据等内在的法律逻辑规律摄取咨询者提供的案件信息，顺势启发其陈述事实并提供证据和证据线索；对一些咨询者重视不够或者表述不准确、不到位的案件关键信息，律师要善于引导询问，围绕案件重点、焦点，深入挖掘，掌握更加全面客观的案件事实。

4. 专业和营销相结合原则。接待时要根据当事人的咨询进行专业的解答或建议，接待过程中既要通过分析案情、核实证据等方面展现律师的专业能力、专业自信，又要通过介绍自己的著述或者成功办理过的类似案例等手段适时营销自己、适度推销自己，争取当事人的信任和认可。

5. 解决问题和心理安慰相结合原则。当事人或者其家属找律师时，大多备受煎熬、紧张焦虑、恐惧不安。律师在接待时一定要注意安抚当事人及家属的心情，对其除了专业解答和建议外，还要适当地进行心理安慰，缓解当事人的焦虑，以此增加律师亲和力、提高接待效率，并获取当事人尊重和信任。

二、接待方法

掌握并熟练运用以下方法,有助于律师快速形成办案思路。

1. 问题导向法。律师接待为的是帮助当事人解决问题。因此,接待时一定要坚持问题导向,紧扣案件、提炼问题、归纳焦点、因案施策。

2. 逆向溯源法。逆向思维是典型的法律思维。律师接待时要先了解咨询者目前遇上的问题、处理的结果,再了解导致目前结果发生形成的原因过程,找出问题的根源,进而找到解决问题的路径与方法。

3. 循序渐进法。一是按照先实体后程序、先事实后证据的法律内在逻辑顺序了解案情、接待当事人;二是按照案件轻重缓急及事物发展的内在逻辑顺序进行分析,先急后缓、先主后次;三是按照当事人的心理规律,先了解案情,后进行分析,先建立信任,后进行报价。

4. 分层分析法。接待时一定要概括问题、提炼焦点、分层了解事实,并结合法条来分层发表分析意见。不仅要求提炼焦点准确、语言精准到位,还要按照人的认知规律分层、分类分析。

三、接待技巧

接待技巧关系案件能否接洽成功、顺利办理,以及当事人对律师专业度的认可。

1. 进行客户分类。比如,根据当事人不同的表达能力选择不同的接待方式。对表述清楚的当事人陈述,以倾听为主,尽量使当事人全面连续地陈述。对表述困难的咨询者,律师主导、引导其叙述案情,抽丝剥茧地剖析案件。

2. 细节风险提示。对案件可能形成案源的不同情况,有所侧重地调整,强调或提示办理案件的诉讼成果和潜在风险等细节问题。

3. 两名律师接待。接待当事人最好有两名以上律师,一名律师与当事人交谈,一名律师做好笔录,留下联系方式,并建立咨询卷宗。

4. 扬长避短发挥。拿不准的不要口无遮拦，有把握的要适度发挥。

5. 准备万能之策。准备一套万能接待的语言和措施，以不变应万变，以备不测之需。

6. 适时调整重点。对于法律上有“点”的案件，在没有委托前要多突出案件有利于当事人的部分，帮助当事人树立信心。委托完成后则要适当提示风险，降低当事人的期望值。

四、接待常见错误与禁忌

律师在接待中常犯以下错误：

1. 信口开河。没有了解案情，急于发表意见，甚至犯下常识性错误，自毁形象。

2. 吹嘘关系。不钻研案件、不分析案情，就大包大揽，自毁专业。

3. 草率接待。在没有详细了解案件前，同时咨询者也没有真实委托意愿的情形下，草率报价，自毁声誉。

4. 角色错误。没有充分认清律师的职责身份，比如把自己混同成一个掮客。

5. 盲目谈钱。在咨询人无意委托时，律师不合时宜贸然地谈收费，效果适得其反。

第三章　会　　见

会见是律师辩护的重要权利，也是有效辩护的重要手段。委托专业的刑事辩护律师进行有效会见，为刑事被追诉人提供程序性法律帮助和实体性法律咨询，对于维护其合法权益至关重要。

➢　**会见是律师了解案件事实最主要的途径**

犯罪嫌疑人、被告人作为案件的亲历者，清楚案件中其参与的部分甚至全案事实。只有通过会见，通过犯罪嫌疑人、被告人的陈述，才能全面客观了解案件的整体情况，才能有效地判断犯罪嫌疑人、被告人是否构成犯罪，是否具有从轻、减轻处罚情节等情形。同时，通过会见，才能及时掌握侦控机关的办案方向及重心。

➢　**会见是律师开展有效辩护最核心的环节**

阅卷、调查取证、开庭都需要通过会见当事人进行指引、促进和链接。只有通过会见，才能更好地了解掌握案件基本事实，当事人是否实施了犯罪及对应的罪名等，掌握重点，有的放矢地阅卷，进而发现案卷材料中的言词证据是否与犯罪嫌疑人、被告人的陈述辩解相一致，是否存在非法证据。只有通过会见，才能更有效地发现卷宗里的证据真伪，证据链条某个环节的缺失以及证据之间的矛盾破绽，为阅卷、调查取证奠定基础。只有通过会见结合阅卷,才能更好地还原案件事实,证明案件事实,进而了解侦查机关掌握了哪些证据,为确定下一步调查取证的方向和重点奠定坚实的基础。也只有通过会见,才能让被告人了解侦查、审查起诉、法庭庭审程序,强调不同阶段的当事人所享有的权利义务及注意事项,使得当事人能够很好地自我辩护和配合律师辩护,才能达到理想的辩护效果。

➢ **会见是律师掌控案件节奏最有效的手段**

通过会见了解侦查机关讯问的问题,就可以顺藤摸瓜分析判断侦查机关的侦查方向,及其掌握案件的程度,即已经掌握了哪些证据,哪些事实还没有侦查查明,可以预判侦查机关下一步的侦查方向与思路,为下一步辩护提前做好应对准备。通过会见犯罪嫌疑人、被告人,可以判断侦查机关的侦查思路,审查起诉机关的起诉重点,发现办案机关认定事实中存在的重要问题,发现控诉机关的关注焦点,使辩护切中要害,并据此不断充实完善辩护思路。

➢ **会见是当事人掌握案件信息最直接的方式**

律师通过会见,无须任何中间环节,就可以获得最直接的讯息,直接双向互动,可以使犯罪嫌疑人、被告人面对面了解到刑事诉讼的基本程序,了解刑事诉讼中的基本权利和义务;当面交流沟通案件事实,向其核实相关证据;当面为其提供法律咨询,分析了解侦查机关的关注问题,预判案件走向,使其对案件有个较为客观和科学的基本认识和判断。

➢ **会见是当事人构筑心理防线最恰当的措施**

嫌疑人一旦被刑事拘留,人身自由被限制,由于其对法律不甚了解,又完全接触不到外面的情况,处于信息不对称的弱势地位,并在办案人员凌厉攻势下,思想和心理上会高度紧张,倍感孤独无助,甚至会濒临崩溃边缘,很容易作出对自己不利的,甚至违反事实的供述。而辩护律师的会见显然可以有效改变这一局面,为犯罪嫌疑人和被告人构筑心理防线,抵御办案机关的不法侵害,从而保护其合法权益。

第一节 会见概述

一、会见权的概念及意义

会见权是《刑事诉讼法》赋予律师的重要权利，和阅卷权、调查取证权一样，都是律师刑事辩护的重要手段。律师通过行使会见权了解犯罪嫌疑人、涉嫌罪名、犯罪事实及案件的相关情况，开展辩护活动，实现有效辩护，维护犯罪嫌疑人、被告人的合法权益。同时，律师还要通过有效会见，及时代理当事人申诉控告，监督办案机关依法办案，防止刑讯逼供等违法办案行为，保障人权，促进法律的正确实施，实现司法公平正义。

本书涉及的会见，仅指狭义上的会见权，指在刑事诉讼过程中，接受委托或法院指定的律师，自犯罪嫌疑人被侦查机关第一次讯问或者采取强制措施之日起，依法与犯罪嫌疑人或被告人见面交流。我国《刑事诉讼法》第39条第1、2、3款规定："辩护律师可以同在押的犯罪嫌疑人、被告人会见和通信。其他辩护人经人民法院、人民检察院许可，也可以同在押的犯罪嫌疑人、被告人会见和通信。辩护律师持律师执业证书、律师事务所证明和委托书或者法律援助公函要求会见在押的犯罪嫌疑人、被告人的，看守所应当及时安排会见，至迟不得超过四十八小时。危害国家安全犯罪、恐怖活动犯罪案件，在侦查期间辩护律师会见在押的犯罪嫌疑人，应当经侦查机关许可。上述案件，侦查机关应当事先通知看守所。"《律师法》第33条规定："律师担任辩护人的，有权持律师执业证书、律师事务所证明和委托书或者法律援助公函，依照刑事诉讼法的规定会见在押或者被监视居住的犯罪嫌疑人、被告人。辩护律师会见犯罪嫌疑人、被告人时不被监听。"

会见权是辩护律师了解案件事实、维护犯罪嫌疑人、被告人诉讼权利和其他合法权益的最主要途径之一。只有通过多次有效的会见，才能更充分地了解案件事实，实现有效辩护的目的，切实维护当事人的合法权益。

会见权是有效辩护的基础和前提,在刑事诉讼活动中,对保障人权、防止刑讯逼供、进行有效辩护、平衡控辩双方力量、实现诉讼正义等都起着重要的作用。司法实践活动中,保障会见权,对于当事人及其辩护人,都具有重大的现实意义。

二、会见权的渊源

会见权是刑事诉讼中辩护权的重要内容,保障会见权是一个国家法治文明的体现。在我国,法律虽规定非律师辩护人亦可会见犯罪嫌疑人、被告人,但司法实务中非律师会见极少获得许可。本章主要阐述的是律师会见权的历史沿革。

(一)我国律师会见权的历史沿革

1954 年,我国《宪法》以及《人民法院组织法》正式确立了我国刑事诉讼辩护制度。但是,之后的反右派斗争使刚刚建立的刑事辩护制度遭受灭顶之灾,导致我国在很长一段时间内都没有刑事辩护,更不必说律师会见。直到 1979 年《刑事诉讼法》的颁布实施,这一局面才得以改变。

1. 1979 年《刑事诉讼法》,律师会见权初步确立。1979 年《刑事诉讼法》第 29 条规定:辩护律师可以查阅本案材料,了解案情,可以同在押的被告人会见和通信;其他的辩护人经过人民法院许可,也可以了解案情,同在押的被告人会见和通信。这是我国在基本法律中首次规定律师会见权。但该法第 110 条第 2 项却规定,人民法院决定对被告人开庭审判后,应当将人民检察院的起诉书副本至迟在开庭 7 日以前送达被告人,并且告知被告人可以委托辩护人。该规定明确显示辩护律师只能在审判阶段才能介入诉讼,审前程序中律师无权介入刑事辩护,更别说会见。

2. 1996 年《刑事诉讼法》,律师会见权正式确立。1996 年《刑事诉讼法》第 96 条规定:犯罪嫌疑人在被侦查机关第一次讯问或者采取强制措施之日起,可以聘请律师为其提供法律咨询,代理申诉、控告。犯罪嫌疑人被逮捕的,聘请的律师可为其申请取保候审。涉及国家秘密的案件,犯罪嫌疑人聘请律师,应当经侦查机关批准。受委托的律师有权向侦查机关了解犯罪嫌疑人涉嫌的罪名,可以会见在押的犯罪嫌疑人,向犯罪嫌疑人了解有关案件情况。律师会见在押的犯罪嫌疑人,侦查机关根据案件情况和需要可以派员在场。涉及国家秘密的案件,律师会见在押的犯罪嫌疑人,应当经侦查机关批准。第 36 条规定:辩护律师自人民检察院对案件审查起诉之日起……可以同在押的犯罪嫌疑人会见和通信。其他辩护人经人民检察院许可……同在押的犯罪嫌疑人会见和通信。

1996 年《刑事诉讼法》的规定意味着律师在侦查阶段就可以会见犯罪嫌疑人,在会见时间的安排上与 1979 年《刑事诉讼法》中规定的相比,从审判阶段提前至侦查阶段的犯罪嫌疑人被第一次讯问后或者被采取强制措施之日起。但辩护律师在这一阶段要求会见的,侦查机关可以派相关人员在场监视,如果案件涉及国家秘密,辩护律师要求会见的还需要被批准。

3. 2007 年《律师法》,律师会见权突破进展。第一,2007 年《律师法》第 33 条规定:“犯罪嫌疑人被侦查机关第一次讯问或者采取强制措施之日起,受委托的律师凭律师执业证书、律师事务所证明和委托书或者法律援助公函,有权会见犯罪嫌疑人、被告人并了解有关案件情况。律师会见犯罪嫌疑人、被告人,不被监听。”对律师会见时间、条件以及交谈不被监听等方面做出了突破性规定。第二,《律师法》取消了 1996 年《刑事诉讼法》“犯罪嫌疑人被侦查机关第一次讯问后”之中的“后”字。一字之变,意义重大,使得辩护律师能够及时介入刑事诉讼,即在第一次讯问犯罪嫌疑人时,辩护律师就可以会见,及时提供法律帮助。第三,《律师法》首次确立了律师持“三证”会见犯罪嫌疑人、被告人的制度,即辩护律师只要持律师执业证书、委托书或者法律援助公函和律师事务所证明就有权会见,并取消了律师会见例外性的限制。第四,《律师法》在保障律师会见方面有了突破性的规定,即增加了律师会见不被监听的内容,有效确保辩护律师会见交流内容的安全。

但是,由于《刑事诉讼法》没有及时修改,导致 2007 年《律师法》正式实施后,上述会见的规定无法在实践中得到有效实施。

4. 2012 年《刑事诉讼法》,会见制度走向完善。2012 年修正后的《刑事诉讼法》大量吸收了 2007 年《律师法》中涉及律师执业权利的内容,特别是对第 37 条律师会见规定作出了重大修改。第一,吸收了《律师法》对于辩护律师介入案件时间的规定,使辩护律师在侦查阶段介入案件的时间提前,律师能够更早地介入诉讼,即在第一次讯问时,律师就可以会见并及时地为犯罪嫌疑人提供法律帮助。第二,在普通案件里,辩护律师持"三证"无须侦查机关的批准就可会见。对这一例外的规定主要在 2012 年《刑事诉讼法》第 37 条第 3 款规定:"危害国家安全罪、恐怖活动犯罪、特别重大贿赂犯罪案件,在侦查期间辩护律师会见在押的犯罪嫌疑人,应当经侦查机关许可。上述案件,侦查机关应当事先通知看守所。"鉴于此类案件的特殊性,修正了《律师法》对律师会见犯罪嫌疑人不受限制的规定。第三,吸收了《律师法》关于律师会见不被监听的内容。2013 年实施的《公安机关办理刑事案件程序规定》特别强调了律师在会见时,侦查机关不得监听,并不得派员在场。

5. 2018 年《刑事诉讼法》修改,律师会见最新动向。2018 年修正的《刑事诉讼法》第 39 条第 3 款规定:"危害国家安全犯罪、恐怖活动犯罪案件,在侦查期间辩护律师会见在押的犯罪嫌疑人,应当经侦查机关许可。"此次修改取消了原《刑事诉讼法》"特别重大贿赂犯罪案件"的会见内容。这是因为 2018 年 3 月第十三届全国人民代表大会第一次会议通过了《监察法》,根据《监察法》的规定,检察机关原先的职务犯罪侦查权移交给监察机关,由监察机关进行调查。而监察机关的调查权、留置权等权力并不属于《刑事诉讼法》规范的范围,导致律师目前无法介入监察机关调查的案件,因此,这类案件在监察机关调查期间,律师均不能会见。

(二)律师会见权的域外立法

美国关于辩护律师的会见权在法律上没有直接规定,而是通过联邦宪法以及一些相关的判例体现。美国联邦最高法院在 1964 年就以判例的形式确定了被告人在被警察讯问过程中享有获得律师帮助的权利。

英国在 1984 年《警察与刑事证据法》第 58 条第 1 款规定了当被逮捕并

被羁押在警察局的犯罪嫌疑人有所要求时,他们都有权要求在私底下任何一个时间里免费向一名律师咨询。并且被羁押人到达警察局时,羁押官就必须要告知他有权利咨询律师,并要求他在羁押报告上签名,以证明他在这一阶段是否需要提供一名律师为其解决法律问题。司法实务中,只要被羁押的人提出会见律师要求,都应该在羁押记录上标明。

法国《刑事诉讼法典》第 63 条第 4 款规定,被拘留人在被拘留开始时,就有权请求与律师进行会面谈话。如果被拘留人无法联系其自身选定的律师或者律师公会又不能指定律师的,被拘留人可以向律师公会提出请求为其选定指派一名律师。受指派律师在与其当事人进行会见交谈过程中,可以有司法警察的官员在场监督,但必须确保谈话的内容不被监听。该规定还明确了被拘留人与律师谈话的时间不得超过半小时。

第二节　会见攻略

一、律师会见的程序

律师会见犯罪嫌疑人、被告人是辩护律师行使辩护权的重要工作,对于采取不同强制措施的犯罪嫌疑人、被告人,律师所要准备的手续各有不同。对于被取保候审的犯罪嫌疑人、被告人,律师基本上随时可以会见,而对被采取羁押或者监视居住措施的犯罪嫌疑人、被告人,会见要去看守所或者指定场所,则有应当履行的具体程序。

1. 接受委托,取得授权。律师会见权是律师辩护权中的基本权利,获得授权是律师行使会见权的基本前提。我国《刑事诉讼法》规定的律师辩护分为委托辩护和指定辩护,两种辩护取得途径有所不同。委托辩护,通过犯罪嫌疑人、被告人的委托,如果犯罪嫌疑人、被告人在押的也可以由其监护人、近亲属为其进行委托。由监护人、近亲属进行委托的,应当要求其提供与犯罪嫌疑人、被告人之间的关系证明。指定辩护,符合指定辩护条件的犯罪嫌疑人、被告人，由法律援助机构指派律师为其辩护，律师进行辩护需要取得法律援助机构出具的公函。

2. 持律师执业证书、律所出具的会见信。根据中华全国律师协会《律师办理刑事案件规范》规定，除危害国家安全罪、恐怖活动犯罪、特别重大的贿赂犯罪案件外，律师会见犯罪嫌疑人、被告人，应当向看守所出具律师执业证书、委托书和律师事务所证明或法律援助公函。律师助理随同会见的，应当出示律师执业人员实习证。另外，看守所除要求律师会见提供上述证明外，有的还有其他要求。因此，律师会见之前，需要提前了解羁押看守所关于律师会见需要提交手续的相关要求，以备不时之需。

3. 会见危害国家安全罪、恐怖活动犯罪、特别重大的贿赂犯罪的当事人需要获得公安、检察机关开具的会见许可证明。根据规定，危害国家安全犯罪、恐怖活动犯罪、特别重大的贿赂犯罪的嫌疑人、被告人在押或被监视居住的，在侦查阶段会见应当向侦查机关提出申请，在获得侦查机关许可后，向看守所出示律师执业证书、委托书和律师事务所证明或法律援助公函及侦查机关的会见许可决定书，才可会见。

另外，值得注意的是公安机关限制会见的情形，《公安机关办理刑事案件程序规定》第52条第4、5款规定："公安机关不许可会见的，应当说明理由。有碍侦查或者可能泄露国家秘密的情形消失后，公安机关应当许可会见。有下列情形之一的，属于本条规定的'有碍侦查'：(一)可能毁灭、伪造证据，干扰证人作证或者串供的；(二)可能引起犯罪嫌疑人自残、自杀或者逃跑的；(三)可能引起同案犯逃避、妨碍侦查的；(四)犯罪嫌疑人的家属与犯罪有牵连的。"

4. 提前与看守所沟通、预约。由于不同省份、不同市县甚至同一地区的不同看守所，会见流程、会见室数量、会见时间都有所不同，部分看守所会见室紧张，需要排队会见，部分看守所还需要提供近亲属证明。因此，律师在会见前要和看守所联系和沟通，了解看守所会见时间、需要准备提交的材料、是否需要提前预约、会见需要注意哪些事项等。

5. 聘请多名律师的会见手续更换。根据《刑事诉讼法》的规定，犯罪嫌疑人、被告人可以委托1～2名辩护人。在司法实践中，当事人已有两名辩护人的情形下若要继续委托律师，或者另行安排会见律师，新聘请的律师在第一次会见犯罪嫌疑人、被告人时，除准备提交上述的手续外，还需要向看守所提交委托人出具的解除此前律师委托关系的证明，方可进入看守所会见。

二、律师会见的内容

律师会见是了解案件真实情况、确立辩护思路，进行有效辩护的重要途径，也是律师进行辩护的最重要的一步，在不同阶段、不同时间，会见的内容侧重点也不尽相同。

(一)第一次会见

律师与犯罪嫌疑人的第一次会见至关重要。如果不能取得犯罪嫌疑人的信任，委托代理就极有可能就此结束。因此，第一次会见一定要做好充分准备。

1. 尽早安排会见。第一次会见时间应当越早越好。犯罪嫌疑人被采取强制措施之日起7日内是会见的黄金时间。一方面，案件事实并不清晰，处于瞬息万变的待查状态，犯罪嫌疑人迫切需要法律帮助。另一方面，犯罪嫌疑人压力巨大，不知所措，及时会见可以带给其思想和精神上的支持和慰藉，使其更好地应对办案机关的讯问和取证。

2. 介绍委托来源，尽快建立信任。律师在第一次会见时，应当先告知犯罪嫌疑人自己的身份以及委托来源，并询问犯罪嫌疑人是否同意自己作为其辩护人。律师在取得犯罪嫌疑人同意的情况下，应当让其在会见笔录和委托书上签字确认。

取得当事人信任是律师进行辩护工作的前提和基础。只有犯罪嫌疑人对律师充分信任，才会毫无保留、全面真实地向辩护律师交代案件情况。律师第一次会见时，要向其说明委托来源，甚至可以拿出有用的信物，赢得犯罪嫌疑人的信任。

3. 向犯罪嫌疑人了解案情。主要包括：(1)了解案情。首先，了解犯罪嫌疑人的基本情况、羁押时间、到案情况、案件形成背景等基本情况；其次，听取犯罪嫌疑人对案件的陈述，了解犯罪嫌疑人的涉案事实和量刑情节；再次，了解涉案的相关证据；最后，了解办案机关程序是否合法，是否存在非法取证等违反程序的行为，以及其他需要了解的案件相关情况。律师应当注意分析犯罪嫌疑人的陈述是否符合逻辑、是否符合客观情况、是否前后矛盾、是否存在漏洞，并适时进行引导追问，全面客观地了解案件事实。

(2)询问侦查人员的讯问情况。详细了解侦查人员的讯问时间、次数和内容等情况，了解侦查人员所关注的问题，分析侦查人员的侦查方向，了解其向公安机关供述的内容和向辩护人陈述的是否一致，对案件进展进一步深入了解。询问是否存在非法取证的情形，如果存在刑讯逼供等非法取证行为，要核实非法取证的时间、地点、办案人员名字或特征以及非法取证方式等，并记录在笔录中，固定非法取证证据及线索，以备将来排除非法证据使用。

同时，鉴于侦查机关制作的讯问笔录是作为将来对其定罪量刑的呈堂证供，律师务必提醒犯罪嫌疑人有核对笔录、要求改正的权利，其讯问结束后，一定要认真核对讯问笔录。犯罪嫌疑人一旦发现笔录记录不实，或者有遗漏之处，或者与自己供述不一致，必须要求记录人员进行更正，否则，不能在笔录上签字。

4. 简单分析案情，提出初步法律意见。辩护律师在听取犯罪嫌疑人的陈述后，对于其所涉罪名进行初步讲解和分析，告知其可能面临的刑事风险、刑事责任以及各个刑事诉讼阶段其所享有的权利义务。同时，结合案件情况和法律规定，提出初步法律意见。

5. 告知犯罪嫌疑人刑事诉讼的程序。应当告知犯罪嫌疑人刑事案件一般要经历侦查、审查起诉、审判三个阶段，并根据案情告知其可能需要的时间和周期；告知其在各个阶段所享有的权利义务及律师的辩护工作。

(二)常规会见

刑事案件要进行多次会见，以获得更全面、更客观的案件事实，为有效辩护奠定坚实基础。为此,笔者曾在一次无罪辩护的案件办理过程中,会见当事人次数达56次之多。

1. 了解提讯新问题,及时研判新动向。针对办案机关新动向提出应对建议。每次常规会见都要询问犯罪嫌疑人办案机关是否进行了新的讯问以及讯问的内容。从中发现办案机关新的办案方向和重点,以便律师调整思路,提出应对建议。

2. 核实案件事实和证据。律师通过阅卷获得相关证据材料后,应当就案卷证据呈现的事实向犯罪嫌疑人进行核实,确认案件事实与客观事实之间是否存在差异。对于客观证据,可以让犯罪嫌疑人进行辨认核实。对于言词证据,向当事人核实其口供是否属实,并找出言词证据之间的矛盾,有针对性地向犯罪嫌疑人询问,以了解事情的真实情况。

3. 询问当事人证据线索。详细询问当事人是否有能够证明其无罪、罪轻的证据和证据线索以及其他与本案有关的证据线索,以便确立下一步调查取证方向和内容。

4. 答疑解惑,做好心理疏导。律师是犯罪嫌疑人在羁押期间可以接触到的唯一能为其辩护的"值得信赖的人"。律师在会见时,要给予犯罪嫌疑人倾诉的时间和机会,传达亲友对其的关心,引导和帮助犯罪嫌疑人沉着、冷静地面对现实。

(三)庭前会见

开庭之前,律师会见是核实案件事实和证据材料、确立最终辩护思路、进行庭审准备的最重要的阶段,对律师庭审辩护成败起着至关重要的作用。因此,开庭前一定要安排时间会见被告人,以取得良好的庭审效果。

1. 确立辩护方向和辩护思路。进入审判阶段,律师应当就起诉书指控的犯罪事实听取被告人的意见,对指控犯罪事实、罪名是否有异议,并将被告人的意见记录下来。针对起诉书中的证据,再次向被告人进行核实。律师针对被告人的辩解和意见,结合本案的证据材料,围绕无罪或罪轻辩护,与被告人反复沟通,最终确认辩护思路和方向。

2. 告知被告人法庭审理的基本流程及注意事项。庭审现场严肃庄严，庭审结果直接影响被告人切身利益，被告人难免紧张、惶恐，自我辩护能力降低，从而影响其庭审时基本的思维和判断，影响其当庭陈述、正常发挥，错失珍贵的自我辩护机会。因此，在庭前会见时要告知其法庭审理的基本流程和注意事项。

法庭审理的基本流程：

（1）庭前准备和开庭审理。查明公诉人、当事人、证人及其他诉讼参与人是否到庭；宣布法庭纪律；公诉人、辩护人入庭，审判人员入庭。开庭审理，查明被告人情况；告知被告人在庭审中的权利；合议庭组成；公诉人、辩护人到庭情况；询问被告人及其辩护人是否申请回避。

（2）法庭调查。宣读文书环节：公诉人宣读起诉书，法庭询问被告人对起诉书中指控的内容是否有异议，被告人回答是否同意起诉书中的指控罪名及犯罪事实。若有罪辩护，被告人就要有良好的认罪态度，争取从轻处罚情节。若无罪辩护，要视不同情形作不同回答。如果对指控事实无异议只对行为定性有异议，被告人可以认同相关事实，可以表明自己对法律不专业，对是否构成犯罪无法回答。

发问环节：公诉人、被害人及其代理人、辩护人、审判人员接下来会对被告人先后分别发问。辩护人应向被告人预测公诉人可能发问的问题及应对措施。辩护人应当告知被告人在开庭时发问的问题，让被告人做到心中有数。

举证质证环节：围绕证据三性进行质证举证，庭前会见时，律师应当与被告人就如何质证进行基本分工，当事人侧重证据真实性方面的质证，辩护人侧重证据的合法性和关联性质证。

（3）法庭辩论。公诉人发表公诉词；被告人自我辩护；辩护人发表辩护意见。被告人的辩护和辩护人的辩护方向要始终保持一致。

（4）被告人最后陈述。被告人的最后陈述直接反映了被告人的态度，一定程度上影响量刑。最后陈述应当简明扼要，强调突出诉求。

3. 沟通预演诉辩双方发问问题及应对措施。刑事庭审还原事实的重要环节在法庭调查,尤以诉辩双方对当事人的发问最甚。发问和交叉询问环节能够使得诉讼参与人迅速了解案件事实真相和争议焦点,也最能体现诉辩双方对案情的熟悉程度、随机应变、语言组织等驾驭庭审的综合实力。而沟通预演庭审双方对当事人的发问则是庭前对当事人的辅导必备科目和内容,是庭前辅导的重中之重。

4. 按照控方示证顺序,向被告人出示、核实证据。根据庭前会议掌握的控方示证提纲呈现的顺序或者按照刑事公诉案件开庭出示证据的惯例,向当事人核实证据,尤其是案件的书证、物证、司法鉴定意见等关键证据;控方卷宗中对被告人有利但公诉人出庭可能不出示宣读的证据;辩护人收集调取的有利于被告人的证据等。同时,除了同案犯口供及其他证人证言的言词证据不能向被告人直接出示外,其他证据都可以向被告人出示,尤其对被告人不利的证据,一定要向被告人核实。庭前会见,就案卷证据举证质证及举证证明事项和质证意见一定要与被告人做充分地沟通交流,以提高庭审举证质证的效率。

5. 其他补充事项。告知被告人在庭审过程中要注意语速,与书记员记录的速度协调一致,确保自己陈述能被记录在案。注意与法官积极互动,减少与法官、检察官的不必要摩擦和对抗。

三、律师会见的权利义务与注意事项

律师在行使会见权时享有相应的权利,同时,也要履行相应义务。会见时,律师一定要遵守羁押场所规定,严守执业纪律、强化防范意识、规范自身言行,避免给自己带来麻烦和风险。

1. 不被监听。《刑事诉讼法》第 39 条第 4 款后段规定:“辩护律师会见犯罪嫌疑人、被告人时不被监听。”律师在会见犯罪嫌疑人、被告人时不受侦查人员的现场监听,不得被采取录音等设备监听。会见时,辩护律师要时刻保持警觉,要时刻提防被监听,避免出现违反法律或相关规定的行为,招致不必要的风险。

2. 不限时间、次数。法律对会见时间的长短和次数并没有具体的规定，意即对会见的时间和次数没有限制。但是在实践中，各个地方各个看守所的会见室数量不同，会见时间上也不尽相同。有的看守所并不限制会见时间，但有的看守所由于会见人数或会见室数量有限，客观上会规定会见的时间，这就需要在会见时，提前询问是否有时间限制。

3. 不能向当事人传递监管场所禁止的各种信息、物品。不能为当事人与其亲友之间传递纸条、信件、食品、药品等物品；不能为当事人与其亲友传递任何关于密码、暗语信息等一切有可能妨碍侦查审判的举动。除核对犯罪嫌疑人、被告人自身口供、辩解、客观证据等情形外，不宜将从办案机关复制的案卷材料全部给犯罪嫌疑人阅看，也不能交给其亲友复制、传阅，不能泄露不公开审理的案件中不应当公开的信息（如与国家秘密、商业秘密和个人隐私有关的信息），避免触犯泄露国家秘密罪等刑事责任风险。

4. 严禁串供。不能教唆、暗示当事人串供、毁灭、伪造、转移证据。不能给当事人亲友透露方便其串供、毁灭、伪造、转移证据方面的信息，尤其不能将具体的证人、证言、证物等内容透露给当事人亲友。否则，就有可能触及《刑法》第 306 条规定"辩护人、诉讼代理人毁灭证据、伪造证据、妨害作证罪"的刑事责任风险。

5. 不得违反法律禁止性规定和各地羁押场所的不同规定。律师会见时禁止携带手机等通信工具，避免涉嫌伪造证据、串供的风险；禁止带领犯罪嫌疑人的家属或其他非律师参加会见；要注意交流说话的方式，既不能直接教唆当事人说假话作伪证，又不能因交流说话方式不当产生教唆的嫌疑；律师在会见当事人时，不宜对案件结果做出任何承诺等。

6. 制作会见笔录。会见笔录既是记录辩护律师开展会见工作的重要证据，也是与犯罪嫌疑人、被告人交流案情的重要载体，有利于案件分析和判断，同时也是律师规避执业风险的重要手段。一般而言，会见笔录包括：首部，会见时间、会见地点、会见人、被会见人、记录人等；会见内容，犯罪嫌疑人情况、案件事实及证据、办案程序等内容；结尾，会见结束后，律师应当让犯罪嫌疑人核对笔录并签字。

第四章　阅　　卷

阅卷是一个由浅入深、反复修正、认识事实、证明事实的系统工程，与会见、调查取证紧密相连，相互影响，相辅相成。每次阅卷的新收获，每次会见的新发现，都会影响对原来卷宗证据的重新认识。辩护律师必须保证阅卷的次数和质量，尤其是年轻律师和新入门的刑事律师，一定要亲自阅卷、全部阅卷、反复阅卷，将案卷事实内容做到了然于胸、心中有数，以此提升辩护效率、效果。

➢　**阅卷是通过对卷宗当中的证明材料甄别、解构和重组，并还原案件事实的过程**

阅卷是律师了解案件事实的重要手段。律师查阅的卷宗是办案机关基于惩治犯罪的目的调查、收集，并按照办案人员的成案思维组织的卷宗材料，少则数本、多则上百，甚至上千本、数千本。如何在繁重的阅卷工作中还原案件事实，进行有效辩护，就要反复甄别、解构和重组案卷证据材料。律师要将卷宗里的证据材料，按照指控的犯罪构成要件和事实经过的六要素，通过不同角度、按照不同标准进行分解，分解至“原子”级程度，彻底解构办案人员根据其办案思维组织的、具有内在系统联系的卷宗证据结构。同时，严格甄别证据“三性”，分析不同证据之间的关系，解析指控犯罪行为的证据与犯罪结果的关系，解析指控行为与指控罪名的因果关系。最后，再严格按照犯罪构成，结合会见、阅卷、调查取证获取的相关证据，尤其要针对当事人有利的事实，重新组织证据，还原案件事实。如果重构还原的事实与指控的事实不一致，就要找出其中的原因并切中要害，进行有效辩护。

➢ **阅卷是一个通过证据建构的法律事实无限接近案件事实的认识过程**

通过审阅卷宗证据，结合律师会见和调查收集的证据，重组还原的案件事实，是不同于原卷宗证据展现的、修正过的事实。证据每一次充实和更替，证明的事实都会发生局部变化，甚至发生根本变化。同样，随着阅卷、会见和调查取证的深入进行，辩护人认识、还原的事实也是一个不断变化的过程，都在无限接近唯一的案件事实。

➢ **阅卷是一个删繁就简、抽丝剥茧、去粗取精、去伪存真、由表及里、由此及彼、查漏补缺的过程**

对于涉及多个罪名、多次作案的案件来说，案卷会有很多，有时多达数十本、数百本，甚至上千本、数千本。要在众多的案件中发现有效的信息，就要在反复多次阅卷中，紧紧围绕证据“三性”，删除冗余的信息，在众多证明信息中辨别真伪，并发现是否有漏洞，以便在之后的会见和调查取证中随时进行修正、补正。

对案卷进行全面阅看，对案件事实和证据要有全面认识。在此基础上通过阅卷，对不同证据进行分层分类，再通过犯罪构成、结合公理和生活常识，通过不同层面、不同角度分析卷宗里的证据并得出相应的意见。通过阅卷，找出控方认定案件事实的关键证据，充分运用逻辑“归纳”的方法，将厚重的案卷越看越“薄”。通过阅卷，律师还可以发现控方是否存在违法行为，是否存在程序瑕疵。了解控方证据达到了什么标准，证据在“三性”上是否有瑕疵，卷宗证据是否形成了完整的证据链。

第一节　概　　述

阅卷权是刑事辩护律师一项非常重要的诉讼权利,查阅案卷材料是律师了解案情、进行有效辩护的重要途径。律师在会见的基础上,通过对案卷材料的审阅研判,可以进一步了解案件事实,发现案件问题、形成辩护思路,达到最佳的辩护效果。

一、阅卷权的概念

本书中涉及的阅卷权,主要是指狭义上的阅卷权,指在刑事诉讼中,为履行辩护职能,从审查起诉之日起,辩护律师依法享有的查阅、摘抄、复制有关案件材料,司法机关应予配合并提供一定条件的权利。阅卷权是辩护律师的基础权利之一,是辩护律师职能得以发挥的基础和前提。通过阅卷,可以弥补辩护律师自行调查取证能力的不足,增强辩方的防御能力,更充分地发挥辩护职能,确保被告人受到公平的审判。

《刑事诉讼法》第 40 条规定:"辩护律师自人民检察院对案件审查起诉之日起,可以查阅、摘抄、复制本案的案卷材料。其他辩护人经人民法院、人民检察院许可,也可以查阅、摘抄、复制上述材料。"由此可见,在我国,律师的阅卷权始于审查起诉之日,且限于有关本案的案卷材料。

2012 年《刑事诉讼法》第 38 条曾规定:辩护律师自人民检察院对案件审查起诉之日起,可以查阅、摘抄、复制本案的案卷材料。同时,对于审判阶段的阅卷范围,该法第 172 条规定:人民检察院认为犯罪嫌疑人的犯罪事实已经查清,证据确实、充分,依法应当追究刑事责任的,应当作出起诉决定,按照审判管辖的规定,向人民法院提起公诉,并将案卷材料、证据移送人民法院。该规定改变了 1996 年《刑事诉讼法》对于提起公诉时移交材料的范围,要求全卷移送,所以审判阶段辩护律师的阅卷权也没有了限制。

二、阅卷权的渊源

阅卷权是律师重要的辩护权。国内外法律对律师阅卷权的立法，随着法治进程的发展而变化，从律师阅卷权的提出，到律师阅卷权的范围，再到律师阅卷权的时间都进行了一系列的立法变迁。

（一）我国律师阅卷权的立法变迁

我国刑事诉讼模式深受大陆法系的影响，以侦查为中心，律师的阅卷权受到很大限制。我国自 1979 年颁布《刑事诉讼法》后，才有了真正意义上的律师阅卷权。

1. 1979 年《刑事诉讼法》，首次规定律师阅卷权。1979 年《刑事诉讼法》第 29 条规定：辩护律师可以查阅本案材料，了解案情。这是我国《刑事诉讼法》首次对辩护律师阅卷权的规定。该规定对于辩护律师的阅卷范围没有任何限制。该法第 110 条第 2 项规定：人民法院决定对被告人开庭审判后，应当将人民检察院的起诉书副本至迟在开庭 7 日以前送达被告人，并且告知被告人可以委托辩护人。可见，辩护律师只能在审判阶段才能介入诉讼，在审判阶段才能实现阅卷。

2. 1996 年《刑事诉讼法》，律师阅卷权时间提前、范围受限。1996 年《刑事诉讼法》修正后，将律师阅卷从审判阶段提前至审查起诉阶段，但范围受到限制——仅限于诉讼文书和技术性鉴定材料。

1996 年《刑事诉讼法》第 36 条第 1 款规定：辩护律师自人民检察院对案件审查起诉之日起，可以查阅、摘抄、复制本案的诉讼文书、技术性鉴定材料。

1996 年《刑事诉讼法》虽然将律师介入诉讼的时间提前到侦查阶段，但侦查阶段聘请的律师不是辩护人，不享有阅卷权和调查取证权。只有在案件移送审查起诉阶段，该阶段的律师作为辩护人介入诉讼才享有有限阅卷权，相对于 1979 年《刑事诉讼法》，1996 年的修正案中将辩护律师在审查起诉阶段的阅卷范围限于诉讼文书和技术性鉴定材料，除此以外的其他材料，特别是案件的证据材料，如物证、书证、证人证言、被害人的陈述、犯罪嫌疑人的供述和辩解、勘验、检查笔录等，均不允许律师查阅。

1996 年《刑事诉讼法》第 36 条第 2 款规定：辩护律师自人民法院受理案件之日起，可以查阅、摘抄、复制本案所指控的犯罪事实的材料。但由于在审查起诉机关移送案卷时往往不是全卷移送，也导致辩护律师的阅卷效果受到很大限制。

3. 2012 年《刑事诉讼法》，取消律师阅卷权范围限制。2012 年《刑事诉讼法》第 38 条规定：辩护律师自人民检察院对案件审查起诉之日起，可以查阅、摘抄、复制本案的案卷材料。同时，对于审判阶段的阅卷范围，该法第 172 条规定：人民检察院认为犯罪嫌疑人的犯罪事实已经查清，证据确实、充分，依法应当追究刑事责任的，应当作出起诉决定，按照审判管辖的规定，向人民法院提起公诉，并将案卷材料、证据移送人民法院。该规定改变了 1996 年对于提起公诉时移交材料的范围，要求全卷移送，所以在审判阶段辩护律师的阅卷权也没有了限制。

（二）律师阅卷权的域外规定

大陆法系和英美法系国家在发展和完善律师阅卷权方面的策略有所不同。

1. 大陆法系职权主义下的辩护律师阅卷权。大陆法系国家实行职权主义模式。在这种模式中，法官具有查明事实真相的职责，检察官起诉时实行案卷移送主义，以保证法官在开庭前详细审阅，为之后的指挥审判做好准备。由于职权主义下辩护律师调查取证的权利、能力与侦查机关相去甚远，为保障被告人的辩护权和辩护律师的阅卷权，法律设置了阅卷制度。

在德国，辩护人享有检阅卷宗权，并有权要求审阅由公家机关所持有的证据，此原则贯彻和适用于整个诉讼程序。在整个诉讼程序，辩护律师始终享有查阅卷宗和查看官方保管的证据的权利，任何阶段、任何人都不允许拒绝辩护人。即在侦查阶段和审判阶段，辩护律师都能查阅案卷材料，有权查阅检察官移送到法院的任何证据，包括能够证明被告人罪轻、无罪的证据。

法院调查活动的笔录、查阅鉴定人的鉴定,辩护律师同样享有绝对的阅卷权。对于被告人的讯问笔录,辩护律师在场或提出要求时必须准许其在场。

在法国,律师也享有比较广泛的阅卷权。在侦查阶段,法国《刑事诉讼法典》并未明确规定律师的阅卷权。从法律规定来看,辩护律师从预审阶段才享有阅卷权。法国《刑事诉讼法典》第 114 条规定,在预审阶段,每次在讯问受审查人之前,最迟 4 个工作日,即应将案卷提交律师查用。受审查人第一次到案之后,案卷亦应在所有工作日随时提交律师查用,但应保证预审室的正常运作。在当事人第一次到案之后,各当事人的律师请求提供案卷材料和文书的全部或一部分的副本并自付费用。

2. 英美法系当事人主义下的辩护律师阅卷权。英美法系实行当事人主义诉讼模式。在这种模式中,控辩双方主导和控制着庭审过程,案件事实的发现委诸于控辩双方的举证和辩论。为维护审判程序的公平运行,英美法系国家实行起诉状一本主义,且法律明文规定禁止控辩双方在审判前向法庭移送证据材料,指控方也不得移送记载其侦查过程和成果的卷宗材料。

与此相适应,为了预防审判中的证据突袭,并保障辩护方在审判之前对案件的知悉权,英国和美国均建立了证据展示制度。证据展示又称为证据披露、证据开示、证据公开或证据发现。这一制度的核心要求是在辩护方提出合理申请的情况下,法庭可以要求指控方在审判前允许辩护方查阅或得到其掌握的证据材料。同时,在法律规定的特定情况下,法庭也可以要求辩护方将其准备在审判中提出的证据材料向指控方予以公开。

这些施行证据展示制度的国家尽管在具体制度上各有千秋,但其宗旨都是最大限度地保障被告人获得公正审判。在审判前,辩护方能够查阅检察官掌握的证据材料,了解检察官据以指控的理由和根据,做好充分的辩护准备,对控方的证据进行充分质证,维护被告人的权益,从而更好地实现公正审判。

第二节　阅卷要点

阅卷要针对当事人涉嫌罪名的犯罪构成事实、量刑事实及其程序事实，以指控当事人参与的犯罪相关事实和当事人陈述辩解为主线，坚持质疑控方、谨慎相信当事人的倾向性思维，在查找、检索相关法律的基础上，围绕犯罪构成要件，紧扣证据“三性”，有步骤、有方法地进行。为保证阅卷效率，取得高质量的阅卷效果，要制作结构完整、层次清晰的阅卷笔录。阅卷笔录既可以对阅卷成果加以固定与总结，也可以为熟悉案情、查找证据、发现问题、归纳焦点提供便利，还可以为以后结合会见、调查取证，出庭举证质证、提升辩护效果打好基础。

一、阅卷要义

阅卷是针对控方的证据体系所作的防御准备的辩护工作，是确立辩护思路，有效辩护的关键环节。刑事案件复杂多样，案卷材料也各不相同，但都要遵循科学阅卷的内在规律，即“一个针对”“一个目的”“两条主线”“两个方向”“两个实体结合”“三个程序衔接”。

1.“一个针对”。律师阅卷一定要有明确的针对性，即针对控方指控的犯罪事实和适用法律，主要针对起诉意见书、起诉书和判决书等“查明”“认为”部分。律师通过阅卷了解案件的事实真相，通过各种证据并运用各种证据规则，对曾经发生的事实真相进行事后还原。通过阅卷，发现卷宗材料中存在的问题，如证据的收集是否存在程序问题，证据的内容是否真实客观，证据与案件或者待证事实是否具有关联性，案件证据材料是否能支持起诉意见书、起诉书、判决书（二审、再审阅卷的内容包括判决书）所认定查明的事实，控方指控的内在逻辑结构是否严谨合理，进而发现问题，找到辩护的突破点，形成辩护意见。

2.“一个目的”。即通过了解事实、核实证据、提炼辩点,形成有利于当事人的辩护意见,最终说服办案人员。辩护的最终目标是说服办案人员采信自己的辩护观点,同理,阅卷的最终目标也是通过了解事实真相,成功说服办案人员采纳有利于当事人的事实和理由。

3.“两条主线”。律师阅卷不仅要目的明确,有的放矢,而且要脉络清晰,思路连贯,在控辩双方的刑事诉讼中,归集于控方组织的卷宗一定包括并呈现两条主线,只是控辩线索体现程度不同而已。因此,律师阅卷要遵循控辩思路的两条主线进行阅卷:第一,遵循控方指控犯罪事实的犯罪构成及犯罪事实发生过程的主线。这条主线是“明线”,控方的卷宗证据是按照其指控内在逻辑组织的全部证据,脉络清晰可见。即便如此,律师阅卷一定要有质疑精神、大胆质疑,小心求证。否则,很容易陷入控方的证据陷阱和逻辑陷阱,先入为主,被误导误判、贻误辩护战机。第二,遵循当事人陈述的相关事实为主线。这条主线是“暗线”,往往在控方组织的卷宗里被掩盖、被弱化,若隐若现,但并非无迹可寻。这一部分主线的发现和掌握有赖于卷宗证据显示之外的证据的获取,需要调查取证,尤其要听取亲历指控犯罪事实的当事人的陈述,辩护人要谨慎相信,大胆求证。同时,在阅卷中对卷宗证据认真比对、综合分析,发现当事人陈述的事实与控方指控的事实的异同,进而找出控方指控存在的问题,挖掘发现对辩方有利的事实证据和法律,明确下一步辩护方向及辩护中心。

4.“两个方向”:解构和重构。解构,就是把原结构解体肢解成每个局部的基本原始单位。重构,是把解构后的基本原始单位重新组合,构成一个不同于以前的新结构。

在阅卷时,首先是按照不同的标准对案卷材料进行分类、拆解,如将犯罪嫌疑人、被告人关于某个事实的供述从整个案卷中整理、分析出来,再将拆解的各部分证据进行对比总结、拼接重组直至还原案件事实。每个人阅卷的方式虽然不同,但是一个好的刑辩律师阅卷一定是将案卷从厚变薄,在将来发表辩护意见时又能将案卷从薄变厚,与办案人员机关高效沟通、精准对接,保障开庭审理时发问、举证质证、发表辩论意见等环节的良好辩护效果。

5.“两个实体结合”。以事实为根据、以法律为准绳是司法活动的基本原则,也是律师辩护的基本原则。法律上的事实必须以依法取得的符合法定内容和形式的证据去还原案件的客观事实,因此,辩护律师利用自己掌握的专业知识和事先准备的相关指控的法律依据进行阅卷,对卷宗证据阅览、比较和甄别,删繁就简、去伪存真,结合调查取证,达到证实或证伪的目的,从而发现事实真相,尤其发现有利于当事人的事实与理由。因此,辩护律师阅卷一定要结合证据与法律规定进行科学合理阅卷。

6.“三个程序衔接”:衔接会见、调查取证和开庭质证。律师在阅卷后,对案件会有一个基本的了解,同时也会发现很多此前尚未掌握或者与之前了解不一致的情况,需要进一步核实真伪、甄别优劣。为了进一步了解案情,并使阅卷中发现的问题得到解决,会见案件事实亲历者的犯罪嫌疑人、被告人就必不可少。律师带着阅卷发现的问题会见犯罪嫌疑人、被告人后,带着犯罪嫌疑人、被告人的辩解回到案卷证据证明的事实,作进一步比较分析,才能更准确地发现控方的证据体系及存在的问题。如遗漏了对当事人有利的事实和相关证据,没有形成严密证据链条的控方证据,证据存在重大问题抑或存在瑕疵等。上述问题除无法核实之外,应当向当事人、相关证人进行核实,甚至寻求多方调查取证,那就需要根据阅卷发现的问题,制定调查取证方案,积极有效辩护,将辩护网织密织细,堵住辩护漏洞。阅卷的问题导向及有利于当事人的倾向性思维,决定了辩护人务必要对案卷内法律文书中认定的不利于当事人的事实和采信的证据进行大胆质疑,并结合会见、详细阅卷、反复对比找出证据“三性”存在的问题。阅卷时,充分关注卷宗证据问题,并在阅卷笔录中明确质证意见,为庭审质证做好准备工作,以便将来在法庭上对控方的指控进行有力地防御和辩驳。

二、阅卷前准备

阅卷前,充分、必要的准备工作可以极大提高阅卷的效率和针对性。

1. 详尽地查询涉案法律,以便提高阅卷效率。法律条文、法律体系本就非常庞杂,即使最专业、最有经验的律师也不可能详尽指控犯罪涉及的所有相关法律规定,因此在进行阅卷前一定要查阅法律法规、司法解释的规定,必要时查询相关案例,研究相关法理文章。在了解犯罪嫌疑人、被告人所涉嫌罪名及主要犯罪事实的情况下,律师需要对所涉及的法律、法规等规范性文件进行全方位的查询和把握,以便对指控的罪名和犯罪行为形成全面、系统的认识。这不仅有利于有的放矢地进行阅卷,而且更容易统摄全局地发现卷宗问题,提高阅卷效率。

法律查询的范围要尽量详尽,不仅要包括实体方面,还要包括程序方面。就实体方面来说,要对所涉罪名的所有法律规定及相关司法解释中相关的立案追诉标准、量刑标准等收集齐全,认真整理分析。另外,有关该罪名的相关学术论文、相关案例等也要根据案件的需要进行检索、收集。同时,也要重视刑事案件的法律程序问题,普通刑事案件的程序具有共同性,但有些如涉及国家安全、涉及恐怖活动的特殊案件有其特殊性。因此,无论是程序方面,还是实体方面的相关法律,律师阅卷前都要尽可能收集全面,这直接影响着阅卷的方向和重点,直接决定着辩护成效。

2. 坚持问题导向,以质疑控方和倾向辩方思维去阅卷。律师阅卷前,一定要明白通过阅卷解决什么问题,达到什么目的,而不是为了自己了解卷宗里的证据所证明的指控事实,更不是被动地接受卷宗证据支持认定的不利于当事人的事实。否则,很容易陷入控方设置的证据陷阱、逻辑陷阱甚至语境陷阱。因此,阅卷前就要归纳提炼问题,带着问题阅卷。阅卷中发现证据与自己掌握的事实与证据不一致的地方,一定要敏锐地捕捉并大胆质疑,尤其是关涉定罪量刑的关键的细节部分。如果发现卷宗里的证明事实有悖常理,或者控方指控的行为或罪名违反法律逻辑,那就要质疑其真实性、合法性和关联性,大胆提出合理怀疑。

律师阅卷要始终以问题为导向,发现不利于当事人的问题,要及时整理并查找原因、寻找对策、调整辩护思路和方案。

律师阅卷一定要有倾向思维,大胆质疑控方的意见,努力发现其证据问题或者内在逻辑错误,除非其证据充分确凿到无懈可击,否则,辩护人都要尽量提出合理怀疑；谨慎相信当事人的辩解，努力求证，除非有足够证据证实其辩解虚假，否则，辩护人都要认真听取并选择相信。

3. 做好全卷复制的准备。全卷复制，对于广大青年律师或初入行的刑辩律师来说，意义重大，对于无罪辩护案件更是如此。全卷复制才能保证全卷阅览，律师只有保证全卷阅览，才能提高阅卷能力和阅卷效率，并对刑事案卷的完整内容了然于胸，才能充分了解控方的指控思路和办案规律，才能形成完善的辩护思路。律师阅卷过程中要善于发现卷宗中存在的问题。比如，案件形成的相关证据缺失，司法鉴定意见和其他证据相矛盾、程序中的重大问题等。律师阅卷一定要完整，只要与案件有关的材料一定要全部复制，同时，要反复核实复制的案卷是否完整及正确，包括卷宗的封皮、目录、卷底等，还要分别独立装订成册，做到复制备存卷与检察官、法官的卷相一致。

全国各地办案机关复制取得案卷的方式有所不同，有的检察院有电子扫描件，有的需要自己拍照或复印，有的还需自备光盘。为提高阅卷效率，阅卷前应提前预约，并询问是否需要自带复制、拍照的相关设备。

三、阅卷的方法

阅卷是刑事辩护的基础工作，具有很强的专业性、技术性和目的性，既是一个常规性辩护工作，也是考验一个律师责任心和创造性的工作。案卷材料是律师了解案情、掌握控方指控方向、形成辩护思路的主要依据。阅卷质量决定着辩护效果的好坏。律师要在阅卷上花费大量的时间和精力，因此，为了提高阅卷的效率，掌握科学、有效的阅卷方法至关重要。

1. 泛读。在于迅速把握全案卷宗结构，制作一般的文字阅卷笔录，了解全案事实。律师通过对全卷的浏览，对案件的整体状况有一个初步的了解，主要包括案件的主要犯罪事实是否清楚、法律定性是否正确、是否具有量刑的法定和酌定情节、办案机关所掌握的证据是否确实充分、案件可辩护点等。在泛读的过程中，制作一般的文字阅卷笔录，对案卷有个大概的了解。

2. 精读。不断反复地比较和分析，发现案件焦点问题、关键问题，并得出质证意见。所谓精读，就是全面、细致、不留缝隙地全方位阅卷，要求律师对案卷中的每一个细节都仔细斟酌，也可通过制作表格、图标等可视化形式，将案卷中的犯罪事实、证据等进行分类总结。通过总结对比，发现卷宗材料中是否存在问题，证据收集的程序是否存在问题或者有瑕疵，起诉书、起诉意见书中所提犯罪事实是否有完整的证据链予以证明，从而发现案件的焦点问题、关键问题，进而提出质证的意见。

3. 拣读。在阅卷提出质证意见的基础上，律师应进一步提炼辩护结论和具体观点。在精读整个案卷之后，我们已经熟悉整个案情，对案卷材料有了相对全面的把握，在此基础上进行拣读，主要是更注重证据之间的对比研究，系统地将证据存在的问题找出来，并依据法律规定对存在的问题进行全案分析，在已提出的质证意见上进行完善，形成完整的辩护思路。但是，拣读并不代表走马观花，同样需要对案卷材料中的细节进行详尽的分析和挖掘，进行查漏补缺，巩固已有的认识，再次核实自己的质证意见是否可行。

四、阅卷的顺序

阅卷要遵循一定的顺序。

（一）阅法律文书

律师应先阅看起诉意见书、起诉书和判决书等法律文书，重点阅看“经侦查（审查起诉/审理）查明……”和“本局（院）认为……”部分，对案件事实和相关的证据类型有个初步的印象。法律文书是司法机关针对当事人涉案行为认定事实和适用法律的文书，是对侦查过程、审查起诉过程和审判过程的精练和陈述，具有国家强制力的结论性法律意见。律师阅看法律文书可以快速了解本案基本事实、涉案事实的相关证据，掌握办案机关的办案思路，对案件事实一览全貌，阅卷可以事半功倍。通过阅看法律文书，了解以下案件事实的基本情况：（1）嫌疑人的自然情况（尤其是身份犯罪）；（2）嫌疑人被指控犯罪的时间、地点、动机、目的、手段等；（3）案件的起因；（4）嫌疑人是如何介入案件行为的；(5)行为的具体发生过程；(6)行为后果及后果是如何发生的；(7)行为是如何被发现的；(8)影响案件定罪量刑的主要情节；(9)嫌疑人和其他人的关系；(10)嫌疑人行为和行为后果之间的因果关系；(11)是否存在正当防卫、紧急避险等违法性阻却事由；(12)行为对象的情况；(13)是否有附带民事的损失。

重点阅看“本局/院认为”部分的释法(理)部分的事实与理由，审查其与法律文书“经侦查/审查起诉/审理查明”部分的认定事实是否有法律上的因果关系。

(二)阅实体卷

阅实体卷是办案中非常重要的环节，也是最考验律师专业能力的过程。

1. 被告人供述、被害人陈述及报案人报案材料、举报人举报材料。被告人供述是一个案件的重要证据，在我国言词证据可能就是定案的根据，一旦获取了被告人有罪供述往往就大功告成，甚至以犯罪嫌疑人对所犯罪行供认不讳宣布破案，因此，办案机关获取嫌疑人口供，并实现口供突破显得至关重要。另外，当事人作为案件的亲历者，本人的口供确实对案件的侦破起着非同寻常的作用。因此，律师阅卷应当对当事人的口供高度重视，可以快速了解犯罪嫌疑人或者被告人参与或者知悉的案件事实全貌，了解指控犯罪的主要事实及事实经过，而且对被害人的陈述也应当充分重视，以更好地了解全案以及案件形成的缘由。

在内容上，审查犯罪嫌疑人、被告人被指控的犯罪行为，不仅包括时间、地点、动机、目的、手段、对象等，而且应当审查当事人言词证据所证明的事实经过、涉嫌的案件性质，审查犯罪嫌疑人、被告人是否有从轻或者从重的情节和危害后果，特别是审查指控的犯罪行为与其犯罪后果、指控的犯罪行为与指控罪名是否具有因果关系；犯罪嫌疑人的辩解是否有相应的证据予以证明，针对同一事实是否有不同或相矛盾的表述；犯罪嫌疑人、被告人、证人及被害人的表述是否能相互印证，有无矛盾等。同时，还应当注意共同犯罪中众多犯罪嫌疑人的供述是否高度一致，甚至是否存在侦查机关复制粘贴形成的讯问笔录完全一致的情况。

在形式上,应当对审讯的时间、地点和办案人员的合法性、合理性进行重点审查。审查时间主要是指审讯的起止时间,可以计算出审讯的时长,结合笔录的页数看是否符合实际,如审讯时长 30 分钟,却记了 4 页笔录,或者笔录时长 5 小时,却只记了 3 页笔录,这都不符合常理。律师应就此提出合理怀疑,是否存在长时间不间断提讯,是否存在不让当事人休息的“熬鹰”式讯问。审查讯问地点,如果犯罪嫌疑人被拘留后没有及时送看守所收押,而是长期羁押在非法定场所,或者以非正当理由提出看守所外审讯等情况会暴露诸多程序破绽。同时,还应当审查提讯人员的主体资格以及是否存在轮流提讯的情况。司法实践中,在“熬鹰”式的突审当事人过程中,由于固定的办案人员很难独立完成,往往会替换人员实施“车轮”战术。因此,阅卷时应当审查讯问笔录上的讯问人员与实际讯问人员是否一致。讯问时间、讯问地点和办案人员程序违法,往往会导致刑讯逼供或者变相刑讯逼供。辩护人要对讯问时间、地点的合法性提出质疑,为适时提出排除非法证据做准备。

另外,阅卷还应当审查讯问或询问笔录的形式是否完整,是否都有被讯问人或被询问人的签字手印,签字和手印是否当时由当事人留存以及是否一致。

2. 物证、书证。物证、书证具有直接性、稳定性的特点,物证、书证所表达的内容较为明确,能够直接证明案件的主要事实或者部分事实。第一,真实性审查的重点:书证是否为原件;书证的副本、复制件与原件是否相符;书证是否经过辨认、鉴定;书证的副本、复制件是真实性还是合法性问题,有无制作人关于制作过程及原件存在于何处的文字说明及签名。物证是否为原物;物证的照片、录像或者复制品与原物是否相符;物证是否经过辨认、鉴定;物证的照片、录像或者复制品是真实性还是合法性问题,有无制作人关于制作过程及原物存在于何处的文字说明及签名。第二,合法性审查的重点:审查物证、书证的收集程序、方式是否符合法律及有关规定;经勘验、检查、搜查提取、扣押的物证、书证,是否附有相关笔录或者清单;笔录或者清单是否有侦查人员、物品持有人、见证人的签名,没有物品持有人签名的,是否注明原因;对物品的特征、数量、质量、名称等注明是否清楚。第三,关联性审查的重点:收集的证据与案件是否有关联性,能否证明相应的案件事实。

3. 现场勘查报告、伤情鉴定、尸检报告、审计报告等司法鉴定文书。司法鉴定文书在案件事实认定以及对被告人定罪量刑中起着至关重要的作用,由具有专门知识和技能的鉴定人员做出。第一,鉴定机关是否有相关的资质。资质要求既包括鉴定机构,也包括参与鉴定的人员,实践中可能存在无鉴定资质、超出核准的资质范围从事鉴定工作的情况。如在经济类犯罪中经常见到的司法会计鉴定意见书,这些鉴定意见书往往是由会计师事务所出具,我们一定要注意会计师事务所和从事鉴定的会计有无司法鉴定资质,以及是否具有委托鉴定范围内的资质。第二,鉴定程序是否合法。司法鉴定有严格的程序性要求,鉴定程序直接关系鉴定结论的公正性,继而关系鉴定意见的效力。第三,鉴定文书是否形式完备。签订文书应包含提起鉴定的事由、鉴定委托人、鉴定机构、鉴定要求、鉴定过程、鉴定方法、鉴定日期等,还要有鉴定机构、鉴定人员的盖章、签字。

4. 视听资料、电子数据。对视听资料、电子数据的审查重点:第一,审查介质是否为原件,对于复制件是否有原件;第二,审查内容是否完整、真实,提取的过程是否符合法律程序。

(三)阅程序卷

虽然案件分为实体事实和程序事实,但受重查明事实真相、轻维护程序正义的观念影响,很多辩护律师不太注重程序事实。程序正义是保障实体正义的前提,律师阅卷应当注重案件的程序是否合法,特别是无罪辩护条件,更应当注重积极的程序辩护。此阶段,阅卷主要是将案件中的证据材料和办案机关的文书依照时间顺序以类似表格的形式呈现,主要目的是审查取证过程的合法性以及办案机关是否依法办案,并为之后的质证和排除非法证据奠定基础。

阅程序卷的重心应当是程序卷中的立案登记表、破案报告书、拘留证、提请批准逮捕书，如果案件有退回补充侦查的情形，还应当详细查看退回补充侦查提纲。提纲上显示侦查中需要进一步补充侦查的内容，基于此，也可以发现侦查中存在的问题和审查起诉的公诉人思路：（1）了解案件来源，进一步了解本案形成背景；（2）了解侦查思路，退侦的一并了解审查起诉思路；（3）本案是否有程序问题，无罪辩护的案件尤其要注意这方面的问题；（4）注意将程序卷与案卷中的实体证据进行对比，从而发现有利于己方当事人的证据线索。

（四）阅其他案件材料

如户籍证明、违法犯罪记录证明、办案说明等，这些材料真实性、合法性一般不会有问题，但需要注意这些材料与涉案事实的关联性。重点审查办案说明，办案机关凡出具说明的往往都存在证据不足、证明形式不规范、办案瑕疵甚至其他严重问题。通过查阅上述证据材料，了解办案机关的办案思路，尤其要及时发现办案过程当中存在的问题。

五、阅卷笔录的制作

在刑事案件辩护中，阅卷质量的高低，直接关系辩护的成败。制作阅卷笔录，使辩护律师全面深入地了解案情，梳理事实证据，使案卷材料能够更加简洁、直观。制作阅卷笔录，对发现问题，提炼辩点，对办案进行有效指导具有重要作用。阅卷笔录作为开庭重要的素材，为提高庭审效率、保障庭审辩护效果等，都有非常重要的意义。

阅卷笔录虽然是辩护律师开展辩护工作的重要材料，但是却没有固定、统一的结构和形式，具体如何制作，通常以承办律师的习惯和使用方便为标准。但是，阅卷笔录科学合理的结构和简洁明了的形式，可以大大提高阅卷笔录的实用性，使辩护律师的工作成效更加明显。因此，如何制作一份完善的阅卷笔录至关重要。在司法实务中制作阅卷笔录，可以根据内容的不同采取不同的方式。

(一)摘录法

摘录法,即按照一定的顺序对诉讼文书或证据材料中对案件定罪量刑有重要影响的部分进行摘抄记录,主要适用于案情比较简单、案卷较少的案件。

运用摘录法阅卷时,摘录的内容一般应与起诉意见书的内容顺序一致。依序应当包括以下内容:(1)被告人身份情况;(2)采取强制措施情况;(3)指控事实;(4)被告人的供述;(5)证人证言;(6)其他证据;(7)案件性质和认定的根据;(8)被告人可能具有的从重或从轻的量刑情节。这种方法较为初级、简单,是对案卷材料平铺直叙的摘录,对案情的反映较为全面,但也存在一些难以避免的缺点,如果案件卷宗较多,涉及的犯罪事实较多,则会使阅卷笔录过长、过于复杂且缺乏针对性和条理性。

(二)列表法

列表法,即通过列表方式对各种证据材料进行横向或纵向的对比,对案件中某些数据或具有共同特征的某些事实以表格的形式进行汇总。对于比较复杂的案件,为了快速把握案件主要脉络,可以采取列表的方法进行阅卷,而不应当局限于单纯的摘录复制。

1. 对比表。制作阅卷笔录采用对比表方法的主要目的,就是在证据材料之间进行比较,尤其对犯罪嫌疑人、被告人供述及辩解、证人的多次证言等,通过直观对比发现言词证据是否有所出入(见表4-1)。

表4-1　王某受贿指控事实与辩解事实证据

项目	王某涉嫌受贿罪的指控事实与辩解事实		
笔录内容	王某讯问笔录第五次(第5卷第369页)(2018年11月25日)	赵某讯问笔录第二次(第6卷第396页)(2018年12月4日)	王某辩解书
	李某为了材料款通过关系找到我,我就把账号给了他	我让李某给王某卡里存入68万元,给王某的回扣	68万元是还款

2. 分类表。根据案件需要,对案卷材料按照犯罪构成的不同标准、不同类型,从认定事实、适用法律等不同角度进行列表对比总结,分别得出结论,即每一部分综合质证意见就是辩护词的一个分论点,最后总结的阅卷笔录的综合质证意见就是辩护词的辩护结论。通过分类对比,有助于律师对案件的深度理解和精准把握(见表4-2)。

表4-2 指控张某出售假冒日化品数量证据

<table>
<tr><th>犯罪嫌疑人/被告人</th><th>讯问时间</th><th colspan="2">笔录内容</th></tr>
<tr><td rowspan="10">张某</td><td rowspan="2">第一次供述(第3卷第268页)(2017年5月17日)卖给某某超市</td><td>舒肤佳</td><td>30箱、80元/箱</td></tr>
<tr><td>汰渍</td><td>20箱、45元/箱</td></tr>
<tr><td rowspan="2">第二次供述(第5卷第139页)(2017年10月30日)卖给某某超市</td><td>舒肤佳</td><td>30箱、80元/箱</td></tr>
<tr><td>汰渍</td><td>20箱、45元/箱</td></tr>
<tr><td>第三次供述(第5卷第239页)卖给某某超市</td><td>舒肤佳香皂</td><td>30箱</td></tr>
<tr><td>第四次供述(第5卷第248页)(2017年12月5日)卖给某某超市</td><td>汰渍洗衣皂</td><td>20箱</td></tr>
<tr><td rowspan="3">第五次供述(第5卷第259页)(2018年3月21日)卖给某某超市</td><td>舒肤佳香皂</td><td>10箱、55元/箱</td></tr>
<tr><td>汰渍洗衣皂</td><td>3箱、35元/箱</td></tr>
<tr><td>奥妙洗衣皂</td><td>3箱、35元/箱</td></tr>
</table>

3. 索引表。以表格的形式将案卷中展示的内容源于案卷的具体位置列明,便于快捷地查找有关证据的详细内容(见表4-3)。

表4-3 指控江某受贿89万元事实的证据

序号	证据名称	证据来源	供述内容
1	江某讯问笔录第一次(2017年8月1日)	卷一,第31~33页	2016年7月4日,某公司给杨某账号62141388060000×××转账89万元,付给张某承建某县章西渠农业开发综合改造项目第三标段人工费,工资表是虚开的 7月5日取款89万元,89万元去向没有记录
2	张某询问笔录第一次(2018年12月5日)	卷一,第48~52页	2016年2月,张某用自己的身份证办了银行卡,陈某让他把卡交给了我 2016年7月4日,89万元是会计给张某某转的劳务费

续表

序号	证据名称	证据来源	供述内容
3	张某询问笔录(2018年12月5日)	卷一，第57～63页	89万元是张某取的。张某找我要过工人的身份证号，工资表没有见过，工人工资是我发的，跟公司没有关系，工资表是假的
4	李某询问笔录(2018年12月5日)	卷一，第64～67页	取89万元用的是我的身份证 89万元工资表陈某签字同意后，我把钱给对方转过去

(三)其他方法

阅卷还可以以涉案时间或者某个涉案事实的经过为基础，以图的形式更加直观地将整个事件呈现出来，使律师了解事实发展的基本路径和案发过程。对于事件或人物关系比较复杂的案件，可以采用图示法，化繁为简，厘清思路。图示法包括框图、线段图、圆形图、矩形图、纵横交错图等多种形式。

六、阅卷注意事项

因刑事辩护律师所办案件的特殊性，阅卷工作会接触尚未对外公开的甚至涉密的案卷材料，因此，阅卷应当予以格外注意。

(一)注意履行保密义务

《律师办理刑事案件规范》第37条规定："律师参与刑事诉讼获取的案卷材料，不得向犯罪嫌疑人、被告人的亲友以及其他单位和个人提供，不得擅自向媒体或社会公众披露。辩护律师查阅、摘抄、复制的案卷材料属于国家秘密的，应当经过人民检察院、人民法院同意并遵守国家保密规定。律师不得违反规定，披露、散布案件重要信息和案卷材料，或者将其用于本案辩护、代理以外的其他用途。"律师对于阅卷过程中所知悉的案卷应当保密，在向犯罪嫌疑人、被告人核实时，不能一概将案卷材料直接向犯罪嫌疑人、被告人进行展示。特别是涉及国家安全、涉黑、涉恶、涉恐等案件，辩护律师一定要有保密意识和自我保护的安全风险意识。

律师通过阅卷了解办案相关情况，在对犯罪嫌疑人、被告人进行有针对性地核实事实和证据时，不要引导犯罪嫌疑人、被告人供述或辩解。在向犯罪嫌疑人、被告人核实情况时，要分情况向其展示所获得的材料，对于客观证据可以直接对其展示，但是同案犯的供述要间接、策略地询问，不可以直接向当事人及其亲友出示或者宣读，避免律师涉嫌串供犯罪的风险。同时，不能将自己获得的案卷材料以复印件等形式交给犯罪嫌疑人、被告人亲友，避免当事人亲友通过获得的材料做出不法和不当行为。

（二）注意时间节点

刑事诉讼具有很强的阶段性，辩护律师要紧跟节点，避免出现将案件“跟丢”的现象。辩护律师自审查起诉之日起就可以进行阅卷，但由于新的办案机关并不掌握当事人聘请律师的信息，无法保障辩护人及时阅卷，所以，辩护人要及时了解案件的进程，对不同阶段和办案机关的办案期限，做到心中有数，确保案件一旦移送办案机关就能够及时阅卷。例如，在侦查期限将要到期时，及时查询案件是否已送至检察院，如已经移送就要预约阅卷。特别是检察机关认为犯罪事实不清、证据不足或者其他情况需要补充侦查的情况，如果律师没有及时跟上，一旦退侦，案卷材料就会退回公安机关，导致律师无法及时阅卷，只能等再次移送。同时，已经补充侦查的案件也需要律师把握好时间节点，根据案情的难易程度，预判是否会用尽补充侦查的时间，及时与检察机关联系，了解案件的进展，以便第一时间获取案件的材料，及时阅卷，提前准备，为有效辩护争取时间。

（三）注意不同阶段的阅卷各有侧重

由于刑事案件一般分别经由侦查、审查起诉和审判阶段的不同机关办理，与之相对应的律师辩护，也分阶段委托与不同机关对接。在司法实务当中，为了保障辩护的完整性、稳定性和系统性，辩护律师往往会取得当事人或者其近亲属在侦查、审查起诉、一审三个阶段辩护的委托甚至包括可能二审、再审的所有辩护委托。但案卷大部分是一样的,因此,不同阶段辩护的阅卷就略有不同。第一次阅卷就是全卷阅,经过退侦以后的第二次甚至第三次审查起诉阶段的阅卷主要是针对补充侦查的卷宗阅览,而经过一审后,上诉或抗诉二审时阅卷,那就一定要阅看一审的庭审笔录、一审的判决书、辩护词、上诉状、抗诉书或者支持抗诉书。再审委托辩护时,就要重点阅看所有生效法律文书,原审阶段的所有辩护词和再审申请书,了解整个案件的形成和处理情况,不仅要对整个案件的处理脉络有个清晰完整的认识,而且要对生效判决认定事实与适用法律存在的问题和申诉的"点"了然于胸。

第五章 调查取证

会见权、阅卷权和调查取证权是刑事辩护律师的三大权利，三者相辅相成、相互加强。

➢ **三者统一于辩护活动整个过程中**

会见是为了获得犯罪嫌疑人、被告人的供述和辩解及其他的案件情况；阅卷是为了了解控诉机关所掌握的证据；调查取证，调查、收集其所掌握或了解的与案件事实有关的各种证据材料。三者相辅相成、相互促进统一于辩护活动整个过程当中，是律师开展有效辩护必不可少的环节和阶段。

➢ **会见、阅卷是基础，调查取证是会见、阅卷的提升和延伸**

三者都是有的放矢地寻找控方认定事实、适用法律的弱点和短板，更好地进行辩护。会见是主线，通过听取犯罪嫌疑人、被告人的供述和辩解甄别案卷中证据的虚实真伪，并发现证据线索。阅卷可以在会见的基础上进一步了解案件事实，以及控方所掌握的证据及其证据的证明力，发现控方证据的漏洞以及证据链是否形成闭环，为调取证据做准备。调查取证是抵销、削弱阅卷时发现的不利于当事人的事实所组织证据的重要手段，也是积极补充有利于当事人的涉案情节、还原案情真相、进行积极辩护的重要手段。

➢ 三者终极目标趋同

三者都是为了还原案件事实，维护当事人的合法权益，促使办案机关作出有利于当事人的无罪或罪轻的决定。会见可以监督办案机关依法办案，还可以通过案件的直接参与者即犯罪嫌疑人、被告人的陈述了解案情，进而维护其合法权益，实现有效辩护。阅卷目的是在案卷中发现犯罪嫌疑人、被告人无罪或从轻、减轻处罚的相关证据，进而了解案情和控方的证据架构，选取最佳辩护策略，实现对犯罪嫌疑人、被告人合法权益的最大保护。调查取证更是直接针对证据，从不同层面搜寻证据，找到辩护的突破口，从而实现当事人合法利益的最重要手段。

第一节 调查取证概述

一、调查取证权

律师的调查取证权是律师为了进一步了解、核实案情，依法向有关单位、个人进行调查，收集证据材料的权利。赋予律师相应的调查取证权，对于保障律师从事有关的法律服务活动，维护好当事人的合法权益，具有重要意义。[1]

（一）概念

证据对案件的定罪量刑起着决定性作用。没有证据的辩护就如同无源之水，缺乏说服力；没有调查取证权的律师，就如同在战场上没有进攻武装的战士，辩护力量羸弱。本书指的调查取证权，仅指狭义上的调查取证权，指辩护律师向与案件有关的单位或个人调查、收集其所掌握或了解的与案件事实有关的各种证据材料的权利。由此可见，调查取证可以分为律师自行调查取

〔1〕 王胜明、赵大程主编：《中华人民共和国律师法释义》，法律出版社 2007 年版，第 109 页。

证和申请司法机关进行调查取证两种类型。

(二)调查取证权利行使存在的问题

实践中,辩护律师的调查取证权行使存在一些客观的问题,导致权力行使不畅时有发生。

1. 风险性。调查取证是辩护人为抵销和削弱调查、侦查、检察机关已经收集到的据以定罪量刑的证据效力的诉讼活动。由于诉辩的对抗性,处于弱势地位的辩护人对抗强大的国家权力,且诉辩双方力量并不平衡,因此,造成了辩护人的调查取证有很大的风险性,无罪辩护的调查取证尤其如此。

我国整个司法体制呈“倒金字塔”的权力配置,侦查权力在基底,审查起诉权力次之,审判权力再次之,辩护权利的权利范围最小。辩护人调取对当事人有利的证据,要通过庭审的辩护及审判机关的有利裁判实现其价值,而面对权力相对较强的控诉机关,辩护人调查取证总是承受着很大的压力和风险。

在这种权利设置模式中,导致控辩双方的地位并不对等。再者,控方容易产生职业对抗的本能反应,不愿甚至抗拒承受律师调查取证可能推翻或阻碍此前定罪量刑工作成果的风险。同时,《刑法》第 306 条,就似“达摩克利斯之剑”时刻悬在辩护律师头上,辩护律师调查取证要承受很大的执业风险。实践中,辩护律师因调查取证受到侦查机关的阻挠、威胁,甚至追究刑事责任的情况时有发生。

2. 局限性。第一,法律依据不充分。《刑事诉讼法》明确赋予律师调查取证权,但在具体操作上却未对律师调查取证权利进一步设定和细化。对于律师申请调查取证的程序和操作规定界定模糊,导致理论和现实脱节。在司法实践中,当辩护律师持有律师执业证书与调查函向有关单位或者个人调取证据时,对方可能以内部规定不允许、无配合义务、承办人不在等理由阻挠,调查取证权没有法律的强力保护,导致律师的调查取证权形同虚设。

第二,调查手段有限。与侦查机关的调查手段相比,律师进行调查取证的手段有限,主要包括:询问有关证人;向被害人、被害人的近亲属、被害人提供的证人调取证据材料；调查有关单位规章制度、档案或文件；咨询相关专业领域专家意见；申请人民检察院或人民法院调查取证；申请人民法院通知证人出庭作证等方式。律师权利相比控方的权力要少很多。

第三，没有国家强制力的支持。控辩双方中，控方的职责是惩罚犯罪，因此侦查机关注重收集不利于当事人的证据材料。侦查机关运用国家强制力主动收集证据，而辩护律师无论是在侦查阶段，还是在审查起诉阶段、审判阶段，都只能消极防御。调查取证权是法律授予律师的权利，其本质上是一项私权利，缺乏国家强制性的力量。我国法律规定，辩护律师调查取证需要被调查取证对象的同意，有些情况不仅需要征得被调查取证对象的同意，还需取得检察院或法院的许可，即所谓的“双重许可”，这导致律师调查取证举步维艰。

3. 转化性。第一，律师自行调查不能时，可以申请国家机关调查取证。申请调查取证有两种情况：一是辩护人认为在侦查、审查起诉期间，公安机关、人民检察院收集的证明犯罪嫌疑人、被告人无罪或者罪轻的证据材料未提交的，有权申请人民检察院、人民法院调取。二是律师无法自行调取的证据，可以申请人民检察院、人民法院收集、调取证据。无论哪种情况都要通过国家机关进行，使调取的证据被控方所知晓，被审判所重视，这将对公正审判产生积极影响。

第二，司法实务中，自行调查的证据往往需要国家机关进一步调查核实才能转化为法院采信的证据。律师调查所取得的证据材料，必须经过法庭质证后，才能作为证据使用。律师调查取得的证据不能直接作为法庭定案的依据，必须在法庭调查过程中，经过询问证人、双方当事人质证等环节后，才能确定其证据效力。为此，在庭后往往需要起诉机关或者侦查机关进行核实。

第三，律师调查取证没有法定程序规定，司法实务中需参考国家机关相关程序的规定。我国法律尚未明确规定律师进行调查取证所要遵循的规范，律师在调查取证时只能按照侦查机关调查取证的规范进行。例如，取证活动一般应由两名以上律师协同进行；取证活动要制作调查笔录，并要有被调查人的签名；调查取证活动要取得同意或许可；等等。

（三）律师调查取证的域外立法

律师调查取证权利在大陆法系国家和英美法系国家的规定是不同的。

1. 大陆法系国家有关辩护律师调查取证权的规定。在德国，辩护律师不享有积极调查取证的权利，侦查活动以国家机关为主。德国《刑事诉讼法典》规定：被追诉人请求收集具有重要性的有利于自己的证据的，应当允许其调查取证。该法第166条规定，法官应当收集有利于被指控人的证据。作为大陆法系国家的代表，这体现了在刑事诉讼中，辩护方虽处于较弱的地位，但律师仍可以收集有利于被指控人的证据，对于一些自行无法获取的证据，可以向法官申请调查取证。德国《刑事诉讼法典》规定，一切法官主导的诉讼，律师有权利在场。理论上，德国法律未明确规定调查取证权，同时以侦查机关诉讼活动为主，辩护律师权利存在一定程度的局限性，但辩护律师独立的诉讼地位使得被告方在任何阶段均有权获得帮助，同时会见权、阅卷权等权利的广泛规定和完善保障了律师能有效行使辩护权。

日本的诉讼结构是以当事人主义为主、以职权主义为辅的混合诉讼模式。日本的刑事诉讼相关法律中规定，被指控犯有罪行的人可以随时委托辩护人。被指控犯罪的人在侦查阶段就可以委托律师，辩护律师的主要作用是为其提供法律意见，发现犯罪嫌疑人具有减轻处罚的证据时，请求检察机关不起诉其被代理人。同时其法律规定，司法机关在侦查阶段询问证人时，如果认为辩护律师在场不影响对证人的询问，可以允许其在场。

2. 英美法系国家有关辩护律师调查取证权的规定。美国十分重视辩护律师的权利，因为这是进行有效辩护的重要武器。《美国宪法修正案》中规定，被告人享有通过强制程序得到对其有利证据的权利。美国辩护律师在参加诉讼过程中，可以自行调取证据，也可以通过雇用私人侦探来查明案件事实。辩护律师调查取证的方式可以参照检察机关的侦查方法。除可以自己进行调查取证外，辩护律师还可以请求参与该案调查的其他警察为其勘验现场、检查物品、出庭作证。除此之外，美国法令规定，禁止相关人员对律师行使调查取证权设置障碍。通过以上种种规定，最大限度地保障调查取证权的顺利行使,便于被告方收集证据,查明案件真相。

英国的辩护律师调查取证权在当事人主义基础上得到了长足发展,其范围十分广泛。第一,辩护律师可以自行调查取证,包括人证、物证在内的有助于辩护的证据。其手段也是多种多样,辩护律师调查取证遇到障碍时,可以申请通过强制方法传唤证人出庭作证。第二,辩护律师会见羁押的犯罪嫌疑人、被告人时,不受非合理的限制。同时,不能限制诉讼当事人为了获取对其有利的证据进行辩护而收集证据材料的行为。第三,辩护律师可以通过控方的犯罪证据来知晓案件中的证据线索和相关事实情况,其主要途径包括预审程序、直接开示程序和依司法令开示程序。

二、律师调查取证权的立法变革和现状

随着我国诉讼模式的转变,当事人主义的成分较为凸显,诉讼中越来越重视控辩双方或原被告之间的平等质证和辩论。在这种情况下,律师的调查取证活动显得越来越重要。但实践中,律师"调查取证难"的问题却越来越突出。[1]

律师的定位经历了从"国家法律工作者"到"向当事人提供法律服务的执业人员"的转变。法律定位的变化也决定了律师辩护权的权利性质以及行使范围的变化。

第一阶段,1979 年《刑事诉讼法》公布,没有对律师调查取证权作出规定。

第二阶段,1980 年《律师暂行条例》公布,辩护律师调查取证权首次明确。《律师暂行条例》第 7 条首次规定了辩护律师的调查取证权,由于当时的律师具有"国家的法律工作者"的身份,其履行的调查取证行为自然具有"权力"属性,因此,有关单位、个人才有责任给予支持。而且,彼时的"律师不仅穿着制服,戴着领章帽徽,甚至还配发枪支",以保障其调查取证权的强制性

〔1〕 王胜明、赵大程主编:《中华人民共和国律师法释义》,法律出版社 2007 年版,第 110 页。

特质。

1996 年我国第一部《律师法》出台后，律师的职业属性发生了颠覆性变革，即从“国家的法律工作者”变革为“依法取得律师执业证书，为社会提供法律服务的执业人员”。与此相协调，律师先前具有的强制调查取证“权力”也随之转变为“权利”，即“依照诉讼法律规定，可以收集、查阅与本案有关的材料”，而随后的《刑事诉讼法》也规定了辩护律师在审查起诉阶段可以调查取证，但要经过被调查对象的许可，特定的调查取证行为还需得到相应公权力机关的许可，这是立法者认为律师调查取证权的规范运行，需要公权力的监督与被调查对象的制约才能实现。

2007 年修改的《律师法》根据我国律师业发展的最新情况，将律师界定为“依法取得律师执业证书，接受委托或者指定，为当事人提供法律服务的执业人员”。据此，律师通常被称为“法律服务工作者”。为解决律师“调查难”问题，《律师法》规定，律师自行调查取证的，可以凭律师执业证书和律师事务所证明，向有关单位或者个人调查与承办法律事务有关的情况。从《律师法》的条文表述来看，律师调查取证不再以“有关单位和个人的同意”为前提，只要持合法证件，就可以向有关单位和个人进行调查取证。但这没有国家基本法律层面的进一步支持，在司法实践中此规定也没有得到认可和落实。

第三阶段，2012 年《刑事诉讼法》规定中律师调查取证权仍旧受限。2012 年修改的《刑事诉讼法》仍保留律师调查要征得“被调查单位和个人同意”的条款，以及有关律师向被害人调查要征得“被害人同意”和检察院、法院“许可”的限制性规定。但是，增加了辩护律师了解到公安机关、检察院收集到足以证明被告人无罪或罪轻的证据材料，而这些机关没有向检察院或法院提交该证据材料的，可以申请检察院、法院分别向公安机关、检察院调取这类证据材料。从司法实践来看，假如辩护律师申请调取的确实是足以证明被告人无罪或者罪轻的证据材料，而法院又对公安机关、检察院施加了压力，或者进行了有效的工作，那么是有可能迫使检察院、公安机关将证据提交到法院的。相反，假如辩护律师所申请调取的属于对定罪量刑无足轻重的证据材料，也没有尽职尽责地提出调取证据申请的，法院要么会拒绝辩护律师的申请，要么根本无法完成调取证据的工作。

《刑事诉讼法》对辩护律师调查取证权规定不明确，导致辩护律师调查取证在范围和程序等方面出现立法空白，辩护律师的调查取证权难以得到保障，法律上对律师调查取证权应进一步的完善。

三、律师与公安、监察机关调查取证权对比

对于不同主体的调查取证权，其范围和权能存在较大差别。

1. 律师调查取证需经过同意、许可。辩护律师要想调查取证就必须征得被调查取证对象的同意，有的还要获得“双重许可”即不但要得到被调查取证对象的同意，而且还要征得检察院或法院的同意后才能实施。公安机关、监察机关可以直接或者委托有关机关、人员进行询问、要求说明情况等。公安机关、监察机关调查取证时，被调查对象有义务配合，应当如实陈述、如实提供。

2. 公安机关、监察机关调查取证手段广泛。公安机关、监察机关的调查取证包括勘验、检查、搜查、辨认、查封、扣押等，收集到的证据可以直接使用。甚至根据需要，还可采取限制犯罪嫌疑人人身自由的手段，如拘留、监视居住、逮捕等措施。辩护律师调查取证权的手段只能是同在押的犯罪嫌疑人或被告人会见和通信；阅卷，摘抄、复制本案有关材料；询问有关证人；向被害人、被害人的近亲属、被害人提供的证人调取证据材料；查阅有关单位规章制度；调查有关单位档案或文件；咨询相关专业领域专家意见；申请人民检察院或人民法院调查取证；申请人民法院通知证人出庭作证等法律列举出来的调查手段。

3. 律师调查取证没有强制力进行保证。由于我国设置的辩护律师调查取证权本质上是一种私权利，这就决定了它不具有国家强制力。而公安机关、监察机关是以国家强制力为后盾，代表国家打击犯罪、惩罚犯罪。

4. 调查取证获取证据的证明力大小不同。我国司法实践中，尤其在法院

的庭审阶段,即使辩护律师行使调查取证权收集的证据与侦查机关获得的证据在证明力一样的情形下,法官的天平也常常向侦查机关倾斜,认同和采信侦查机关收集整理的证据。在某些法官思维中,侦查机关收集的证据,其证明力就是比辩护律师手中的证据强,而无须任何解释和理由。

5. 律师调查取证的范围仅限于对其委托人有利的方面。而公安机关、监察机关调查取证的范围,既要收集证明当事人有罪或罪重的证据,又要收集证明其无罪或罪轻的证据。

第二节　调查取证攻略

我国《刑事诉讼法》赋予律师调查取证的权利,在刑事诉讼中,律师通过调查取证可以收集辩护证据、对控方证据进行核实查验,以实现有效辩护。在我国,律师调查取证有两种模式,不同的模式有不同的取证方法和程序,辩护律师要严格遵循法律和执业规范,防范风险,实现调查取证的顺利进行,为有效辩护打好基础。

一、调查取证的模式

我国《刑事诉讼法》第 41 条和第 43 条分别规定了律师调查取证的两种模式,即申请取证和自行取证。作为实现律师调查权的两种基本模式,自行调查和申请调查具有相互补充、不可替代的作用,但在操作方法和注意事项上又有不同的要求。司法实践中,辩护律师正确行使调查取证权,可以保证调查取证活动的顺利进行。

(一)申请调查取证

《刑事诉讼法》第 41 条规定:“辩护人认为在侦查、审查起诉期间公安机关、人民检察院收集的证明犯罪嫌疑人、被告人无罪或者罪轻的证据材料未提交的,有权申请人民检察院、人民法院调取。”第 43 条规定:“辩护律师经证人或者其他有关单位和个人同意,可以向他们收集与本案有关的材料,也可以申请人民检察院、人民法院收集、调取证据,或者申请人民法院通知证人出庭作证。辩护律师经人民检察院或者人民法院许可,并且经被害人或者其近亲属、被害人提供的证人同意,可以向他们收集与本案有关的材料。”可知,辩护律师的申请调查取证包括申请调取办案机关已收集的无罪或罪轻的证据和申请司法机关调取其他证据。

律师申请调取证据,应书面向人民检察院或人民法院提出。在刑事司法实践中,申请多数情况下会遭到拒绝,主要原因有两点:一是办案人员人手不足、办案经费紧张,需要从办案成本角度予以考量;二是检察院与律师具有对抗性,而法院已形成对案件事实的基本认定,对被告人是否构成犯罪也已经有了基本的判断,再加上法官会追求推进法庭审理的进度,所以,对辩护律师的调查证据请求一般不会支持。申请被拒绝后,无法获得其他有效的司法救济,律师的调查取证权利缺乏必要保障。

(二)自行取证

依法保障律师在刑事诉讼中的申请收集、调取证据权是为了更准确、更全面地查明犯罪事实,对于保证案件依法公正处理具有重要作用。

1. 概念。根据《刑事诉讼法》第 43 条的规定,在刑事诉讼中,辩护律师经有关单位和个人同意,可以向他们收集与本案有关的材料。如果被调查人是被害方或者被害方提供的证人,辩护律师除了取得被调查人的同意,还需要取得检察院或者法院的许可。与侦查机关、公诉机关和审判机关所进行的调查取证活动不同,辩护律师的自行调查具有民间调查的性质,没有国家强制力作为后盾,这意味着,辩护律师对于那些拒绝配合调查的单位和个人无权采取任何强制性措施。辩护律师的调查要以被调查单位和个人的同意为前提,意味着被调查单位和个人有权拒绝律师的调查要求。从法律层面上讲,被调查单位和个人拒绝辩护律师调查请求的,并不因此承担任何消极的法律后果。

2. 自行取证的风险。辩护律师自行取证一直是较令人关注的问题之一。辩护律师在进行自行调查时不仅经常遭遇困难,而且还会面临受到刑事追诉的执业风险。特别是在向证人、被害人调查取证过程中,这种执业风险的系数会变得更高。

辩护律师的调查要以被调查单位和个人的同意为前提,律师根本无法凭借自身的力量强制被调查者提供证据或证言。在自行调查取证中特别是询问证人时,一旦言语不当或者操作失误,就可能面临律师作伪证的风险,甚至会遇到证人迫于控方的压力,诬陷律师引诱、教唆其作伪证的情况。实践中还发生过检察院、公安机关直接对辩护律师采取强制措施,以"涉嫌伪证罪"或"涉嫌妨害作证"的名义对辩护律师立案侦查,甚至向法院提起公诉。这种针对辩护律师的刑事追诉给律师的调查取证造成了消极影响和很大的执业风险。

3. 自行取证的方法。辩护律师调查取证,主要围绕物证、书证、证人证言、被害人陈述、犯罪嫌疑人、被告人的供述和辩解、鉴定意见、勘验笔录、视听资料和电子数据等证据。针对不同类型的证据,调查取证时所采用的方法也不尽相同。

辩护律师在收集物证时要注意:第一,确认被收集的物证是否为物品的原件,并确定该物证的证据价值;第二,应当制作证据清单或提取笔录,载明物证名称、来源、规格、数量、取证的方式和过程;第三,在获取物证后,要按照物品的性质进行妥善保管,需要进行鉴定的,要及时进行检验或鉴定。

书证以其所承载的内容来证明案件事实,因此,律师在调取和收集书证时,应当注意书证的完整性。例如,多页书证页数是否齐全,是否有缺页或少页,有盖章的是否有骑缝章;调取身份证明证据,如身份证、户口簿等证件,不仅要复印需要的身份页面,还需要复印其他的全部页面。在司法实践中,书证多为纸质,在收集到书证后要妥善保存。

鉴于辩护律师收集证人证言的执业行为具有一定法律风险,因此,律师在调查取证时要注意:第一,确定证人是可以正确表达自己意思的完全行为能力人;第二,要经过证人的同意,向被害人提供的证人收集证据的还要经过人民检察院或人民法院的同意；第三，询问证人时要注意措辞，避免出现诱导性、胁迫性的言辞；第四，询问笔录要完整，内容要翔实，包含询问时间、地点、证人身份信息、律师信息、证言内容等，并在末页亲笔书写“以上内容与本人所述内容相一致”，同时在各页上签字。记录出错或涂抹之处需要证人在修改处签字确认，假如证人以后辩称律师调查笔录系律师单方记录、自己未核对笔录的，这种做法会成为律师保护自己的有利证据。另外，为保证调查对象的稳定性，在调查取证时可以同步录音、录像。

在刑事案件中，因被害人对犯罪嫌疑人、被告人的仇恨，极易对律师产生抵触情绪，律师在询问被害人时，不易得到客观的信息，人身安全可能有风险，除非特殊情况，辩护律师不宜自行向被害人调取证据，最好申请人民法院或人民检察院询问被害人。

辩护人可以通过会见犯罪嫌疑人、被告人了解案件，如何与犯罪嫌疑人、被告人沟通在第三章“会见”进行阐述，此处不再赘述。

当涉及物品需要鉴定而控方没有委托鉴定，或者认为控方鉴定不正确时，律师需要申请司法机关重新鉴定，需注意：第一，要选择有资质的鉴定机构，可以通过司法行政部门的官网进行查询；第二，由于物品的特殊性，如某些物品长时间可能挥发而不再具有价值，要及时申请封存、采样进行送检。必要时，律师事务所可以自身名义委托鉴定。

在刑事诉讼中，案件发生的外部环境可以为犯罪事实的认定提供重要线索，律师通过勘验、检查可以验证控方勘验、检查是否有遗漏的信息，作为推翻指控所依据的关键证据。在取证时，应当结合现场的具体特征，采取规范、科学的手段，避免破坏现场。同时，辩护律师可以邀请案外人作为见证人，在勘验笔录上由见证人签字确认，以证明取证过程的规范性、合法性。

网络、电子设备已经渗透到生活的各个方面，因此，律师可以通过电子设备查询案件的有关线索。在截取与本案有关的信息时，应当注意证据的完整性，即该信息形成的时间、内容、发出方和本案的联系等。同时，自行取证过程要保证调取的电子信息是未经篡改原始介质上的内容，并保存好原始介质。对取证过程中获取的商业秘密、个人隐私等，辩护律师应当保密。必要时,对调取的网络电子证据要进行公证。

二、律师调查取证流程

律师调查取证应当有的放矢,提前准备,周密设计。

第一,接待、会见和阅卷是有效取证的前提和基础。取证前一定要详细了解案情,认真阅卷、反复会见,比较甄别卷宗中相互矛盾、证明不清事实的证据,努力发现案卷中指控不实的证据、遗漏的对当事人有利的证据和指控存在的瑕疵甚或重大缺陷的证据等。

第二,取证前一定要仔细研究,明确调查方向和调查内容以及调取提取的相关证据,拟好调查取证方案,设计发问提纲。同时要了解被调查对象与委托人的关系及配合意愿及程度,了解被调查对象的性格。

对已经在侦查(调查)机关做过笔录的证人调查取证,事先一定要反复研究卷宗里被调查对象的言词证据内容,笔录内容既要有针对性,也要有所区分,岔开角度,找准切口,取辩护所需。

第三,利用委托人提供的便利,根据与委托人关系的亲疏远近,以合适的方式提前联系被调查对象,约定地点和时间,安排见面,表明当面了解案件事实的情况。

第四,备好律师证、调查函、委托手续,带上事先准备的调查方案和调查提纲等,尤其调查已经在侦查(调查)阶段、审查起诉阶段、审判阶段做过证的证人,调查时要带上卷宗里被调查对象的询问笔录。

第五,调查前要有过渡,缓和气氛,消除证人的不安情绪,释放善意,表达来意,争取证人信任和配合,为接下来的取证工作做好铺垫。调查取证要循序渐进,不要急于记录,以免引起被调查对象紧张和不安导致调查取证失败。先通过聊天的方式引导当事人说出律师想要调查了解的内容。待时机合适再提出制作笔录的要求。

第六,制作调查笔录。调查笔录要内容准确、结构完整,形式规范。调查笔录应当包括调查的时间、地点、律师身份信息、被调查者身份信息、伪证风险告知情况、调查的内容和过程、签字确认等内容。制作笔录首先要记录律师自我介绍、出示证件的内容,尤其要记录律师告知当事人作伪证要承担法律责任的内容。制作笔录要明确被调查对象的基本信息,与当事人与案件事实的关系。制作笔录的顺序要遵循先总后分的顺序,笔录的问题不同于法庭庭审时的一事一问,而是先由被调查对象就他所了解的事实进行陈述,需要特别强调和补充的再追加问题予以加强。

调查笔录记录完成后,应当经被调查人核实后在每一页页码处签字,并在末页写明"以上记录我看过,和我说的相符(一致)",最后再签名加盖手印。笔录内容如有修改应当在修改处签字、盖章或捺手印。特别针对证人等调查对象,律师应当首先告知其作伪证和隐匿罪证的法律责任,并记录在笔录中。

第七,如果被调查对象有证据需要提取,应当制作证据提取笔录和提取的证据清单。证据提取笔录主要是核实证据的来源和形式以及调取的程序合法性问题,证据清单主要载明证据的名称和形式,并载明页数,与提取的附后的证据完全一致。提取笔录、证据清单和证据都需要证据持有人(提供者)核对无误后签字。

三、调查取证的程序

律师在调查取证过程中面临多重风险,因此,在调查取证的过程中应当注意调查取证行为的规范性,严格遵循以下程序:

1. 获得被调查对象的同意。对于被害人及其近亲属、被害人提供的证人应取得人民检察院或人民法院的许可,只有获得书面的许可文件时才能进行调查取证。

2. 手续齐全。在进行调查取证时,律师应当持有律师事务所出具的介绍信、律师执业证,需要司法机关许可的应当持有司法机关签发的许可证明等。

3. 两名以上律师协同进行。在调查取证的过程中,因涉及询问、取证、制作笔录等内容,两名以上律师不仅可以互相配合,提高效率,同时也可以证明取证活动的合法合规性，避免因调查取证产生不必要的风险和麻烦。

4. 分开询问，单独进行。律师调查取证涉及多个人时，一定要分开询问，单独进行，在询问证人时，除律师外，其他人不得在现场，避免相互影响、干扰甚至发生串供的情况。

四、调查取证的注意事项

律师在调查取证的过程中，稍有不慎就可能陷入泄露秘密、作伪证的危险中，但是我们也不能因噎废食、消极懈怠。一方面，积极地调查取证可以发现有利的线索，寻求辩护的突破口，这既是律师职业道德的要求，也是维护当事人合法利益的必然选择；另一方面，律师消极地调查取证，可能丧失关键的证据，使辩护活动陷入被动，致使当事人合法权益无法得到维护，损害了公平和正义。只要律师严格遵守法律、恪守职业操守、按照正当的程序、采取妥当的方法，就可以规避执业风险，保证调查取证顺利进行，为有效辩护打下坚实基础。因此，律师在调查取证中要格外注意以下几方面：

1. 坚持职业操守。对于当事人及其家属要求律师泄露案件机密信息、协助作伪证、隐匿罪证等非法请求，辩护律师应当明确拒绝，并表明立场。若当事人及家属固执己见，要求非法取证的，律师不能为了办案业绩而触犯法律和执业底线，应当果断解除委托关系。

2. 严格按照法律规定的程序和科学合理的方法。程序是否合法、规范，方法是否合理，直接决定着律师调查取证是否顺利、调取的证据是否有效。同时，要善用申请调取证据的手段，增加采信率。如果自身无法取得或风险较高，特别是对案件结果有直接利害关系的证人、证言反复不确定的证人等风险较高的，可以提供尽可能翔实的证据线索，请办案机关核实。

3. 善于设计取证方案。辩护律师在调查取证前，应当就拟调取的证据与本案的关联性及影响力、调查取证活动的风险性等进行评估，以便明确调查取证活动的必要性，进而设计调查取证的方案。对于对本案的定罪量刑有重大影响的可以调查取证；对定罪量刑无实质性影响或者与本案关联性较弱的证据,可以不调取;对自行调取证据风险性较高的可以申请司法机关调取;对当事人提供的证据线索要评估调取的必要性,再确定是否调取以及调取的方式。

4. 注意保密。辩护律师在调取证据的过程中获得的案件信息应当注意保密。案件信息既包括国家秘密、商业秘密,还包括当事人或者其他人的个人隐私。个人隐私既包括私人信息,如日记、隐疾、联系方式等,也包括私人活动,如社交情况、婚姻内外的关系等。无论任何情况,未经他人允许,都不能泄露个人隐私。有些律师为了个人利益或舆论效果,未经他人允许将涉案人员的信息进行传播,这不仅违反法律和职业道德,还会使律师面临法律、法规的处罚。但是,下列情形例外,当辩护律师在执业活动中知悉委托人或其他人,准备或者正在实施危害国家安全、公共安全以及严重危害他人人身安全的,应当及时告知司法机关。

5. 采取其他防护措施。辩护律师在规范自身取证活动的同时可以采取其他防护措施来防范风险。例如,在取证的过程中邀请居委会或村委会、公证人员、案外人或者在场人等见证,在取证笔录中载明并由见证人签字。在取证过程中可以对取证活动进行全程录音、录像等。

第六章　认罪认罚从宽制度

认罪认罚制度是近年来司法改革的产物。2014 年 10 月，党的十八届四中全会审议通过的《中共中央关于全面推进依法治国若干重大问题的决定》明确提出"要优化司法职权配置，完善刑事诉讼中认罪认罚从宽制度"。党的十八届四中全会关于司法改革的重要内容就是刑事诉讼制度改革，完善刑事诉讼中的认罪认罚制度是其中一项重要措施。

2016 年 7 月，中央全面深化改革领导小组第二十六次会议审议通过《关于认罪认罚从宽制度改革试点方案》。2016 年 9 月，第十二届全国人大常委会第二十二次会议通过决定，授权最高人民法院、最高人民检察院在试点地区开展刑事案件认罪认罚从宽制度试点工作。2016 年 11 月，"两高三部"根据全国人大常委会的授权发布了《关于在部分地区开展刑事案件认罪认罚从宽制度试点工作的办法》，包括北京在内的 18 个地区作为试点启动认罪认罚从宽制度。

2018 年 10 月，第十三届全国人大常委会通过了《关于修改〈中华人民共和国刑事诉讼法〉的决定》，稳固并发展试点成果，将认罪认罚从宽上升为法律，明确规定了认罪认罚从宽制度，并完善了认罪认罚从宽的程序性规定。自此，认罪认罚从宽制度在全国适用。

2020 年 12 月 7 日,最高人民法院审判委员会第 1820 次会议通过《刑事诉讼法解释》,并于 2021 年 3 月 1 日起施行。该解释对于认罪认罚从宽制度作出了更详尽的规定,更好地推进在实践中适用认罪认罚从宽制度。

第一节　认罪认罚从宽制度概述

认罪认罚从宽制度是党和国家长期坚持的宽严相济、坦白从宽刑事政策的深化发展和制度化,是我国刑事法律制度自然演进的结果。

一、概述

认罪认罚从宽制度在符合我国国情的前提下,适当借鉴了国外辩诉交易、认罪协商等诉讼制度中的一些合理因素,如强化认罪认罚的法律效果、完善相关法律程序、尊重被告人的诉讼主体地位和程序选择权,但绝不是辩诉交易的翻版。从制度定位上看,认罪认罚从宽的根本目的是确保公安机关、人民检察院、人民法院依法、及时、公正履行追诉、惩罚犯罪的职责,犯罪嫌疑人、被告人只是通过认罪认罚来争取从宽,而不是就定罪量刑进行讨价还价。而国外的辩诉交易是当事人主义诉讼模式的产物,犯罪嫌疑人、被告人与检察官可以就诉讼结果进行协商处分、交易还价,以避免诉讼风险。从适用标准上看,认罪认罚从宽制度,坚持以事实为根据、以法律为准绳,贯彻证据裁判要求,是否从宽及从宽的具体幅度,都要依照法律规定和政策要求来把握。而国外的辩诉交易,只要被告人作出认罪答辩,一般即可定罪判刑,有的案件从宽幅度具有极大的不确定性。从职权配置上看,认罪认罚案件的定罪量刑,由检察机关提出建议,人民法院要在严格审查的基础上依法作出裁判。而国外的辩诉交易,法官对交易结果一般只进行形式审查,程序合法即予确认,按交易结果判决。所以,一定要明确这两者之间存在的本质区别,正确理解和适用认罪认罚从宽制度。[1]

1. 认罪认罚制度的概念。认罪认罚制度作为一项重要的司法改革创新，是中国特色社会主义司法制度的重大完善，也是推进国家法治建设和现代化治理能力的重要举措。

《刑事诉讼法》将认罪认罚从宽作为刑事诉讼的一项基本原则规定在总则中，第15条规定，“犯罪嫌疑人、被告人自愿如实供述自己的罪行，承认指控的犯罪事实，愿意接受处罚的，可以依法从宽处理”。从条文表述看，认罪认罚从宽制度的适用包含三个要件：一是认罪要件，即犯罪嫌疑人、被告人自愿如实供述自己的罪行，对指控的犯罪事实没有异议；二是认罚要件，即愿意接受处罚；三是后果要件，即可以依法从宽处理。

简言之，认罪认罚从宽分别为认罪、认罚和从宽三部分，具有实体和程序的双重意义。

2. 认罪的概念。从实体法的概念上来说，认罪是指犯罪嫌疑人、被告人自愿如实供述自己的罪行，对指控的犯罪事实没有异议。它不仅体现了犯罪嫌疑人、被告人在实施涉嫌或者被指控的犯罪行为之后对该行为的认识和态度，而且作为在法律上具有证据能力和证明力的完整口供，它是“一种对刑事诉讼程序的运行有重要作用且对定罪、量刑有重要作用的证据”。

从程序法的概念上来说，侦查阶段和审查起诉阶段初期，犯罪嫌疑人、被告人只要自愿如实供述自己的罪行，就构成“认罪”。

在司法实践中，犯罪嫌疑人或者被告人认罪认罚需要签署《认罪认罚具结书》，从时间上一般是提起公诉时或者案件进入审判阶段以后，“认罪”的犯罪嫌疑人、被告人必须同时承认检察机关指控的犯罪事实，其中适用速裁程序和简易程序审理的案件，还必须认可指控的罪名，才符合适用认罪认罚从宽制度的“认罪”条件。因此，“认罪”不能仅作宣告性的认罪表示，而应当是实质性的承认。如被告人的认罪是避重就轻、推卸责任，或者仅作认罪表示，却不提供具体犯罪过程，甚至捏造事实，或者虽然如实供述了犯罪事实，

---

〔1〕 胡云腾主编、最高人民法院刑事审判第一庭编著：《认罪认罚从宽制度的理解与适用》，人民法院出版社2018年版，第4~5页。

但认为自己的行为不构成犯罪，或者隐瞒自己真实身份、影响对其定罪量刑的，不宜认定为“认罪”。

“如实供述自己的罪行”，可以参照相关司法解释，如《关于处理自首和立功具体应用法律若干问题的解释》《关于处理自首和立功若干具体问题的意见》《关于办理职务犯罪案件认定自首、立功等量刑情节若干问题的意见》等的规定把握。需要明确的是，认罪的情形较为复杂，实践中也因案而异，为进一步明晰对“认罪”的把握，《关于适用认罪认罚从宽制度的指导意见》从两个方面对此作出细化阐释：

一是承认指控的主要犯罪事实，仅对个别事实情节提出异议，或者虽然对行为性质提出辩解但表示接受司法机关认定意见的，不影响“认罪”的认定。此处对行为性质提出辩解，既包括对罪与非罪提出辩解，如认为自己行为是正当防卫，也包括对此罪与彼罪提出辩解，如指控贪污，辩解是挪用。从《关于适用认罪认罚从宽制度的指导意见》来看，犯罪嫌疑人、被告人对行为性质提出辩解是否影响“认罪”的认定，需要看其最终是否接受司法机关的认定意见，如果对行为性质提出辩解，如对罪名有异议，但是表示愿意接受司法机关认定意见的，不影响“认罪”的认定。如果不接受司法机关的认定意见，则不能认定为认罪认罚从宽制度下的“认罪”。因为司法机关认定意见包括对罪名的认定，若不接受对罪名的认定，则不能认为是接受司法机关的处理意见，也就无法达成一致签署具结。从这个意义上来讲，不应将承认指控的犯罪事实与指控的罪名割裂开来，指控的犯罪事实通常是围绕指控的罪名来叙述，指控不同的罪名，比如，指控盗窃与侵占在事实描述上存在差异，因此，若拒不接受司法机关认定的罪名，则不能认定为认罪认罚从宽中的“认罪”。当然，对此种情形的“认罪”依法应按照坦白给予从宽处理。

二是犯罪嫌疑人、被告人犯数罪，仅如实供述其中一罪或部分罪名事实的，全案不作“认罪”的认定，不适用认罪认罚从宽制度，但对如实供述的部分，人民检察院可以提出从宽处罚的建议，人民法院可以从宽处罚。此处对“部分认罪”情形如何处理的规定，实质上体现了对被追诉人与司法机关合作的鼓励，对犯数罪仅认部分罪的，虽然全案不适用认罪认罚从宽制度，但在其认罪的范围内,体现宽严相济,可以给予从宽处理;对共同犯罪中部分被追诉人如实供述、承认指控犯罪事实的,对此部分被追诉人应当认定为“认罪”,可以从宽处理。

3. 认罚的概念。认罚是指犯罪嫌疑人、被告人真诚悔罪,愿意接受处罚。在侦查阶段以及审查起诉阶段初期,只要犯罪嫌疑人如实供述了涉嫌犯罪的事实,愿意接受处罚,就属于“认罚”;在审查起诉阶段后期和审判阶段,犯罪嫌疑人或被告人只有在自愿认罪的基础上“同意量刑建议”,检察机关才能建议法院适用速裁程序等简化程序审理案件,法院也才能根据检察机关的量刑建议对被告人从宽处罚。

同时,认罚包含了肯定性行为和禁止性行为两方面。肯定性行为不限于“同意量刑建议”,一般还应当包括依法签署具结书、积极退赃退赔、赔偿被害人物质损失、自愿缴纳罚金等;禁止性行为是指犯罪嫌疑人、被告人,不得故意实施逃避刑事追诉和审判的行为,其中被取保候审、监视居住的犯罪嫌疑人、被告人不得故意违反取保候审、监视居住的规定,不得妨碍刑事诉讼活动的顺利进行。

从程序上来说,“认罚”除要求犯罪嫌疑人、被告人“同意量刑建议”以外,还要求其同意适用速裁程序、简易程序或普通程序简化审判程序。虽然认罚要求被告人必须接受法院最终判处的刑罚,但并不禁止被告人对有罪判决的量刑部分提出上诉。

4. 从宽的概念。从宽是指在程序上从简、实体上从宽处理。从程序上来说,从宽包括适用较轻缓的强制措施、适用速裁程序或者简易程序等。《刑事诉讼法》第 81 条规定,批准或者决定逮捕,应当将犯罪嫌疑人、被告人涉嫌犯罪的性质、情节、认罪认罚等情况,作为是否可能发生社会危险性的考虑因素。例如,在程序处理上,人民检察院可以作出酌定不起诉处理,符合适用速裁程序的案件,适用速裁程序。

从实体上来说,从宽是指适度的量刑减让。从宽处理不再是可有可无,法定的从宽情节在量刑时应予以考虑,从宽处理必须是依法从宽,而不是法外从宽。对认罪认罚的犯罪嫌疑人、被告人,要分别适用自首、坦白、当庭自愿认罪、真诚悔罪认罚、取得谅解和解等法定、酌定从宽情节。并且要根据案件的具体情况区分,适度从宽。根据犯罪的事实、性质、情节和对社会的危害程度,综合考虑认罪认罚的具体情况。

综合来看,"认罪""认罚"是前提,"认罪"是"认罚"的基础,"从宽"处理是结果。认罪认罚从宽三者缺一不可,共同构成了认罪认罚从宽制度。

二、认罪认罚从宽制度的基本原则

认罪认罚从宽制度被确立为《刑事诉讼法》的重要原则,是程序法层面对坦白从宽政策的制度化和深化发展。

1.贯彻宽严相济刑事政策。所谓宽严相济,是指根据案件的不同情况区别对待,做到该宽则宽,当严则严,宽严相济,罚当其罪。宽严相济刑事政策是我国现阶段的基本刑事政策,是指在办理刑事案件中要克服重刑主义思想影响,正确把握宽与严的关系,不能一味从严,但也不能片面从宽。

宽严相济刑事政策中的"宽",主要针对情节较轻、社会危害性较小、主观恶性相对较小或者人身危险性不大的犯罪嫌疑人、被告人,以及罪行虽然严重,但具有法定或酌定从宽处罚情节的被告人适用,可以依法从轻、减轻或者免除处罚。例如,对于具有一定社会危害性,但情节显著轻微危害不大的犯罪嫌疑人,可以不作为犯罪处理。

宽严相济刑事政策中的"严",是通过从严处罚来有效震慑犯罪分子和社会的不稳定分子,主要是针对罪行十分严重或者社会危害性极大的犯罪分子适用。例如,在审判活动中贯彻执行依法从"严"的政策要求,对于依法应当判处重刑或死刑的犯罪分子,要坚决地判处重刑或死刑;针对社会危害性大、主观恶性深、人身危险性大,或者具有法定、酌定从重处罚情节的犯罪嫌疑人和被告人,要依法从严惩处,从而达到有效遏制犯罪、预防犯罪的目的。辩护律师在办案时,可以监督司法机关的从严政策落实是否失当,是否枉法裁判或者以权谋私。

宽严相济刑事政策贯穿了刑事案件的全部过程,也是司法机关惩罚犯罪,保护公民的基本工作原则,也是为了教育和感化大多数犯罪分子,打击极少数犯罪分子,最大限度地减少社会对立面,促进国家稳定与社会和谐。

2. 坚持罪责刑相适应原则。法无明文规定不为罪,没有犯罪就没有刑事责任及刑事处罚。罪责刑相适应原则是指刑罚的轻重应当与犯罪分子所犯的罪行和承担的刑事责任相适应。办理刑事案件时,即使犯罪嫌疑人已经认罪认罚,也要综合考虑其所犯罪行的轻重、社会危害性大小以及应负的刑事责任,然后在此基础上量刑。确保犯罪分子对已经实施的犯罪,承担相应的刑事责任,并受到相应的刑事处罚。裁量准确,罚当其罪,犯罪、刑事责任和刑罚三者要保持均衡,保证罪刑相符。对于共同犯罪的案件,有些犯罪嫌疑人认罪认罚,有些不认罪认罚的,尤其要注意量刑平衡,防止量刑失当。

刑事处罚产生于刑事责任,刑事责任产生于犯罪。刑事处罚是犯罪引起的必然法律后果。给予刑事处罚,先要分析罪轻罪重和刑事责任大小,这就需要综合考虑案件,例如,犯罪嫌疑人或被告人的主观恶性、人身危害性大小和犯罪的社会危害性大小等。

3. 坚持证据裁判原则。证据裁判原则,是指在诉讼活动中必须以事实为根据,也就是以证据为基础来认定案件事实,除此之外没有其他的根据。证据是在法庭上经过合法的举证质证程序,有证明的能力,才可以作为裁判的依据。如果没有证据或者证据不足,就不能认定该犯罪事实。也就是说,在刑事案件中,一切案件事实的判定都要以证据为主,不能轻信口供。对于证据充分确实的,即使没有被告人的供述,也可以认定被告人有罪并处以刑罚。

客观性证据一般有物证、书证、鉴定结论等,由于这些证据受人为影响很小,其证明效力要强于其他证据,对案件事实的认定起到非常重要的作用,甚至起到决定性的作用。尤其是在犯罪情节严重,如被告可能被判处死刑的案件,更是要严格遵照证据裁判原则,必须达到事实清楚、证据充分确凿的程度。同时,还要严格审查客观性证据的合法性,一定要确保用以定罪量刑的证据来源清楚合法、证据的收集保全过程合法。例如,辩护律师发现被告人的口供讯问时间间隔短,并且大多在夜晚,那么律师可以合理猜测这是减少犯罪嫌疑人的休息时间,疲劳审讯,也就是变相的刑讯逼供,该口供的真实性肯定是打折扣的。

笔者曾经办理过一起刑事案件,被告人被指控的罪名是生产、销售伪劣农药罪,定罪的关键证据是一份鉴定意见。经过调查发现,首先,该案的侦查机关某县公安局并没有按照公安部颁发的《公安机关鉴定规则》办理鉴定事宜,程序严重违法。其次,根据《关于司法鉴定管理问题的决定》第 10 条“司法鉴定实行鉴定人负责制度。鉴定人应当独立进行鉴定”的规定,鉴定人应当独立完成委托鉴定事项,而该案中,县公安局委托的鉴定机构及其鉴定人没有独立完成鉴定,而是违法转委托给另外一家股份有限公司进行鉴定,程序严重违法。最后,涉案的农药是被告人所属公司的专利产品,目前尚无国家标准、行业标准和地方标准,唯有经备案的企业标准,但是,负责鉴定的公司并没有按照该标准实施鉴定活动。根据《检验检测机构资质认定管理办法》第 25 条以及第 28 条的规定,该案中,鉴定机构没有按照该管理办法之规定,没有依据经过备案的企业标准规定的程序和要求出具检验检测数据、结果,没有在其检验检测报告上标注资质认定标志。因此,检测报告没有证据效力。通过上述几点,使案件的关键证据——鉴定意见失去效力,从而扭转了局面。

辩护律师办案时,在可以阅卷后,一定要认真地研究办案机关提供的证据,很有可能一份关键的证据就关系到整个案件的定性。

4. 坚持公、检、法三机关配合制约原则。认罪认罚从宽制度,必须是犯罪嫌疑人、被告人自愿认罪认罚,这就要求办理刑事案件的公、检、法三机关明确分工、互相配合并相互制约,为保障执法和司法公正,还应由监察机关对司法办案活动进行监督。

例如,在侦查阶段先由公安机关厘清认罪认罚的概念、特征,梳理各种常见罪名的要素以及认罪认罚应当具备的条件,初步把关涉案的证据情况,提高取证的针对性和实效性,从而提高公安机关的工作效率,减少退回补侦率,也减少了检察院的工作。检察院除了批捕、起诉两个核心工作之外,在认罪认罚中承担主导责任,发挥着承上启下的枢纽作用。检察官要对犯罪嫌疑人进行教育感化,使其认识到犯罪的危害性并认识到自己的错误,达成刑事和解,给出明确的量刑建议,在量刑上予以从宽。这就要求检察官要量刑精准化,可以给犯罪嫌疑人一个明确的量刑预期,因为量刑建议越精准,就越有利于犯罪嫌疑人减少对抗并认罪认罚。同时,检察官和法官高效互动,互相理解量刑标准,减少法官在量刑环节的工作量。以往法官可以不采纳审查起诉机关的量刑建议,但是,针对认罪认罚的被告人,法官一般都采纳审查起诉机关的量刑建议并适用速裁程序,提高了法官的工作效率,实现了司法成本的最优化。这一环节中,辩护律师也可以发挥重要作用,通过与检察官沟通,针对犯罪嫌疑人被指控的罪名和量刑进行交涉,争取最有利于当事人的刑罚。但在办案时,一定要警惕"顶包案"的出现,尤其是证据缺乏的情况下,犯罪嫌疑人认罪认罚的,也要认真核实,不能因为适用认罪认罚从宽制度就放松警惕。

三、认罪认罚从宽制度的适用

现阶段,认罪认罚从宽制度的适用主要由检察机关启动,嫌疑人享有主动选择的权利,有利于犯罪嫌疑人真诚悔罪、争取从宽量刑,保障犯罪嫌疑人权利。

1. 犯罪嫌疑人、被告人有权申请适用认罪认罚从宽制度。根据《刑事诉讼法》的规定,在侦查阶段,侦查人员依法应当告知犯罪嫌疑人享有的诉讼权利,如实供述自己罪行可以从宽处理和认罪认罚的法律规定;审查起诉阶段,犯罪嫌疑人认罪认罚的,检察机关应当告知其享有的诉讼权利和认罪认罚的法律规定。因此,申请适用认罪认罚从宽制度是犯罪嫌疑人、被告人的权利,也是律师应该主张的辩护人的权利。犯罪嫌疑人既可以在讯问时主动表示认罪认罚,请求从宽处罚,也可以将认罪认罚的意愿通过看守所或者值班律师予以转达。对犯罪嫌疑人、被告人的认罪认罚,司法机关应当接受,但接受后要综合考虑各种因素依法决定是否以及如何给予从宽处罚。

2. 司法机关依法决定是否适用认罪认罚从宽制度给予从宽处理。最终是否适用该制度由司法机关根据案件情况依法决定。犯罪嫌疑人、被告人认罪认罚的，一般应当体现规定和政策精神，予以从宽处理。但法律规定的“可以从宽”并非一律从宽，《关于适用认罪认罚从宽制度的指导意见》对此进一步明确，即对严重危害国家安全、公共安全犯罪，严重暴力犯罪，以及社会普遍关注的重大敏感案件，应当慎重把握从宽，对犯罪性质和危害后果特别严重、犯罪手段特别残忍、社会影响特别恶劣的犯罪嫌疑人、被告人，认罪认罚不足以从轻处罚的，依法不予从宽处罚。

3. 犯罪嫌疑人、被告人享有程序选择权。无论认罪认罚从宽试点阶段，还是现在全面实施阶段，均赋予犯罪嫌疑人、被告人的程序选择权。《关于适用认罪认罚从宽制度的指导意见》第 7 条明确规定，犯罪嫌疑人、被告人享有程序选择权，不同意适用速裁程序、简易程序的，不影响认罚的认定。

四、认罪认罚从宽制度适用中的“特殊的制度困扰”

犯罪嫌疑人或者被告人认罪认罚后又反悔的应当如何处理，是认罪认罚从宽制度适用中不得不面对的“特殊的制度困扰”。对此，首先应当明确的是，犯罪嫌疑人或者被告人有权反悔和撤回认罪认罚的承诺。被告人在法院判决前均可反悔。被告人在法院审理程序终结前，可以随时撤销具结书，而检察机关只有在证明被告人违反协商协议时，方可提出撤销协议的申请。法院应当受其约束，另择程序进行审理。当然，在审判阶段，被告人反悔后还可以在充分了解权利和认罪认罚可能导致法律后果的基础上重新认罪认罚，继续适用认罪认罚从宽制度，也可以因反悔而不适用认罪认罚从宽制度。法院判决后，被告人发现自己系基于错误认识而认罪认罚的，可以依法提出上诉，或者向人民检察院和人民法院申诉。

1. 不起诉后反悔的处理。《人民检察院刑事诉讼规则》第 278 条对不起诉反悔作出了规定。此处的不起诉反悔，是指对犯罪嫌疑人认罪认罚，人民检察院依照《刑事诉讼法》第 177 条第 2 款作出不起诉决定后，犯罪嫌疑人反悔的情形。鉴于此，人民检察院应当对反悔情形进行审查，根据审查情况区分处理：发现犯罪嫌疑人没有犯罪事实，或者符合《刑事诉讼法》第 16 条规定的情形之一的,应当撤销原不起诉决定,依法重新作出不起诉决定;犯罪嫌疑人没有犯罪事实或者符合《刑事诉讼法》第 16 条规定的不追究刑事责任情形之一的,是绝对不起诉适用的前提条件,即使犯罪嫌疑人认罪认罚,检察机关也应当作出绝对不起诉决定;认为犯罪嫌疑人仍属于犯罪情节轻微,依照刑法规定不需要判处刑罚或者免除刑罚的,可以维持原不起诉决定,此类案件犯罪嫌疑人反悔撤回认罪认罚承诺,原不起诉决定依然可以适用;排除认罪认罚因素后,符合起诉条件的,应当根据案件具体情况撤销原不起诉决定,依法提起公诉。

相对不起诉中对情节轻微的判断需要结合案件具体情况,认罪认罚是一个重要考虑因素。对本应提起公诉,但因犯罪嫌疑人认罪认罚,检察机关综合犯罪性质、情节、后果等因素,而作出相对不起诉决定后,犯罪嫌疑人反悔的,原本享有从宽优惠的前提即不复存在,检察机关可以撤销原不起诉决定,依法提起公诉。这是犯罪嫌疑人无故反悔应当承受的代价。

2. 起诉前反悔的处理。犯罪嫌疑人认罪认罚,签署认罪认罚具结书,在人民检察院提起公诉前反悔的,具结书内容失效,人民检察院应当在全面审查事实证据的基础上,依法提起公诉。因为具结书本质上是控辩双方达成的一种协议,犯罪嫌疑人反悔相当于一方违约,此时协议自然失效。因犯罪嫌疑人反悔,原本的从宽处罚建议失去了存在基础,人民检察院可以综合犯罪事实、情节、性质等重新提出量刑建议。

3. 审判阶段反悔的处理。案件审理过程中,被告人反悔不再认罪认罚的,实践中作如下处理:(1)因被告人反悔,可能直接带来程序的转换。对适用速裁程序或者简易程序审理的案件,被告人反悔不再认罪认罚的,应当转换成合适的程序审理。(2)被告人可能无法享有原本的从宽优惠。人民法院应当根据审理查明的事实,依法作出裁判。

4. 判决后反悔上诉的处理。当前实践中争议较大的一个问题是法院采纳检察机关从宽建议作出一审判决后被告人又上诉,检察机关能否抗诉的问题。《关于适用认罪认罚从宽制度的指导意见》和修订后的《人民检察院刑事诉讼规则》均未提出具体意见。在 2019 年 8 月全国检察机关刑事检察工作会议和2019年11月的检法同堂培训班上,最高人民检察院对这一问题如何处理给出了相对明确的指向和要求。

第一,应当明确被告人的上诉权不可剥夺。上诉权是被告人的基本诉讼权利,虽然被告人上诉使认罪认罚制度的效率价值大为减损,但保障上诉权是程序公正的基本要求,是结果公正的救济途径,也是认罪认罚从宽制度可持续发展和良好运行的保证。

第二,检察机关应当秉持客观公正的立场稳妥把握认罪认罚案件的抗诉问题。对认罪认罚案件,对人民法院采纳检察机关量刑建议对被告人依法从宽处罚后,人民检察院发现案件认定事实、采信证据等方面确有错误,或者人民法院改变检察机关量刑建议确有错误的,应当依法提出抗诉,这也是《刑事诉讼法》的明确要求。

第三,对被告人否认指控的犯罪事实、不积极履行具结书中赔礼道歉、退赃退赔、赔偿损失等义务,以及以量刑过重为由而提出上诉,符合抗诉条件的,检察机关应当依法提出抗诉。特别是现阶段对检察机关提出精准量刑建议,法院采纳后被告人无正当理由上诉的,原则上应当提出抗诉。

从本质上讲,被告人无正当理由的上诉,既与立法创制认罪认罚从宽制度的初衷相悖,也不是司法机关积极实施这一制度所期待的诉讼效应。检察机关提出抗诉绝非仅仅为了加重少数上诉人的刑罚,而是通过抗诉的方式引导被告人形成尊重认罪认罚具结和承诺的自觉,从而减少无谓的上诉和不必要的二审程序,助推认罪认罚从宽制度的良性运行。当然,对检察机关提出幅度量刑建议,法院在幅度中线或者上线量刑后,被告人上诉的,则不宜抗诉。

第二节 认罪认罚从宽制度与其他制度的对比

认罪认罚从宽制度是坦白从宽刑事政策的具体化和制度化,是宽严相济刑事政策的重要组成内容。宽严相济是贯穿指导刑事立法司法的基本刑事政策，适用于所有刑事案件。

一、与自首、坦白情节认定的对比

与自首、坦白一样，认罪认罚从宽的适用没有特殊的范围限制。因此，认罪认罚从宽制度原则上没有限定适用的罪名和刑罚。

(一)适用范围限制相同

认罪认罚从宽制度没有适用案件罪名和可能判处刑罚的限定，犯罪嫌疑人、刑事被告人自愿如实供述自己的罪行、对指控的犯罪事实没有异议、愿意接受处罚的，均可以适用。这与《刑法》第67条规定的自首制度相同，没有特定的案件范围限制，不能因案件罪轻、罪重或者罪名特殊等原因而剥夺犯罪嫌疑人、被告人自愿认罪认罚、获得从宽处理的机会。2019年印发的《关于适用认罪认罚从宽制度的指导意见》对此进一步重申："认罪认罚从宽制度没有适用罪名和可能判处刑罚的限定，所有刑事案件都可以适用，不能因罪轻、罪重或者罪名特殊等原因而剥夺犯罪嫌疑人、被告人自愿认罪认罚获得从宽处理的机会。"

当然，可以适用并不等于必然适用、一律适用，犯罪嫌疑人、被告人认罪认罚后是否从宽，由司法机关根据案件具体情况判定，这是宽严相济刑事政策的基本要求。

(二)不同之处

与自首、坦白情节认定的认定对比，认罪认罚从宽制度在法律渊源、构成要件、从宽力度方面有所不同。

1. 法律渊源不同

认罪认罚从宽原则作为量刑情节，来自《刑事诉讼法》，也就是源于程序法，而非实体法。这一原则贯穿刑事诉讼的多个环节，并且引发了程序法对实体法的影响，体现了《刑事诉讼法》的独立价值。在实践中，检察院主导认罪认罚从宽制度的落实,一旦犯罪嫌疑人自愿认罪认罚,就必然获得从宽的量刑。而自首、坦白来自《刑法》第67条的规定,是实体法上规定的量刑情节,在实际中一般作为量刑情节由法官根据案件的具体情况考虑,被告人不一定能获得从宽的量刑。

2. 构成要件不同

认罪认罚从宽原则的适用要求:第一,犯罪嫌疑人或者被告人自愿如实供述案发事实;第二,犯罪嫌疑人或者被告人对被指控的犯罪事实无异议;第三,犯罪嫌疑人或者被告人真诚悔罪,自愿接受处罚。

自首的适用要求:第一,犯罪嫌疑人自动投案;第二,犯罪嫌疑人如实供述或者其被专门机关强制,但如实供述司法机关尚未掌握的其他罪行。坦白是指虽然犯罪嫌疑人不构成自首情节,但是如实供述自己罪行的,可以从轻处罚,或者如实供述自己罪行,避免特别严重后果发生的,可以减轻处罚。

综上所述,自首、坦白和认罪认罚都要求犯罪嫌疑人、被告人如实供述,但是自首和坦白并无对认罪、认罚有要求。

3. 从宽力度不同

自首和坦白是《刑法》中关于量刑可以考虑的酌定从宽情节,并且从宽的幅度有限,法律上并没有针对坦白和从宽的量刑幅度予以规定,实际操作中一般是由法官行使自由裁量权来决定。

对于认罪认罚从宽制度和自首的从宽力度高低,现有的司法解释并未作出规定。但在实际中,前者从宽幅度一般比较高,实际上是犯罪嫌疑人或被告人和司法机关的协商结果,犯罪嫌疑人或被告人在认罪认罚的时候已经知道了具体的量刑建议,并且这种建议一般会被法院直接采纳。因此,认罪认罚的从宽力度一般大于坦白和自首,自首的从宽幅度大于坦白,对于犯罪嫌疑人或被告人既有自首或坦白,又认罪认罚的,可以给予更大的量刑从宽幅度。这也是体现了立法的宗旨是希望犯罪分子可以深刻认识到自己的错误,通过认罪认罚及时洗心革面、悔过自新,然后通过司法对于犯罪分子真诚悔过予以宽大处理。

二、与诉辩交易制度的比较

认罪认罚从宽制度是党和国家长期坚持的宽严相济、坦白从宽刑事政策的深化发展和制度化,是我国刑事法律制度自然演进的结果,绝不是西方诉辩交易的翻版。

(一)诉辩交易的内涵

诉辩交易制度,又称控辩协商,源于美国。其含义是刑事案件的双方,即作为控诉方的检察官和被告人的辩护律师进行协商,以检察官撤销或者降格指控等为条件换取被告人的有罪答辩,双方达成一致意见的程序。通过诉辩交易,被告人一般获得比其受到指控相对较轻的量刑。例如,一个被告人犯了多个罪名,通过诉辩交易模式,其作出承认其中一个或者几个犯罪的有罪答辩,从而获得较轻的处罚。1970 年,诉辩交易在美国联邦最高法院得到认可。1974 年,美国修订的《联邦地区法院刑事诉讼规则》中以立法的形式确认了其在司法制度中的法律地位。在美国的诉辩交易中,由于对抗式的诉讼模式效率偏低,导致大量案件积压,在这种情况下,诉辩交易模式应运而生,控辩双方经过协商达成一致,最终实现检察官以减少指控数量或降低指控等级,或者检察官以向法官建议从轻判刑或者不反对辩护方提出的判刑请求为条件换取被告人有罪答辩的目的。现在,美国的刑事案件大部分是以诉辩交易模式结案,此模式的运用极大地提高了刑事案件的处理效率。

(二)认罪认罚从宽制度与诉辩交易制度对比

认罪认罚从宽制度是具有中国特色的法律制度,其与对抗模式下英美法上的诉辩交易制度具有实质化的差异。

1. 相近之处。第一,适用目的。两种制度适用目的中都有着加快司法进程,保障诉权与节约司法资源并重的方面,通过简化或者免除部分程序实现提高刑事案件诉讼效率的目的。美国早期的对抗制诉讼对于控辩双方都有高度的不确定性,并且陪审团制度具有成本高、效率低的特点,所以当案件很多的时候,对抗制诉讼的效率低会导致案件审理负担很重。这种情况下,诉辩交易模式可以提高诉讼效率,利益冲突的双方通过协商让步达成协议,被告人可以被定为较轻犯罪或者获得较轻的处罚,而检察官可以将精力投入其他案件中。

我国近年来司法机关办案压力巨大,导致法官和检察官工作时间长、压力大。在这种情况下,司法改革确立了认罪认罚从宽制度,适应时代需求,既可以减轻司法机关的办案压力,简化诉讼程序,又可以鼓励被告人自愿认罪,给予其宽大处理的机会,实现了公正与效率的双赢。

第二,适用前提。两种制度的适用前提都在于被告人认罪后自愿适用,与控诉方达成一致量刑意见,并最终获得法院认可。三方主体达成一致对于制度实现缺一不可。在美国,联邦法院在接受检察官和被告人的协商前,首先要调查被告人承认有罪是否自愿并且是理性的,还要了解被告人是否知晓其自愿认罪所放弃的权利。在我国,认罪认罚从宽制度起步较晚,规定还不详尽,并未对自愿性作出特别规定,但是,在犯罪嫌疑人或者被告人签署认罪认罚具结书时,必须有律师在场。如果犯罪嫌疑人或者被告人没有聘请律师,则由值班律师做见证,确保犯罪嫌疑人或者被告人自愿签署。

第三,决定主体。无论是认罪认罚从宽制度还是诉辩交易制度,最终的量刑决定权都在法院。在美国,检察官和被告人协商一致后,将协商结果报法官,由法官参考并作出判决。一般法官的判决与检察官及当事人的协商结果不会出入太大,但是对于被告人来说,实际的判决仍处于未知状态。在我国,被告人同意认罪认罚并签署认罪认罚具结书后,检察官将量刑建议呈报给法官,如果没有特殊情况,法院一般应当采纳检察院指控罪名及量刑建议。这样,被告人对于自己的判决就有了明确的心理预期,这种心理预期会促进认罪认罚从宽制度的落实。

2. 不同之处。第一,证明标准不同。在美国的诉辩交易模式下,不要求证据充分,只要被告人认罪,即便没有其他证据同样可以据此定罪。美国的刑事案件中,一般各州都要求刑事诉讼要排除合理怀疑,这实际上是有利于被告人的。因此,要证明一名被告人有罪并不容易。但经过诉辩交易模式,法院一般不对案件事实严格审查,摆脱了证明标准的束缚。在我国,如果被告人自愿认罪认罚,仅在程序上可以适用速裁程序,简化了刑事诉讼的流程,但在庭审中依然要举证质证,与被告人没有认罪认罚的刑事案件证明标准一样。最终认定被告人犯罪仍然要求公诉机关的证据达到确实充分、形成唯一性结论的程度。这样可以减少现实中“顶包案”的发生。

第二,让渡权利不同。美国的诉辩交易制度中,被告人所犯罪的罪名和量刑幅度都可以进行协商,被告人和检察官的协商范围广、力度大,甚至存在被告人犯多个罪名,协商后最终以单一罪名起诉的情况。在我国,认罪认罚从宽制度适用中仅能就量刑达成一致意见,而公诉机关提出诉讼的罪名和罪数一般无法更改。虽然辩护律师可以提出变更罪名的辩护意见,但最后的决定权在法官。

第三,主体地位不同。在美国,犯罪嫌疑人或被告人与检察机关、法院可以进行平等的协商,被告人可以充分表达自己的意见。在我国,犯罪嫌疑人、被告人不具有同检方平等协商的话语权。检察官给出的认罪认罚从宽量刑建议是检察官经过认真研究案件或者与法官沟通后得出的,被告人要么同意,要么不同意,没有就量刑建议进行协商的权利。

第四,从宽标准不同。美国的诉辩交易制度对被告人认罪的时间点和内容、认罪态度对定罪量刑的影响都有明确规定。在我国,从宽幅度一般是检察官根据案件的具体情况自行把握,在实体法已有的规定中给予从宽的量刑建议,实际可以从宽的范围较小。

第五,上诉规定不同。美国的诉辩交易制度规定,若与被告人达成诉辩交易后,除非判决违法、错误适用量刑指南,或者判决比诉辩交易达成的协议量刑更重,否则,被告人不能提起上诉。我国认罪认罚制度并不禁止被告人对认罪认罚反悔提起上诉的权利,保障被告人拥有对审判程序和诉讼结果的自由选择权。

第六,律师参与度不同。美国的诉辩交易法律规定,诉辩交易必须有律师参与,辩护律师在诉辩交易中起到了很重要的作用。也正是由于律师的参与,才使得诉辩双方的力量可以大致平衡。在我国,犯罪嫌疑人和被告人决定认罪认罚时,辩护律师虽然可以代表犯罪嫌疑人和被告人与检察官进行沟通,但是律师难以对从宽量刑建议进行协商,从宽量刑的主动权在检察官一方。实践中,认罪认罚并不要求被告人有辩护律师,在认罪认罚时,没有辩护律师的,可以在值班律师见证下进行。然而,值班律师对于案件的全部情况可能并不了解,也不清楚检察官掌握的证据情况,对犯罪嫌疑人或者被告人所提供的帮助有限,发挥的作用很小,相对于控方处于明显的主导优势,在认罪认罚中犯罪嫌疑人或者被告人处于明显的弱势地位。

第三节　认罪认罚阶段律师辩护攻略

律师作为诉讼参与人,要站在推动国家治理体系和治理能力现代化的高度,充分认识认罪认罚从宽制度对有效惩治犯罪、加强人权司法保障、优化司法资源配置、提高刑事诉讼效率、化解社会矛盾纠纷、促进社会和谐稳定的重大意义。

一、适时提出变更强制措施申请,维护当事人权益

辩护律师一定要积极和司法机关沟通并协调,对适用认罪认罚从宽制度的犯罪嫌疑人适时提出变更强制措施的申请。

审查起诉阶段,在结合非羁押性强制措施适用条件的同时,要突出强调被告人认罪认罚,罪行较轻,社会危险性小等情节,申请变更强制措施。根据《刑事诉讼法》第 67 条第 1 款的规定:"人民法院、人民检察院和公安机关对有下列情形之一的犯罪嫌疑人、被告人,可以取保候审:(一)可能判处管制、拘役或者独立适用附加刑的;(二)可能判处有期徒刑以上刑罚,采取取保候审不致发生社会危险性的;(三)患有严重疾病、生活不能自理,怀孕或者正在哺乳自己婴儿的妇女,采取取保候审不致发生社会危险性的;(四)羁押期

限届满，案件尚未办结，需要采取取保候审的。”如果已被采取强制措施的犯罪嫌疑人适用认罪认罚从宽制度后，符合以上情形，或者犯罪嫌疑人符合《刑事诉讼法》第 74 条关于监视居住的情形，那么，辩护律师可以向检察院申请变更强制措施，最大限度地维护犯罪嫌疑人的权益。

法院审判阶段，对于罪行较轻的认罪认罚的被告人，一定要适时申请变更强制措施，争取法院适用非羁押性强制措施。最高人民法院《刑事诉讼法解释》第 350 条规定：“人民法院应当将被告人认罪认罚作为其是否具有社会危险性的重要考虑因素。被告人罪行较轻，采用非羁押性强制措施足以防止发生社会危险性的，应当依法适用非羁押性强制措施。”

另外，对于审判阶段申请“取保候审”“监视居住”非羁押措施的，是否可以重复采取的问题，2021 年《刑事诉讼法解释》对之前的规定作了修改。2012 年《刑事诉讼法解释》第 127 条第 3 款规定：“人民法院不得对被告人重复采取取保候审、监视居住措施。”2021 年《刑事诉讼法解释》第 162 条将该款删除，这意味着在审判阶段不再限制重复采取取保候审、监视居住措施。这给辩护人在审判阶段申请变更强制措施留出了更大的操作空间。

二、遵循规定单独制作笔录，规避执业风险

辩护律师应对犯罪嫌疑人适用认罪认罚从宽制度单独制作笔录，给犯罪嫌疑人解释认罪认罚的具体含义和程序，结合涉案的具体情况综合分析，告知其选择认罪认罚的法律后果。为避免犯罪嫌疑人同意适用认罪认罚从宽制度后反悔，甚至将责任推卸给律师，律师在做完笔录后一定要求犯罪嫌疑人签字捺手印，确保犯罪嫌疑人是在明知的情况下自愿作出认罪认罚的选择，以规避自身的执业风险。

三、争取最大幅度的量刑优惠，积极参与协商沟通

量刑建议是认罪认罚具结书的核心内容，控方的量刑建议不是基于控诉

立场要求追诉犯罪而单方面提出的刑罚请求，而是基于控辩双方并结合被害方意见，在案件事实及量刑情节的共识基础上形成的定罪量刑的合意。充分的沟通与协商既有利于保障最终的控辩合意科学合理，也是对控辩双方的要求和义务，有利于辩护权利的有效行使。

辩护律师在适用认罪认罚从宽制度时起到了“桥梁”的作用。辩护律师在这个阶段可以和控方沟通，帮助犯罪嫌疑人或被告人获得最大幅度的量刑优惠。这也将以往罪犯只能在服刑期间争取减刑提前到了在审判前争取从宽量刑，使其尽早恢复人身自由。此外，针对没有辩护律师的犯罪嫌疑人或者被告人，现阶段规定了值班律师的制度。《刑事诉讼法》第 173 条第 2 款规定：“犯罪嫌疑人认罪认罚的，人民检察院应当告知其享有的诉讼权利和认罪认罚的法律规定，听取犯罪嫌疑人、辩护人或者值班律师、被害人及其诉讼代理人对下列事项的意见，并记录在案……”第 174 条第 1 款规定：“犯罪嫌疑人自愿认罪，同意量刑建议和程序适用的，应当在辩护人或者值班律师在场的情况下签署认罪认罚具结书。”设置值班律师制度的意义是为了确保犯罪嫌疑人或被告人了解认罪认罚从宽制度的性质和法律后果，并确保其认罪认罚是主观自愿的，从而保障犯罪嫌疑人或被告人在没有聘请辩护律师的情况下也可以获得律师的专业帮助。

但是，在认罪认罚中，无论是辩护律师还是值班律师，其职责是为犯罪嫌疑人和被告人提供法律咨询和帮助，切忌成为司法机关的“说客”。否则，不仅不能增加犯罪嫌疑人或被告人自愿认罪认罚的概率，还可能适得其反，导致其排斥认罪认罚。

四、律师参与见证认罪认罚过程，辩护人可以独立辩护

律师在签署具结书时在场并签字后，开庭时是否可以再作与具结书内容相悖的辩护，这涉及律师辩护权的独立性问题。首先，根据《刑事诉讼法》的规定，签署具结书时，辩护人或者值班律师应当在场。绝大多数情况下，实际上是由辩护律师切实了解案情后，代表犯罪嫌疑人就其认罪认罚以及量刑问

题与检察机关沟通,并最终达成一致,由犯罪嫌疑人签署具结书。当然,在少数情况下,犯罪嫌疑人自愿认罪认罚,同意检察机关量刑建议,但辩护律师并不认可,此时辩护律师更多的是为犯罪嫌疑人自愿签署具结书作见证,当然也包括向犯罪嫌疑人充分释明具结书内容,并监督签署过程。其次,律师辩护权具有独立性,但这种独立性并非无限,律师不能违背被告人的意志,应当依法维护被告人的合法权益,不能提出不利于被告人的辩护意见。这包含两层意思:一是在被告人不认罪的情况下,律师依法不能坚持做罪轻辩护;二是如果被告人认罪,关于事实问题,若符合案件实际,律师不应反驳。如果律师认为法律适用和重大证据上存在问题,则可以依法提出法律上的辩护意见。再者,若被告人系自愿认罪认罚并签署具结书,即使律师提出无罪或者罪轻的辩护意见,法庭经过审理认为检察机关指控罪名正确的,仍然应当依法适用认罪认罚从宽制度,按照审查起诉阶段即认罪认罚给予被告人从宽处罚。若被告人坚持认罪认罚,而辩护律师因意见不一拒绝签字,被告人又未解除委托的,检察机关应当将此具结书提交法庭,由法庭审理后依法认定处理。法庭经审理认为检察机关指控正确的,对被告人可以按照审查起诉阶段或者侦查阶段认罪认罚给予从轻处罚。

五、严格审查认罪认罚,审判阶段进行有效辩护

案件进入审判阶段,根据最高人民法院《刑事诉讼法解释》第 349 条规定,对人民检察院提起公诉的认罪认罚案件,人民法院应当重点审查被告人、犯罪嫌疑人的认罪认罚情况。因此,辩护人在一审审判阶段应当重点核实、审阅关于当事人以下认罪认罚的事实和证据:(1)人民检察院讯问犯罪嫌疑人时,是否告知其诉讼权利和认罪认罚的法律规定;(2)是否随案移送听取犯罪嫌疑人、辩护人或者值班律师、被害人及其诉讼代理人意见的笔录;(3)被告人与被害人达成调解、和解协议或者取得被害人谅解的,是否随案移送调解、和解协议、被害人谅解书等相关材料;(4)需要签署认罪认罚具结书的,是否随案移送具结书。未随案移送前款规定的材料的,可以申请人民

法院要求人民检察院补充。

同时，辩护人应当告知被告人享有的诉讼权利和认罪认罚的法律规定，严格核实被告人在审查起诉阶段认罪认罚的自愿性和认罪认罚具结书内容的真实性、合法性。

六、一审、二审阶段的认罪认罚

最高人民法院《刑事诉讼法解释》第356条第1款规定："被告人在人民检察院提起公诉前未认罪认罚，在审判阶段认罪认罚的，人民法院可以不再通知人民检察院提出或者调整量刑建议。"辩护人可以对提起公诉前未认罪认罚的案件在审判阶段认罪认罚，争取适用简易程序、从宽处罚。

对被告人在第一审程序中未认罪认罚，在第二审程序中认罪认罚的案件，辩护人应当根据上诉人认罪认罚的具体情况决定作从轻、减轻辩护，争取认罪认罚从宽的机会，争取二审法院作出从宽量刑的裁判。

七、审查起诉的认罪认罚符合五种情形，审理阶段争取法院不采纳公诉机关量刑建议的有利于当事人的例外判决

《刑事诉讼法》第201条第1款规定："对于认罪认罚案件，人民法院依法作出判决时，一般应当采纳人民检察院指控的罪名和量刑建议，但有下列情形的除外：（一）被告人的行为不构成犯罪或者不应当追究其刑事责任的；（二）被告人违背意愿认罪认罚的；（三）被告人否认指控的犯罪事实的；（四）起诉指控的罪名与审理认定的罪名不一致的；（五）其他可能影响公正审判的情形。"审理阶段，辩护律师经过严格审查被告人认罪认罚的事实和证据后，如果发现存在以上五种情形之一的，就应当提出有别于公诉机关的量刑建议。

如果指控的被告人没有实施犯罪或者不应追究刑事责任的，即使被告人在提起公诉前认罪认罚，辩护人也要作对当事人有利的无罪辩护；如果发现

被告人在审判前违背意愿认罪认罚或者否认指控的犯罪事实，一定要尊重案件事实和被告人意愿进行辩护；如果辩护人经过审查核实被告人认罪认罚的事实和证据，发现起诉指控的事实清楚，但指控的罪名与审理认定的罪名不一致的，辩护人应当对指控罪名提出不同于指控罪名的辩护意见，促使法院作出有利于被告人的判决；如果辩护人认为公诉机关量刑建议明显不当，在审判阶段可以对量刑建议提出异议，争取人民检察院调整量刑建议，人民检察院不调整或者调整后仍然明显不当的，辩护人可以作不同于量刑意见的从轻、减轻辩护，争取人民法院不采纳公诉机关的量刑建议，最终作出对被告人有利的判决。

第七章　有效辩护制度

我国目前并没有明确规定有效辩护制度，实践中，刑事案件的犯罪嫌疑人和被告人并不能以律师履职无效为由上诉。如果辩护律师怠于履行辩护职责，严重侵犯了犯罪嫌疑人或者被告人的辩护权，犯罪嫌疑人或者被告人可以向律师协会或者律师属地的司法局进行投诉，该律师可能会受到行业内的纪律处分直至吊销执业证。这种处罚措施可以在一定程度上约束律师，但是，这些救济措施不能改变犯罪嫌疑人和被告人在刑事案件办理中遭受的不公正对待，不能挽回对当事人造成的实际损害，当事人在案件中可能会失去人身自由甚至是生命。

我国辩护制度与《刑事诉讼法》的发展密切相关，随着《刑事诉讼法》不断完善，我国的辩护制度也不断进步。辩护制度越来越强调律师的辩护质量，也越来越重视律师的有效辩护。有效辩护贯穿刑事诉讼的全部阶段，犯罪嫌疑人和被告人在每一阶段都享有律师辩护的权利。有效辩护的最终目的是实现犯罪嫌疑人、被告人的利益最大化，它不仅需要律师自身具有过硬的执业能力，也需要立法上给予配套的法律规定以及司法机关的积极配合。为此，司法机关应当充分保障刑事辩护律师的辩护权，并积极配合律师合理行使辩护的诉讼权利，保障律师的权利行使不受阻碍。同时，辩护律师积极主动、尽职尽责，通过理解案情、调查取证等方式，最大限度地维护犯罪嫌疑人或被告人的权利，实现控辩双方权利平衡，达到可以有效保障犯罪嫌疑人或被告人合法权益的效果。

第一节　我国有效辩护制度的探索

有效辩护理论是针对无效辩护提出的，最早源于美国，并经过一系列判例得以确立。早期美国对抗制的诉讼模式下，被告人的辩护权利一般是通过辩护律师来行使的。无效辩护，是指刑事案件中律师的辩护严重不合格，被告人可以针对辩护律师在各个阶段的行为提出异议，以未获得有效的辩护为由上诉，上诉法院通过审查被告人提供的证据判断无效辩护是否成立。如果无效辩护成立，则上诉法院可以撤销原判发回重审。1931 年，美国亚拉巴马州的斯科茨伯勒小镇，9 名黑人男孩被指控在乘坐铁路货车时，斗殴并强奸了两名搭乘同列货车的白人女孩，因此被捕。经过审判，9 名男孩中的 8 名被判处死刑。该案中，被告人仅在开庭前会见了两名辩护律师，一名是房地产律师，另一名是已经十几年都没有从事刑辩业务的律师，二人既不熟悉刑事法律，又没有充足的时间了解案情。1932 年，被告人以没有获得充足的有效辩护为由，上诉到亚拉巴马州最高法院，被判维持原判，后该案又上诉到美国联邦最高法院。这就是轰动全美的“斯科茨伯勒男孩诉亚拉巴马州”案。联邦最高法院的大多数法官相信，在该案中被告人得到的辩护不充分，因此，作出了一项里程碑式的裁决，即由于该案的被告人未得到充分的律师帮助，辩护不充分违反了宪法要求的“正当法律程序”，推翻了当地法院的定罪和死刑判决，并宣布必须为面临死刑的被告人提供律师帮助。联邦最高法院指出，无论是在州法院还是联邦法院，就这些重罪指控的被告人而言，律师的帮助是至关重要的，所有美国人都可以得到律师的帮助。这一裁决具有划时代意义，对美国的法理学产生了实质性影响，被告人得到律师帮助的权利第一次在州法院和联邦法院中予以确立。由此,引发了一系列重大裁决,加强了美国的人权保护。被告人得到律师的有效辩护成为至关重要的权利,如果被告人认为其未获得有效的辩护,可以以此为由上诉。至此,该案成为有效辩护制度的开端。

一、有效辩护制度概述

有效辩护分为广义概念和狭义概念,本书指狭义概念,即指在刑事诉讼中,律师充分运用自己的法律素养和专业技能,勤勉尽责地维护当事人的合法权益,有效促使办案机关作出对当事人有利裁决的辩护活动。

有效辩护的提出促进了律师辩护事业的进步,不仅是对律师辩护形式,更是对律师辩护质量实质上的高标准、严要求。有效辩护要求辩护律师恪尽职守,尽全力为被追诉人提供法律帮助,通过律师的有效辩护达到诉辩双方的平衡,切实维护当事人的合法权益。律师的有效辩护质量越高,越能保障犯罪嫌疑人或者被告人的合法权益。

二、有效辩护制度特点

目前,我国刑事诉讼程序中,有效辩护的标准是辩护的全面性、有效性、及时性。

全面性是指律师的辩护贯穿刑事诉讼的各个阶段。刑事案件从侦查阶段开始,律师就可以介入。律师可以在侦查阶段调查案件事实、收集对犯罪嫌疑人有利的证据,这些证据很有可能在审判阶段对法庭事实认定起到重要作用。律师的辩护是贯穿刑事诉讼每个阶段的,应充分保障律师的辩护权利,维护犯罪嫌疑人或者被告人享有辩护的基本权利。

有效性是对辩护效果的评价,辩护不仅要求在程序上有律师的参与,更重要的是律师辩护起到保护犯罪嫌疑人或被告人合法权益的作用,强调实质上辩护效果,只有辩护具有有效性才能成为有效辩护。

及时性是有效辩护的前提,犯罪嫌疑人或被告人如果不能及时得到律师的帮助,审判的公正性将很难保障。迟来的正义非正义,有效辩护必须保障犯罪嫌疑人或被告人享有及时委托律师获取帮助的权利。

三、有效辩护的分类

本章主要是根据适用法律规范内容的不同,将有效辩护分为实体法上的有效辩护和程序法上的有效辩护。

(一)实体法上的有效辩护

实体法上的有效辩护,是指辩护律师针对案件事实和法律适用情况进行辩护,包括无罪辩护、罪轻辩护和量刑辩护。比如,认为公诉机关指控的犯罪嫌疑人另有其人的,就属于无罪辩护;认为公诉机关指控的罪名不当,如犯罪嫌疑人被指控故意杀人罪,而辩护律师认为构成了故意伤害致死的,属于罪轻辩护;犯罪嫌疑人在案件中有自首、立功情节的辩护,属于量刑辩护。这些都属于实体法上的有效辩护。律师在实体法辩护中要注意以下几点:

1. 及时跟进,尽早熟悉案件事实。要对案件的事实有清晰地认识,在接受委托后迅速会见犯罪嫌疑人或被告人,了解案件的基本事实。同时,也要了解犯罪嫌疑人或被告人的平时表现,因为犯罪嫌疑人、被告人的品行决定了其口供甚至与律师交代事实的可信度。如果律师对犯罪嫌疑人或被告人有全面了解,可以对会见内容的真实性有大概判断,并对案件事实有更好地把握。如果犯罪嫌疑人或被告人一贯表现良好,犯罪嫌疑人或被告人坚持自己无罪,那么,辩护律师更应该认真对待,尽力做好辩护。

2. 准确判断证据。律师要认真分析案件信息,及时阅卷,认真分析案卷内容,找出不利于犯罪嫌疑人或被告人的证据,寻找与会见了解情况不一致的证人证言和证据,然后通过会见进一步核实案件情况,或者亲自调查取证寻求事实真相。如果认为案卷指控犯罪证据不足,就要努力寻找有利于犯罪嫌疑人或被告人的证据线索或证人,也可以自行调查取证,收集对犯罪嫌疑人或被告人有利的证据,再结合全部证据进行初步分析。通过与犯罪嫌疑人或被告人进一步沟通确定辩护思路,结合阅卷、会见等情况综合判断,严格贯彻"以事实为根据,以法律为准绳"原则,最终确定作无罪辩护、罪轻辩护还是量刑辩护。

3. 精准适用法律,形成严谨、准确的辩护思路。律师辩护要根据每个诉讼阶段的特征,检索、梳理相应的法律依据,研究法律、司法解释、判例甚至学术文章,对控方指控的犯罪事实反复进行"适法性"分析比对,为案件的具体事实找到准确适用的依据,并认真做好准备工作。譬如,在庭审前做好充分的准备工作,将所有法律依据打印备用;在法庭辩论阶段,综合法庭调查的发问和举证质证,引用事先准备好的法律依据,有理有据地表达自己的观点,向法庭提出有利于当事人的辩护请求和主张。

(二)程序法上的有效辩护

程序法上的有效辩护主要是从程序的合法性角度进行有效辩护,需注意以下几点:

1. 各个环节无缝对接,首尾呼应,融会贯通。要根据案件的诉讼阶段、诉讼节奏分清轻重缓急,注重与办案人员进行及时、高效沟通,综合运用各种沟通方法和沟通形式,达到良好的辩护效果。沟通包括口头沟通和书面沟通,其中书面沟通包括各种法律文书,如撰写法律意见书、辩护词等。无论庭上表现还是庭下沟通,争取每一次与承办人员接触的机会。同时,要充分调动辩护人拥有的程序性权利,如会见、阅卷、参加庭审以及庭审中的举证质证等进行充分辩护。

2. 把握诉讼节点,精准对接。刑事案件的不同阶段具有不同的特点,因此,一定要把握每个阶段的不同环节,采取有针对性的辩护措施,紧跟诉讼节奏,紧扣诉讼节点,还要有前瞻思维和预判分析。比如,侦查阶段的"黄金37天"内,即拘留最长期限30天加检察院审查批捕期限7天,律师一定要及时和侦查机关沟通,核实犯罪嫌疑人涉嫌的罪名和案件的大致情况,并认真分析研究,撰写相关的法律意见书,为侦查机关提供律师的专业法律意见,防止贻误时机,致使侦查机关听不到有利于当事人的意见,导致错案。侦查机关报请检察机关逮捕后，辩护律师应及时与检察机关的批捕部门对接，提交委托代理手续，出具羁押必要性审查的不予批捕法律意见书，争取不予批捕的程序结果。这些都可以达到变更强制措施的目的，让犯罪嫌疑人重获自由，促进接下来工作的顺利推进，实现有效辩护。

四、有效辩护的价值

在现代法治国家，司法公正包括程序正义和实体正义。程序公正是实体公正的重要保障，实体公正是司法公正的根本目标。二者相辅相成，缺一不可。

(一)有效辩护体现了司法公平正义

程序公正主要指的是在刑事案件的整个办理过程中，体现于刑事案件的程序运作过程中，要求办理案件的整个程序本身具有正义。程序公正强调的是"过程"的价值，是评价程序本身是否公平正义的价值标准。如果司法公正仅在程序上得到体现，而没有实现实体正义，那么，司法公正依旧不能实现，律师的辩护也只是落于形式，并非真正有效。

实体公正主要关注的是辩护活动目标实现的结果。要保障实体公正的实现，有效辩护就必不可少，必须保障律师辩护的权利，且有效辩护贯穿于刑事诉讼始终，尤其是在审判阶段。因此，在刑事案件中要体现公平正义，就必须保障犯罪嫌疑人或被告人的辩护权。在辩护制度中，刑事辩护律师参与刑事诉讼对于保障犯罪嫌疑人或被告人的辩护权起着不可替代的作用，律师的参与是国家法治建设不可缺少的组成部分，司法公正的实现离不开律师的有效辩护。

(二)有效辩护可以提高刑事诉讼的效率、减少冤假错案的发生

一个国家的文明程度越高，在刑事案件中就会越注重保障人权，有效辩护就是通过律师辩护来保障犯罪嫌疑人或被告人的基本人权。

以河南商丘赵作海案为例。2010 年 5 月 9 日,“杀害”同村人赵振裳在监狱已服刑 12 年的河南商丘村民赵作海,因“被害人”赵振裳突然回家,被宣告无罪释放,河南省有关方面同时启动责任追究机制。2010 年 5 月 9 日上午,河南省高院召开新闻发布会,向社会通报赵作海案件的再审情况,认定赵作海故意杀人案系一起错案。河南省高院于 2010 年 5 月 8 日作出再审判决:撤销省法院复核裁定和商丘中院判决,宣告赵作海无罪。立即派人赶赴监狱,释放赵作海,并安排好其出狱后的生活。2010 年 5 月 17 日上午,赵作海领到国家赔偿金和困难补助费 65 万元,并表示要开始新生活。

该案件暴露出了司法体制中的各种问题,并不单单是辩护律师的原因,但是律师不能充分发挥作用,不能进行有效辩护的确是导致冤错案产生的重要原因之一。侦查机关和公诉机关的目的主要是打击犯罪,侦查机关在接触到犯罪嫌疑人的无罪证据时往往会忽视,甚至选择性地忽略,这可能会漏掉案件中有利于犯罪嫌疑人的重要证据或者其他关键证据,直接导致冤假错案的发生。针对这种刑事侦查漏洞,一定要从犯罪嫌疑人、被告人的立场进行辩护,积极主动收集对犯罪嫌疑人有利的证据,充分质疑并证伪控方的证据,使得案件事实更加全面、客观,避免冤错案的发生。

只有律师充分发挥辩护职责,进行有效辩护,更好地维护犯罪嫌疑人和被告人的合法权益,才能与公诉机关形成真正的抗衡,尽可能使控辩双方处于平等的地位,使当事人获得公正的审判,最大限度地保障被告人得到公正的判决,从而避免冤错案的产生。同时,降低被告人的上诉或者再审概率,提高诉讼效率,节省司法资源。

(三)有效辩护也是律师职业伦理的要求

辩护律师的职业伦理与检察官、法官的职业伦理有所不同,其职业伦理必然要求辩护律师积极追求有效辩护,重视刑事辩护的结果,保护当事人的合法权益。辩护律师所对抗的是作出有罪指控的国家公权力机关,如果辩护律师仅仅是按部就班走完刑事诉讼程序,仅仅实现了程序正义,而起不到实质性的维护实质正义的作用,律师辩护行为并不能实质保护案件的犯罪嫌疑人或被告人的合法权益，那么，辩护律师就会失去犯罪嫌疑人或被告人的信任，损害了当事人的合法权益，刑事诉讼的天平就会失衡，最终损害社会公平和正义。

律师的履职尽责不仅是律师执业活动规范的必然要求，也是有效辩护的应有之义，而且对促进律师行业发展、提升自身职业形象具有重要意义。因此，律师在刑事诉讼活动中不仅要充分行使律师辩护的诉讼权利，而且要努力维护犯罪嫌疑人或被告人的合法权益，努力实现有效辩护。

第二节　有效辩护的实现

律师的辩护是否为有效辩护，需要对整个案件的诉讼行为和结果做出评价，判断其是否保障了犯罪嫌疑人、被告人的合法权益。针对同一案件，不同的人会有不同的看法，案件的犯罪嫌疑人、被告人、检察官、法官可能会对律师的辩护水平给予不同的评价，不同的律师进行辩护可能起到不同的效果，因此，如何制定一个有效辩护的标准，使大家的评价有章可循就很重要。

一、辩护结果是评价有效辩护的主要标准

从被告人的立场来看，要一分为二地分析律师辩护是否有效。通过律师辩护，如果判处的刑罚符合被告人预期或者和律师预估的相差不大，甚至好于预期，被告人很容易认为律师的辩护是有效的。被告人认可律师的辩护工作，认为律师的专业水平和职业素养很高，辩护取得了良好的效果，这显然是有效辩护。如果被告人最后被判处的刑罚比其心理预期要重，那么，被告人很大程度上会认为律师的辩护没有发挥作用。事实上，限于被告人自身认知不足或者辩护人与当事人沟通不够、风险提示不足等原因导致当事人无法接受的，不能仅因此就认为不是有效辩护。

而检察官由于是在辩护律师的对立方，熟悉案件并且具有专业知识，可

以更专业、客观地评价律师的辩护工作。作为中立方的法官也可以给律师工作作出公正评价。因此,笔者认为,司法机关办案人员的评价可以用来衡量律师辩护是否构成有效辩护。

二、勤勉尽责、良好的刑事法律专业素养和技能是有效辩护的必要条件

律师勤勉尽责是有效辩护的前提和保障。有的律师对律师职责角色没有基本认知,对肩负的辩护人使命缺乏担当,对辩护规律和策略缺乏了解,辩护更多流于形式和走过场,达不到辩护效果,属于典型的无效辩护。更有甚者,责任心差,缺乏一个律师应有的勤勉尽责品质,加之法律素养不够,专业知识不足,辩护失误很多,损害了当事人合法权益,这种辩护对当事人就是适得其反的有害辩护。因此,律师一定要注重辩护的实质效果,勤勉尽责,穷尽自己能力,穷尽法律手段,穷尽一切可能,竭尽所能为当事人辩护,将每一个案件都当成一场大考,全力以赴方能有效辩护。

有效辩护的核心是"有效"。在刑事案件中,律师参与辩护的重要作用在于其具备当事人不具备的专业知识和辩护技能。因而,律师有效辩护不仅要勤勉尽责,而且要业务精湛;不仅需要深厚的刑法法律功底,还要有丰富的办案经验。只有这样,才能为犯罪嫌疑人或被告人提供高质量的辩护服务,做到真正的有效辩护。

三、与委托人及当事人有效沟通是有效辩护的重要保证

有效辩护的最终目的是使犯罪嫌疑人或被告人在刑事诉讼中获得最有利的诉讼结果。律师刚开始介入案件时,犯罪嫌疑人或被告人对律师的谈话往往是有所保留的。因此,律师一定要及时和当事人建立信任,让当事人相信有律师的帮助可以最大限度地保障其合法权益。律师在充分和犯罪嫌疑人、被告人交流后,告知其辩护思路并进行利弊分析,尤其要告知其风险。如果律师的辩护思路和犯罪嫌疑人、被告人不一致,最好与其进行协商并达成一

致。虽然律师有独立辩护权，但是只有律师的辩护策略得到犯罪嫌疑人、被告人的认可与支持，并形成辩护合力，才有助于律师在最后的庭审辩护中发挥最大作用。

另外，律师在与当事人及其亲友沟通时，一定要实事求是，客观分析案情，合理预期案件走向和处理结果，不要轻易承诺，更不能为了一时的接案需要作虚假承诺，甚至大包大揽。这样会使当事人期望过高，即使后期律师辩护效果很好也难以让当事人满意，使得辩护效果大打折扣。

四、保障律师诉讼权利是实现有效辩护的法律保障

我国律师可以介入刑事案件的时间是案件的侦查阶段，犯罪嫌疑人自被侦查机关第一次讯问或者采取强制措施之日起，有权委托辩护人。在侦查期间，只能委托律师作为辩护人。被告人有权随时委托辩护人。同时，《刑事诉讼法》还规定了律师与犯罪嫌疑人、被告人通信、会见的权利，针对律师的会见权，除危害国家安全罪、恐怖活动犯罪和特别重大贿赂犯罪之外，律师接受委托办理刑事案件不需要经过司法机关批准，并且律师在会见时享有不受监听的权利。当案件进入审查起诉阶段后，律师可以行使阅卷权，可以查阅、摘抄、复制全部的案卷。现有的规定已经基本保障了律师开展辩护工作的相关权利，但是刑事案件具有特殊性，即刑事案件对抗的是国家公诉机关，加之犯罪嫌疑人和公诉机关地位上的不平等，实践中侵犯律师辩护权利的现象时有发生。

只有保障律师辩护的诉讼权利，才能更好地保障犯罪嫌疑人和被告人的合法权益，实现有效辩护。保障辩护律师的诉讼权利，应当先从立法层面上予以确认。例如，辩护律师的会见权没有得到保障应该如何救济，从根本上解决律师会见受阻的情况。又如，在庭审阶段规定了回避制度，但司法实务中，法院一般是在决定开庭后确定合议庭人员，并在开庭时公开宣布人员名单，这就导致律师根本没有时间去了解合议庭人员、书记员等情况，更无法判断是否需要申请回避。这就导致在庭审中律师基本都不申请回避，回避制度

难以达到立法效果。针对我国现有法律存在的空白应当继续完善,通过多层次、多方面的制度保障律师的辩护权利。

五、完善法律援助制度是对有效辩护的延伸普惠

法律援助制度原本是一种对犯罪嫌疑人、被告人没有辩护律师时的救济制度。在实际办案中,如果犯罪嫌疑人、被告人可能被判处无期徒刑、死刑,没有委托辩护人的,人民法院、人民检察院和公安机关应当通知法律援助机构指派律师为其提供辩护。对于其他非重刑案件的犯罪嫌疑人、被告人,因经济困难或者其他原因没有委托辩护人的,本人及其近亲属可以向法律援助机构提出申请。

根据 2022 年 1 月 1 日起施行的《法律援助法》的规定,向法律援助机构提出申请时应当提交相关的证件和证明材料,法律援助机构收到法律援助申请后,应当进行审查,认为申请人提交的证件、证明材料不齐全的,可以要求申请人作出必要的补充或者说明,申请人未按要求作出补充或者说明的,视为撤销申请。对符合法律援助条件的,法律援助机构应当及时决定提供法律援助;对不符合法律援助条件的,应当书面告知申请人理由。

根据上述规定,犯罪嫌疑人、被告人需要申请并在审查通过后才能得到法律援助律师的帮助。但是,一些真正需要法律援助的当事人可能由于提交材料不符合审查规定或者资料欠缺,导致申请法律援助失败或者申请成功不及时,无法实现律师辩护对全部案件、全部时期、全面覆盖。并且,由于我国法律援助的经费欠缺,愿意做法律援助的大多是新入行的律师,其本身经验不足,可能无法对被援助人提供有效的辩护,导致现阶段的法律援助制度很难保障犯罪嫌疑人、被告人获得有效辩护。

我国目前还没有有效辩护的规定,至于如何确定有效辩护的标准更是停留在实践层面的探讨之中,有效辩护的标准设定尚需时日。

第八章　辩护思路的确立和完善

控辩思路的形成，不可能一蹴而就，也需要一个过程，甚至是一个漫长的、不断调整完善的过程。刑事控辩思路遵循刑事诉讼规律，贯穿刑事诉讼始终，是指引控辩双方开展刑事控辩活动的内在机理和脉络指引。司法实践中，刑事控辩思路的形成和完善对于刑事案件的整体走向和最终结果具有极其重要的作用。

一般情况下，控辩双方在接案后，坚持“以事实为依据，以法律为准绳”的法律思维，客观地审视案件、分析案情，并通过侦查、采取刑事措施、提审、律师会见、阅卷、调查等程序，在对事实与证据反复调查、梳理和甄别的基础上，逐步形成各有侧重的控辩思路。同时，还要根据案件推进和庭审中新发现的事实与证据，以及法律修改后出现的法律适用新情况及时调整、更新、完善控辩思路，达到惩治犯罪、保障人权、促进法律正确实施、维护当事人合法权益的目的。

在刑事诉讼过程中，辩护人只有充分了解控方的办案思路，才能找到辩护的突破口，制定、完善辩护思路并提出实操方面的辩护方案，夯实辩护的基础，实现有效辩护。而科学合理的辩护思路的形成，不仅需要律师丰富实践经验和深厚的理论功底，还需要结合案情、涉案领域的行业知识、人生经验和社会常识等,灵活运用法律思维和法律工具进行严谨缜密的推理,对案件整体走向及最终结果进行胆大心细的评估预测和研判分析,从而找出最适合具体案件的有效辩护思路。

随着《刑事诉讼法》对控辩关系不断进行修正和完善,以审判为中心视野下控辩关系的构建,逐步实现公权与私权之间的平等对话,实现控辩双方从零和博弈到良性互动。

第一节　控方办案思路分析

刑事诉讼活动控辩双方因立场不同,必然会相互对抗,互有攻防。控方旨在代表国家追究被追诉人的刑事责任,辩方则是为被追诉人寻求无罪或者罪轻的事实理由而依法辩护。控辩双方的特点决定了辩方律师必须充分了解控方的办案思路,才能找到辩护的突破口,实现有效辩护。

一、控方办案思路的概念和特征

概念是思维的起点,了解掌握控方办案思路的概念特征,尤其对辩方有效辩护而言,方能知彼知己,百战不殆。

(一)概念

控方办案思路是指调查、侦查机关和审查起诉机关通过依法收集、组织证据还原案件事实、请求人民法院追究被追诉方刑事责任的思维脉络。控方的办案思路是控方开展指控工作的一种思维模式,是控方指控犯罪的前提和基础,也是刑事指控的方向和途径。(具体流程如图 8－1 所示)

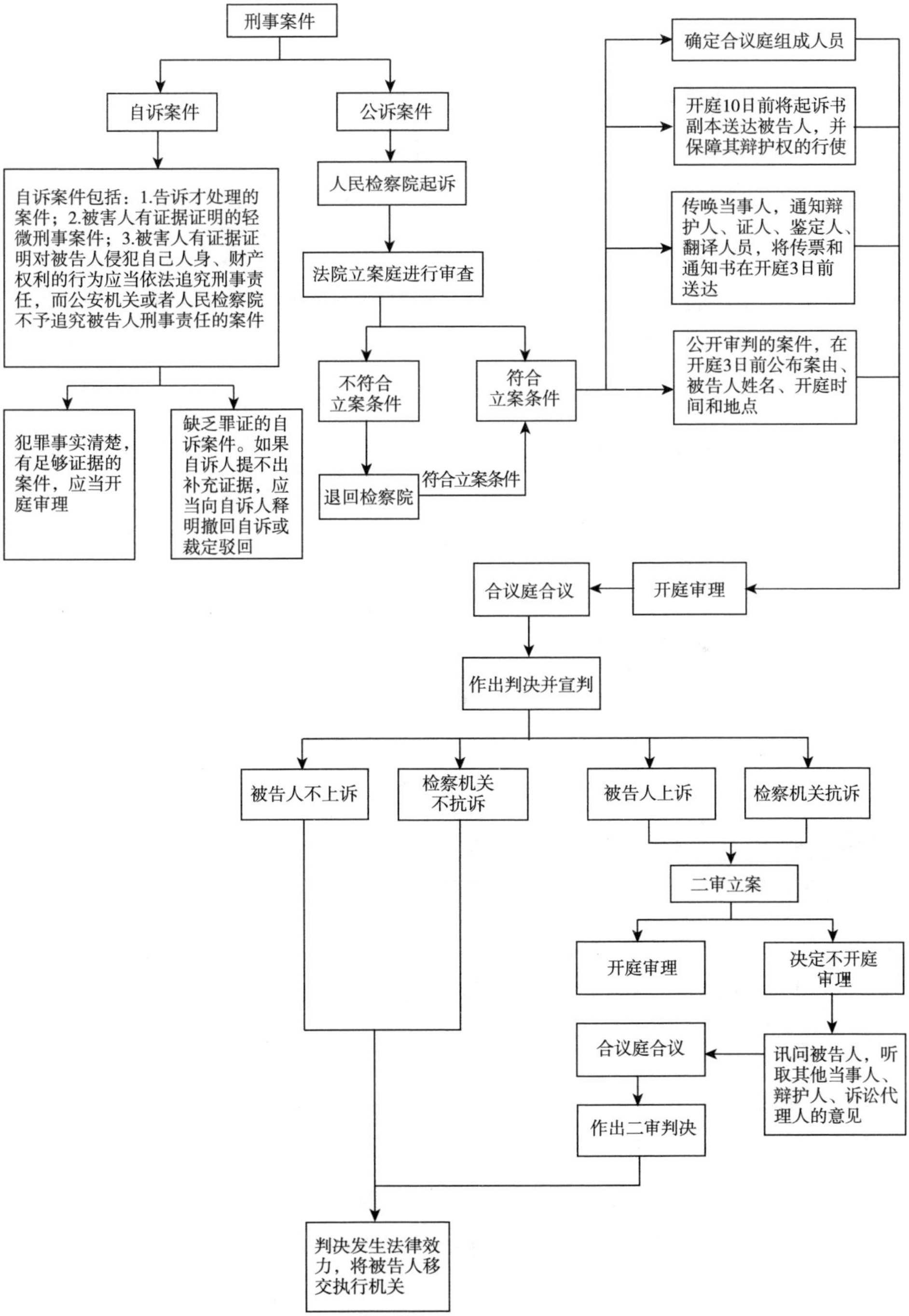
刑事案件
自诉案件
公诉案件
自诉案件包括：1.告诉才处理的案件；2.被害人有证据证明的轻微刑事案件；3.被害人有证据证明对被告人侵犯自己人身、财产权利的行为应当依法追究刑事责任，而公安机关或者人民检察院不予追究被告人刑事责任的案件
犯罪事实清楚，有足够证据的案件，应当开庭审理
缺乏罪证的自诉案件。如果自诉人提不出补充证据，应当向自诉人释明撤回自诉或裁定驳回
人民检察院起诉
法院立案庭进行审查
不符合立案条件
符合立案条件
退回检察院
符合立案条件
确定合议庭组成人员
开庭10日前将起诉书副本送达被告人，并保障其辩护权的行使
传唤当事人，通知辩护人、证人、鉴定人、翻译人员，将传票和通知书在开庭3日前送达
公开审判的案件，在开庭3日前公布案由、被告人姓名、开庭时间和地点
开庭审理
合议庭合议
作出判决并宣判
被告人不上诉
检察机关不抗诉
被告人上诉
检察机关抗诉
二审立案
开庭审理
决定不开庭审理
讯问被告人，听取其他当事人、辩护人、诉讼代理人的意见
合议庭合议
作出二审判决
判决发生法律效力，将被告人移交执行机关

图 8－1　刑事诉讼流程

（二）特征

控方作为以国家强制力为后盾的国家机关，其办案思路具有以下特征：

1.“大控方”。广义上，侦查机关包括公安机关、国家安全机关、军事安全部门、中国海警局、监狱侦查部门和海关走私犯罪侦查机关，审查起诉机关人民检察院，都属于控方。在国内外刑事司法实践中，上述机关多合作关系，以追究被追诉人刑事责任、惩治犯罪为共同使命，故本书将其统称为控方，即调查、侦查和审查起诉等机关在打击犯罪方面存在分工合作的“大控方”。

2. 主动性。国家的刑罚权具有专属性质，由国家专门行使，一旦遇有犯罪发生时，为实现刑事实体法的目的，国家必须主动启动刑事追诉权。基于此，控方办案思路主要是由具有国家公权的机关围绕犯罪事实，采取各种刑事措施，主动追究被追诉方刑事责任的思维脉络。

3. 逆向性。控方总是基于先有涉嫌犯罪事实呈现的特征或者结果去还原案件事实的发生过程，从而追究被追诉者的刑事责任。即根据结果还原过程，控方启动国家机器是基于发生了犯罪的结果，通过调查搜集证据、无数次地溯源、模拟还原事实的过程，以达到追究被追诉者的刑事责任。

4. 建构性。控方主要按照犯罪构成和指控犯罪事实发展的内在规律，通过组织、调查、收集证据以及对证据进行反复甄别、取舍，建构一个无限接近犯罪过程的犯罪事实。例如，发现一具尸体，有多种可能性，可能是自杀，也可能是他杀，如果是他杀，可能是情杀或财杀，那么，侦查机关就需要不断搜集证据，并对证据进行甄别，对各种推测的可能性予以证实或证伪，最后还原案件事实。

5. 启动性。刑事诉讼并不是犯罪事实发生后自然启动，而是公权力部门对刑事案件受理和立案后才能启动侦查，对犯罪嫌疑人和涉案财物采取强制措施。而辩护人则是接受犯罪嫌疑人及其近亲属的委托后，才能依法进行辩护。故此，没有国家机关立案的启动程序，便没有接下来的整个过程，更谈不上针对控方的辩护。

二、控方办案流程

(一)侦查、调查机关受理案件

调查、侦查机关根据举报、报案、控告、交办、侦查、调查过程中发现的犯罪事实线索移送等,以及根据相关人或部门提供的证据及证据线索,受理初查犯罪事实,落实举报、移送的犯罪线索。

(二)立案侦查、调查

控方对案件受理之后,就进入侦查、调查阶段。公安机关、监察机关办案详细流程见图8－2、图8－3。

1. 刑事立案,刑事立案有两个实体条件和一个程序条件。实体条件即“有犯罪事实”“需要追究刑事责任”,程序条件即“属于受理机关管辖”。受理机关经初步审查认为符合立案条件的,报法制大队审查,由相关负责人批准同意的,正式立案,并向报案人、举报人等送达刑事案件立案通知书。

2. 调查、侦查机关根据案情对被追诉人及涉嫌犯罪的财产采取相应措施;讯问犯罪嫌疑人、询问证人、进行勘验、检查;进行搜查;查封、扣押物证、书证等。侦查阶段可以采用的强制措施,如拘传、取保候审、监视居住、拘留、逮捕。

3. 调查、侦查机关持相应的手续提审犯罪嫌疑人,调查案件事实。提解犯罪嫌疑人指认现场、寻找新证据。持相应的调查文书向证人和被调查对象调查取证。

4. 为查明案情,需要解决案件中某些专门性问题时,应当指派、聘请有专门知识的人进行鉴定。

5. 经过调查、侦查后,调查、侦查机关认为犯罪事实清楚,证据确实、充分的,会移送审查起诉机关审查起诉;如果认为不存在犯罪事实,证据达不到确实、充分或共同犯罪的某些犯罪嫌疑人没有犯罪事实,会做出撤销案件、对不构成犯罪的犯罪嫌疑人终止侦查等处理。

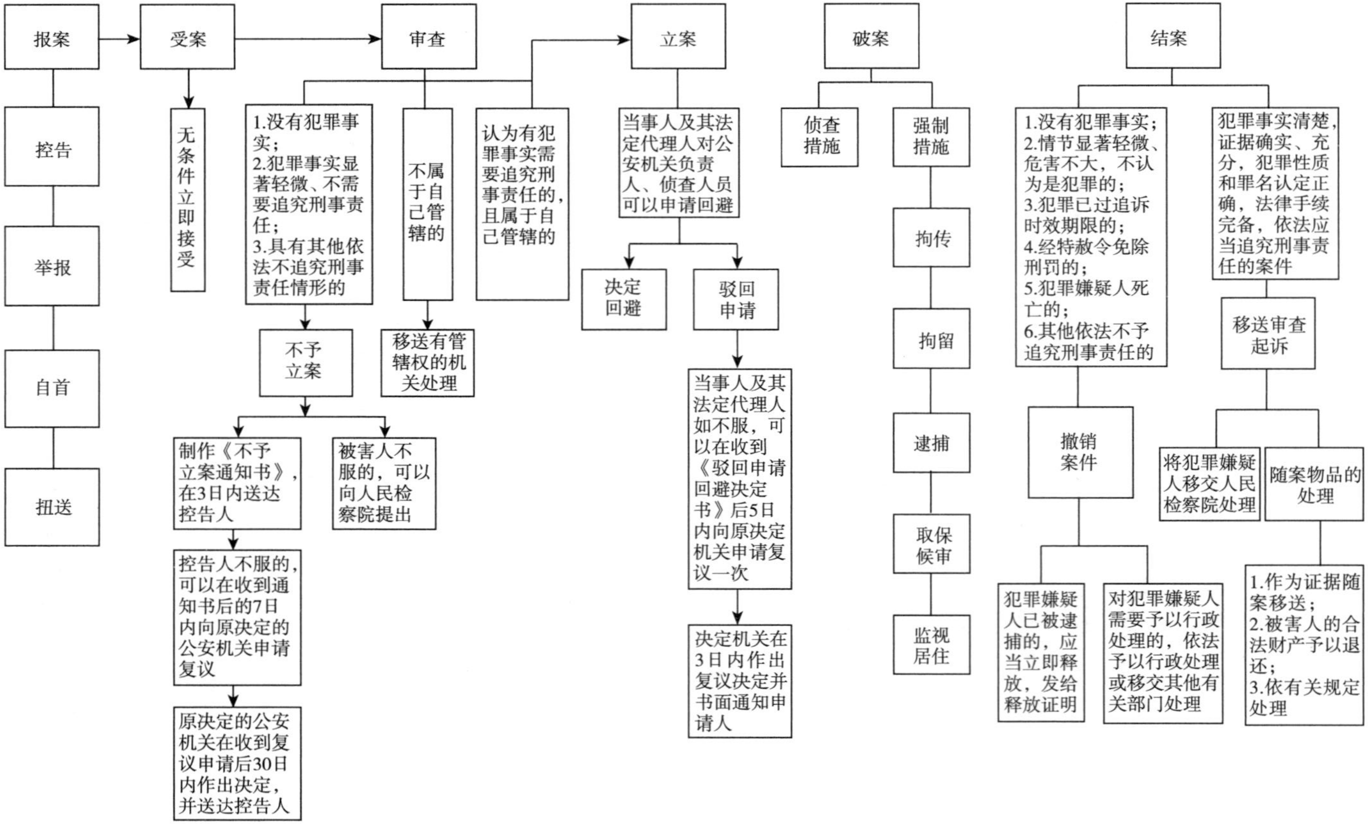

图 8－2　公安机关办理刑事案件基本程序

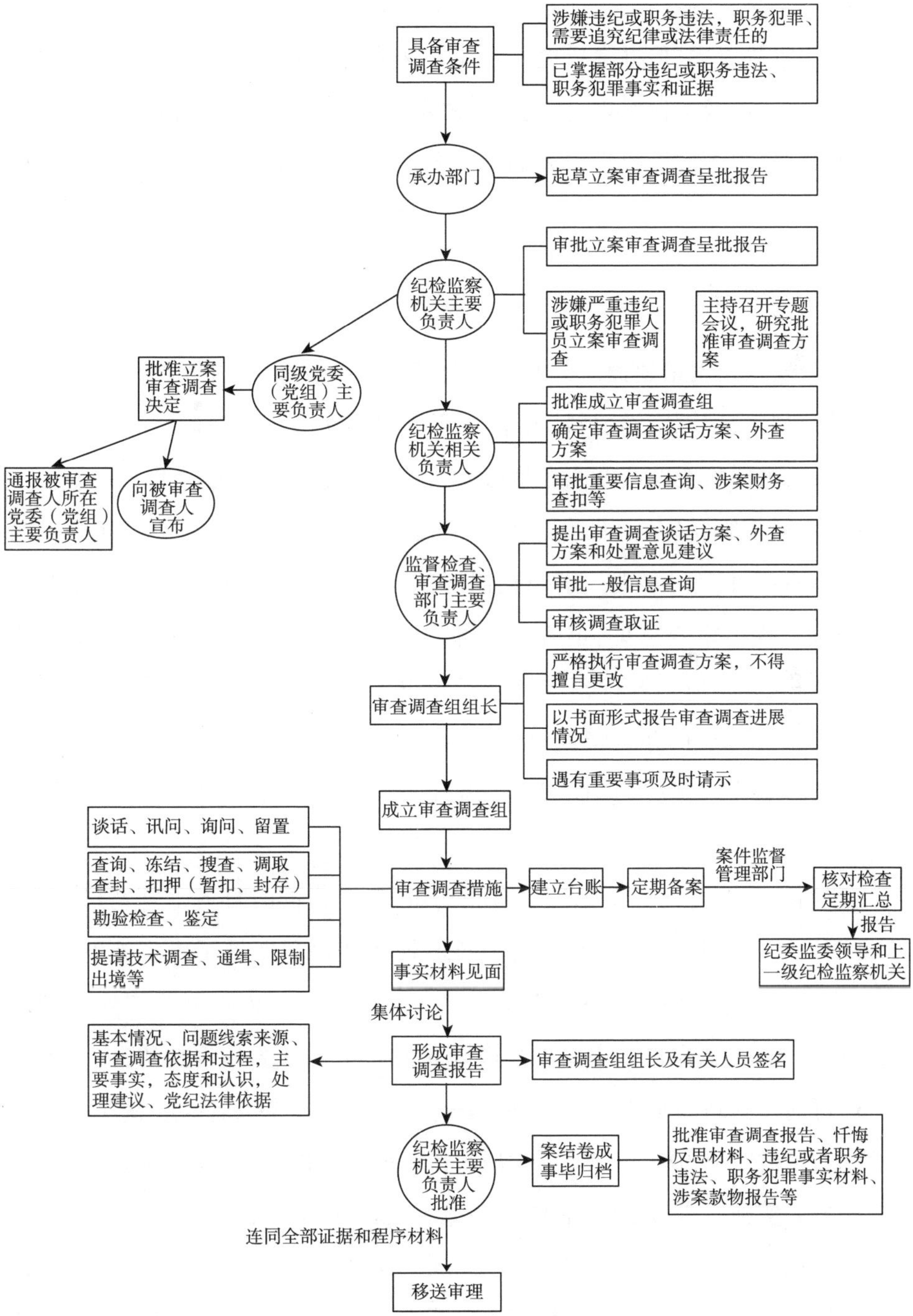

图 8-3　监察机关办理刑事案件流程

6. 如果解除、撤销拘留或者逮捕措施后虽未撤销案件、作出不起诉决定或者判决宣告无罪,但办案机关超过1年未移送起诉、作出不起诉决定或者撤销案件的,以及取保候审、监视居住法定期限届满后,办案机关超过1年未移送起诉、作出不起诉决定或者撤销案件的,属于对犯罪嫌疑人终止追究刑事责任。

(三)批准逮捕

1. 公安机关提请逮捕。公安机关要求逮捕犯罪嫌疑人的时候,会写出提请批准逮捕书,连同案卷材料、证据,一并移送同级人民检察院审查批准。必要的时候,人民检察院会派人参加公安机关对于重大案件的讨论。

2. 人民检察院审查、批准逮捕。人民检察院对公安机关提请批准逮捕的,由审查批捕部门办理。审查批捕部门应当指定办案人员审查。办案人员审查后,提出审查意见,审查批捕部门负责人审核后,报请检察长批准或决定。重大案件应当经检察委员会讨论决定。对于批准逮捕的决定,公安机关应当立即执行,并且将执行情况及时通知人民检察院。对于不批准逮捕的,人民检察院应当说明理由,需要补充侦查的,应当同时通知公安机关。

逮捕的条件:(1)有证据证明有犯罪事实,是指同时具备下列情形:有证据证明发生了犯罪事实;有证据证明该犯罪事实是犯罪嫌疑人实施的;证明犯罪嫌疑人实施的犯罪行为的证据已有查证属实的。(2)可能判处徒刑以上刑罚。(3)采取取保候审尚不足以防止发生下列社会危险性的,应当予以逮捕:可能实施新的犯罪的;有危害国家安全、公共安全或者社会秩序的现实危险的;可能毁灭、伪造证据,干扰证人作证或者串供的;可能对被害人、举报人、控告人实施打击报复的;企图自杀或者逃跑的。

3. 逮捕的执行。逮捕犯罪嫌疑人、被告人,必须经过人民检察院批准或者人民法院决定,由公安机关执行。如果公安机关在异地执行拘留、逮捕的时候,会通知被拘留、逮捕人所在地的公安机关,由被拘留、逮捕人所在地的公安机关予以配合。

4. 羁押期限。主要包括：(1)一般羁押期限。对犯罪嫌疑人逮捕后的侦查羁押期限不得超过两个月。如果犯罪嫌疑人在逮捕以前已被拘留的，拘留的期限不包括在侦查羁押期限之内。一般情况下，侦查机关应当在法律规定的侦查羁押期限内侦查终结案件。

(2)特殊羁押期限。特殊羁押期限，是指侦查羁押期限的延长，但这必须符合法定条件并履行相应的审批手续和程序。主要情况包括：

①《刑事诉讼法》第156条规定："案情复杂、期限届满不能终结的案件，可以经上一级人民检察院批准延长一个月。"②《刑事诉讼法》第157条规定："因为特殊原因，在较长时间内不宜交付审判的特别重大复杂的案件，由最高人民检察院报请全国人民代表大会常务委员会批准延期审理。"③《刑事诉讼法》第158条规定："下列案件在本法第一百五十六条规定的期限届满不能侦查终结的，经省、自治区、直辖市人民检察院批准或者决定，可以延长二个月：(一)交通十分不便的边远地区的重大复杂案件；(二)重大的犯罪集团案件；(三)流窜作案的重大复杂案件；(四)犯罪涉及面广，取证困难的重大复杂案件。"④《刑事诉讼法》第159条规定："对犯罪嫌疑人可能判处十年有期徒刑以上刑罚，依照本法第一百五十八条规定延长期限届满，仍不能侦查终结的，经省、自治区、直辖市人民检察院批准或者决定，可以再延长二个月。"

(四)审查起诉

侦查、调查终结后，侦查、调查机关认为犯罪事实清楚、证据确实充分的案件移送审查起诉，审查起诉的主要流程见图8－4。

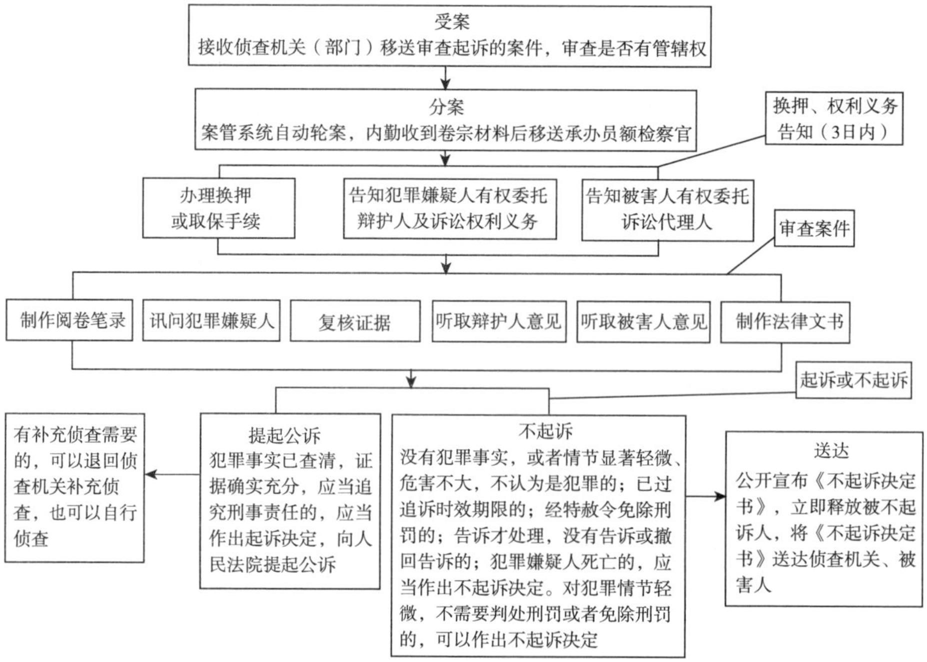

图 8－4　审查起诉工作流程

1. 审阅案卷材料。办案人员接到案件后，应当及时审查调查、侦查机关或刑事侦查部门移送的案件材料是否齐备，有无起诉意见书、证据材料和其他法律文书。

2. 讯问犯罪嫌疑人。讯问犯罪嫌疑人是人民检察院审查起诉的必经程序。这是人民检察院核实证据，正确认定案件事实，监督侦查活动是否合法的必需程序。

3. 听取被害人和犯罪嫌疑人、被害人委托人的意见。这也是人民检察院审查起诉的必经程序。刑事案件中的被害人是犯罪行为的受害者，对案件情况比较了解，因此，听取其意见既有助于查清案件事实，又有利于对被害人合法权益的保护。

4. 退回补充侦查。补充侦查，在提起公诉阶段是指人民检察院对调查、侦查机关侦查终结移送起诉的案件，或者对自行侦查终结的案件，在审查起诉中发现有事实不清、证据不足或者遗漏了罪行或同案人，需要补充进行有关专门调查等工作的一项诉讼活动。

5. 人民检察院认为犯罪嫌疑人的犯罪事实已经查清，证据确实、充分，依法应当追究刑事责任的，应当作出起诉决定并且应当在1个月以内作出决定，重大、复杂的案件，可以延长15日；犯罪嫌疑人认罪认罚，符合速裁程序适用条件的，应当在10日以内作出决定，对可能判处的有期徒刑超过1年的，可以延长至15日。人民检察院审查起诉的案件，改变管辖的，从改变后的人民检察院收到案件之日起计算审查起诉期限。

人民检察院自侦的案件，解除、撤销拘留或者逮捕措施后虽尚未撤销案件、作出不起诉决定，符合法定情形之一的，属于“终止追究刑事责任”，参见本节“二、控方办案流程”中立案侦查、调查的相关内容。

（五）审判阶段

审判阶段主要流程包括：

1. 审查起诉机关将案件移送到人民法院后，由人民法院立案庭受理立案后开庭审理。

2. 刑事审判阶段补充侦查启动方式有两种：（1）检察人员建议。根据《刑事诉讼法》第204条规定，在法庭审判过程中，检察人员发现提起公诉的案件需要补充侦查，提出建议的，可以延期审理。同时，《刑事诉讼法解释》第274条第1款规定：“审判期间，公诉人发现案件需要补充侦查，建议延期审理的，合议庭可以同意，但建议延期审理不得超过两次。”该规定是检察人员在刑事审判阶段，提出补充侦查建议的主要法律依据。（2）法院建议。《刑事诉讼法解释》第277条规定：“审判期间，合议庭发现被告人可能有自首、坦白、立功等法定量刑情节，而人民检察院移送的案卷中没有相关证据材料的，应当通知人民检察院移送。审判期间，被告人提出新的立功线索的，人民法院可以建议人民检察院补充侦查。”该规定是法院在刑事审判阶段，提出补充侦查建议的主要法律依据，但是，法院主动建议补充侦查的情形仅限于“发现被告可能有自首、立功等法定量刑情节”，即只能是有利于被告人的量刑情节。除此之外，人民法院无权直接将案件退回人民检察院补充侦查或建议补充侦查。

刑事审判阶段补充侦查的期限、次数。检察人员建议的，以两次为限，每一次不得超过1个月；法院建议的，目前法律没有对次数限制，但是每一次不得超过1个月。

3. 审查起诉机关申请撤回起诉经审查允许后，撤回起诉。在法庭审判过程中，人民检察院发现提起公诉的案件证据不足或者证据发生变化，需要补充侦查的，应当要求法庭延期审理；经补充侦查后，仍然认为证据不足，不符合起诉条件的，可以作出撤回起诉的决定。最高人民检察院《关于公诉案件撤回起诉若干问题的指导意见》第7条规定："在法庭审判过程中，人民检察院发现提起公诉的案件证据不足或者证据发生变化，需要补充侦查的，应当要求法庭延期审理；经补充侦查后，仍然认为证据不足，不符合起诉条件的，可以作出撤回起诉决定。"第9条规定："对于人民法院认为人民检察院决定撤回起诉的理由不充分，不同意撤回起诉并决定继续审理的，人民检察院应当继续参与刑事诉讼，建议人民法院依法裁判。"第10条规定："对于撤回起诉的案件，没有新的事实或者新的证据，人民检察院不得再行起诉。"第11条规定："对于撤回起诉的案件，人民检察院应当在撤回起诉后七日内作出不起诉决定，或者书面说明理由将案卷退回侦查机关（部门）处理，并提出重新侦查或者撤销案件的建议。"

4. 解除、撤销拘留或者逮捕措施后虽尚未撤销案件、作出不起诉决定或者判决宣告无罪，符合下列情形之一的，属于"终止追究刑事责任"的法定情形。《国家赔偿法》第17条规定："行使侦查、检察、审判职权的机关以及看守所、监狱管理机关及其工作人员在行使职权时有下列侵犯人身权情形之一的，受害人有取得赔偿的权利：（一）违反刑事诉讼法的规定对公民采取拘留措施的，或者依照刑事诉讼法规定的条件和程序对公民采取拘留措施，但是拘留时间超过刑事诉讼法规定的时限，其后决定撤销案件、不起诉或者判决宣告无罪终止追究刑事责任的；（二）对公民采取逮捕措施后，决定撤销案件、不起诉或者判决宣告无罪终止追究刑事责任的。"最高人民法院、最高人民检察院《关于办理刑事赔偿案件适用法律若干问题的解释》第1条规定：

"赔偿请求人因行使侦查、检察、审判职权的机关以及看守所、监狱管理机关及其工作人员行使职权的行为侵犯其人身权、财产权而申请国家赔偿,具备国家赔偿法第十七条、第十八条规定情形的,属于本解释规定的刑事赔偿范围。"第 2 条规定:"解除、撤销拘留或者逮捕措施后虽尚未撤销案件、作出不起诉决定或者判决宣告无罪,但是符合下列情形之一的,属于国家赔偿法第十七条第一项、第二项规定的终止追究刑事责任:(一)办案机关决定对犯罪嫌疑人终止侦查的;(二)解除、撤销取保候审、监视居住、拘留、逮捕措施后,办案机关超过一年未移送起诉、作出不起诉决定或者撤销案件的;(三)取保候审、监视居住法定期限届满后,办案机关超过一年未移送起诉、作出不起诉决定或者撤销案件的;(四)人民检察院撤回起诉超过三十日未作出不起诉决定的;(五)人民法院决定按撤诉处理后超过三十日,人民检察院未作出不起诉决定的;(六)人民法院准许刑事自诉案件自诉人撤诉的,或者人民法院决定对刑事自诉案件按撤诉处理的。赔偿义务机关有证据证明尚未终止追究刑事责任,且经人民法院赔偿委员会审查属实的,应当决定驳回赔偿请求人的赔偿申请。"

5. 人民法院审理后认为犯罪事实清楚、证据确实充分,定性准确、量刑建议适当、程序正当的判决有罪;认为不存在犯罪事实、被告人不需要追究刑事责任、事实不清、证据不足等情形,要求审查起诉机关补充材料无法完成,且检察院也不撤回起诉的,宣告无罪。

三、控方办案思路的分析

了解控方的思路有助于辩护律师更好地完成当事人及其亲属的委托。

(一)侦查机关、调查机关的办案思路

调查、侦查机关受理或立案后,指定办案人员或者成立专案组,研判受理案件线索,对证据及证据线索来源的可靠性程度、涉案范围、作案人员进行测定。案件线索包括报案、举报、控告和犯罪嫌疑人的自首。首先对证据的内

容及形式进行甄别，再对案件线索及证据的可靠性程度、涉案范围、作案人员进行测定。例如，可靠性程度包括对证据形式是书证、物证、鉴定意见还是言词证据；对证据来源是原始证据还是传来证据等的甄别。涉案范围的甄别涉及本地人作案或流窜作案等，作案人员的测定包括是单独犯罪还是共同犯罪，共同犯罪涉及多少人等。其办案思路及步骤包括：

1. 对案情的分析和判断，主要是根据已掌握的有关材料、证据或证据线索，进行侦查推断。已掌握的有关材料、证据、线索，如作案的时间、地点、原因、手段、作案工具和作案人情况（本地人作案或流窜作案、性别、年龄、职业特征等）。

2. 确定侦查方向和侦查范围。确定侦查方向包括确定是内部人作案还是外部人作案；是否为内外勾结作案；是本地人作案还是外地人流窜作案；是初犯还是惯犯；作案人是男性还是女性；是青少年作案还是中年或老年人作案等。确定侦查范围包括犯罪嫌疑人是被害人的亲属还是熟悉的朋友，是本村、本乡，或者本单位、本街道、本区、全市或更大的范围。

3. 制定侦查、调查工作方案。侦查、调查工作方案主要包括明确成员分工、侦查工作部署情况，明确侦查措施和方法步骤，如协查、蹲点守候，技术侦查、抓捕、查封、扣押、冻结，案情公布、发动群众提供线索等。侦查范围从大到小，侦查对象从一般到重点，从外围到核心，从书证到人证。

4. 侦查、调查的开展。根据制定侦查、调查的工作方案，围绕推断涉嫌的犯罪事实，对犯罪构成和具体实施犯罪行为过程进行分解，提炼出需要固定的关键节点事实，就此进行侦查、调查取证，固定证据，建立一个闭合的证据链条，证明推断涉嫌的犯罪事实。根据不断掌握的新证据和新情况，不断调整侦查、调查方向和范围，直至侦查终结。这个阶段重在调查取证、建构还原案件事实，重在“事证一致性”。

（二）控方思路的调整完善

1. 在案件调查、侦查过程中，根据出现的新证据、新情况，及时调整新的侦查、调查思路。

2. 在批捕阶段，根据审查批捕机关的建议调整侦查、调查思路，改变罪名、完善程序、补充证据材料。例如，人民检察院在审查批捕阶段，在审阅案卷和讯问犯罪嫌疑人后，发现证据不足时，会要求侦查机关补充证据。侦查机关应根据审查批捕机关的要求调整侦查、调查思路等。

3. 在审查起诉结束后退回补充侦查阶段，检察院根据审查起诉的职能，对案件事实、证据、程序等全面审查，包括犯罪事实、情节是否清楚，证据是否确实、充分，犯罪性质和罪名的认定是否正确，有无遗漏罪行和其他应当追究刑事责任的人，是否属于不应追究刑事责任的，有无附带民事诉讼，侦查活动是否合法，等等，并根据案件情况拟定退侦提纲。调查、侦查机关应当按照退侦提纲的要求补充证据材料，完善程序，调整、完善控方思路。

4. 在审判阶段，起诉机关要根据审理情况，调整完善控方思路，补充证据材料，甚至调整起诉书。法院可以建议检察院补充侦查。另外，起诉机关很重视庭前会议，会根据庭前会议的焦点和发现的问题，及时调整、完善办案思路，补充证据材料，甚至变更罪名。

这个阶段既审查实体，又审查程序，既重视“事证一致性”审查，又重视“适法性”审查。

由于立场和角度的不同，律师作为刑事案件被害人或者刑事附带民事诉讼的代理人，具有相对独立的性质和特征，尤其对于刑事公诉案件更是如此。刑事案件被害人代理人的代理工作，除维护被害人合法的民事权益外，还具有指控犯罪，追究犯罪嫌疑人、被告人刑事责任的功能和特征。因此，刑事案件代理人不仅要有扎实的刑事、民事法律专业基础知识，还必须具备刑事案件的控方思维，了解控方的办案思路和特征，并且熟知控方办案规律和办案流程。唯有如此，才能形成完整、缜密的代理思路，通过法定程序启动、跟进刑事诉讼流程，在打击犯罪的同时，维护、实现刑事被害人的合法权益。（具体详见第十七章“不同阶段的刑事代理”）

第二节 辩护思路的形成

一、概念

本书所指刑事辩护思路是遵循刑事辩护规律,贯穿于刑事辩护过程,指引辩护人开展辩护工作的一种思维模式,是辩护律师确定的刑事辩护方向和途径。

辩护思路凝结了律师多年的实践经验和法律知识储备。辩护思路的制定和完善,是在对案件逐步了解的过程中形成的,不能简单化,更不是一蹴而就的。只有制定有效的辩护思路,才能有效辩护,最大限度地保障犯罪嫌疑人、被告人的合法权益;只有辩护思路科学合理,才能指引辩护人根据刑事案件不同阶段的特点,有针对性地采取辩护措施,因时、因人、因案而异;只有辩护思路严谨且易于操作,才能紧扣案件节点,敏锐捕捉辩护时机,使认定事实和适用法律向着有利于当事人的方向发展。

二、特征

辩护思路作为辩护人开展工作的指引,具有以下特征:

(一)辩护思路基于指控犯罪的事实而发生,具有针对性

控辩形成于刑事诉讼过程中,控是辩的基础和前提,无控告则无辩护。辩方的辩护思路是针对控方指控开展的防御性工作,故辩护思路的设计和形成具有极强的针对性。辩护思路的形成必须建立在了解指控思路及其内在逻辑、了解支持控方认定事实的证据和适用法律的基础上。

(二)辩护思路贯穿于刑事诉讼的始终,具有前瞻性

辩护思路产生于当事人或家属进行咨询委托时,在了解案件的过程中不

断完善，并贯穿辩护始终。辩护思路具有延展性、前瞻性，而非局限于委托辩护阶段。刑事辩护分为侦查、审查起诉、审判等不同阶段。当事人委托律师可能委托一个或者几个诉讼阶段，委托结束，辩护工作便告结束，但辩护人的辩护思路并非局限于委托阶段，而是针对整个案件诉讼阶段。

(三)辩护思路要遵循辩护工作的内在规律和辩护案件的发展机理，具有规律性

辩护工作要在法律的框架内依法进行。辩护遵循的法律主要有《刑法》和《刑事诉讼法》。《刑法》主要解决的是实体问题，即定罪量刑的问题；而《刑事诉讼法》解决的是程序问题即定罪量刑所遵循的程序。辩护思路要严格按照法律的内在规律制定和完善。不同阶段的刑事辩护呈现的证据不同、辩护权利不同，辩护工作的侧重点也不尽相同。这就要求针对不同阶段采取不同的辩护策略。一般情况下，在侦查阶段，辩护人不要轻易调查证据；在审查起诉阶段，要谨慎收集提交证据，不要轻易出示相对不稳定的言词证据，尤其不要提交稳定性不强的核心辩护证据，过早暴露辩护策略，避免案件退回补充侦查时证人否定先前提供的证据，甚至辩护人“引火烧身”，面临不必要的刑事责任风险等。

(四)辩护思路指引辩护人开展工作，具有指引性

辩护思路的形成和完善需要与当事人、办案人员反复沟通，对案件事实不断深入了解并结合辩护律师丰富的知识储备和实践经验。切忌机械式辩护，例如，在故意伤害案件中，取得被害人的谅解、出具谅解书的时机要与变更强制措施或者案件处理结果相联系，职务犯罪退赃要与认定犯罪数额及从轻处罚情节相联系。只有系统、完整且具有前瞻性、可操作性的辩护思路才是解决问题的出路，才能指导辩护人有效地开展辩护工作。

三、刑事辩护工作思路的初步形成

刑事辩护工作思路的形成是随着对事实的不断深入认识逐渐形成的，从

认识事实到证明事实再到评价事实形成初步的辩护思路。

（一）认识事实层面

全面、客观和深入了解案件事实是形成有效辩护思路的基础，在此基础上才能对案件的性质以及法律适用作出科学合理的分析判断。认识事实的步骤如下：

1. 初步了解案件事实及相关法律。第一，摄取案件基本信息，获取案件背景事实、涉案事实、有证据证明的事实。案件背景事实包括产生的原因、背景以及案件形成来源。例如，杀人案件，可能系仇杀、情杀或者应激杀人；经济案件，本是经济纠纷，却因为人为干预，引发刑事立案。虽然这些背景事实不影响案件的定罪量刑，但对辩护思路和方案的设计，以及对案件的处理、矛盾的解决产生着重要的影响。涉案事实即犯罪构成事实，包括案件事实经过的六要素，即时间、地点、人物、过程、原因、结果，以及案发前后关于案件的处理意见和处理程序。如案件经过了哪些机关或者机构处理，以及处理的过程、结果以及处理程序，是否具有相应的处理文书。初步了解当事人及家属陈述的涉案事实是否有基本的证据支持，以对案件事实有进一步判断，从中得出案件中有证据证明的事实。这些案件基本信息，影响着律师的辩护思路、案件的处理和矛盾的解决。

第二，查找、检索、研习涉案事实或者罪名对应的法律法规、司法解释等。在对案件初步认识的基础上，对相同或类似案件适用法律法规、司法解释等进行检索，分析研判。法律条文纷繁芜杂，即使最专业、最有经验的律师也不可能详尽掌握犯罪涉及的所有法律规定，律师代理案件，第一位任务就是要对案件所涉及的法律、法规等规范性文件进行全方位的查找，必要时查询相关案例，研究相关法理文章。

2. 分析犯罪构成并了解涉案行业。第一，分析案件的犯罪构成事实。在了解涉案罪名的情况下，进一步分析涉案罪名构成要件。从构成要件主体、客体、主观方面、客观方面解析犯罪构成事实，进一步了解案件事实。

第二，了解案件所涉领域的规律、特征和相关行为的操作流程。尤其涉及特殊领域的犯罪。每个行业都有每个行业的特性，对涉案行业的深入了解，有利于对案件事实的认识和把握。例如，金融犯罪涉及股票、基金等，环境犯罪涉及环评、化工等，律师必须了解该领域的特征、规律、相关术语及其操作流程规范等。

3. 确定有利和不利事实。在对所有事实有初步了解的基础上，分拣出对当事人有利和不利的事实，进而从证据、程序等方面制定科学的辩护思路和辩护策略，扬长避短，指导接下来的辩护工作。

（二）证明事实层面

证明事实，即根据法律规定、应用法律方法，通过证据证明、还原案件事实。证明事实可以通过以下几步：

1. 接待、会见了解核实证据及线索。

第一，通过接待核实当事人或其家属提供的证据及尚待查实的证据线索。了解案件事实后，核实对当事人有利的事实有无证据支持，是否形成严谨的证据链条，不同证据是否相互印证，且要甄别相应证据的证明资格和证明力。通过接待就本案犯罪构成要件及相关细节进行询问，核实证明本案事实的基本证据和定罪量刑的关键证据，进一步了解对当事人有利的证据和线索，明确下一步的调查取证、会见核实等工作。

第二，通过会见，结合当事人及其亲友提供的事实进一步挖掘证据线索、收集证据。犯罪嫌疑人、被告人作为整个案件的亲历者，更清楚案件事实及相关细节。律师前期通过当事人家属以及控诉机关提供的相关案件材料，在会见时能有的放矢地询问当事人证明其罪轻、无罪的证据、证据线索以及其他证据线索，为开展下一步辩护工作确立方向和内容。

2. 通过阅卷解构、重组，发现控方破绽。

第一，通过阅卷，掌握全案证据，进行解构证据、重组事实。律师通过阅卷了解控方所有的证据材料，并在此基础上对证据重新分类、拆解，通过对拆解部分对比、总结和还原，可以发现即使同样的证据，通过不同的组合方式，重组出的事实也是不一样的。因此，通过阅卷解构证据和重组事实是一个问题两个不可分割的方面，也是内在关联却先后各有侧重的不同环节。

第二，发现控方证据破绽和漏洞，攻其不备。通过对言词以及其他证据材料的查阅、比较和分析，了解控方证据达到什么标准，证据在真实性、合法性和关联性上是否存在瑕疵，证据瑕疵是否足以影响案件定罪量刑；供证是否一致；全部证据是否形成完整闭合、相互印证的证据链条。在控方证据不足的情况下进行事实不清、证据不足的辩护，如果发现有利于当事人的证据或线索，但辩护人自身无法调取证据的，可以申请控方或者法院调查取证，促使其成为有利于当事人的呈堂证据。

3. 分析证据和待证事实因果关系。

第一，控方没有证据能证明犯罪事实，或者证据不足不能充分证明指控事实。譬如，共同故意犯罪，没有证据能够证明某被告人参与犯罪；再如，放火罪，没有充分证据证明被告人曾到过放火现场，或者不能证明被告人放火行为危及公共安全。

第二，有证据证明指控的某部分事实，但不能支持指控的，综合全案证据后的结论事实。譬如，职务犯罪中，有证据证明主体、客体等要件事实，但是，却没有证据证明当事人利用职务上便利、非法占有的客观行为要件，证据链条则不完整。

第三，证据能够证明全案事实，但是不能达到证明指控犯罪罪名或者指控犯罪，如导致被害人受伤的犯罪行为，涉案证据不能证明被告人故意伤害，却能证明被告人滋事伤人，故不能指向所指控的故意伤害罪，证据证明的寻衅滋事和所指控的罪名不一致，证据证明与待证事实没有法律上的因果关系。

（三）评价事实层面

评价事实层面主要是对指控涉嫌罪名的犯罪构成进行法律分析、评价，即适法性评价和事证一致性评价。

1. 适法性评价。第一，涉案事实是否涉嫌犯罪，构成何种犯罪，是否符合指控犯罪的犯罪构成。第二，是否存在不构成犯罪或者犯罪阻却法定事由，量刑上是否存在从轻、减轻、认罪认罚的事实。例如，虽然构成犯罪但是刑事责任年龄未达到标准或存在正当防卫、紧急避险等情形。第三，是否存在认罪认罚从宽程序，是否存在申请回避、非法证据排除、回避管辖等程序问题。

2. 事证一致性评价。第一，在案指控证据内容是否确实充分，形式是否存在瑕疵，调取程序是否合法。第二，有利于当事人的无罪或者罪轻的证据是否依法调取，证据线索是否进一步查实。第三，指控证据是否与待证事实一致。控方组织使用的证据能否证明还原案件事实，是否能够排除合理怀疑，是否达到唯一排他性的证明标准。换言之，按照控方内在指控逻辑组织的证据是否与控方指控认定的主要事实及关键事实相一致。

第三节　事实、证据的梳理

"以事实为根据，以法律为准绳"是法律思维的基本遵循，科学合理的辩护思路也不例外。辩护思路应建立在事实、证据和法律的基础之上。脱离事实、证据和法律的辩护思路不可能达到预期辩护效果。

一、事实梳理

全面深入了解案件事实是科学辩护思路形成的基础。辩护律师要对案件事实发生的整个过程、案件性质、情节和危害后果等进行认真、细致的梳理，以发现有利于当事人的事实。对事实的梳理需要遵循一定的原则、要求和步骤。

（一）事实梳理的原则

事实梳理的原则贯穿于事实梳理的整个过程中，主要包括以下内容：

1. 对应指控梳理事实原则。指控是辩护的前提，辩护则是针对指控，故为辩护做准备所梳理的事实亦要针对指控事实。辩护律师接触案件第一目标就是预判或理清指控内容，为辩护立个明确的"靶子"，进而有针对性地对相关的事实进行提炼和梳理。

2. 依据犯罪构成的内在规律梳理原则。在了解案件所涉罪名的基础上，按照该罪名的主体、客体、主观方面、客观方面等构成要件分层进行梳理。此时要关注主体是否具有特殊身份，是否侵害了特定社会关系，尤其要关注指控犯罪的主观和客观要件的涉案事实。律师按照犯罪构成的内在规律进行分析，为事实梳理明确清晰的方向，并在梳理事实的过程中认真比对分析，发现相关事实及其细节之间的关联性，发现指控事实存在的问题，逐步确立辩护思路。

3. 顺向梳理原则。梳理事实要按照案件发生的时间顺序，以时间为主线，对案件事实进行排列提炼，最大限度地还原案件事实。以时间为线索梳理案件事实符合人们的认知和规律，可以完整、系统地还原事实的全貌和发生过程。

4. 记叙六要素梳理原则。记叙六要素分别是事件发生的时间(when)、地点(where)、人物(who)、起因(why)、经过(what)和结果(how)。在对案件事实进行梳理时，要明确案件发生的时间；发生的地点；案件涉及的人物及人物关系；作案的动机；案件发生的经过以及造成何种结果。据此，全面完整地梳理案件事实。

(二)事实梳理的要求

事实梳理的要求是指梳理事实所要达到的标准，具体包括以下内容：

1. 主线清晰，结构完整。按照指控罪名的构成要件事实，沿着指控犯罪内在的发生规律，以时间为线梳理事实。什么时间由谁在什么地点实施了什么行为，犯意何时形成，犯罪行为如何组织实施，最后造成何种结果，是既遂还是未遂，是否存在阻却犯罪理由等，最终完成事实梳理。

2. 层次分明。在结构完整的基础上，对事实进行分层、分条块的梳理。如对刑事责任年龄(指自然人主体)、刑事责任能力、身份等犯罪主体方面的事实；动机、主观故意或过失等主观要件方面的事实；行为、时间、地点、方法、手段、对象、犯罪结果、指控犯罪行为与犯罪结果之间的因果关系等客观要件方面的事实；被危害行为所侵害造成的危害结果等客体要件方面的事实等方面进行分层、分类梳理。

3. 突出争议事实,有所侧重。一般来讲,对于当事人对指控认定的事实无争议的可以忽略,对于当事人对指控有异议的事实进行重点详细整理,并且要反复进行比较,结合证据、专业经验和社会常识等进行研判。尤其是对当事人有异议的;被指控认定的明显违背常理的事实要重点关注。另外,还要特别注意控方认定事实采信的口供、证人证言等言词证据取得程序的合法性,从而发现指控事实存在的破绽漏洞。

(三)事实梳理的步骤

事实梳理需要按一定的步骤进行,具体分为以下几步:

1. 针对当事人及其亲友或者指控事实梳理案件概貌,即通过会见当事人,当事人及其亲友的陈述以及指控事实来了解、梳理案件的全部过程。

2. 根据犯罪构成分层梳理事实,即分层、分条块进行梳理。例如,针对主体事实进行梳理,按照一定的顺序梳理当事人的身份状况、相互关系及在案件当中所处的地位和发挥的作用等。

3. 根据犯罪构成对应的事实进一步确定争议事实,即针对前两步的梳理,确定争议事实。

4. 确定争议事实的焦点,即针对争议事实,有所侧重地梳理,详细比较分析,从中发现控方指控事实和适用法律存在的问题。

二、证据梳理

证据梳理是指对案件所涉及的证据进行全面性、系统性的审核、整理和甄别。通过证据梳理工作,辩护律师可以更充分地了解案件事实,在更深的层次把握控方指控思路和内在逻辑。

(一)证据梳理原则

在进行证据梳理里时必须遵循一定的原则,才能达到对证据全面、系统、有效的梳理,进而对案件有更深入、更透彻的了解。

1. 全面梳理原则。对涉案的实体证据和程序证据都要全面梳理,尤其是在做无罪辩护时,更应注重案件的程序是否合法。只有全面梳理证据,才能清楚全部事实,了解办案机关在侦查、审查起诉以及审判过程中的办案思路和内在规律。

2. 对应事实原则。梳理证据一定要对应指控的涉案事实。在梳理证据的过程中,对照办案机关认定的事实,尤其要对照办案机关法律文书“查明”“认为”的事实,发现控方取证的目的所在和组织使用证据的内在逻辑,从而发现控方思路存在的问题。

3. 证据分类原则。运用分类的方法对证据进行深入研究。按照不同角度,对证据科学分类,能够系统化、条理化组织识别证据材料,便于了解不同证据之间、个别证据和全部证据、局部证据和整体证据之间的内在联系,更能系统地证明还原案件事实。在“事证一致性”的反复对比中,更要甄别证据效力,发现控方组织构建证据体系,以还原案件事实的内在规律,更容易发现控方的证据漏洞和指控破绽。

4. 效力甄别原则。在梳理证据的过程中,根据证据学原理,对证据的效力进行比较分析和甄别,判断证据是否有证明力以及证明力的大小。例如,书证、物证的证明效力要大于证人证言,原始证据优于传来证据,对当事人有利的供述效力远低于对自己不利的供述等。

(二)证据梳理要求

在对证据梳理的过程中同样也需要达到一定的标准,即证据梳理的要求,具体包括以下内容:

1. 关注证据的合法性,尤其关注证据的取得来源。这主要涉及非法证据的排除问题,如讯问时间、讯问地点和办案人员程序违法,辩护律师应查证物证、书证的收集程序、方式是否符合法律及有关规定,鉴定机关是否有相关的资质等。

2. 审查证据形式,查找指控证据的瑕疵。审查证据形式是否完善,例如，审查讯问或询问笔录的形式是否完整；是否有被讯问人或被询问人的签字、手印，签字和手印是否是当事人本人签署留存，以及笔迹和手印是否一致；笔录或者清单是否有侦查人员、物品持有人、见证人的签名，鉴定文书是否形式完备，对当事人讯问和对证人的询问笔录是否有对其权利义务告知等内容。

3. 审查证据对待证事实的证明力。审查证据与案件的关联性，审查证据能否证明指控的案件事实。辩护律师梳理证据时，应当将虚假的、与本案事实无关联或者关联性不大的证据筛选出来。只要该证据与案件事实没有实质性联系，即可在质证中提出异议，甚至申请予以排除。对于案件事实证明力相对薄弱的证据，辩护时可以将其作为辩护的突破点。

三、辩护事实与证据的关系

证据完成事实发现、事实形成，辩护事实需要证据予以支撑，只有了解两者之间的关系，才能形成明确的辩护思路，实现有效辩护。

1. 辩证统一关系

两者统一于法律规范之下，服务于总体的辩护思路，任何一个方面都不可偏颇。过于强调事实，往往陷入自由心证的道德判断；过于看重证据，就容易被带入证据陷阱。

2. 目的与手段关系

刑事诉讼的目的在于有效查明刑事案件事实，而查明案件事实需要组织证据建构还原案件事实。还原事实是目的，证据证明是手段。控、辩、审三方无不如此，认定案件事实需要由相关证据加以证明，认定犯罪嫌疑人或被告人构成犯罪则需要形成完整的、互相印证的证据链条。

3. 面与点的关系

事实是面，证据是点。事实是不间断、系统的过程，证据是遵循法律内在规律的点状呈现。通过数个证据的点，形成事实的面。例如，在故意杀人案件中，需要有犯罪嫌疑人或被告人杀人的主观动机的证据、实施行为及过程的证据、犯罪结果的证据等来还原故意杀人的案件事实。

4. 背向的关系

事实过程是顺向，证据证明是逆向。事实的梳理是从事件的开始到结束，按照顺序进行，而证据证明则是逆向还原事实，即案件结果发生后需要证据去逆向还原事实发生的过程。例如，抢劫案件中，梳理事实应该按照什么时间、何地、谁、以何种方式实施了抢劫、造成何种后果的顺序去梳理，而证据证明则是结果已经发生，我们就需要用证据逆向推理，证明谁何时、何地实施了抢劫，用证据证明反推出案件的事实。

第四节　辩护思路的确立、完善和执行

刑事辩护的目的是根据事实和法律，提出证明犯罪嫌疑人，被告人无罪、罪轻或者减轻、免除其刑事责任的材料和意见，维护犯罪嫌疑人、被告人的合法权益。因此，律师有效辩护必须在梳理事实和整理证据的基础上确定为犯罪嫌疑人或被告人主张无罪、罪轻或者减轻、免除其刑事责任的辩护方向，确定辩护思路并不断完善辩护思路，再付诸行动。

一、辩护思路的确立

在初步形成辩护思路的基础上，要不断完善，及时调整辩护方向，才能形成最终的辩护思路。

(一)调整、完善辩护思路

辩护思路不是一成不变的，律师往往根据事实、证据及相关情况的变化，逐步加深对法律适用的理解。

1. 指控事实的适法性审查，即审查指控事实是否符合法律的规定。

第一，指控的事实是否完全契合指控适用的法律及司法解释，即指控事

实是否属于适用法律所调整的范围。第二,指控事实是否符合指控罪名的犯罪构成要件。第三,指控事实是否符合罪刑法定原则。法律明文规定为犯罪行为的,依照法律定罪处刑;法律没有明文规定为犯罪行为的,不得定罪处刑。第四,指控犯罪是否存在相似或相近较轻的罪名,即此罪、彼罪适用法律的问题。第五,指控的故意犯罪是否存在犯意不同、超出共同故意、同案不同罪名的问题。第六,指控的多起犯罪事实是否存在想象竞合、连续犯等一罪、数罪问题。第七,指控犯罪是否存在阻却犯罪法定事由,即正当防卫、紧急避险、期待可能性。第八,指控犯罪是否存在新旧法衔接,程度显著轻微问题。第九,指控事实是否存在法定不构成犯罪或者不再追究刑事责任问题,如特赦等;同一事实理由不起诉后没有新的证据不能再重新起诉;追诉时效等问题。第十,指控事实是否存在法定或酌定从轻、减轻处罚等情节。如预备犯可以比照既遂犯从轻、减轻处罚或者免除处罚。第十一,是否存在回避、管辖、申请调取新的证据、证人出庭和重新鉴定等程序性法律问题。

2. 事证性审查,即指控事实的证据审查,指控事实是否有证据予以印证,主要从以下四方面审查:第一,指控事实是否存在严谨、完整、相互印证的证据链条,达到证据确实、充分的证明标准。例如,供证是否一致;言词证据是否具有稳定性和一致性;是否存在孤证不能定案的问题;是否存在只有口供没有其他证据印证的问题;是否存在综合证据不能证明指控结论的问题等。第二,是否存在非法证据排除问题。例如,是否存在刑讯逼供或者变相刑讯逼供;审查物证、书证的收集程序、方式是否符合法律及有关规定;鉴定机关是否有相关的资质等。第三,是否存在指控证据存在瑕疵问题。瑕疵证据,是指虽然在收集程序和方式上存有瑕疵,但通过有关办案人员的补正或者作出合理解释依然可以被采用的证据。例如,证人在卷证言中记录人签名与记录笔迹不一致,原始卷宗中不存在物证照片等。第四,是否存在律师申请调查取证,律师取证及转化问题。

(二)确定辩护思路

辩护方向和策略的选择都是基于案件事实和证据,律师既然接受了案件，就要忠诚于委托人，为当事人的合法利益付出最大努力。一般辩护方向分为无罪辩护和罪轻辩护。

1. 无罪辩护。作出有罪判决需要同时符合程序上和实体上两方面的条件，据此无罪辩护分为实体性无罪辩护和程序性无罪辩护两种。

第一，实体性无罪辩护。所谓实体性无罪辩护，是指在一个刑事案件中，辩护人从事实与法律适用的角度寻找依据，为案件的被告人做无罪辩护。实体性无罪辩护又可以分为事实无罪辩护、证据无罪辩护和法律适用无罪辩护。

事实无罪辩护，是指辩护人以被告人不存在犯罪事实或者不存在法定犯罪构成事实为由进行的无罪辩护。刑事案件中的事实是法律事实，不同于客观事实，法院认定的事实是案件发生后通过证据支撑起来的事实。在刑事案件中，公诉机关负有有罪的举证责任，辩护人只需要认真研究案卷材料，尤其在案卷事实与被告人事实不一致的地方找到突破口，以推翻公诉机关认定的案件事实。如果案件事实都不存在，那么就失去了刑罚的根本。

证据无罪辩护，是指辩护人通过综合全案证据情况，论证公诉人没有达到法定证明标准，其所指控犯罪事实不清、证据不足，指控的罪名不能成立。只有被告人供述，没有其他证据的，不能认定被告人有罪并处以刑罚。对于定罪证据不足的案件，应当坚持疑罪从无原则，依法宣告被告人无罪，不能降格作出“留有余地”的判决。证据无罪辩护始终贯彻疑罪从无和证据裁判原则，最大限度地实现了尊重法律、保障人权。

法律适用无罪辩护，是指辩护人对被告人被指控犯罪适用法律的理解，论证公诉机关指控犯罪或者指控罪名不能成立的无罪辩护。即通过对适用法律的不同理解，达到无罪辩护的效果。

第二，程序性无罪辩护。程序性无罪辩护，是指辩护人以《刑事诉讼法》为依据，通过指出刑事办案人员在侦查、起诉或者审判过程中出现严重违反《刑事诉讼法》规定或存在严重侵犯犯罪嫌疑人或者被告人基本权利的行为，从而否定某一证据或者某一诉讼行为的有效性，将侦查人员、检察官和法官的行为置于被审查的境地，达到阻却犯罪指控、维护被告人合法权益的目的。

程序性无罪辩护旨在维护程序的公平正义，而刑事案件的程序正义是维护法律公正不可或缺的。我国《刑事诉讼法》第56条第1款规定："采用刑讯逼供等非法方法收集的犯罪嫌疑人、被告人供述和采用暴力、威胁等非法方法收集的证人证言、被害人陈述，应当予以排除。收集物证、书证不符合法定程序，可能严重影响司法公正的，应当予以补正或者作出合理解释；不能补正或者作出合理解释的，对该证据应当予以排除。"例如，侦查机关通过刑讯逼供得到了被告人的有罪供述，即使该供述从客观上来说是真实的，为了维护程序正义，根据非法证据排除规则，这份供述也不得作为证据采信。

2. 罪轻辩护

罪轻辩护，是指辩护人就被告人应构成的罪名或者情节轻于所指控的罪名或者情节所作的辩护，主要有罪名较轻的辩护和法定、酌定从轻、减轻的辩护。

第一，罪名较轻的辩护，是指被告人虽然实施了犯罪行为，但辩护人不认为触犯的是处罚更重的罪名，而是一个处罚相对较轻的罪名，从而要求法庭作出正确判决。实践中，控方指控罪名不当的情形时有发生，如将强拿硬要的寻衅滋事行为以抢劫罪起诉；将非法拘禁行为以绑架罪起诉；将职务侵占罪以贪污罪起诉等，因此，罪名辩护往往是一种行之有效的辩护。

第二，法定、酌定从轻、减轻的辩护。法定、酌定从轻、减轻辩护主要是查清反映犯罪主体责任能力、防卫或者避险过当以及反映不同犯罪形态影响刑罚轻重的事实，如反映主体责任能力的酌定情节，已满十四周岁不满十八周岁的人犯罪，应当从轻或者减轻处罚；尚未完全丧失辨认或者控制自己行为能力的精神病人犯罪，可以从轻或者减轻处罚；又聋又哑的人或者盲人犯罪，可以从轻、减轻或者免除处罚等。

存在行为实施后的反映行为人主观恶性程度的法定、酌定事实，具体包括：行为人积极救助被害人、赔偿被害人损失、退赃、胁迫利诱被害人或证人、嫁祸于人、自首、立功、坦白等影响刑罚轻重的事实。如防卫过当导致犯罪，应当减轻或者免除处罚；紧急避险过当导致犯罪，应当减轻或者免除处罚。

存在于行为实施前的反映行为人主观恶性程度的事实，如偶犯、初犯、被害人过错、被害人谅解、行为人在较长时间以前犯罪且其后遵纪守法等。司法实践中，对一般的犯罪，法庭处罚时会考虑事后被告人的主观态度和采取的救济方式，如主动退赃、坦白悔罪、赔礼道歉、高额赔偿等，律师要在协助当事人或家属在经济状况允许的条件下，恳请法庭考虑所有情节，以期获得轻判。

二、辩护思路确立的方法

确立辩护思路有很多方法，现主要介绍以下几种：

1. 是否具备适法性，即是否有法律依据。辩护首先确定该行为是否符合刑法调整的范围，是否符合犯罪构成要件。

2. 事证是否不一致，即案件事实是否有证据证明，证据之间是否形成完整的证据链，证据是否有疏漏，证据的证明力是否达到待证事实的标准。

3. 时间维度，长中取短，短中延长。例如，正当防卫中，单纯看在对不法侵害实施行为的时间内，此行为构成犯罪，但是将时间延长至行为发生前遭受不法侵害之时，该行为就具有了正当理由。

4. 是否有阻却犯罪事由发生、阻却犯罪证据出现。例如，阻却犯罪事由有正当防卫、紧急避险等，阻却犯罪证据有证明没有共同犯罪的犯意的证据、其他证明阻断犯罪构成要件的证据等。

5. 对数额、情节的辩护。数额不仅是定罪的依据，也是量刑的依据，还是判决认定追缴返还的依据，因此，犯罪数额必须明确。在精细化的辩护中，可以数额之辩作为辩护的重点，即通过降低犯罪数额的方式实现有效辩护。量刑情节是在行为构成犯罪，但是因为存在具体情节可能作出减轻、免除处罚等。量刑情节包括法定量刑情节和酌定量刑情节，如应当减轻处罚或者免除处罚的情节有防卫过当、避险过当、胁从犯等。重视量刑情节的辩护也是实现有效辩护的一种途径。

三、辩护思路的执行

辩护思路贯穿于律师接待、会见、阅卷、调查取证、开庭的整个诉讼环节，并在了解案件事实和证据的情况下不断完善。整个诉讼期间要详细研究法律规定，不断地进行指控犯罪的适法性对比、事证一致性对比，强化质证，加强调查取证，突破、截断指控证据链条，修补辩护证据链条，强化、完善辩护思路。加强与当事人、委托人、亲友沟通，加强与办案人员沟通，做好开庭准备工作，做好庭后和庭下沟通工作。

第五节　控辩思路的比较

控诉和辩护是现代刑事诉讼两大基本职能，二者是辩证统一的，处于一个矛盾的统一体中，缺一不可。控辩双方只是分工不同，即形成了控诉与辩护的对立。同时，统一是指二者具有同一的事实根据、同一的法律标准、同一的诉讼任务。因此，在控辩思路上有相同亦有不同。

一、相同点

控诉和辩护思路的相同之处如下：

1. 目标方向一致。控辩双方思路是辩证统一的关系，统一于为实现公平正义的司法价值追求，统一于刑事诉讼法所追求的生命至上、保障人权的宗旨。辩护人与控诉人在诉讼角色、诉讼任务、诉讼内容等方面处于完全差异甚至对立的状态，但是从刑事诉讼程序的整体角度出发，辩护人与控诉人的思路都必须本着追求正义、维护公平、追诉犯罪的诉讼使命。控方思路自不必言，辩护人的辩护思路是最大可能地查清并还原事实真相，避免错误追诉而导致被指控人无辜受害和冤错案的发生。同时，即便控方的指控主体及事实均事实清楚、证据充分，那么对被指控人权利的捍卫，亦是对刑事诉讼保障人权原则的践行。

2. 严守法律规范。控辩双方的思路统一于《刑法》《刑事诉讼法》，整个诉讼期间控辩双方都要详细研究法律，不断地进行指控犯罪的适法性对比，以确立和完善思路。控辩双方的思路也必须严格遵循法律所规定的程序。

3. 思维方式一致。控辩双方在坚持法律至上的思维方面是一致的，控辩思路都是为了保证准确有效地执行法律，查明犯罪事实，惩罚犯罪，保障人权。刑事诉讼的一项重要原则就是以事实为根据，以法律为准绳，这是所有参与刑事诉讼活动的人都应当遵循的原则。因此，控辩双方确定的思路也必须尊重事实和法律。

4. 指向性一致。控辩双方在刑事诉讼过程中都指向法庭审判，只有经过法庭审判，才能确定被告人是否有罪以及接受何种惩罚，才能确定控辩双方的意见哪个最终得到支持。法院裁判是控辩双方思路的终极目标，体现着控辩双方的思路能否全面呈现，并获得法庭的认同。

二、不同点

控诉和辩护思路的不同之处如下：

1. 控方的办案思路更加强势、可以借助国家强制手段；辩方没有强制手段，其思路更需要扬长避短。由于行使追诉权的一方是以国家强制力为后盾并掌握各种必需手段的国家机关，因此，其办案思路更加强势；而辩护方处于被指控的被动地位，且犯罪嫌疑人、被告人往往被羁押，其力量悬殊显而易见，由此决定了辩护思路更需要扬长避短，需智取而非硬碰。

2. 控方偏重进攻，辩方偏重防御，程序性辩护例外。程序性辩护是指针对办案机关在办案过程中适用的程序违法，导致经违法程序获取的证据不得适用。程序性辩护的进攻性主要表现在非法证据排除。

3. 控方偏重实体正义，辩方实体程序并重。控方的职责是惩治犯罪，追究其刑事责任，因此其更注重实体上的正义；而辩方在进行辩护时不仅要注重实体辩护也要注重程序上的辩护。

4. 控方在于组织证据、建构还原事实,辩方在于解构证据、重组事实。控方通过按照犯罪构成和指控犯罪事实发展的内在规律组织调查收集证据,并对证据反复甄别、取舍,建构一个无限接近犯罪过程的犯罪事实;而辩方则是了解控方所有的证据材料,在此基础上对证据进行重新分类、拆解,然后对各个拆解的部分进行对比、总结、还原。

5. 控方偏重客观定罪,辩方主张主客观相一致原则。控方办案思路的逆向性决定一定是先有犯罪结果,再去收集证据还原案件的经过,因此控方更偏重根据客观结果去定罪;而辩方不仅注重客观的事实也注重考量当事人的主观方面。

6. 控方思路偏重惩治犯罪,辩方思路偏重保护人权。控方要证明被告人有罪,要求惩罚犯罪;而辩方要证明被告人无罪或者罪轻,要求宣告被告人无罪或者判处较轻的刑罚。这种对抗性是诉讼职能使然,体现在控辩思路上,控方职能导致其办案思路将更注重追究犯罪、惩治犯罪;而辩护人为了维护犯罪嫌疑人、被告人的合法权益,其辩护思路更偏重于保护人权。

第九章　侦查阶段的辩护

侦查阶段是刑事诉讼程序的第一阶段，律师最早从犯罪嫌疑人第一次被讯问或者被采取强制措施之日起就可以接受委托，开始辩护工作。侦查机关在这个阶段的主要任务是查明案件事实、收集并固定与案件相关的各项证据。如果侦查机关完成证据的收集与固定，确认案件事实，明确犯罪嫌疑人的活动，会将案件移送到审查起诉机关，那么，犯罪嫌疑人被定罪量刑的可能性就会增加。审查起诉和审判工作据以定罪量刑的所有事实和证据也都源于侦查机关认定事实及其获取的证据。

律师提前介入辩护，辩护中心前移，主要是指侦查阶段的律师介入，介入越早，辩护越充分，越有利于当事人合法权益的保护。注重侦查阶段的辩护，提高律师在此阶段发挥的作用，可以更好地实现控辩平衡，提升有效辩护的质量。

第一节　侦查阶段辩护概述

一、概念

侦查阶段的辩护，是指在刑事诉讼的侦查阶段，犯罪嫌疑人及辩护人依法进行辩护、保障犯罪嫌疑人合法权益、促使侦查机关对犯罪嫌疑人涉案行为作出从轻、减轻事实认定和撤销案件的诉讼法律行为。本书所讲的侦查阶段辩护是狭义上的辩护，仅指律师在侦查阶段的辩护活动。

犯罪嫌疑人在侦查阶段获得律师辩护，是一项重要的诉讼权利。2012年《刑事诉讼法》第二次修正将律师的辩护权利提前到了侦查阶段，首次从立法层面确立此权利，使犯罪嫌疑人在侦查阶段的诉讼权利得到法律保障。根据现行《刑事诉讼法》第34条的规定，辩护律师在侦查期间可以为犯罪嫌疑人提供法律帮助。具体来说，辩护律师在侦查阶段可以提供的法律帮助主要包括代理犯罪嫌疑人的申诉、控告；申请变更强制措施；还可以在侦查期间向侦查机关了解犯罪嫌疑人涉嫌的罪名及当时已查明的该罪主要事实，犯罪嫌疑人被采取、变更、解除强制措施的情况，侦查机关延长侦查羁押期限等情况，并提出相应意见。

二、侦查阶段辩护的内容

侦查阶段的辩护分为实体辩护和程序辩护。

（一）实体辩护

刑事案件侦查阶段，被羁押在看守所的犯罪嫌疑人一般通过其近亲属委托律师。因此，辩护律师先要和当事人家属进行沟通，初步了解案件的基本情况。再及时安排会见，通过会见和犯罪嫌疑人沟通案件事实和证据。还要和侦查机关进行沟通，通过办案人员了解案件的基本情况。其中，最重要的就是会见，在了解案件事实外，律师要通过调取相关的证据，在有限的范围内尽可能还原案件的全部事实并进行归纳提炼。

之后，律师应当通过和侦查机关、犯罪嫌疑人及其家属的沟通，初步分析犯罪嫌疑人是否构成犯罪以及罪名是否恰当。例如，王某某通过电信手段，冒充被害人的亲属以生病做手术急需用钱为由，让被害人将钱汇入其共犯李某某的账户，然后，王某某让李某某从银行 ATM 上将钱取出交给本人。但实际上，李某某并不清楚王某某的所作所为，误以为王某某只是借用其账户转账。最初侦查机关认为，王某某和李某某构成共同犯罪，涉嫌的罪名是诈骗罪，在检察院批捕之际经过辩护律师的沟通，李某某的罪名改成了掩饰、隐瞒犯罪所得罪。

掩饰、隐瞒犯罪所得罪与诈骗罪的区别在于主观故意不同，诈骗罪的主观要求以非法占有为目的，而李某某对王某某的行为并不知情，也并没有与王某某共同实施犯罪行为，不能证明主观上有共同诈骗的故意。因此，对李某某以诈骗罪立案显然是不合理的。律师抓住这一主观区别，使李某某的罪名得以变更，实现了从重罪到轻罪的成功辩护。

司法实务中，如果多个犯罪嫌疑人确属共同犯罪，那么还要考虑每个犯罪嫌疑人在共同犯罪里的地位和作用。在共同犯罪中，尤其要关注侦查机关的起诉意见书，特别要关注犯罪嫌疑人的排序。一般来说，侦查机关按照犯罪嫌疑人在共同犯罪中所起的作用大小进行排序，犯罪嫌疑人的排名越靠前，律师的辩护难度就越大。例如，某个团伙盗窃案件中有 5 个人，排在首位的犯罪嫌疑人即使被判处 3 年以下有期徒刑，也很难被判缓刑，但是第五位的犯罪嫌疑人，在量刑上被判缓刑的可能性就很大。犯罪嫌疑人前期的排名在一定程度上决定了后期的量刑，一旦前期排序确定，后面可以改动的可能性很小。因此，在起诉意见书的排序还没有出来之前，律师可以辩护的工作很多，第一步就要和侦查机关就犯罪嫌疑人在共同犯罪里的地位和作用进行沟通，辩护工作从排序上就开始着手。

(二)程序辩护

国外的刑事案件,犯罪嫌疑人大多不被限制人身自由,案件采取的非羁押性措施多一些。但我国刑事案件的犯罪嫌疑人在侦查阶段大多被采取了羁押性强制措施,非羁押措施很少,因此,申请变更强制措施是侦查阶段辩护的重要内容。如果犯罪嫌疑人从侦查阶段开始一直被采取羁押性强制措施,那么后期其被判缓刑的可能性就比较小;如果申请变更强制措施成功,当事人由羁押措施变更为了非羁押措施,将为后期争取刑罚上的从轻减轻处罚、缓刑甚至无罪的辩护奠定坚实的基础。

根据我国《刑法》的规定,对符合一定条件的被判处拘役、3 年以下有期徒刑的犯罪分子可以适用缓刑。在一个刑事案件中,律师首先要考虑犯罪嫌疑人是否有变更强制措施的可能。如果根据犯罪嫌疑人的涉案罪名和案件事实及情节判断其可能被判处 3 年以下有期徒刑,并且在侦查阶段或者审查起诉阶段可以变更强制措施,并认定犯罪嫌疑人的社会危害性不大,那么在审判阶段被告人被判缓刑的可能性就很大。例如,邻里之间产生纠纷引起打架斗殴,在公安机关没有向检察院报捕前,犯罪嫌疑人认罪并获得被害人谅解,这种情况下为犯罪嫌疑人申请取保候审,一般可以获准。如果人民检察院经审查认为不应逮捕的,依法作出了不批准逮捕的决定,那么公安机关必然变更强制措施,应当立即将被拘留者予以释放。对于需要继续侦查,并且符合取保候审、监视居住条件的,依法取保候审或者监视居住。如果检察院批准逮捕,在侦查阶段依然可以申请办理取保候审,此时公安机关释放被逮捕的人或者变更逮捕措施,应当通知原批准的人民检察院。犯罪嫌疑人被逮捕后,人民检察院仍应当对羁押的必要性进行审查。因此,律师可以向检察官提交羁押必要性审查法律意见书,论述案件性质的轻缓,结合案件情况申请变更强制措施。

此外,还应当注意刑事案件中公安机关办理案件的程序是否正当。如针对公安侦查人员是否具有执法资格提出异议,侦查羁押期限被延长是否符合规定,或者是否超过了最多 7 个月的要求。例如,一名犯罪嫌疑人涉嫌犯妨害公务罪,经过调查发现执法的两人中,只有一名是警察,另一名是辅警,并且在执法时没有出示执法记录仪，也没有明确告知其正在执法，那么，根据《公安机关办理行政案件程序规定》第 52 条的规定，调查取证时，“人民警察不得少于二人，并表明执法身份”，在这种情况下，律师可以为犯罪嫌疑人争取无罪辩护。还有犯罪嫌疑人被拘留后，侦查机关羁押犯罪嫌疑人的场所是否符合规定，侦查机关对犯罪嫌疑人的提讯时间是否合理等。如果有反常的地方，都可以提出异议，即使不被采纳，也有利于抑制侦查机关的非法取证行为，并为后续排除非法证据做必要的铺垫。

第二节　侦查阶段辩护的特点

一、防御性

侦查阶段是诉攻辩守的阶段，这个阶段律师辩护的防御性最强。刑事案件刚发生时是最容易查清案件事实的，这时证人的记忆也是最清楚的，更是侦查机关收集证据的最佳时期，对于不容易灭失的证据，务必第一时间收集保存，比如，现场的血液和毛发等。在实务中，侦查机关和犯罪嫌疑人的地位、力量差距非常大，公安机关为了及时查明事实、还原真相，有时候可能会采取一些非常规手段，比如，严刑逼供或者采取不让睡觉、半夜讯问等非暴力手段。侦查阶段律师不能在场，对于犯罪嫌疑人来说是最恐惧的阶段，也是犯罪嫌疑人权利最容易受到侵害的阶段，侦查机关强制手段多，破案心理迫切，对辩护人抵制心理重。而律师除会见中提供法律咨询外，其他辩护手段很有限，很难抗衡侦查机关的侦查行为，因此，侦查阶段诉辩态势是诉攻辩守，辩护人基本是处于守势，主要是防御侦查机关的非法取证、不当取证和一些程序性辩护。

二、风险性

司法实务中，刑事辩护律师的执业风险比较大，导致越来越多的律师不愿意代理刑事案件。媒体新闻也常常报道,某律师因为涉嫌毁灭证据、伪造证据等行为被追究刑事责任。因此,律师从事刑事案件代理工作,尤其在刑事侦查阶段要避其锋芒,在会见等刑事辩护活动中要依法依规。如果律师的行为有意或者无意妨碍甚至是阻挠了侦查机关的侦查行为,将会面临极高的风险,不仅可能断送自己的职业生涯,甚至还会涉及刑事责任风险。

三、局限性

要保障犯罪嫌疑人的辩护权,首先应当保障其辩护律师的权利。但是实践中,由于刑事案件律师参与度低,即使侦查阶段委托了律师,在办案中也面临各种各样的困难。

首先,会见难。司法实践中经常出现看守所不及时安排律师会见、会见室配备少不够用的情况,还有律师在会见时遇到被“陪同”会见的情形,不能保障律师会见不受监听的权利。

其次,取证难。侦查阶段律师的调查取证权很难实现。《律师法》第35条规定:“受委托的律师根据案情的需要,可以申请人民检察院、人民法院收集、调取证据或者申请人民法院通知证人出庭作证。律师自行调查取证的,凭律师执业证书和律师事务所证明,可以向有关单位或者个人调查与承办法律事务有关的情况。”但在司法实践中,律师申请调取证据时,往往被要求提供相关线索或者材料,办案机关也常以律师没有相关线索或者材料为由予以拒绝,并且还经常出现有关单位和个人不予配合的情形,辩护律师的调查取证权形同虚设。

此外,律师的辩护意见在侦查阶段难以被采纳。《刑事诉讼法》第38条规定,辩护律师可以向侦查机关了解犯罪嫌疑人涉嫌的罪名和案件有关情况,并提出意见。辩护律师的意见提出得越早,越有利于防止冤假错案的发生。司法实践中,侦查机关和辩护律师角色的对立性,可能使侦查人员对律师具有提防和排斥的倾向,即使辩护律师的意见正确,侦查机关也可能不予采纳。

四、全局性

侦查阶段的工作是为了后续的庭审做准备,尤其是在案件批捕以前,整个案件的走向对之后全案的发展起到关键作用。因此,辩护律师介入的时间越早越好,尤其是辩护律师决定进行无罪辩护,一定要及时搜集证据并与侦查机关沟通,因为一旦犯罪嫌疑人被批捕,进行无罪辩护的难度将大大增加。侦查阶段是刑事案件的第一个阶段,律师在侦查阶段的工作做得越扎实充分,到了审查起诉阶段和庭审阶段的工作就会越轻松。因此,侦查阶段的辩护对全案的发展起着决定性的作用。

五、不对称性

侦查机关可以采取的刑事手段很多。其可以采取的羁押性强制措施包括拘留、逮捕,非羁押性强制措施包括取保候审、监视居住,以及查封、扣押在侦查活动中发现的可用以证明犯罪嫌疑人有罪或者无罪的各种财物、文件。而律师可以采取的刑事手段很少,并且由于犯罪嫌疑人很多都欠缺法律知识,很难有效配合律师的辩护工作,双方力量不平衡,诉辩不对称性非常明显。

第三节　辩护手段

一、侦查阶段的会见

侦查阶段律师了解案件最重要的手段就是会见,尤其是第一次会见很重要,良好的开端是成功的一半。会见的要求主要有:第一,会见一定要端正专业法律服务心态,在专业上是导师、在服务上是守护。第二,要展示亲和、专业和冷静的形象。不仅要展现专业知识,还要展现亲和、冷静的人格魅力,处事冷静，处变不惊。第三，会见一定与接下来的阅卷、调查取证和开庭等全案辩护环节无缝衔接。会见的中枢作用可以连接起涉案人、当事人家属及相关人员，尽可能了解全案事实，接触其他的相关人员。

通过会见了解本案的基本事实，并且通过会见掌握公安机关讯问内容，初步研究并判断侦查机关的侦查方向、思路，以此调整辩护的方向、内容和形式，建构本案法律事实，逐步确定辩点。并且还要对本案事实证据及其证据线索进行核实，为下一步阅卷、调查取证和开庭等做好准备工作。

辩护律师要向犯罪嫌疑人解释涉案法律规定，对本案进行初步分析；告知其刑事案件的法律程序以及实务当中办案机关的办案手法和特点，尤其告知犯罪嫌疑人依法享有的诉讼权利。例如，犯罪嫌疑人享有正常饮食休息的权利，具有人身不被侵害的权利，具有申请办案人员回避的权利，具有拒绝回答与案情无关讯问的权利，具有核对笔录的权利，等等，帮助犯罪嫌疑人提高自我辩护能力，构筑正当的抵御非法讯问的心理防线。

提醒犯罪嫌疑人在侦查阶段的注意事项，特别是要告知其签署任何文件都会作为证据，作为后续定罪量刑的呈堂证供，因此，一定要谨慎。对于模棱两可的事不能随便供述，尤其对侦查人员的诱供要保持足够警惕。很多犯罪嫌疑人在讯问笔录上签名时不看内容，更不清楚供述后果，对于用词不当或者含糊其词，以及讯问与其供述不一致的，犯罪嫌疑人在讯问笔录上稀里糊涂签字后发现为时已晚，翻供也得不到支持，导致一招不慎，全盘皆输。所以，要向犯罪嫌疑人强调，侦查人员讯问结束后、签字前一定要认真核对笔录。

律师在此阶段要与犯罪嫌疑人进行正常的信息交流，打破侦查机关利用信息不对称对犯罪嫌疑人的不当施压，要与其进行情感沟通、精神安慰、心理疏导，帮助其克服不必要的心理恐惧，从而维护其合法权益。

二、提请羁押必要性审查

羁押必要性审查，是指人民检察院对被逮捕的犯罪嫌疑人、被告人有无继续羁押的必要性进行审查，对不需要继续羁押的，建议办案机关予以释放或者变更强制措施的监督活动。《人民检察院办理羁押必要性审查案件规定（试行）》第 7 条规定："犯罪嫌疑人、被告人及其法定代理人、近亲属、辩护人申请进行羁押必要性审查的，应当说明不需要继续羁押的理由。有相关证明材料的，应当一并提供。"

由于羁押措施会对全案的走向产生重大影响，律师在犯罪嫌疑人被批准逮捕后一定要尽快和审查起诉机关沟通，减少不必要的羁押。对一些主观恶性不大、社会危害性较轻的刑事案件，如邻里纠纷引起的轻伤害案件、数额相对不大的盗窃案件、过失犯罪等案件的犯罪嫌疑人，长时间的羁押措施有违罪责刑相适应原则，不仅不利于个体的教育改造，更浪费了司法资源。因此，律师应结合案件具体情况阐述自己的意见，提交羁押必要性审查意见书，对不需要继续羁押的，建议予以释放或者变更强制措施，尽力为犯罪嫌疑人争取变更强制措施。检察机关和公安机关在收到变更强制措施的申请后，应当在三日以内作出决定，对于不同意变更强制措施的，应当告知申请人，并说明不同意的理由。

三、申请变更强制措施

侦查阶段，辩护人有申请变更强制措施的权利。由于侦查阶段最长只有 37 天，时间非常宝贵，因此，在侦查阶段辩护律师在初步了解案情后，如果认为犯罪嫌疑人符合取保候审的条件，应主动及时地和公安机关进行沟通，争取为当事人申请变更强制措施，改为非羁押性措施，最大限度地维护犯罪嫌疑人的合法权益。

四、退赔、退赃、取得谅解

刑事案件中的经济类案件或者有被害人的案件，可以通过主动退赔、退赃或者求得被害人谅解，争取从宽的量刑情节。但由于在侦查阶段，律师不能阅卷，不清楚全案的具体情况，所以要谨慎行事，尤其是不要轻易接触被害人及其家属,否则结果可能会适得其反。

五、出具法律意见

辩护律师在这个阶段出具法律意见书要慎重。由于律师在侦查阶段不能阅卷,不清楚案件的全部内容,尤其是对于共同犯罪的案件了解不足,过早地出具法律意见,可能会因尚未掌握充分证据,提出的法律意见不仅没有切中要害,而且还暴露辩护短板,侦查机关甚至可以根据律师的意见,把原本案件证据不扎实的地方补足。但是,对于理解适用法律方面的辩护,如果律师认为出具法律意见书确有必要的,一定要出具观点明确、论述充分的意见。

第四节　侦查阶段的辩护目标

侦查阶段的辩护目标就是促使侦查机关采纳律师的辩护意见,达到理想的辩护效果。具体来说,侦查阶段的辩护目的主要有以下六方面。

一、撤销案件

撤销案件是司法机关终止刑事诉讼的一种方式。《刑事诉讼法》第 16 条规定:“有下列情形之一的,不追究刑事责任,已经追究的,应当撤销案件,或者不起诉,或者终止审理,或者宣告无罪:(一)情节显著轻微、危害不大,不认为是犯罪的;(二)犯罪已过追诉时效期限的;(三)经特赦令免除刑罚的;(四)依照刑法告诉才处理的犯罪,没有告诉或者撤回告诉的;(五)犯罪嫌疑人、被告人死亡的;(六)其他法律规定免予追究刑事责任的。”如果律师认为犯罪嫌疑人的行为不构成犯罪,并且符合该条法律规定,那么,律师可以和侦查机关进行沟通,向侦查机关申请作出撤案处理。根据《刑事诉讼法》第 163 条的规定,侦查机关在侦查过程中发现不应对犯罪嫌疑人追究刑事责任的,应当撤销案件；犯罪嫌疑人已被逮捕的，应当立即释放，发给释放证明，并且通知原批准逮捕的人民检察院。公安机关依法制作撤销案件决定书。侦查机关撤案是侦查阶段无罪辩护的最好结果。

二、终止追究刑事责任

《公安机关办理刑事案件程序规定》第 186 条第 2 款规定："对于经过侦查，发现有犯罪事实需要追究刑事责任，但不是被立案侦查的犯罪嫌疑人实施的，或者共同犯罪案件中部分犯罪嫌疑人不够刑事处罚的，应当对有关犯罪嫌疑人终止侦查，并对该案件继续侦查。"

根据《国家赔偿法》及其解释的相关规定，解除、撤销拘留或者逮捕措施后虽尚未撤销案件、作出不起诉决定或者判决宣告无罪，符合下列情形之一的，也属于"终止追究刑事责任"的法定情形。《国家赔偿法》第 17 条规定："行使侦查、检察、审判职权的机关以及看守所、监狱管理机关及其工作人员在行使职权时有下列侵犯人身权情形之一的，受害人有取得赔偿的权利：（一）违反刑事诉讼法的规定对公民采取拘留措施的，或者依照刑事诉讼法规定的条件和程序对公民采取拘留措施，但是拘留时间超过刑事诉讼法规定的时限，其后决定撤销案件、不起诉或者判决宣告无罪终止追究刑事责任的；（二）对公民采取逮捕措施后，决定撤销案件、不起诉或者判决宣告无罪终止追究刑事责任的……"最高人民法院、最高人民检察院《关于办理刑事赔偿案件适用法律若干问题的解释》第 1 条规定："赔偿请求人因行使侦查、检察、审判职权的机关以及看守所、监狱管理机关及其工作人员行使职权的行为侵犯其人身权、财产权而申请国家赔偿，具备国家赔偿法第十七条、第十八条规定情形的，属于本解释规定的刑事赔偿范围。"第 2 条规定："解除、撤销拘留或者逮捕措施后虽尚未撤销案件、作出不起诉决定或者判决宣告无罪，但是符合下列情形之一的，属于国家赔偿法第十七条第一项、第二项规定的终止追究刑事责任：（一）办案机关决定对犯罪嫌疑人终止侦查的；（二）解除、撤销取保候审、监视居住、拘留、逮捕措施后，办案机关超过一年未移送起诉、作出不起诉决定或者撤销案件的；（三）取保候审、监视居住法定期限届满后，办案机关超过一年未移送起诉、作出不起诉决定或者撤销案件的……”

三、罪名辩护

律师在初步了解案件后，认为犯罪嫌疑人的行为确实违反了《刑法》，但对于涉案罪名有异议，认为侦查机关认定的罪名不当，而应是另一个较轻的罪名的，一定要尽快和侦查机关沟通，利用自己的专业知识，并查询相关的案例、法律规定等写成法律意见书提交给侦查机关，争取让侦查机关采纳律师的建议并在侦查阶段结束时写进起诉意见书。律师从侦查阶段就可以进行罪名辩护，直接将犯罪嫌疑人的罪名变更，做到从重罪到轻罪的成功辩护。

四、从轻、减轻辩护

了解全案事实，与办案人员争取有效沟通，有利于及时将当事人的定罪量刑事实呈现给办案机关和办案人员，争取办案机关在办案时收集、固定对当事人有利的事实，如直接影响案件定罪量刑的事实，涉嫌犯罪数额的认定，司法鉴定的损害后果、涉嫌犯罪的情节等。

特别需要注意的是，在无罪辩护中，具结悔过、退赃退赔尤其要谨慎，只有在确保对当事人有利的情形下才可以进行，谨防退赃退赔成为办案机关有罪推定、甚至嫌疑人自认犯罪的罪证。这种情况下，律师尤其要提示风险，如果当事人仍坚持，就要做好风险提示、风险自负的会见笔录，避免执业风险。

五、争取有利于当事人的排序

如果是共同犯罪且涉及的人数众多，侦查终结时侦查机关会根据犯罪嫌疑人在指控犯罪中的罪数、地位和作用、实施行为的情节等按由重到轻排序，并体现在起诉意见书中。司法实践中，起诉意见书排名靠前的犯罪嫌疑人涉及的罪数越多,在共同犯罪当中所处地位和发挥作用越重要。起诉意见书的犯罪嫌疑人排序虽然有时会在接下来的审查起诉阶段和审判阶段有所调整,但基本不会有太大改变。因此,起诉意见书的排序直接体现了最终的量刑轻重。所以,律师在侦查阶段针对共同犯罪中己方当事人进行辩护时,尤其要注意其在指控犯罪和共同犯罪中所处的地位和发挥的作用,注意与己方当事人地位和作用相近的其他犯罪嫌疑人的比较,争取有利于当事人的相对靠后的排序,为接下来的辩护争取更多空间。

六、强制措施变更

在侦查阶段,犯罪嫌疑人、被告人及其法定代理人、近亲属或者辩护人都有权申请变更强制措施。侦查机关应当在收到申请后三日以内作出决定;如果侦查机关不同意变更强制措施,应当告知申请人,并说明不同意的理由。这个阶段,律师可以为犯罪嫌疑人申请变更为非羁押性强制措施,这对后续的刑事辩护非常有利,尤其对于轻型犯罪的嫌疑人,到审判阶段争取缓刑的可能性就会相对大一些。

第五节　刑事侦查与监察调查对比

一、监察机关概述

2016 年 11 月,中共中央办公厅印发《关于在北京市、山西省、浙江省开展国家监察体制改革试点方案》,部署在三省市设立各级监察委员会,同年 12 月,全国人大常委会通过了《关于在北京市、山西省、浙江省开展国家监察体制改革试点工作的决定》,在北京市、山西省、浙江省及所辖县、市、市辖区设立监察委员会,行使监察职权。2017 年 10 月,中共中央办公厅印发《关于在全国各地推开国家监察体制改革试点方案》,部署在全国范围内深化国家监察体制改革的探索实践，完成省、市、县三级监察委员会组建工作，实现对所有行使公权力的公职人员监察全覆盖。同年 11 月，全国人大常委会通过《关于在全国各地推开国家监察体制改革试点工作的决定》。2018 年 3 月，第十三届全国人大第一次会议表决通过了《监察法》。依照该法的规定，监察委员会是行使国家监察职能的专责机关，对所有行使公权力的公职人员进行监察。监察委员会依照法律规定独立行使监察权，调查职务违法和职务犯罪，维护宪法和法律的尊严。监察委员会办理职务违法和职务犯罪案件，不受行政机关、社会团体和个人的干涉。

根据《监察法》第 11 条的规定，监察委员会的职责包括：第一，对公职人员开展廉政教育，对其依法履职、秉公用权、廉洁从政从业以及道德操守情况进行监督检查。第二，对涉嫌贪污贿赂、滥用职权、玩忽职守、权力寻租、利益输送、徇私舞弊以及浪费国家资财等职务违法和职务犯罪进行调查。第三，对违法的公职人员依法作出政务处分决定；对履行职责不力、失职失责的领导人员进行问责；对涉嫌职务犯罪的，将调查结果移送人民检察院依法审查、提起公诉；向监察对象所在单位提出监察建议。

二、侦查机关与监察机关的对比

在某些特定类型的刑事案件中，监察委可以直接将案件移送至检察院，监察委的调查权不同于也不能视同于公安、检察机关等的侦查权，二者主要区别如下：

1. 机关性质不同。监察委员会是实现党和国家自我监督的政治机关，其性质和地位不同于行政机关、司法机关，监察委的调查属于监察程序阶段。而侦查机关是维护国家安全秩序的行政机关，也是打击犯罪的刑事司法机关，侦查机关的侦查行为属于刑事诉讼程序。

2. 法律依据不同。监察委员会行使调查职能依据的是《监察法》，而侦查机关行使侦查职责依据的是《刑事诉讼法》及相关的司法解释。

3. 管辖人员范围不同。监察委员会行使监察权利主要针对的是特定人员的职务犯罪。《监察法》第15条规定："监察机关对下列公职人员和有关人员进行监察：（一）中国共产党机关、人民代表大会及其常务委员会机关、人民政府、监察委员会、人民法院、人民检察院、中国人民政治协商会议各级委员会机关、民主党派机关和工商业联合会机关的公务员，以及参照《中华人民共和国公务员法》管理的人员；（二）法律、法规授权或者受国家机关依法委托管理公共事务的组织中从事公务的人员；（三）国有企业管理人员；（四）公办的教育、科研、文化、医疗卫生、体育等单位中从事管理的人员；（五）基层群众性自治组织中从事管理的人员；（六）其他依法履行公职的人员。"而侦查机关行使侦查权利针对的是除上述特定人员和检察机关侦查的职务犯罪以外的其他人员。

4. 采取强制措施羁押地点不同。监察委员会调查严重职务违法或者职务犯罪，符合《监察法》规定情形的，经监察机关依法审批，可以将被留置人留置在特定场所。这个特定场所并没有具体的法律规定，实践中，可能将原纪委办理党员违纪案件使用的"双规"场所继续作为留置场所使用或者借用公安机关的办案地点。侦查机关可以采取的强制措施有拘传、取保候审、监视居住、刑事拘留、逮捕，且采取强制措施的地点是固定的，一般被刑事拘留的犯罪嫌疑人都被关押在看守所。

5. 律师权利不同。监察委员会留置期间，即使被留置人的家属聘请了律师，律师也没有会见权。而在侦查阶段，犯罪嫌疑人自被侦查机关第一次讯问或者采取强制措施之日起，就有权委托辩护人进行会见。

6. 羁押性强制措施期限不同。监察委员会采取留置措施的时间不得超过三个月，在特殊情况下，可以延长一次，延长时间不得超过三个月。省级以下监察机关采取留置措施的，延长留置时间应当报上一级监察机关批准。监察机关发现采取留置措施不当的，应当及时解除。

《公安机关办理刑事案件程序规定》第124条规定："对被拘留的人，应当在拘留后二十四小时以内进行讯问。发现不应当拘留的，应当经县级以上公安机关负责人批准，制作释放通知书，看守所凭释放通知书发给被拘留人释放证明书，将其立即释放。"第125条规定："对被拘留的犯罪嫌疑人，经过审查认为需要逮捕的,应当在拘留后的三日以内,提请人民检察院审查批准。在特殊情况下,经县级以上公安机关负责人批准,提请审查批准逮捕的时间可以延长一日至四日。对流窜作案、多次作案、结伙作案的重大嫌疑分子,经县级以上公安机关负责人批准,提请审查批准逮捕的时间可以延长至三十日。本条规定的'流窜作案',是指跨市、县管辖范围连续作案,或者在居住地作案后逃跑到外市、县继续作案;'多次作案',是指三次以上作案;'结伙作案',是指二人以上共同作案。"

7. 通知家属时间不同。监察委员会对被调查人采取留置措施后,应当在二十四小时以内,通知被留置人员所在单位和家属,但有可能毁灭、伪造证据、干扰证人作证或者串供等有碍调查情形的除外。有碍调查的情形消失后,应当立即通知被留置人员所在单位和家属。

侦查机关指定居所监视居住的,除无法通知的以外,应当在执行监视居住后二十四小时以内,通知被监视居住人的家属。侦查机关拘留犯罪嫌疑人的时候,除无法通知的或者涉嫌危害国家安全犯罪、恐怖活动犯罪通知可能有碍侦查的情形以外,应当在拘留后二十四小时以内,通知被拘留人的家属。有碍侦查的情形消失以后,应当立即通知被拘留人的家属。公安机关逮捕犯罪嫌疑人的时候,除无法通知的以外,应当在逮捕后二十四小时以内,通知被逮捕人的家属。

虽然监察委员会行使监察职能和侦查机关行使侦查权的过程有很大不同,但其也有相同之处。例如,羁押折抵期限一样,监察机关采取留置措施,被留置人员涉嫌犯罪移送司法机关后,被依法判处管制、拘役和有期徒刑的,留置一日折抵管制二日,留置一日折抵拘役、有期徒刑一日。被公安机关羁押的,被判处管制的,判决执行以前先行羁押的,羁押一日折抵刑期二日。被判处拘役、有期徒刑的,判决执行以前先行羁押的,羁押一日折抵刑期一日。二者处置结果相同,要么移送检察院审查提起公诉,要么撤销案件。监察机关根据监督、调查结果,对涉嫌职务犯罪的,认为犯罪事实清楚,证据确实、充分的,制作起诉意见书,连同案卷材料、证据一并移送人民检察院依法审查、提起公诉。监察机关经调查,对没有证据证明被调查人存在违法犯罪行为的，应当撤销案件，并通知被调查人所在单位。公安机关侦查终结的案件，应当做到犯罪事实清楚，证据确实、充分，并且制作起诉意见书，连同案卷材料、证据一并移送同级人民检察院做审查决定；同时将案件移送情况告知犯罪嫌疑人及其辩护律师。犯罪嫌疑人自愿认罪的，应当记录在案、随案移送，并在起诉意见书中写明有关情况。在侦查过程中，发现不应对犯罪嫌疑人追究刑事责任的，应当撤销案件；犯罪嫌疑人已被逮捕的，应当立即释放，发放释放证明，并且通知原批准逮捕的人民检察院。

第六节　侦查阶段的辩护流程

在刑事诉讼过程中，侦查阶段具有极其重要的地位，控辩双方各司其职，相互制约。侦查机关有限制犯罪嫌疑人人身自由、查封、扣押、冻结财产、搜查、调查取证、打击犯罪等诸多权力。案件的管辖、办案人员的水平、取证方式、采取的强制措施等都影响着犯罪嫌疑人犯罪事实是否成立，是否构成犯罪以及构成何种犯罪、给予何种处罚。与此同时，《刑事诉讼法》还具有保障人权的功能，其中，委托律师辩护的权利就是一项重要人权保障。律师不仅有专业知识，法律更是赋予其会见、调查取证等辩护权利。辩护律师越早介入，保障当事人权利免遭不法侵害的效果就越明显。现代刑事诉讼辩护重心前移至侦查阶段，既是一种人权保障的结果，也是时代进步的标志。鉴于侦查阶段辩护的特殊性和重要性，本章就侦查阶段辩护流程单独成节。监察委员会调查中很多情形与侦查阶段类似，故监察委员会调查阶段的辩护流程可以参考本节。审查起诉阶段、审判阶段的辩护流程及各阶段的刑事代理工作也与此内容相似，只是方向、目标不同，流程和手法颇多一致，本节内容也可借鉴。另外，本节与第八章“辩护思路的确立和完善”部分内容存在交叉，不同部分可以互为补充借鉴。上述情形均不再单独阐述。

一、接待与会见

侦查接待的流程与策略等内容在前文已有阐述，在此不赘，仅阐述侦查阶段接待会见的特征、流程。同时，侦查相关的会见内容在第三章第二节“会见攻略”中已有阐述，在此不赘。

（一）侦查阶段接待的特征

相较于其他阶段的接待，侦查阶段接待有着明显的特点。

1. 重要性

侦查阶段的接待往往是当事人及其亲友与律师第一次直接接触，能否赢得当事人或其亲友的信任，对律师而言至关重要。律师在接待过程中所表现出的专业素养、逻辑思维、语言组织能力、气场等，都会给当事人或其家属留下直观的第一印象，这将直接影响接下来的辩护工作是否顺利及最终的辩护效果。

侦查阶段是刑事诉讼阶段的起始，直接影响涉嫌犯罪的案件事实是否成立，决定着审查起诉、审判的走向，影响接下来的审查起诉、一审、二审等诉讼阶段的全流程代理辩护。

2. 局限性

许多案件当事人在侦查阶段已被采取监视居住、拘留、逮捕等强制措施，家属及其亲友往往对案件事实知之甚少，甚至一无所知。由于侦查阶段律师无法阅卷，调查取证面临种种限制和风险，会见也时常受阻，律师在侦查阶段接待所能获取的信息非常有限，具有很大的局限性，很难全面客观掌握全案事实。因此，如何利用有限信息对案件作出相对准确的分析判断，向当事人及其亲友提供专业咨询，非常考验律师的专业素养和办案水平。

3. 紧迫性

侦查阶段作为刑事诉讼的起始阶段，对案件发展起着至关重要的作用，涉案当事人随时都可能被采取强制措施、被报捕批捕、被传唤、被讯问等，其办公场所、住所等地随时都可能被搜查，涉案财产随时可能被查封、冻结，其通讯随时可能被监控。当事人人身、财产、相关物品随时都有可能被限制、褫夺，而且随着案件的发展，侦查范围随时可能进一步扩大。面对如此严厉的刑事追责风险，当事人及相关人员往往具有非常强的紧迫感，迫切需要律师专业的分析判断和指导，以保护其合法权益，防止被侦查机关违法取证和不当侵害。

4. 全局性

侦查阶段是刑事诉讼一审程序的发起阶段，负责侦查的机关收集的证据将作为贯穿整个刑事诉讼指控犯罪的事实根据。侦查阶段的控辩事关全局，直接决定着侦控的犯罪事实是否成立，直接影响着案件能否批捕、能否被起诉或不起诉，能否最终被定罪或宣告无罪。同时，刑事诉讼又具有很强的程序性，一审阶段就分为侦查、审查起诉和审判阶段，而且三个阶段环环相扣，紧密相连。故侦查阶段的律师接待，不仅需要了解全案事实，而且还要告知涉案当事人及其亲友案件办理流程、诉讼阶段及其案件走向，并给予专业指导。所以，侦查阶段的接待具有全局性，律师一定要有全局思维。

（二）侦查阶段接待的流程

鉴于上述特征，律师在接待时要以倾听为主，发问为辅；听取陈述、核实证据、寻找证据线索分开进行。侦查阶段律师接待分以下五步：

第一步，听取陈述。律师在听取当事人及其亲友陈述的过程中，不要轻易打断，避免影响其思路完整和流畅，遗漏重要案件信息。

听取陈述时，律师要充分运用自己的专业理论知识和实务技巧，及时激活自身储备的专业知识中对应的涉嫌罪名法律模型；同时，要不断提炼案件的重点关键信息，用“搭积木”或“拼图”的方法，将提炼的关键信息填充到储备的涉嫌罪名法律模型中并反复比对，分析当事人或其亲友陈述的事实与涉嫌罪名犯罪模型是否适配，发现当事人及其陈述的漏洞，抓取其陈述的细节，及时捕捉其尚未陈述完整、尚未表述准确以及遗漏的其他重要信息。

第二步，进行询问。当事人及其亲友陈述完毕后，律师通过法律模型思维，通过“搭积木”或“拼图”匹配法律模型的方式查漏补缺，再通过询问的方式进一步了解案件事实:核实确认案件犯罪构成要件的重点信息;帮助当事人及亲友回忆,提醒、引导其陈述遗漏的案件事实;引导其进一步明确表述模糊的案件事实;对陈述中不合常理之处进行合理解释;了解本案经历了哪些程序和途径处理以及处理结果;有无相关的证据或者证据线索等,通过询问尽量全面了解相对完整、相对清晰的案件事实。

第三步,核实证据。律师在侦查阶段接待,一定要坚持了解事实和核实证据分开进行的原则,避免因核实证据经常打断当事人及其亲友陈述,影响其陈述事实的连续性和完整性,同时也要避免因此影响律师的系统思维和对全案事实的整体把握、分析和判断。

律师在听取了相对完整的案件事实后,再核实当事人及其亲友提供的证据及其证据线索,然后再根据证据核实、甄别的情况,结合律师实务经验,不断修正、补充、完善当事人及其亲友陈述的事实,对案件事实有更加准确地认识、分析和判断。

第四步,总结复述案情。听完当事人陈述后,律师发表意见前,要概括、复述案件事实,提炼案件焦点问题,由当事人及其亲友确认没有异议、没有遗漏案件重要信息,确保沟通信息准确一致的情况下,再有的放矢地为其提供咨询意见,提高接待沟通效率。

第五步,发表意见建议。对当事人及其亲友咨询的案情进行法律分析,发表初步意见,提出解决问题的倾向性建议。

二、查找法律规范、检索案例

以事实为根据、以法律为准绳是刑事诉讼的基本原则。查找、适用法律规范贯穿于辩护工作的始终,甚至在接触到案件的罪名、诉讼阶段等基本信息之后,在正式接待之前就要开始查找法律规范。律师一定要有“法律先行”“法律至上”的法律准绳意识。通过查找涉嫌罪名的相关法律规范,了解犯罪构成要件,检索案例,构建、完善涉嫌罪名模型和辩解事实法律模型,以便在后续的接待、会见、阅卷等辩护环节中,提供遵循和指引,调整、优化直至确立辩护思路。

成文法天然具有滞后性，特定阶段的法只是对特定时期法律关系的一般性反映，面对社会高速发展，试图制定囊括一切法律关系、适合所有法律行为的法也是不现实的。我国《刑法》对罪名的规定往往过于宽泛，尤其体现在法定犯中。比如，虚假诉讼罪于 2015 年写入《刑法修正案（九）》，但直到 2018 年最高人民法院、最高人民检察院《关于办理虚假诉讼刑事案件适用法律若干问题的解释》颁布前，没有任何法律规范对该罪中"以捏造的事实提起民事诉讼"作出解释。对于法律滞后性问题，我国往往通过发布司法解释、指导性案例、会议纪要、司法意见等弥补。例如，为释明帮助信息网络犯罪活动罪中的"帮助行为""情节严重"的情形，最高人民法院、最高人民检察院及公安部先后发布了《关于办理电信网络诈骗等刑事案件适用法律若干问题的意见》《关于办理电信网络诈骗等刑事案件适用法律若干问题的意见（二）》《关于"断卡"行动中有关法律适用问题的会议纪要》等多部规范。

因此，查找法律规范要全方位、全位阶、不遗漏，这是精准适用法律的前提，唯有如此，才能形成有效辩护的法律适用基础。

三、根据控辩主张的事实，分别拟制标准的涉嫌罪名法律模型和辩解事实法律模型

我国刑法是成文法，在适用过程中是由一般到特殊的演绎过程，不仅具有滞后性，而且适配性也不如案例法。随着社会发展、技术进步等，司法实践中的犯罪形态呈现越来越多的形式，理论上的法律构成要件及法律规范的犯罪情形很难周延。例如，《刑法》规定了很多选择性罪名，"走私、贩卖、运输、制造毒品罪""引诱、容留、介绍卖淫罪""非法制造、买卖、运输、邮寄、储存枪支、弹药、爆炸物罪"等，但当事人的嫌疑行为往往仅触犯了列举的客观行为中的一种或者仅侵害了其中一种犯罪对象；犯罪嫌疑人往往会针对控方侦控的涉嫌犯罪事实作种种辩解，有无罪辩解的，还有不构成指控罪名的犯罪事实辩解等；而如民刑交叉的案件，对于经济犯罪与经济纠纷则存在界限模糊

的问题;还有对犯罪嫌疑人主观方面的认定在有些情况下是很难界定的等。

律师在初步了解案件基本信息、查找法律规范和相关案例后,就要运用刑法构成理论,结合案情分析,并进行预判、假设待证法律事实,这就需要针对当事人涉嫌的罪名拟制一个涉嫌罪名的法律模型。如果当事人做无罪辩解或者不构成涉嫌罪名的辩解,就要甄别案件的法律性质,比如,辩解称涉案行为系民事侵权行为、一般违约行为或者处罚较轻罪名的行为,律师就要同时拟制一个符合或者最接近其辩解行为法律性质的、标准的辩解事实法律模型,以廓清事实,找准控辩焦点,明确辩护方向,通过全面客观地比较分析,找出待证事实更符合哪一种模型的本质特征,为接下来的辩护工作打下基础。

四、梳理案件事实

在刑事案件中,案件事实是适用法律的前提和基础,也是办案机关证明事实的方向和目标。案件事实属于真实发生过的客观事实,具有唯一性、不可逆性,它并不依赖于任何人的主观意志改变而改变。

(一)梳理案件事实是运用专业知识和综合知识还原待证事实的动态过程

梳理案件事实是在纷繁芜杂的案件事实中,通过法律思维和方法提炼事实、还原事实的过程,是有效辩护的基础。但是,由于侦查阶段辩护的特殊性,侦查阶段律师获取案件信息的渠道相对单一,信息来源相对匮乏,侦查阶段律师获取信息的主要渠道是当事人及其亲友的陈述,同时,由于诉讼参与人立场、角度不同,其所感受、认知、陈述、认定的事实也不一致,甚至相互矛盾、大相径庭,梳理出来的案件事实就具有很大的局限性,尤其复杂犯罪更是如此。如人数众多、分工不同的有组织犯罪,从参与了部分行为的当事人口中只能获得有限的信息,呈现碎片化特征。所以,侦查阶段辩护律师梳理认定的事实并不是确定的,一成不变的客观事实,而是不断发生变化的待证事实。

（二）梳理案件事实是对法律构成要件事实不断拆分、组合、填充的“搭模型”过程

梳理案件事实要根据涉案事实发生的前后过程、遵循其内在发生发展的变化规律，依据犯罪构成理论和法律行为构成理论，提炼涉案法律构成要件事实，建造一个法律模型。建造过程中，要根据证据的变化、认识的深化，不断拆分、组合、填充涉案法律构成要件事实，直至构建成型一个法律模型。

（三）梳理事实是接受证据证明、校正，并努力无限接近客观事实的过程

梳理事实与梳理证据是一个事物的两个方面。两者都服务于还原案件事实，准确适用法律，但又各有侧重。

梳理事实侧重于根据初步掌握的信息、证据及证据线索等，根据事物的内在规律、经验法则和法律构成理论，假设成立一个法律事实和行为；梳理证据则根据证据学原理去证明假设的事实成立与否——证实或证伪。梳理的事实是一个待证的事实，在证据完善过程中查漏补缺，指导着调查收集证据的方向和范围，如当事人的陈述中诸多涉及定罪量刑的关键事实就是梳理证据的重点；梳理证据则是发现事实的真伪、去除冗余虚假事实，不断校正、修正待证事实，接近事实真相。

（四）梳理案件事实的步骤

第一步，了解案件事实经过。侦查阶段了解的事实包括案件背景事实、涉案事实和有证据证明的事实。在梳理案件事实时，不仅要梳理案件静态的基本信息，如当事人身份及相互关系，还要了解动态的案件事实经过，记录时间、地点、人物、事件的起因、经过和结果等六要素事实。梳理事实不仅需要了解实体事实，也要了解程序事实，如经过了哪些部门、哪些程序处理以及处理结果等。了解案件事实还要结合司法实务、经验法则，在倾向相信当事人及其亲友陈述事实的同时，也要适当质疑，尤其是对陈述的事实不符合常理之处及时提出问题，引导当事人给出合理的解释，尽量还原案件事实。

第二步，提炼案件事实的法律构成要件。梳理事实一定要运用法律模型思维，围绕涉案犯罪构成要件的事实进行重点梳理。不仅要对涉及罪名类案的一般事实予以关注，还要对涉案事实的行业规律和特点充分关注。

第三步，搭建涉案事实法律模型。梳理事实就是运用法律思维和经验法则，以当事人陈述的部分事实为原型，延伸到案件所有可能的信息和事实材料，以初步了解案件各个方面的相关事实及其内在因果联系。再将新发现的法律构成要件事实填充到涉案事实模型中，并不断拆分、组合，修正、完善涉案事实法律模型。

第四步，根据不断变化的证据和法律理解修正、校验、还原案件事实。一个新事实的发现、一个新证据的出现、一个法律理解适用的偏差都可能导致梳理认定的案件事实发生变化。侦查阶段对案件事实的梳理过程，是由梳理证据的逆向思维不断转为梳理事实的顺向思维、进而转为案件完整事实的过程，本质上是对案件事实的认识再认识、证明再证明、评价再评价，不断修正完善、追本溯源的动态变化的过程。

第五步，按照时间先后记录案件事实。梳理事实，坚持顺向思维，按照时间先后记录事情经过至关重要。掌握事件全貌、了解事实前后经过，是普通人了解事实、接受事物的普遍心理需求和认知规律。法律人对涉案事实完整了解、掌握事实的基本信息和关键信息更是开展分析、判断、调查取证等一切法律工作的基础。与普通人沟通不同，法律人更侧重符合法律构成要件的事实过程，将法律构成要件要素嵌在事实的叙述过程。所以，律师梳理事实就是运用法律构成要件理论、法律语言，按照时间先后提炼、叙述、再现案件事实经过的过程。

综上，梳理事实就是律师通过听取当事人、证人等陈述后，通过不断地发现、核实、梳理证据后，按照普通人接受理解事实的认知规律，将案件事实以时间先后顺序呈现的过程，或者说将当事人陈述的事实经过调查核实后，通过法律语言和表达习惯转化为叙述案件事实的过程。

五、梳理案件证据

英国著名法学家边沁认为,证据是认定事实的基石[1],全部诉讼活动实际上都是围绕证据的收集和运用进行的。正确处理案件的前提是查明案件事实,而证据则是裁判认定事实的基础。

(一)梳理证据的目的

在侦查阶段,律师梳理证据就是确认已证明事实和发现尚需证明或进一步证明事实的过程。在侦查阶段,律师掌握的只是小部分证据,是不完整的或残缺不全的局部事实,充其量是为预设、提炼完整、准确的案件事实提供的部分原始素材和证明范围,还是要用不断变化的证据证明的待证事实。事实与证据的关系属于线、面与点的关系,陈述事实是构建线和面,证明事实则是以点带线、以线带面、固定线和面的过程。还原事实是目的,证明事实是手段。当事人及其亲友陈述的事实是梳理证据的基础和目标,同时梳理证据可以对事实和证据查漏补缺,发现、修正律师之前所掌握的事实中的遗漏或错误,发现证据的不足和欠缺。梳理证据是发现事实、证明事实、认定事实的必要手段和外在结果。

综上,侦查阶段律师通过归集、分类、排序、核实、甄别证据及证据线索,发现事实和证据存在的问题,通过不断证明还原事实,进而分析、预测侦查机关的侦查方向和范围、找准辩护方向和重点。

(二)梳理证据的原则

1. 逆向思维原则

涉案证据都是案件发生时留下的或者被记录感知的,当律师接触案件时,案件事实绝大部分已经发生,当事人、证人及相关人员呈现在律师前的证

---

〔1〕[英]威廉·特文宁:《证据理论:边沁与威格摩尔》,吴洪淇、杜国栋译,中国人民大学出版社2015年版,扉页。

据都是事发后留下或者回忆的。因此,律师梳理证据思维就是运用经验法则和证据的法律思维和方法,从事实发生时留下证据倒推之前案件事实发生过程的逆向思维过程。

2. 坚持谨慎客观原则

律师梳理证据时,对于证据及证据线索的处理,一方面要坚持以获取的有限事实为线索,另一方面要坚持常理思维。在倾向相信当事人陈述事实的同时,发现不符合常理时也要适当质疑,不要被冗余、甚至错误的信息所误导。另外,在繁杂甚至相互矛盾的证据中梳理证据,要充分运用法律构成理论、证据学原理等法律思维,结合司法实务实践和经验法则,尤其要对证据的形式、来源等谨慎核实、甄别,谨防掉入证据陷阱。

3. 坚持围绕涉案事实和犯罪构成事实的原则

梳理证据应当对应涉案事实。对应的涉案事实一定是法律事实,是符合法律构成要件的相关事实,是可以符合一般性规定和相应特点的涉案罪名法律模型或者其他法律行为的法律模型的事实。

4. 有针对性、倾向性原则

从辩护律师职能的角度出发,梳理证据有很强的目的性,不仅要归纳提炼出对当事人有利的事实,也要关注对当事人不利的事实。对当事人申辩有利的事实及证据线索需要证据证实,对侦查机关指控的对当事人不利且当事人否认的事实需要证据证伪。

(三)梳理证据的流程

第一步,梳理案件事实,提炼涉案事实法律构成要件,将事实按照法律构成要件进行拆分。

第二步,围绕法律构成要件的事实,以时间为顺序,梳理证据及证据线索,不断去证实或证伪。发现控辩双方争议的事实,发现各自是否有证据证明、证据是否确实充分,证据是否不足。查漏补缺,明确下一步调查取证工作。

第三步,当证据不能相互印证时,就要充分运用证据学原理,结合生活常识以及行业特征规律，根据证据的来源、形式、内容对其效力进行甄别，修正、完善待证事实，还原案件事实，明确辩护方向，或者得出事实不清、证据不足的预判，按照有利于嫌疑人、被告人的“疑罪从无”的原则确定无罪辩护方向。

第四步，通过“拼图”“搭积木”的方式填充、补充涉案事实的模型，发现事实、证据和法律适用等方面存在的问题，进一步分析判断，预测侦查机关的侦查方向，明确下一步辩护方向。

第五步，对知情人提交或者律师调取的证据编写证据目录、证据清单，对能够掌握的控方提交的证据准备质证意见。根据证据的证明目的或者形式，分类、分层并编排序号。证明内容和证明目的要一致，证据清单与证据要一一对应，辩护人持有的最后证据清单及证据与提交办案机关的证据要完全一致。证据右上角填写证据序列编码，要清晰明确；证据内容繁杂的，要指出证明的重点部分，甚至具体到证明的哪一点、哪一句话的内容。

六、明确案件问题，预判控辩焦点

首先，如上所述，律师在初步了解案件事实，掌握初步证据，获悉案件的初步信息之后，就应当查找适用本案的法律规范，概括当事人及其亲友陈述的事实，归纳提炼出对当事人有利或不利的事实，根据初步掌握的案件事实预判、提炼待证的法律事实，进而拟制标准的涉嫌罪名法律模型和辩解事实法律模型。然后，通过初期控辩双方主张拟制的标准法律模型和后来搭建的法律模型反复比对，发现案件问题，是对事实没有争议仅对事实法律定性的法律理解与适用的问题，还是事实不清，证据不足的问题，抑或违法立案管辖、非法取证的程序存在的重大问题等。

其次，明确了以上问题后，还要进一步细化。比如，刑民交叉的案件是经济犯罪还是经济纠纷；是一般违法行为还是涉嫌犯罪的问题；如果是事实不清、证据不足的案件，还需要查清哪一部分事实不清、哪部分证据不足、还需查实哪些线索等。

再次，根据控方指控、辩方辩解的涉案法律模型反复比对，发现控辩双方争议的事实交集区域或者交集点，提炼、预判控辩双方焦点。

最后，围绕影响本案定罪量刑的双方争议焦点，锁定靶心，有的放矢进行精准辩护。

七、分析、比对辩护初期拟制法律模型与辩护最终搭建的法律模型，调整、优化辩护思路

将搭建的涉案事实法律模型拆分成相应的犯罪主体、客体、主观要件和客观行为，或者侵权、违约等民事行为的要件部分；再根据其内在机理，随着事实和证据的不断变化进行重组、填充新的涉案事实法律模型。如此反复，打造成最终的涉案事实的法律模型。通过对辩护初期拟制的控辩双方主张的标准法律模型和辩护过程中搭建的涉案事实法律模型反复比对，发现不同模型之间不同的特征和细微差别，持续分析研究、不断查漏补缺，以深入了解涉案事实，进一步调查核实涉案的证据，进行分析判断。最后再将最终搭建的涉案事实的法律模型与辩护初期拟制的标准法律模型对比，视其适配程度，判断确定涉案事实的性质，究竟属于当事人辩解的民事纠纷、行政违法，还是属于侦查机关侦控的涉嫌罪名的犯罪，抑或涉嫌其他罪名的犯罪。

辩护律师要根据上述法律模型的比对分析结果，调整、优化侦查阶段的辩护方向。如果发现辩护最终搭建的法律模型与辩护初期预判拟制的涉嫌罪名法律模型一致或者高度相似，就确定从轻减轻辩护；反之，应当做无罪辩护或者刑罚较轻的罪名辩护，其中不同的部分或细微不同的部分是辩护的重点。

八、沟通确认辩护思路

犯罪嫌疑人从被立案侦查伊始，其行为就遭到了侦查机关的否定性评价，面临着未来被判处刑罚的极大风险，而犯罪嫌疑人被宣布逮捕后，其行为

又遭到了进一步的否定性评价。犯罪嫌疑人面对不确定的刑事走向,会心生恐惧,甚至心理崩溃。犯罪嫌疑人家属也会心情焦虑,不知所措。因此,辩护律师及时介入并高效开展辩护工作是至关重要的。辩护律师要尽快会见当事人,与当事人高效沟通,讲解涉案相关法律,为其答疑解惑,使其对自己的行为性质及其刑事诉讼走向有清晰的认知。

(一)解释涉案相关法律,为犯罪嫌疑人释疑解惑

在侦查阶段,辩护律师除了应向犯罪嫌疑人了解全部案情外,还应该为犯罪嫌疑人解释涉案《刑法》、相关法律及其司法解释的规定,使犯罪嫌疑人对自己的行为有法律认知,同时还要告知其所享有的自首、立功等实体权利和认罪认罚从宽、取保候审等程序权利,使其具有权利保障意识,获得抵御不当侦查的"疫苗"保护,争取从轻、减轻处罚的情节。

(二)预判下一步侦查思路,做到知己知彼

犯罪嫌疑人一旦被刑事传唤,要独自面对侦查人员,由于我国律师在场权的法律缺位,犯罪嫌疑人在办案场所被讯问时的诉讼权利就难以得到充分保障,权利被侵害的事情时有发生。所以,辩护律师除帮助当事人对涉案行为形成清晰的法律认知外,还要帮助其对侦查机关的侦查思路预判,知己知彼,保护自己的合法权益。

(三)沟通确认辩护思路,建立当事人辩护防线

在侦查阶段,确立辩护思路非常紧迫又事关全局。辩护律师一旦确立了辩护思路,应当尽快和当事人及其亲友沟通确认,统一思路,一则构筑辩护防线,二则形成维护当事人合法权益的合力。

九、明确涉案重点侦查环节和问题、拟定问题提纲

在侦查阶段,控辩双方虽然没有法庭上唇枪舌剑的交锋,但是暗流涌动

的攻防激烈程度毫不逊色。为此，辩护律师一定要坚持问题导向，围绕涉案事实，针对控辩双方争议的焦点，明确涉案事实的重点环节和具体问题，有的放矢地开展精准辩护工作。如常见的涉及合同履行的民刑交叉案件中，判断究竟是经济纠纷还是合同诈骗犯罪，就要了解本案涉嫌犯罪的诸多事实，是发生在合同签订环节还是履行环节；虚构了什么事实，隐瞒了什么事实，是当事人身份、资信，还是标的物、担保物、使用用途等；虚构的手段和方式是通过私刻公章还是伪造签字，抑或其他方式；即使有虚构事实情节，还要结合全案情况分析判断嫌疑人是否具有非法占有的主观目的等。发现上述问题，就要进一步明确需要调查、侦查的事实、证据及证据线索，根据犯罪构成关联的本案事实，条分缕析地拟定问题提纲，向当事人调查询问，使当事人能够提前预知侦查机关的侦查方向和讯问问题，充分行使自己的诉讼权利，在接受询问时能够更客观地陈述事实。

十、告知诉讼参与人权利义务、办案机关的办案特点，提出应对侦查的意见和建议

大多数人对刑事诉讼专业知识知之甚少，还可能存在很多认知误区。日常生活中，人们感觉刑事案件离自己很远，一旦涉案就惶恐不安、无所适从，导致很多不符合事实的供述成了日后法庭对其定罪量刑的呈堂证供。其中对嫌疑人应该享有的诉讼权利的认知缺陷往往是主要原因。

（一）告知诉讼参与人权利义务

刑法离我们每个人其实很近。刑事诉讼在承担打击犯罪的同时，也担负着保障人权的功能。犯罪嫌疑人的人格尊严不被侵犯，依法享有申辩、饮食、休息、被公正对待、核对笔录等权利。当事人、证人有如实陈述、作证，配合侦查机关调查的法律义务，也有拒绝回答侦查机关提出的与案件无关问题的权利。

当事人的权利就是侦查机关需要履行的义务。如侦查机关有义务告知

当事人和证人享有的上述权利。然而在司法实务中，侦查机关往往不会着重告知，当事人、证人在没有阅读犯罪嫌疑人权利义务告知书、证人权利义务告知书的情况下就稀里糊涂签了字，在接受讯问、询问中不了解自己应当享有的诉讼权利，就容易被误导甚至遭到不当侵害，造成严重后果。

所以，在侦查阶段，辩护律师告知诉讼参与人权利义务是保障当事人权利的重要措施。

（二）告知办案机关常见办案手法，防止逼供、诱供等非法取证的发生

徒法不足以自行，刑事诉讼司法实务中总有不尽如人意的地方，侦查阶段往往是非法取证的高发阶段，刑讯逼供、变相的刑讯逼供和诱供等非法取证时有发生。所以，告知当事人、证人侦查机关常见的非法取证的方式和手段，也是保护当事人合法权益，增强其自我保护能力、避免冤假错案发生的重要措施。

（三）提出应对意见和建议

当事人如实陈述、作证，配合侦查机关查明事实是其法定义务，辩护律师保障的是当事人的合法权益。根据律师职业道德、职业伦理，辩护律师不具有揭发、检举犯罪嫌疑人犯罪事实的义务，但这绝不意味着辩护律师可以教唆、指示当事人虚假陈述、作伪证。在刑事诉讼初始的侦查阶段，证据收集固定至关重要，不仅关涉着当事人的命运，也关系办案机关的公信力、法律尊严和权威。控辩双方博弈非常激烈，这就需要双方都严格遵循刑事诉讼规范，尤其是处于弱势的辩护律师一方，一定要有执业风险意识，依法辩护，尊重案件事实。

侦查阶段辩护律师向当事人提出应对意见和建议时，一定要尊重本案事实，客观、谨慎确立辩护思路，谨慎收集、核实、甄别证据。如果案件事实清楚、证据确实充分，就要建议犯罪嫌疑人认罪认罚，争取从宽处罚，争取取保候审、监视居住等变更强制羁押措施，争取自首、立功等从轻、减轻处罚情节；如果确定了无罪辩护思路，就一定要步步为营，环环相扣，帮助当事人克服恐

惧、充分行使自己的诉讼权利,抵御不当、违法取证,围绕涉案事实、配合侦查机关如实陈述,并提出切实可行的专业意见和建议,与当事人及其亲友相互配合,争取对当事人有利的事实认定和法律适用,同时也为接下来的审查起诉、审判阶段打下扎实的基础。

第十章　审查起诉阶段的辩护

随着国家法治化进程的推进,尊重和保障人权的理念越来越受到重视,刑事案件律师的辩护权利不断扩大。2012年《刑事诉讼法》修正案中贯彻了尊重和保护人权的精神,进一步保障了犯罪嫌疑人、被告人的辩护权和其他权利,规定了人民检察院审查批准逮捕时讯问犯罪嫌疑人和听取辩护律师意见的程序,以及在逮捕后对羁押必要性继续进行审查的程序。这次修改还将律师在这个阶段的阅卷权扩大到了整个案卷,不再限于诉讼文书、技术性鉴定材料,同时扩大了法律援助的适用范围,将提供法律援助在刑事诉讼中的适用范围从审判阶段提前到了侦查阶段以及审查起诉阶段。自此,刑事诉讼的侦查、审查起诉、审判阶段辩护律师均可以给予犯罪嫌疑人或被告人法律服务。律师在审查起诉阶段的辩护权利因此次修改得到了扩大和丰富,这也是司法文明提高的体现。

审查起诉阶段的辩护在整个刑事诉讼中发挥着十分重要的作用。如果律师在这个阶段的辩护发挥了积极的建设性作用,案件可能不予起诉,不再进入审判阶段。因此,律师要利用好这一阶段的辩护空间,进行充分、有效地辩护。

第一节　审查起诉阶段辩护概述

一、概念

审查起诉阶段一般是指人民检察院对侦查、调查机关移送起诉的案件进行审查,查看证据是否充分,是否可以证明犯罪嫌疑人实施了涉嫌罪名的犯罪事实,然后检察院通过审查对案件作出退回补充侦查、不起诉、提起公诉等处理意见的刑事诉讼程序。审查起诉阶段是刑事诉讼中一个重要的阶段,连接了侦查程序和审判程序,是对侦查、调查机关处理结果的进一步审查,主要解决的是案件是否应提起公诉进入审判程序的问题。

审查起诉阶段的辩护,是指在刑事诉讼的审查起诉阶段,当事人及辩护人为促使审查起诉机关对当事人做出从轻、减轻起诉或者不起诉的有利处理的诉讼活动。本书所指的审查起诉阶段辩护是狭义上的辩护,仅指辩护律师在这个阶段进行的辩护活动。

审查起诉阶段的辩护由于律师可以阅卷,律师可以充分了解全案事实证据,对案件的定罪量刑有了一个基本清晰的把握判断,因此,审查起诉阶段的辩护对律师提出了更高的要求,需要律师在辩护过程中不断提升自己的专业理论和法律运用水平。律师首先要熟悉关于审查起诉阶段的各种法律法规和司法解释。例如,《刑事诉讼法》《人民检察院刑事诉讼规则》《人民检察院办理羁押必要性审查案件规定(试行)》《人民检察院办理不起诉案件质量标准(试行)》等。其次,要详尽了解本案事实,结合会见、阅卷和调查取证,综合运用辩护手段,推动案件向有利于当事人的方向发展。

二、特点

审查起诉阶段是重要的刑事诉讼阶段,具有连接侦查和审判程序的承上启下作用。检察机关既行使对侦查机关的监督权，又履行向审判机关提起公诉的职能，且其意见直接关涉刑事案件的定罪量刑。律师在这个阶段的辩护至关重要，并且具有以下特点：

1. 控辩双方处于相持阶段。这个阶段，侦查机关已经将所有侦查案卷移送到检察院，检察院对侦查机关移送的全部案卷进行审查，作出是否起诉或者退回侦查的处理意见。辩护律师在这个阶段也可以提交新的证据或者提出自己的法律意见，与检察官就羁押必要性审查、是否起诉、认罪认罚的量刑建议等问题进行沟通并提出自己的意见。在审查起诉阶段，审查起诉机关站在一个相对客观的立场，既要追诉犯罪，又要尊重和保障人权，避免无罪的人受到刑事处罚。审查起诉机关的主要工作是对案卷进行审查并且严格适用法律，由于侦查机关和辩护人的信息相对对称，起诉前作为第三方的检察机关立场相对超脱，控辩双方处于相对平衡的相持状态，律师可以和检察官就案件的证据和适用法律等进行充分沟通。

2. 法律适用性增强。在侦查阶段，侦查机关主要任务是查清犯罪事实、确定并抓获犯罪嫌疑人、收集能够证明犯罪嫌疑人犯罪事实的证据等，法律适用相对较弱。而检察院办理刑事案件不同于侦查机关，检察院要秉持客观公正的立场，办理案件时要严格遵守《刑事诉讼法》《人民检察院刑事诉讼规则》《人民检察院办理羁押必要性审查案件规定（试行）》等相关规定，通过对侦查、调查机关移送的案卷进行书面审查以及讯问犯罪嫌疑人，严格按照法律的要求对案件作出相关的处理。在这个阶段，审查起诉机关不仅重点审查指控的犯罪事实是否清楚、证据是否充分，也侧重审查法律适用是否准确。

3. 具有承转性。审查起诉阶段将侦查阶段和审判阶段连接起来，在刑事诉讼中起到承上启下的作用。但是，刑事诉讼程序的三个阶段并非一定按顺序进行完毕，审查起诉阶段结束并不一定都进入审判阶段，还可能退回到侦查阶段。如果审查起诉阶段检察院作出了不予起诉决定，那么，案件就不再移送到法院，犯罪嫌疑人就会被释放；如果检察院的处理结果是将案件退回侦查，那么，案件还需要进一步补充证据。因此，辩护律师只有掌握了审查起诉阶段的特点,才能有针对性地进行有效辩护。

三、监察机关调查案件的审查起诉

《监察法》颁布实施后,检察机关审查起诉监察机关调查的案件,与一般的刑事案件的审查起诉比较具有以下特殊性:

1. 监察机关调查案件的特定性。审查起诉阶段办理的案件,除了公安机关侦查案件的移送,还包括监察委员会移送的职务犯罪案件。监察委员会对涉嫌贪污贿赂、滥用职权、玩忽职守、权力寻租、利益输送、徇私舞弊以及浪费国家资财等职务违法和犯罪的案件进行调查;对事实清楚、证据充分的,监察委员会将调查结果移送人民检察院依法审查、提起公诉。

在监察委员会设立以前,职务犯罪案件由检察院负责侦查并提起公诉,但是,职务犯罪案件往往侦查难度大,在实践中存在取证困难的问题。为了加强对公职人员的监督,实现国家监察全面覆盖等原因设立了监察委。监察委员会的设立使我国职务犯罪侦查权从检察机关直接行使模式转向专门机构行使模式,监察委员会专门负责办理职务犯罪案件。监察机构的职责中本就包含了打击腐败,监察委员会对职务犯罪的打击力度更高、震慑力度更大。

2. 监察机关移送案件的特殊性。监察委员会是国家的监察机关而非司法机关,职务犯罪案件不同于一般案件的先侦查后起诉,而是先调查后起诉。通过监察委员会行使监察权对职务犯罪的案件进行调查,对涉嫌职务犯罪的被调查人,监察机关经调查认为犯罪事实清楚,证据确实、充分,制作起诉意见书并连同案卷材料、证据一并移送人民检察院依法审查、提起公诉。也就是说,检察院是监察委员会和法院之间的桥梁,而监察委员会和检察院之间的关系并不同于公安机关和检察院的关系,其本质上是监察程序与审查起诉程序的衔接。根据《监察法》的规定,监察机关办理职务违法和职务犯罪案件,应当与审判机关、检察机关、执法部门互相配合,互相制约。

在审查起诉阶段,监察委员会移送的案件与侦查机关移送的案件遵循基本相同的程序,但也是有差别的,最主要的差别就是监察机关移送起诉的案件，由检察机关作出拘留决定。《刑事诉讼法》第 170 条第 2 款规定："对于监察机关移送起诉的已采取留置措施的案件，人民检察院应当对犯罪嫌疑人先行拘留，留置措施自动解除。人民检察院应当在拘留后的十日以内作出是否逮捕、取保候审或者监视居住的决定。"在这里，先行拘留是留置措施和刑事强制措施之间的过渡性措施。由于《监察法》出台时间短，《监察法》和《刑事诉讼法》的衔接尚不完善，对于未被采取留置措施的被调查人是否应该拘留没有作出具体规定。监察机关与检察机关仍要加强沟通协调，在证据把握、法律适用、工作衔接等方面达成共识并出台更具体的规则，合力解决实践中遇到的各种困难。

第二节　审查起诉阶段的辩护手段

一、阅卷

辩护律师自检察院对案件审查起诉之日起就可以查阅、摘抄、复制本案的案卷材料。阅卷就是对侦查机关侦查的案件事实和证据进行审查。通过阅卷找出案件事实证据、法律适用以及程序存在的问题。因此，律师阅卷一定要及时、全面认真，做好阅卷笔录，加强证据证言之间对比。

首先，在阅卷中要看犯罪嫌疑人的讯问笔录。对犯罪嫌疑人的讯问一般有多次，律师可将讯问笔录前后对比，查看有无矛盾之处。还要通过会见与犯罪嫌疑人核实，讯问时侦查机关是否有对其刑讯逼供或者疲劳审讯等非法取证行为。其次，要针对证人证言进行对比。查看全部的证人证言是否存在矛盾或者不合常理的地方。同时，还要了解证人的具体情况，尤其是证人是否与案件、被害人或者犯罪嫌疑人有利害关系。再次，针对物证和书证，要查明真伪、获取证据的程序是否合法、证据是原件还是复制品以及证据所证明事实是否与案件存在必然关系。最后，如果案件中有鉴定意见，还要对鉴定意见进行审查。包括鉴定机构是否具备鉴定资质，鉴定员是否具有鉴定资格以及与案件是否有利害关系,鉴定程序是否合法,鉴定方法是否可取以及是否有行业标准等。与此同时,辩护律师还要审查犯罪嫌疑人的行为是否构成犯罪,涉嫌的罪名是否恰当,一般从犯罪事实是否清楚、定罪证据是否充分来进行判断。如果犯罪嫌疑人的犯罪行为是共同犯罪,就要重点关注侦查机关的起诉意见书,通过起诉意见书确认犯罪嫌疑人在共同犯罪案件中发挥作用和所处地位,重点关注犯罪嫌疑人在共同犯罪中的地位、作用,以及是否遗漏了犯罪嫌疑人。此外,还要看案件的管辖是否正确,以及司法机关的办案程序是否正当。例如,犯罪嫌疑人被拘留、被逮捕、被移送的时间是否符合法律规定等。

阅卷一定要按照顺序和方法反复阅卷,并根据不同目的有所侧重地制作阅卷笔录,关于阅卷的内容在总则部分已有阐述,详细内容参见本书的第四章“阅卷”,此处不再赘述。

二、会见

通过阅卷,律师对案件进行全面了解,之后应当及时会见犯罪嫌疑人,进一步了解案件并核实阅卷当中发现的问题。《刑事诉讼法》第 39 条规定,辩护律师自案件移送审查起诉之日起,可以向犯罪嫌疑人核实有关证据,并且会见时不被监听。因此,律师可以将案卷中对定罪量刑起着重要作用的言词证据、物证书证、勘验笔录、鉴定意见以及程序性法律文书等向犯罪嫌疑人核实,并询问犯罪嫌疑人是否能够提供对自己有利的证据或者证据线索。

关于“会见”此前已有阐述,详细内容参见本书第三章“会见”,此处不再赘述。

三、非法证据排除

非法证据的发现有两种形式:一是检察院自行发现;二是犯罪嫌疑人或

者其辩护人报案、控告或举报。在这里主要讲的是辩护律师申请排除非法证据的权利。在刑事案件辩护中,如果律师通过会见和阅卷发现侦查机关有刑讯逼供的情形,存在威胁、引诱、欺骗或者其他使犯罪嫌疑人遭受难以忍受的痛苦而违背意愿作出供述的情形,都可以向检察院举报,提出排除非法证据的申请。根据《人民检察院刑事诉讼规则》的规定,当事人及其辩护人报案、控告或者举报侦查人员采用刑讯逼供等非法方法收集证据,并提供涉嫌非法取证的人员、时间、地点、方式和内容等材料或者线索的,人民检察院应当受理并进行审查。根据现有材料无法证明证据收集合法性的,应当及时进行调查核实。同时,律师也可以对物证和书证等提出自己的意见。如果侦查机关收集的物证、书证不符合法定程序,可能严重影响司法公正的,检察院应当及时要求公安机关补正或者作出书面解释;不能补正或者无法作出合理解释的,对该证据应当予以排除。

检察院通过审查认定案件中存在非法取证行为的,对非法取证的证据应当予以排除,排除非法证据之后案卷中的其他证据不能证明犯罪嫌疑人实施犯罪行为的,检察院应当作出不起诉的决定。

审查起诉阶段,律师会见和阅卷权利的行使,能够使律师发现全部在案证据的瑕疵甚至存在的问题,尤其是非法证据。律师要积极向检察院提出书面的排除非法证据的申请,写清详细的理由并附上证据或者证据线索,把握辩护时机,对经过分析并且符合以上三类不起诉条件任意一种的,应当书面向检察院提出《呈请不予起诉法律意见书》,详细地列出证据、理由和适用的法律,争取排除非法证据,进而据以指控的证据不能采信,最终达到不起诉的理想辩护效果。

排除非法证据的更多内容详见本书第十一章第三节“非法证据排除”。

四、调取证据

在审查起诉阶段,律师已经能够掌握侦查机关提交的全部证据。如果律师发现证据存在问题或者遗漏了某些对犯罪嫌疑人有利的证据,可以行使调查取证的权利。

一方面,律师自行调查取证。辩护律师可以就有关犯罪嫌疑人不在犯罪现场、未达到刑事责任年龄或者属于依法不负刑事责任的精神病人,以及有关诉讼程序方面的问题进行调查取证。在一些传统的刑事案件辩护中,建议律师一定要去查勘案发现场,如故意杀人案或者盗窃案等,律师带着问题去现场进行查看,特别是核对案卷中的证人证言或者犯罪嫌疑人的讯问笔录,不仅能对案发现场及案发过程有生动直观的认识,而且通过深入现场还可以发现存在的重大问题。如笔者成功辩护的"枪下留人"的两件故意杀人案,最终被告人由死刑改判无罪,就是通过查勘现场、模拟案发情景,在细节中实现重大突破的,一是被告人口供描述的作案时夜晚的月相及位置与真相不符,二是被告人陈述的作案前看到被害人向其走来,而在当时基于彼此所处的相对位置被告人不可能看到被害人,因为当时他们并没有处在一个直线上。另外,通过查勘现场还可以发现案件的疑点或者其他被忽略的证据,而这些现场查勘对申请排除非法证据,乃至整个辩护过程都会发挥重要作用。

向证人核实问题和调查取证,尤其接触已经被侦查机关制作了对犯罪嫌疑人不利的询问笔录的证人,向其调查对犯罪嫌疑人有利的事实,尤其要注意防范风险。因为,这些证人已经被侦查机关询问过且做出了对犯罪嫌疑人不利的言词证据,让他们做出与侦查机关不一致甚至相反的证言,尤其是关键证人证言的改变无异于"翻供",这将置证人于一个可能被追究伪证罪的危险境地,同时,辩护人也冒着《刑法》第 306 条辩护人伪造证据、妨害作证罪的风险。因此,向被侦查机关询问过的证人调查取证,务必小心谨慎,事先要详细阅卷研究被调查对象的笔录并制定取证方案。有的案件最好能换个角度让证人补充、修正此前在侦查阶段陈述的部分事实,而且在调查取证时最好有两人在场,做好记录并录音录像,保证律师调取证据程序的合法性。

另一方面,律师还可以申请检察院调取证据。《刑事诉讼法》第 41 条规定:"辩护人认为在侦查、审查起诉期间公安机关、人民检察院收集的证明犯罪嫌疑人、被告人无罪或者罪轻的证据材料未提交的,有权申请人民检察院、人民法院调取。"也就是说,律师可以借助司法机关调取证据,特别是辩护人认为公安机关在侦查期间收集的证明犯罪嫌疑人无罪或者罪轻的证据材料尚未提交的,一定要申请检察院向公安机关调取,检察院也应当及时审查。

五、取得被害人谅解、退赃、退赔

在审查起诉阶段,有被害人的刑事案件中,获得被害人的谅解可以影响强制措施的变更,甚至案件的最终处理。特别是对于一些经济犯罪案件,犯罪嫌疑人有条件的情况下积极主动退赃退赔,可以争取从轻减轻的量刑建议。例如,犯罪嫌疑人涉嫌非法吸收公众存款罪,导致很多被害人财物损失,如果犯罪嫌疑人通过退赃、退赔弥补被害人的损失,减少了社会危害性,那么,在量刑时就可以酌情考虑,甚至可以不按照犯罪处理。

《人民检察院办理羁押必要性审查案件规定(试行)》第 18 条规定了可以向办案机关提出释放或者变更强制措施的建议,其中一种情形就是与被害方依法自愿达成和解协议,且已经履行或者提供担保的。也就是说,获得被害人的原谅是检察机关审查羁押必要性考虑的重要因素,是影响强制措施变更的重要条件。如果不能获得被害人谅解,即使检察院作出不予起诉决定,被害人也可以申诉,甚至可以直接向人民法院起诉,对刑事辩护产生不利影响。因此,审时度势地退赔退赃,赔偿被害人,获得被害人的谅解在刑事诉讼案件中十分重要。

当然也不能一概而论,如无罪辩护的案件就需谨慎。一方面,律师应认真查看案卷中被害人的笔录,通过笔录或者调查可以初步了解被害人的情况,鉴于被害人因犯罪行为受伤、易怒、情绪不稳等情形,退赔退赃前,要审慎评估被害人接受赔偿出具谅解书的可行性,谨慎接触被害人及其亲属。另一方面,要评估退赔退赃对案件处理的影响。如果对案件处理没有多大影响,既不能影响强制措施变更、不起诉,又不能影响从轻减轻的量刑建议,那么就可以暂缓退赔退赃,等到时机成熟或者下一阶段再退赔退赃,争取从轻减轻处罚。如果是无罪辩护案件,退赔退赃对无罪辩护无利甚至有害,存在指控犯罪事实成立的倾向，退赔退赃就要慎之又慎。

六、出具法律意见

一般来说，律师在这个阶段出具的法律意见主要有两种：一是针对羁押措施提出《羁押必要性审查法律意见书》；二是《不予起诉法律意见书》。

律师在审查起诉阶段可以继续就羁押必要性审查和检察官及时保持沟通，以争取变更犯罪嫌疑人的强制羁押措施。《刑事诉讼法》第95条规定："犯罪嫌疑人、被告人被逮捕后，人民检察院仍应当对羁押的必要性进行审查。对不需要继续羁押的，应当建议予以释放或者变更强制措施。"因此，当侦查机关将全案移送到检察院之后，如果犯罪嫌疑人仍处于被羁押状态，那么，根据案件的具体情况，如犯罪嫌疑人的涉嫌犯罪事实、主观恶性、悔罪表现、身体状况、案件进展情况、可能判处的刑罚和有无再危害社会的危险等因素，如果律师认为犯罪嫌疑人的情况符合《人民检察院办理羁押必要性审查案件规定（试行）》第17条所规定应当向办案机关提出释放或者变更强制措施建议的情形或者符合第18条规定的可以向办案机关提出释放或者变更强制措施建议的情形，那么，律师就应及时与办案检察官进行沟通，并提交书面的《羁押必要性审查法律意见书》，争取变更强制措施，既保护了犯罪嫌疑人的合法权益，也节约了司法资源。

另外，律师还可以就案件是否应该起诉提出自己的意见，向检察官提交《不予起诉法律意见书》。《刑事诉讼法》第177条规定了关于不起诉的条件。人民检察院可以作出不起诉决定的情形是犯罪嫌疑人犯罪情节轻微，依照《刑法》规定不需要判处刑罚或者免除刑罚的。检察院应当不予起诉的情形主要有以下几种：犯罪嫌疑人没有犯罪事实的；犯罪嫌疑人的情节显著轻微且危害不大、不认为是犯罪的；犯罪已过追诉时效期限的；犯罪嫌疑人经特赦令免除刑罚的；依照《刑法》需告诉才处理的犯罪的，没有告诉或者撤回告诉的；犯罪嫌疑人死亡的；其他法律规定免予追究刑事责任的。

因此，律师应根据上述规定来评判犯罪嫌疑人的行为，需要考虑的包括犯罪嫌疑人的行为是否构成犯罪、犯罪嫌疑人的主观恶性、社会危害性、悔罪态度等，并且结合律师对于法律适用的理解，认为案件符合应当或者可以不予起诉条件的，一定要及时向检察院提交自己的意见，和检察官进行面对面的沟通，争取将案件办结在审查起诉阶段。

第三节　审查起诉阶段的辩护方向和目标

一、审查起诉阶段的辩护方向

审查起诉阶段的辩护方向包括律师要对犯罪嫌疑人做无罪辩护还是从轻、减轻有罪辩护。在审查起诉阶段，律师已经可以对全案阅卷，结合会见、调查取证等手段审查全案证据，加强对案件的认识和把握，对犯罪嫌疑人的罪与非罪有自己的清晰判断。然后，律师可以结合自己的专业知识和办案经验得出相对成熟的辩护思路，并在会见时将自己对案件的分析和适用的法律解释给犯罪嫌疑人，告知其辩护思路，并听取犯罪嫌疑人的意见，再对辩护思路进行修改完善，得出最终的辩护思路。

如果是无罪辩护，律师一定要找到辩护的“无罪点”，根据案件的情况具体分析。一般来说是两种情况，程序上的无罪辩护可以通过排除非法证据的手段来推翻侦查机关定罪的重要证据，使案件达不到起诉标准被不予起诉；实体上的无罪辩护可以通过发现证据线索并找到可以证明犯罪嫌疑人无罪的证据，从实质上否定犯罪行为来进行无罪辩护或者达到将案件退回侦查机关补充侦查的结果。争取退回公安机关补充侦查也不失为一种无罪辩护目标，因为退回侦查的案件一般应当在一个月内补充完毕，并且补充侦查的次数只有两次。如果经过两次补充侦查，案件仍然证据不足，也可以达到不予起诉的处理结果。

如果是罪轻辩护，就可以适用认罪认罚从宽制度，在犯罪嫌疑人同意以认罪认罚换取量刑优惠的基础上，律师和检察院进行“讨价还价”，此时的辩护更多的是对量刑的辩护,争取最大幅度的量刑减免。并且,即使在犯罪嫌疑人认罪的情况下,也可以结合案件的综合情况,申请对犯罪嫌疑人变更强制措施,尽全力维护其合法权益。

刑事辩护律师应当秉承将刑事辩护前置的理念,能在审查起诉阶段解决的案件,绝不让其移送到法院处理。在刑事诉讼中,律师在前期的辩护工作越扎实,后期的辩护就越容易。辩护律师应该审时度势,努力提高理论水平,提升自身专业化技能,为犯罪嫌疑人做到有效辩护,维护当事人合法权益,让公平正义不迟到。

二、审查起诉阶段辩护目标

审查起诉阶段律师辩护包括无罪辩护,非法证据排除[1],罪名辩护,从轻、减轻辩护,变更强制措施。

(一)无罪辩护

审查起诉阶段的无罪辩护,是指通过律师的辩护活动,实现犯罪嫌疑人被检察院作出不予起诉的决定或者终止追究刑事责任或者使检察院将案件退回补充侦查的效果。

1. 不予起诉的情形

传统的不予起诉分为法定不起诉、酌定不起诉和存疑不起诉三种情形,目前又出台了针对各类市场主体的合规不起诉、针对未成年人的附条件不起诉两种情形。一是法定不起诉,又称绝对不起诉。绝对不起诉的情况包括:(1)犯罪嫌疑人没有犯罪事实;(2)情节显著轻微、危害不大,不认为是犯罪的;(3)犯罪已过追诉时效期限的;(4)经特赦令免除刑罚的;(5)依照刑法告诉才处理的犯罪,没有告诉或者撤回告诉的;(6)犯罪嫌疑人、被告人死亡的;(7)其他法律规定免予追究刑事责任的。只要案件的情况符合上述七种

〔1〕 具体内容请参见本书第十一章“第一审程序的辩护”第三节“非法证据排除”部分。

情形之一的，检察院就应当作出不予起诉的决定。

二是酌定不起诉，又称相对不起诉。相对不起诉是指检察院根据案件的具体情况可以不予起诉。相对不起诉的情形包括：(1)对于犯罪情节轻微，依照《刑法》规定不需要判处刑罚或者免除刑罚的，人民检察院可以作出不起诉决定。(2)犯罪嫌疑人自愿如实供述涉嫌犯罪的事实，有重大立功或者案件涉及国家重大利益的，经最高人民检察院核准，公安机关可以撤销案件，人民检察院可以作出不起诉决定，也可以对涉嫌数罪中的一项或者多项不起诉。但要注意的是，按照《人民检察院办理不起诉案件质量标准(试行)》第1条第3款的规定，人民检察院对于犯罪情节轻微，依照《刑法》规定不需要判处刑罚或者免除刑罚的，经检察委员会讨论决定，可以作出不起诉的决定。对符合上述条件，并且符合下列五种情形之一的，依法决定不起诉：(1)未成年犯罪嫌疑人、老年犯罪嫌疑人，主观恶性小、社会危害不大的；(2)因亲友、邻里及同学同事之间纠纷引发的轻微犯罪中的犯罪嫌疑人，认罪悔过、赔礼道歉、积极赔偿损失并得到被害人谅解或者双方达成和解并切实履行，社会危害不大的；(3)初次实施轻微犯罪的犯罪嫌疑人，主观恶性较小的；(4)因生活无着偶然实施盗窃等轻微犯罪的犯罪嫌疑人，人身危险性不大的；(5)群体性事件引起的刑事犯罪中的犯罪嫌疑人，属于一般参与者的。

三是存疑不起诉，又称证据不足不起诉。存疑就是指案件定罪的证据不充分，根据现有的证据无法得出犯罪嫌疑人进行了犯罪行为。存疑不起诉的情形只有一种，就是对于二次补充侦查的案件，检察院仍然认为证据不足，不符合起诉条件的，应当作出不起诉的决定。根据《人民检察院刑事诉讼规则》第368条的规定，不能确定犯罪嫌疑人构成犯罪和需要追究刑事责任的，属于证据不足，不符合起诉条件的有五种情形：(1)犯罪构成要件事实缺乏必要的证据予以证明的；(2)据以定罪的证据存在疑问，无法查证属实的；(3)据以定罪的证据之间、证据与案件事实之间的矛盾不能合理排除的；(4)根据证据得出的结论具有其他可能性，不能排除合理怀疑的；(5)根据证据认定案件事实不符合逻辑和经验法则，得出的结论明显不符合常理的。

四是合规不起诉。我国企业刑事合规不起诉制度部分借鉴了西方暂缓起诉协议制度。陈瑞华教授将我国这一制度定义为:检察机关对于涉嫌犯罪的企业,发现其具有建立合规体系意愿的,可以责令其针对违法犯罪事实,提出专项合规计划,督促其推进企业合规管理体系的建设,然后作出相对不起诉的决定。[1]

2020年3月起,最高人民检察院开始进行企业合规不起诉的改革探索。2022年该制度的试点工作在全国全面推开。2021年3月至2022年6月底,全国各地检察机关累计办理涉企业合规案件2382件,其中适用第三方监督评估机制案件1584件,对整改合规的606家企业、1159人依法作出不起诉决定,较改革试点全面推开前增长明显。时任最高人民检察院党组书记、检察长张军演讲时这样解读:检察机关在落实"少捕慎诉慎押"刑事司法政策的同时,督促涉案企业作出合规承诺并积极整改,既促进涉案企业合规守法经营,也警示潜在缺乏规制约束的企业遵纪守法发展,营造法治化营商环境。[2]

所谓刑事合规不起诉,是指如果企业出现刑事犯罪,人民检察院在审查起诉过程中,对其设定考察期,考察期内企业将进行相应合规整改或合规体系建设,考察期后,人民检察院将根据合规整改情况决定是否对企业进行起诉。刑事合规不起诉中的"不起诉",并非"当然的不起诉"。根据《刑事诉讼法》及《人民检察院办理未成年人刑事案件的规定》,人民检察院作出不起诉决定存在三种情形,就刑事合规不起诉而言,并非绝对的不起诉和存疑不起诉,从性质上分析只能归为相对不起诉,但企业所涉及的犯罪行为是否符合《刑事诉讼法》第177条第2款规定的犯罪情节轻微,仍有进一步探讨的空间。不过,从现行法律规定而言,刑事合规不起诉的性质宜归为相对不起诉。

关于涉案企业合规不起诉的对象与范围。依据《关于建立涉案企业合规第三方监督评估机制的指导意见(试行)》第3条规定:"第三方机制适用于公司、企业等市场主体在生产经营活动中涉及的经济犯罪、职务犯罪等案件,既包括公司、企业等实施的单位犯罪案件,也包括公司、企业实际控制人、经营管理人员、关键技术人员等实施的与生产经营活动密切相关的犯罪案件。"

---

〔1〕 陈瑞华:《企业合规不起诉制度研究》,载《中国刑事法杂志》2021年第1期。
〔2〕 参见最高人民检察院2022年8月10日发布的《第三批涉案企业合规典型案例》。

即涉案企业可以涵盖检察院所在辖区和辖区以外的各类市场主体，包括国企民企、内资外资企业、大中小微企业及个体工商户。

关于涉案企业合规不起诉的具体适用。(1)涉案企业合规不起诉的适用情形。依据《关于建立涉案企业合规第三方监督评估机制的指导意见(试行)》第4条规定："对于同时符合下列条件的涉企犯罪案件，试点地区人民检察院可以根据案件情况适用本指导意见：(一)涉案企业、个人认罪认罚；(二)涉案企业能够正常生产经营，承诺建立或者完善企业合规制度，具备启动第三方机制的基本条件；(三)涉案企业自愿适用第三方机制。"即①认罪认罚；②涉案企业能正常生产经营且自愿适用第三方机制，无法正常经营的企业如"僵尸企业"，无论是否认罪认罚都不能适用合规不起诉；③承诺建立或者完善企业合规制度、涉案企业要有充足的资金进行整改。启动第三方机制的基本条件：合规整改中，涉案企业需要外聘合规团队、招录专门人员、宣贯合规文化、建立"三道防线"、制作合规手册等，需要必要的资金支出，检察机关在确定涉案企业是否具备整改条件中，需要重点考虑这一内容。另外，涉案企业与主管部门的大数据平台主动对接是加分项，如涉税案件对接"金税四期"、涉环保案件对接环保在线监测系统、涉安全生产案件对接消防云平台、涉爆案件对接智慧消防云平台。

(2)涉案企业不适用合规不起诉的情形。依据《关于建立涉案企业合规第三方监督评估机制的指导意见(试行)》第5条规定："对于具有下列情形之一的涉企犯罪案件，不适用企业合规试点以及第三方机制：(一)个人为进行违法犯罪活动而设立公司、企业的；(二)公司、企业设立后以实施犯罪为主要活动的；(三)公司、企业人员盗用单位名义实施犯罪的；(四)涉嫌危害国家安全犯罪、恐怖活动犯罪的；(五)其他不宜适用的情形。"其中，"(五)其他不宜适用的情形"有可能涵盖：未经国家或者省金融主管部门批准，擅自从事金融业务或者金融活动，给群众造成重大损失的；涉罪企业直接负责的主管人员和其他直接责任人员依法应当被判处10年有期徒刑以上刑罚的；造成人员重大伤亡的；社会负面影响大，群众反映强烈的；涉罪企业不接受合规考察的。

五是附条件不起诉。附条件不起诉,是指检察机关对应当负刑事责任的未成年犯罪嫌疑人设定一定考察期,视其考察期的表现决定是否对其起诉的刑事起诉制度。(1)附条件不起诉的适用条件:①主体条件,适用于未成年人犯罪案件;②罪名条件,必须是涉嫌《刑法》分则第四章、第五章、第六章规定的侵犯公民人身权利、财产权利、妨害社会管理秩序的轻微犯罪,犯罪事实清楚,证据确实、充分,符合起诉条件,并且是依法可能被判处1年以下有期徒刑、管制、拘役或单处罚金的犯罪;③主观条件,行为人有悔罪表现;④程序条件,审查起诉机关作出不起诉的决定以前,应当听取公安机关、被害人的意见。

(2)附条件不起诉的实施。在附条件不起诉的6个月至1年的考验期内,由人民检察院负责对被附条件不起诉的未成年犯罪嫌疑人进行监督考察。未成年犯罪嫌疑人的监护人应当对未成年犯罪嫌疑人加强管教,配合人民检察院做好监督考察工作。考验期满,检察人员应当制作附条件不起诉考察意见书,提出起诉或不起诉的意见,报请检察长决定。

根据我国目前的相关法律规定,对于检察院做出的存疑不起诉决定没有救济的途径,不能申诉,只有相对不诉的才可以提起申诉。

2. 终止追究刑事责任的情形

终止追究刑事责任,是指审查起诉机关解除、撤销拘留或者逮捕措施后,虽尚未撤销案件、作出不起诉决定或者判决宣告无罪,符合下列情形之一的,属于法定的"终止追究刑事责任"的情形。《国家赔偿法》第17条规定:"行使侦查、检察、审判职权的机关以及看守所、监狱管理机关及其工作人员在行使职权时有下列侵犯人身权情形之一的,受害人有取得赔偿的权利:(一)违反刑事诉讼法的规定对公民采取拘留措施的,或者依照刑事诉讼法规定的条件和程序对公民采取拘留措施,但是拘留时间超过刑事诉讼法规定的时限,其后决定撤销案件、不起诉或者判决宣告无罪终止追究刑事责任的;(二)对公民采取逮捕措施后,决定撤销案件、不起诉或者判决宣告无罪终止追究刑事责任的……"最高人民法院、最高人民检察院《关于办理刑事赔偿案件适用法律若干问题的解释》第1条规定:"赔偿请求人因行使侦查、检察、审判职权的机关以及看守所、监狱管理机关及其工作人员行使职权的行为侵犯其人身权、财产权而申请国家赔偿，具备国家赔偿法第十七条、第十八条规定情形的，属于本解释规定的刑事赔偿范围。”第 2 条规定：“解除、撤销拘留或者逮捕措施后虽尚未撤销案件、作出不起诉决定或者判决宣告无罪，但是符合下列情形之一的，属于国家赔偿法第十七条第一项、第二项规定的终止追究刑事责任：(一)办案机关决定对犯罪嫌疑人终止侦查的；(二)解除、撤销取保候审、监视居住、拘留、逮捕措施后，办案机关超过一年未移送起诉、作出不起诉决定或者撤销案件的；(三)取保候审、监视居住法定期限届满后，办案机关超过一年未移送起诉、作出不起诉决定或者撤销案件的；(四)人民检察院撤回起诉超过三十日未作出不起诉决定的；(五)人民法院决定按撤诉处理后超过三十日，人民检察院未作出不起诉决定的……”

根据上述规定，被批捕后无罪处理的，国家一律赔偿；被批捕后又被解除逮捕措施超过一年未做无罪处理的，国家也要赔偿；违法采取拘留措施或者依法拘留但是超过拘留期限的，之后做出无罪处理的，国家需要赔偿，否则无须赔偿；解除、撤销取保候审、监视居住、拘留后或者取保候审、监视居住法定期限届满后，办案机关超过一年未做无罪处理的，国家需要赔偿。

3. 退回补充侦查的情形

退回补充侦查此前已有阐述，这里不再赘述。

(二)罪名辩护

此前已有阐述，这里不再赘述。

(三)从轻、减轻辩护

审查起诉阶段的罪轻辩护包括罪名辩护和量刑辩护。罪名辩护，是指律师认为犯罪嫌疑人涉嫌的罪名不准确，应当改为较轻的罪名，以此为由向检察院提出变更罪名的辩护意见。案件的罪名直接关系案件的定性，检察院在审查起诉过程中对于罪名的认定也十分重视。因此，检察院一般会认真审查律师提出关于罪名的法律意见。

量刑辩护，一般是指犯罪嫌疑人承认了犯罪行为并且诚恳悔罪，通过律师辩护获得检察院较轻的量刑建议。审查起诉阶段，要特别注意认罪认罚从宽制度的适用，因为这个阶段的犯罪嫌疑人同意适用认罪认罚从宽制度越来越多，律师在本阶段可以就具体量刑和检察院进行交涉，为犯罪嫌疑人争取最大的量刑优惠，争取一般会被法院采纳的有利于当事人的量刑建议。

检察院在办理认罪认罚案件时，在量刑建议上会综合考虑很多因素。因此，律师应尽量找出有利于犯罪嫌疑人量刑的证据。例如，辩护律师认为犯罪嫌疑人可能存在自首、立功、从犯等从轻的量刑情节，但在公安机关的《起诉意见书》中没有列明，那么，律师应当和检察机关进行沟通，提交相关的证据，为被告人争取从轻减轻的量刑情节。如果案件中有被害人，还要考虑犯罪嫌疑人是否与被害方达成和解或者调解协议，或者赔偿被害方的损失，取得被害方谅解，或者自愿承担公益损害修复、赔偿责任等都会作为检察机关提出量刑建议的重要考虑因素。

(四)变更强制措施

审查起诉阶段，律师可以提出羁押必要性审查法律意见书。如果律师认为犯罪嫌疑人具有变更强制措施的法定情形，应当及时向检察院提出申请对犯罪嫌疑人变更强制措施，并提交书面法律意见书。特别要注意的是，《人民检察院刑事诉讼规则》中规定对于已经逮捕的犯罪嫌疑人同意认罪认罚的，检察院应当及时对羁押必要性进行审查。经检察院审查，认为没有继续羁押必要的，应当予以释放或者变更强制措施。

《人民检察院办理羁押必要性审查案件规定(试行)》第 17 条规定了应当变更羁押措施的情形。经羁押必要性审查，符合下列情形之一的，应当向办案机关提出释放或者变更强制措施的建议：(1)案件证据发生重大变化，没有证据证明有犯罪事实或者犯罪行为系犯罪嫌疑人、被告人所为的；(2)案件事实或者情节发生变化，犯罪嫌疑人、被告人可能被判处拘役、管制、独立适用附加刑、免予刑事处罚或者判决无罪的；(3)继续羁押犯罪嫌疑人、被告人，羁押期限将超过依法可能判处的刑期的；(4)案件事实基本查清，证据已经收集固定,符合取保候审或者监视居住条件的。

《人民检察院办理羁押必要性审查案件规定(试行)》第18条规定了可以变更羁押措施的情形。经羁押必要性审查,发现犯罪嫌疑人具有下列情形之一,且具有悔罪表现,不予羁押不致发生社会危险性的,可以向办案机关提出释放或者变更强制措施的建议:(1)预备犯或者中止犯;(2)共同犯罪中的从犯或者胁从犯;(3)过失犯罪的;(4)防卫过当或者避险过当的;(5)主观恶性较小的初犯;(6)系未成年人或者年满七十五周岁的人;(7)与被害方依法自愿达成和解协议,且已经履行或者提供担保的;(8)患有严重疾病、生活不能自理的;(9)系怀孕或者正在哺乳自己婴儿的妇女;(10)系生活不能自理的人的唯一扶养人;(11)可能被判处一年以下有期徒刑或者宣告缓刑的;(12)其他不需要继续羁押犯罪嫌疑人、被告人的情形。

第十一章　第一审程序的辩护

庭审是还原事实、适用法律一个非常文明、高效的法律程序，是一项伟大的制度设计。法庭调查环节旨在查清案件事实，法庭辩论环节旨在论证法律的理解和适用，被告人最后陈述旨在确认其诉求，彰显有利于被告人的人权保障。

庭审通过各个环节设计，发问和举证、质证达到还原法律事实、接近客观事实。发问和举证质证分别从不同的角度查清案件事实还原法律事实。通过庭审控辩双方的对立博弈，能够最大限度地发现、还原案件事实，将案件的全貌展示在法官面前，有利于居中审判方了解案件全貌，得出理性认识。通过控、辩、审三方以及庭审各个环节的设计，能够充分发挥各诉讼参与人的职责，通过对抗激发控辩双方的潜能，使居中裁判方能够兼听则明，从而还原案件事实，准确适用法律。

第一节　庭审的概述

庭审是人民法院在公诉人、被告人、辩护人与其他诉讼参与人的参加下，按照法定的程序和方式进行开庭审理，对案件进行全面审查并作出裁判的诉讼活动。庭审是整个审判活动，以至于是整个刑事诉讼最核心的环节，具有以下特征：

一、现场感

刑事的庭审是在审判人员主持下，公诉人、被告人、辩护人与其他诉讼参与人皆到场的情况下，当场按照法定的程序和方式对案件进行的审查裁判活动，对于还原案件事实、充分展示证据、发表法律意见、展示诉辩攻略都具有极强的现场感。

二、对抗性

刑事诉讼过程中，庭审是唇枪舌剑、不见硝烟的战场，控方证明被告人有罪或罪重，辩方对抗控方，力证被告人无罪、罪轻、减轻或免于处罚。控辩双方重构、力证案件事实、引用法条、剖法析理、相互反驳，捍卫各自的立场和利益。

三、竞技性

庭审活动时刻考验着控辩双方的法律专业能力、逻辑分析能力、随机应变能力、语言表达能力等综合实力。同时，法庭又为双方展示自己举证质证、发问技巧和辩论水平等提供了舞台，谁技高一筹，谁就会在法庭占据主动，赢得有利于己方的庭审效果。

四、程序性

作为人类法治文明成果标志的法庭审理，是一个还原事实真相、实现公平正义的伟大设计，通过法庭调查、法庭辩护和被告人最后陈述等环节，查明案件事实,阐明法律适用,实现公平正义,捍卫法律尊严。整个过程严谨有序、环环相扣、步步为营,必须严格按照法律规定的先后程序进行而不得随意更改。

五、表现性

对于诉辩双方而言,只要出现在庭审现场,就必须找准角色定位,或公诉人角色、或辩护人角色,忘记真实身份,全身心地投入到案情中去,按照法定职责,充分地展示自己的法律素养和综合能力,尤其在法庭辩论时,要及时切换成演讲模式,声音洪亮自信,仪态端庄大方,陈述还原事实,论述阐明观点,以此争取好的辩护效果。

六、高度浓缩性

庭审浓缩了一审包括侦查、审查起诉和开庭前审理的各个阶段的工作,庭审前诉辩双方所做的包括会见、阅卷、调查取证等工作都会在法庭上表现出来,甚至连诉辩双方的庭前准备程度和综合实力都会展现无遗。

第二节　开庭前准备

一、开庭前需要准备的资料

为了在庭审中顺利展开辩护工作,在开庭前要对开庭所需要的事项进行准备。

(一)准备法律法规及相关司法解释、案例和法理文章

开庭审理是法律审理,审理的是涉案的法律事实,应当严格遵循法定的

庭审程序。诉讼参与人发表意见都要言之有据,有章可循。只有这样有效辩护才能更为有力,更为精准。

法律依据体现在辩护律师的代理的全过程,在庭审过程中体现得尤为突出。其贯穿于庭审调查发问、举证质证的每一个环节,包括但不限于质证时对控方证据的合法性发表意见、辩论时对案件的定罪量刑意见,而辩护人关于无罪辩护的法律理解和适用更是如此。辩护人对法律依据的钻研和掌握程度,直接决定着辩护人对涉案事实的认识和了解深度,直接决定着对案件事实定性的认识和把握,直接决定着代理辩护案件成败的最终结果。

辩护律师在开庭前一定要熟悉案情、梳理证据、整理阅卷笔录,确保对每个环节都了然于胸。在开庭前,根据庭审顺序结合自身开庭习惯,对法律文书、阅卷笔录、法律法条分门别类、有序排列摆放,以便在庭审过程中能够便捷查找,方便出示使用。特别是对被告人有利、不利的证据要单独整理出来并整理出证据清单。

同时,按照公诉人出示证据的顺序进行排列整理,以便庭审时紧跟公诉人的节奏,方便举证、质证,提高庭审质证效率。尤其是卷宗里对被告人有利的证据、当事人和辩护人提交的证据要特别整理,方便庭审举证质证。

(二)归纳比较对代理的被告人有利、不利的证据并制作成图表

律师辩护就是要强调、突出对当事人有利的事实,弱化、抵销对当事人不利的事实。体现在“只有证据、没有事实”的法庭之上,控辩双方围绕焦点事实争辩全部形式就表现为证据攻防之战,通过庭审调查发问、举证质证等环节,争取法庭通过证据审查查明对自己一方有利事实,采信自己的主张。

由于案件本身受到事实繁简、难易程度、办案人员专业水平、案外因素等原因,致使呈现一个案件事实的卷宗中的证据也往往千差万别,往往存在这样或那样的缺陷,证据相互矛盾、供证不一致、甚至不同言词证据、同一人前后言词证据都自相矛盾等问题比比皆是。一个优秀的辩护人就是要在繁杂的证据中,抽丝剥茧,去伪存真,发现对自己有利的事实并通过对证据的解构和重构,找出对自己有利且能够相互印证的证据链条,去还原本案对其当事

人有利的事实。因此,开庭前,一定要归纳、分析对自己当事人有利不利的证据,并根据证据目的和关联程度制作成图表,便于开庭使用。

(三)设计发问问题,备好发问提纲

发问是庭审还原事实的重要环节,提前拟好发问提纲是保障庭审辩护效果的重要措施。根据预设的庭审焦点内容进行设计,发问方式要因案而异,因人而异,最终需要通过与被告人充分的交流来最终确定,并且在庭审中根据庭审情况进行适时调整。

对于需要证人出庭接受询问的案件,应当提前准备询问提纲并向法院提交出庭证人的名单,并在庭前告知证人控辩双方可能问的问题,让其做好出庭准备。对于其他出庭对象的发问要根据具体案情需求进行设计。

(四)根据控方出示证据的顺序准备质证意见

只有经过法庭质证并经法庭认可的证据材料,才能作为定案的依据。举证质证是庭审活动的重要环节,往往也是庭审占时最长的一个环节。尤其重大疑难复杂的案件,案卷繁多,为提高庭审效率,法庭往往会组织庭前会议,解决举证质证、出示证据的顺序问题。辩护人应当庭前按照公诉人出示证据的顺序摆放排列证据,以便开庭时紧跟公诉人出示证据节奏,高效质证。开庭时公诉人出示证据速度很快,往往一份一份或一组一组地出示,辩护律师应围绕证据的客观性、合法性、关联性的"三性",对控方提供证据进行质证。为此,辩护律师在庭审前一定要提前准备质证意见,准备质证意见提纲,制作质证意见一览表。辩方有证据的也要准备举证清单,列明证据名称、证明内容、证明目的和证据来源。

(五)对控辩双方争议较大的重点证据一定要提前标注并准备出来

开庭前,辩护人一定要对案件争议的焦点事实有所预判,并根据争议的焦点事实和庭审进程标注并准备出相关证据。这样有利于辩护人在庭审调查发问、举证质证和辩论等环节中,在控辩双方对证明事实的证据的短兵相

接的争辩中有的放矢、精准辩护、提高效率，便于在庭上及时找到控方出示的证据和辩方反驳的证据。尤其是对证明本案事实的关键证据，特别是对稳定性差、前后不一致却又至关重要的言词证据更要提前标注并准备出来，更好地跟上瞬息万变的庭审节奏，从而迅速反击，占据主动，提高庭审辩护效果。

（六）撰写辩护词初稿

撰写辩护词初稿既是律师庭前对辩护内容的详细总结，也是律师根据对庭审的预判做出的与辩护相应的法律文书的准备，浓缩了辩护的核心内容，呈现了预判的控辩双方的争议焦点。

1. 辩护词的结构。辩护词作为法庭辩论的重要内容，其重要性不言而喻。辩护词是论证被告人无罪、罪轻或者减轻、免除其刑事责任的法律文书。辩护词是辩护律师辩护观点的总结和概括，庭前准备的是对庭审活动的预判，随着庭审的进行，可能会出现的新情况和新观点，辩护人应当相应地对辩护词适时调整。提前准备辩护词有助于进一步熟悉案情，提高庭审辩护效果。

辩护词一般由首部、主体、尾部三部分组成。首部主要有三项内容：一是阐明辩护人的合法地位和委托来源；二是阐明辩护人所做的辩护工作；三是阐明辩护人对全案的基本看法。

例如，××律师事务所依法接受本案被告人××的委托，指派××担任××的一审辩护人，参与一审的诉讼活动。接受委托后，××经过多次会见和大量调查，对本案有了一个清晰准确的认识，本案事实不清，证据不足，依法不构成犯罪。现结合今天庭审情况，从事实与法律两方面发表如下辩护意见。

主体主要是辩护事实与理由，是辩护词的核心内容，是辩护人为了维护被告人的合法权益，针对控方指控犯罪的认定事实与适用法律，紧扣本案焦点问题，从指控的被告人的行为事实出发，结合犯罪构成和量刑情节的法律规定，论证被告人无罪、罪轻或应该予以减轻甚至免除其刑事责任的意见和根据。因此，辩护词是针对控方指控犯罪、以辩驳为主的辩护人撰写提交的法律文书。针对控方指控,围绕是否构成犯罪,属于何种罪名,有无从轻、减轻的法定、酌定条件以及诉讼程序是否合法等争议焦点问题展开辩论和论述。此部分是辩护词的重点。

尾部是对辩护词的归纳和小结。一般包括两个内容:一是回应辩护词的中心观点;二是向法庭提出对被告人的处理建议,请求关注采纳辩护意见。

2. 辩护词的特征。

(1)防御性。辩护词是针对控方指控的法律文书,一般具有很强的防御性质。辩护词仅是针对控方指控犯罪发表无罪、从轻或减轻辩护意见,而不是查明全案事实,更不是解决破案问题或者找到真凶。辩护词针对的仅是控方指控认定事实和适用法律行为,而非控方单位或个人。如故意杀人罪的无罪辩护,只需要辩护被告人不是杀死被害人的致害者即可,具体是谁杀死的、怎么杀死的都不是辩护人辩护要解决的问题。当然,这也不属于辩护人的职责。

(2)针对性。辩护词主要是针对控方指控发表的辩论意见,因此一定要针对控方起诉书的认定事实和适用法律部分有的放矢。具体体现在:辩护词要有靶向思维,聚焦被告人对起诉书中有异议的"本院审查查明""本院认为"部分,锁定靶心,精准辩护。

(3)驳论性。辩护词是具有论理性质的议论文。为了澄清、还原有利于被告人的事实,论理过程中虽难免有叙事的成分,但叙述也是为了议论。夹叙夹议,叙为基础,论为目的。同时如上所述,辩护词主要是针对控方的指控犯罪事实,具有很强的防御性和针对性,因此,辩护词的议论手法主要以驳论为主。

(4)规范性。辩护词是刑事诉讼控辩审三方中的辩护一方提交的重要法律文书,必然要遵循刑事诉讼的实体法和程序法的相关规定,从内容到形式具有很强的规范性。从内容上看,实体上结合案情事实、证据和法律,围绕指控罪名的法律规定,犯罪构成定罪理论和刑罚理论展开论述,程序上根据诉讼法规定针对本案程序存在的问题进行辩护,两者都遵循内在的机理脉络。从形式上看,辩护词具有很强的模板化和程式化特征,具有外在的格式要求。

3. 辩护词撰写要求。

(1)结构完整、首尾呼应。辩护词一定要针对起诉书指控的有异议的事实与法律进行完整的论述,不要遗漏相关问题。辩护词既要全文浑然一体,又要自成章节,辩护词的首部和尾部都要紧扣辩护方向和辩护观点,首尾呼应,环环相扣。

(2)主线清晰、结构合理。辩护词一定要针对控方指控犯罪事实有异议的部分展开论述,锁定起诉书有异议的部分作为靶心,沿着起诉书认定事实和适用法律的内容为主线进行辩驳,不蔓不枝。同时,针对指控犯罪事实对被告人影响的大小,有所侧重。做好篇幅、占时比例的合理设置,重要内容多说多写,次要的少说少写,无关紧要的不说不写。

(3)开门见山、层次分明。辩护词一定要针对控方认定事实和适用法律,聚焦起诉书“本院审查查明”“本院认为”有异议部分,突出辩护主要观点,开门见山、直戳要害;层次分明就是按照刑事诉讼辩护的内在逻辑,针对指控犯罪事实分段论述:先实体、后程序;先事实认定、后法律适用;先定罪、后量刑,根据犯罪构成理论和刑罚理论设置先后顺序,分层分类阐述。每一个辩点都体现为一个分层分段的小标题,每个小标题都要观点鲜明,简单明了,论述每一辩点的分论点也要序号清晰,如使用数字序号或者“首先”“其次”“再次”等连接词。

(4)语言准确、行文流畅。在法庭庭审中,辩护人发表意见是针对控方明确的指控、基于严谨清晰的辩护思路发表的法律意见,辩护词是基于庭审控辩双方辩论意见形成的书面辩护意见。因此,辩护词不仅要聚焦庭审焦点发表意见,而且要熟练使用具有特定内涵与外延的法言法语,针对控方指控观点组织的具体段落及相应语言部分,准确表述辩驳观点且表达到位。尤其是提炼的辩护词标题要精准、醒目,准确概括辩方观点,让人一目了然;首尾呼应的语句,辩护观点统一,前后一致,突出强调辩护观点。辩护词除遵循犯罪构成、刑罚理论和指控犯罪事实等内在规律机理进行组织结构、设段分层外,还要注意行文的前后衔接和过渡,首尾之间、总分之间;语句之间、段落之间要遵循人的认知、阅读习惯和行文的内在要求，注意连词的使用，过渡自然，让人读来感觉浑然天成，如行云流水，一气呵成。

文书样式

辩　护　词

尊敬的审判长、审判员：

××律师事务所依法接受被告人×××的委托，指派我作为其涉嫌合同诈骗罪一案的辩护人参与本案的诉讼活动。辩护人通过详细阅卷、大量调查和高达×次的会见，对本案有着清晰准确的认识，现结合今天的庭审情况，从事实和法律两方面发表如下无罪辩护意见：

第一部分：起诉认定事实存在的严重问题

本案中公诉机关的起诉书存在偷换概念、混淆事实、事实不清等严重问题，根本无法证明指控事实。

一、公诉机关起诉书的整体指控思路存在偷换概念和混淆事实的严重错误

……

二、不仅起诉书的整体思路存在严重问题，除此之外，起诉书还存在多处事实不清、与事实不符等明显错误

……

第二部分：×××不构成合同诈骗罪

×××的行为不符合合同诈骗罪的犯罪构成要件，根本不构成合同诈骗罪，具体理由如下：

一、×××不具有非法占有的主观目的，也不具有合同诈骗的主观故意，不符合合同诈骗罪的主观要件

……

二、×××并没有事实合同诈骗罪的行为，不符合合同诈骗罪的客观行为要件

……

综上所述,本案公诉机关的起诉存在重大问题,根本无法证明指控事实;×××的行为根本不符合合同诈骗罪的犯罪构成要件,×××不构成合同诈骗罪。望合议庭秉承司法公正,实现公平正义,宣告被告人×××无罪,尽早恢复当事人的自由和清白。

以上辩护意见,望合议庭在合议本案时予以关注、采纳!

辩护人:×××事务所

×××律师

××××年××月××日

二、庭前会议

庭前会议是一项提高庭审效率的重要程序。《刑事诉讼法》第187条第2款规定:"在开庭以前,审判人员可以召集公诉人、当事人和辩护人、诉讼代理人,对回避、出庭证人名单、非法证据排除等与审判相关的问题,了解情况,听取意见。"

1.庭前会议召开的条件。《刑事诉讼法解释》第226条规定:"案件具有下列情形之一的,人民法院可以决定召开庭前会议:(一)证据材料较多、案情重大复杂的;(二)控辩双方对事实、证据存在较大争议的;(三)社会影响重大的;(四)需要召开庭前会议的其他情形。"第227条规定:"控辩双方可以申请人民法院召开庭前会议,提出申请应当说明理由。人民法院经审查认为有必要的,应当召开庭前会议;决定不召开的,应当告知申请人。"特别是在重大、疑难、复杂的案件中,由于被告人及辩护人众多、案件事实及案件证据繁杂,庭前会议可以解决常规程序性问题,节约司法资源,使控辩双方进行信息的交流,有利于辩方更好地行使刑事辩护权,法官充分地关注和厘清争议焦点,掌控庭审时间。对于辩护律师来说,庭前会议能够比较有效地解决控辩双方证据掌握不对称的问题,充分地保障辩护方的诉讼权利。

2. 庭前会议的申请主体。控辩双方可以申请人民法院召开庭前会议，提出申请应当说明理由。人民法院经审查认为有必要的，应当召开庭前会议；决定不召开的，应当告知申请人。审判人员可以根据案件情况决定召开庭前会议。

3. 庭前会议的内容。(1)解决十项程序问题。《刑事诉讼法解释》第228条第1款规定："庭前会议可以就下列事项向控辩双方了解情况，听取意见：(一)是否对案件管辖有异议；(二)是否申请有关人员回避；(三)是否申请不公开审理；(四)是否申请排除非法证据；(五)是否提供新的证据材料；(六)是否申请重新鉴定或者勘验；(七)是否申请收集、调取证明被告人无罪或者罪轻的证据材料；(八)是否申请证人、鉴定人、有专门知识的人、调查人员、侦查人员或者其他人员出庭，是否对出庭人员名单有异议；(九)是否对涉案财物的权属情况和人民检察院的处理建议有异议；(十)与审判相关的其他问题。"这里的其他问题包括是否是单位犯罪、刑事附带民事诉讼、公诉人示证顺序等问题。

(2)询问控辩双方对证据材料是否有异议。庭前会议中，审判人员可以询问控辩双方对证据材料有无异议，对有异议的证据，应当在庭审时重点调查；无异议的，庭审时举证、质证可以简化。这里主要是明确庭审时举证质证重点的程序问题，而非发表质证意见的实体问题。

(3)提前归纳庭审争议焦点。对召开庭前会议的案件，可以在开庭时告知庭前会议情况。对庭前会议中达成一致意见的事项，法庭在向控辩双方核实后，可以当庭予以确认；未达成一致意见的事项，法庭可以归纳控辩双方争议焦点，听取控辩双方意见，依法作出处理。控辩双方在庭前会议中就有关事项达成一致意见，在庭审中反悔的，除有正当理由外，法庭一般不再进行处理。

(4)就非法证据排除了解情况或者询问双方对证据材料意见。庭前会议准备就非法证据排除了解情况、听取意见，或者准备询问控辩双方对证据材料的意见的，应当通知被告人到场。有多名被告人的案件，可以根据情况确定参加庭前会议的被告人。

(5)庭前会议中,人民法院可以开展附带民事调解。

4. 庭前会议的形式。庭前会议一般不公开进行。根据案件情况,庭前会议可以采用视频等方式进行。

5. 建议检察院补充材料或撤回起诉,否则开庭后不准撤回起诉。人民法院在庭前会议中听取控辩双方对案件事实、证据材料的意见后,对明显事实不清、证据不足的案件,可以建议人民检察院补充材料或者撤回起诉。建议撤回起诉的案件,人民检察院不同意的,开庭审理后,没有新的事实和理由,一般不准许撤回起诉。

综上,通过庭前会议可以归纳庭审焦点和提前处理存在的问题,极大地提高庭审效率。一方面,庭前会议可以组织证据展示、明确事实、归纳控辩双方争议焦点;另一方面,庭前会议可以解决可能导致庭审中断的程序性申请和异议,如申请回避,申请特定证人出庭,申请排除非法证据,或者对管辖权提出异议等。

三、开庭前的会见

律师开庭前一定要会见被告人,与被告人沟通案情,共同研判庭审中陈述事实及回答问题的要点,交换意见并确认辩护思路和辩护方向,告知被告人开庭程序及注意事项,提醒被告人配合辩护律师的辩护工作和配合庭审等。具体会见的内容在本书第三章“会见”进行了详细阐述,在此不再赘述。

四、开庭时的准备

律师就位辩护席后,应该做好以下准备工作:

1. 整理、摆放好案卷。按照开庭顺序结合个人使用习惯摆放,确保翻阅卷宗的速度能够跟上庭审的节奏。案卷材料主要有:(1)法律文书;(2)律师工作卷:庭审笔录、发问提纲,辩护词(草稿),法律依据;(3)阅卷笔录(质证意见表)按照举证顺序排列证据;(4)其他卷。

2. 调整状态。将自己状态调整切换到开庭模式，精神饱满，注意与庭审各方互动，保持严肃、端庄的坐姿。辩护人除对案件做好准备外，还应当调整个人情绪，在心理和精神上做好相应准备。

第三节　非法证据排除

惩罚犯罪与保障人权是现代刑事诉讼追求的目标，非法证据排除规则就是在惩罚犯罪与保障人权之间所作的重要平衡支点，2018 年修正的《刑事诉讼法》已在立法层面上确立了非法证据排除规则。我国的非法证据排除制度包括排除非法证据的范围、程序以及证据合法性的证明等，辩护人、代理人如何对非法证据申请依法排除，以保障当事人合法权益，对杜绝冤假错案，维护司法公平正义，促进司法文明进步具有重要意义。

一、非法证据排除规则概念

非法证据排除规则，通常是指在刑事诉讼中，侦查机关及其工作人员使用非法手段取得的证据不得在刑事审判中被采纳的规则。非法证据排除规则源自英美法，于 20 世纪初产生于美国。世界范围内大部分国家、地区和国际组织对此均有规定，但在排除原则、范围、方式和目的等方面各有不同。

二、我国非法证据排除规则立法沿革

我国 1988 年 9 月参加的《禁止酷刑和其他残忍、不人道或有辱人格的待遇或处罚公约》第 12 条规定："如经证实是因为受酷刑或其他残忍、不人道或有辱人格和待遇处罚而作的供词，不得在任何诉讼中援引为指控有关的人或其他人的证据。"

在 1996 年通过的《刑事诉讼法》修正案中，关于证据的条款也规定了严

禁刑讯逼供和以威胁、引诱、欺骗以及其他非法的方法收集证据。

1998 年最高人民法院《关于执行〈中华人民共和国刑事诉讼法〉若干问题的解释》第 61 条又规定："严禁以非法的方法收集证据。凡经查证确实属于采用刑讯逼供或者威胁、引诱、欺骗等非法的方法取得的证人证言、被害人陈述、被告人供述，不能作为定案的根据。"

最高人民法院、最高人民检察院、公安部、国家安全部、司法部于 2010 年公布的《关于办理刑事案件排除非法证据若干问题的规定》确立了非法证据排除规则，对非法证据排除做了详细规定。

2012 年修正的《刑事诉讼法》从立法层面上首次确立了非法证据排除规则，我国司法实践中治理刑讯逼供的科学证据体系基本形成。

2017 年施行的最高人民法院、最高人民检察院、公安部、国家安全部、司法部联合颁布的《关于办理刑事案件严格排除非法证据若干问题的规定》对非法证据排除做了进一步的规定。

2021 年施行的《刑事诉讼法解释》在第四章证据中将"非法证据排除"单列为第九节，对刑事审判的司法实践具有重大指导意义。

三、非法证据排除规则适用范围

第一，采用非法手段收集的被告人供述，以及之后被告人受该刑讯逼供行为影响而作出的与该供述相同的重复性供述。第二，采用非法方法收集的证人证言、被害人陈述。第三，可能严重影响司法公正的，不符合法定程序收集的又不能补正或者作出合理解释的物证、书证。第四，不符合法律规定、与指控犯罪没有关联性的鉴定意见。第五，明显不符合法律规定又不能做出合理解释的勘验、检查、辨认、侦查实验等笔录。第六，不完整、不真实的，收集程序不合法又不能补正或者做出合理解释的视听资料、电子数据。第七，其他证据。

四、非法证据排除的提出时间及对应处理结果

非法证据排除贯穿于整个刑事诉讼过程。非法证据排除提出阶段不同，对应的处理结果也不相同。

1. 侦查期间。犯罪嫌疑人及其辩护人在侦查期间可以向人民检察院申请排除非法证据。对犯罪嫌疑人及其辩护人提供相关线索或者材料的，人民检察院应当调查核实。调查结论应当书面告知犯罪嫌疑人及其辩护人；侦查机关对审查认定的非法证据，应当予以排除，不得作为提请批准逮捕、移送审查起诉的根据。

2. 审查逮捕、审查起诉期间。审查逮捕、审查起诉期间讯问犯罪嫌疑人，应当告知其有权申请排除非法证据，并告知诉讼权利和认罪的法律后果。审查逮捕、审查起诉期间，犯罪嫌疑人及其辩护人申请排除非法证据，并提供相关线索或者材料的，人民检察院应当调查核实。调查结论应当书面告知犯罪嫌疑人及其辩护人。人民检察院在审查起诉期间发现侦查人员以刑讯逼供等非法方法收集证据的，应当依法排除相关证据并提出纠正意见，必要时人民检察院可以自行调查取证。人民检察院对审查认定的非法证据，应当予以排除，不得作为批准或者决定逮捕、提起公诉的根据。被排除的非法证据应当随案移送，并写明为依法排除的非法证据。人民检察院依法排除非法证据后，证据不足，不符合逮捕、起诉条件的，不得批准或者决定逮捕、提起公诉。

3. 一审审理期间。第一，人民法院向被告人及其辩护人送达起诉书副本时，应当告知其申请排除非法证据的，应当在开庭审理前提出，但庭审期间才发现相关线索或者材料的除外。第二，当事人及其辩护人、诉讼代理人在开庭审理前未申请排除非法证据，在庭审过程中提出申请的，应当说明理由。人民法院经审查，对证据收集的合法性有疑问的，应当进行调查；没有疑问的，驳回申请。第三，控辩双方在庭前会议中对证据收集是否合法未达成一致意见，人民法院对证据收集的合法性有疑问的，应当在庭审中进行调查。第四，经法庭审理，确认存在本规定所规定的以非法方法收集证据情形的，对

有关证据应当予以排除。法庭根据相关线索或者材料对证据收集的合法性有疑问，而人民检察院未提供证据或者提供的证据不能证明证据收集的合法性，不能排除存在本规定所规定的以非法方法收集证据情形的，对有关证据应当予以排除。第五，对依法予以排除的证据，不得宣读、质证，不得作为判决的根据。第六，人民法院排除非法证据后，案件事实清楚，证据确实、充分，依据法律认定被告人有罪的，应当作出有罪判决；证据不足，不能认定被告人有罪的，应当作出证据不足、指控的犯罪不能成立的无罪判决；案件部分事实清楚，证据确实、充分的，依法认定该部分事实。

人民法院对证据收集合法性的审查、调查结论，应当在裁判文书中写明，并说明理由。

4. 二审阶段。第一，具有下列情形之一的，第二审人民法院应当对证据收集的合法性进行审查：第一审人民法院对当事人及其辩护人、诉讼代理人排除非法证据的申请没有审查，且以该证据作为定案根据的；人民检察院或者被告人、自诉人及其法定代理人不服第一审人民法院作出的有关证据收集合法性的调查结论，提出抗诉、上诉的；当事人及其辩护人、诉讼代理人在第一审结束后才发现相关线索或者材料，申请人民法院排除非法证据的。第二，第一审人民法院对被告人及其辩护人排除非法证据的申请未予审查，并以有关证据作为定案根据，可能影响公正审判的，第二审人民法院可以裁定撤销原判，发回原审人民法院重新审判。第三，第一审人民法院对依法应当排除的非法证据未予排除的，第二审人民法院可以依法排除非法证据。排除非法证据后，原判决认定事实和适用法律正确、量刑适当的，应当裁定驳回上诉或者抗诉，维持原判；原判决认定事实没有错误，但适用法律有错误，或者量刑不当的，应当改判；原判决事实不清楚或者证据不足的，可以裁定撤销原判，发回原审人民法院重新审判。

五、非法证据排除攻略

非法证据排除，是律师辩护的重要内容，是对司法机关调查取证工作的否定和排除，有利于彻底纠正违法取证行为，以防止或者减少冤假错案。律师辩护要成功排除非法证据，必须采取行之有效的方法。

1. 排除范围明确具体。辩护人、诉讼代理人申请人民法院排除以非法方法收集的证据的，应当提供涉嫌非法取证的人员、时间、地点、方式、内容等相关线索或者材料。

2. 提供基本证据佐证。自审查起诉之日开始，通过查阅、摘抄、复制讯问笔录、提讯登记、采取强制措施或者侦查措施的法律文书等证据材料。其辩护人向人民法院、人民检察院申请调取公安机关、国家安全机关、人民检察院收集但未提交的讯问录音录像、体检记录等证据材料。

辩护人可以出示讯问笔录、提讯登记、体检记录、采取强制措施或者侦查措施的法律文书、侦查终结前对讯问合法性的核查材料等证据材料。

3. 适时提出非法证据排除。第一，侦查期间可以向人民检察院申请排除非法证据。第二，审查逮捕、审查起诉期间，犯罪嫌疑人及其辩护人申请排除非法证据，并提供相关线索或者材料。第三，辩护人申请排除非法证据，应当在开庭审理前提出，但在庭审期间发现相关线索或者材料等情形除外。人民法院应当在开庭审理前将申请书和相关线索或者材料的复制件送交人民检察院。被告人及其辩护人在开庭审理前申请排除非法证据，未提供相关线索或者材料，不符合法律规定的申请条件的，人民法院对申请不予受理。第四，辩护人、代理人在开庭前未申请排除非法证据，在庭审过程中提出申请的，应当说明理由。人民法院经审查，对证据收集的合法性有疑问的，应当进行调查，没有疑问的，驳回申请。驳回后没有新的线索或者材料，以相同理由再次提出申请的，人民法院不再审查。第五，庭审期间，法庭决定对证据收集的合法性进行调查的，应当先行当庭调查。但为防止庭审过分迟延，也可以在法庭调查结束前进行调查。

4. 申请办案人员到庭接受询问。第一，被告人及其辩护人申请人民法院通知侦查人员或者其他人员出庭，人民法院认为现有证据材料不能证明证据收集的合法性，确有必要通知上述人员出庭作证或者说明情况的，可以通知上述人员出庭。第二，侦查人员或者其他人员出庭，应当向法庭说明证据收集过程，并就相关情况接受发问。对发问方式不当或者内容与证据收集的合法性无关的，法庭应当制止。第三，公诉人、被告人及其辩护人可以对侦查人员或者其他人员证据收集的合法性进行质证、辩论。

5. 调取同步录音录像并与讯问笔录对比。第一，申请调取。辩护人向人民法院、人民检察院申请调取公安机关、国家安全机关、人民检察院收集但未提交的讯问录音录像、体检记录等证据材料，人民法院、人民检察院经审查认为犯罪嫌疑人、被告人及其辩护人申请调取的证据材料与证明证据收集的合法性有联系的，应当予以调取；认为与证明证据收集的合法性没有联系的，应当决定不予调取并向犯罪嫌疑人、被告人及其辩护人说明理由。第二，通过阅卷，与询问笔录的内容进行认真详细比对，全面发现存在的程序问题和实体问题。第三，对存在询问笔录与录音录像不一致的不利于当事人的情形，申请法庭播放特定时段的讯问录音录像，排除对当事人不利的讯问笔录。

6. 尤其关注应当排除重复性供述的非法证据的例外情形。采用刑讯逼供方法使犯罪嫌疑人、被告人作出供述，之后犯罪嫌疑人、被告人受该刑讯逼供行为影响而作出的与该供述相同的重复性供述，应当一并排除，但下列情形除外：第一，侦查期间，根据控告、举报或者自己发现等，侦查机关确认或者不能排除以非法方法收集证据而更换侦查人员，其他侦查人员再次讯问时告知诉讼权利和认罪的法律后果，犯罪嫌疑人自愿供述的；第二，审查逮捕、审查起诉和审判期间，检察人员、审判人员讯问时告知诉讼权利和认罪的法律后果，犯罪嫌疑人、被告人自愿供述的。

7. 综合全案证据，排除非法证据。排除非法证据，对证据的证明力，应当根据具体情况、从证据与案件事实的关联程度、证据之间的联系等方面审查判断。

第四节　发　　问

法庭发问是庭审中的重要环节之一，是法庭调查、查明事实的重要手段，也是庭审对抗最激烈、最考验诉辩双方实力和出庭技巧的程序设计。从控辩双方区分,控方发问(也就是讯问)的对象是被害人、证人、鉴定人、侦查人员等,控方对被告人是“讯问”;辩方发问的对象包括被告人、证人、鉴定人等。这里主要阐述辩护人在庭审中的发问。

律师在庭审中的发问需要很强的策略技巧,必须在实践中不断锻炼、积淀、提高和升华。辩护律师要了解法庭发问的目的及价值、基本原则、方法、禁忌等,有利于在实践中不断地提升自己刑事辩护的业务技能,掌握发问技巧,进而形成自己的辩护思路。

一、发问的目的

发问的目的是帮助法官查清有利于本案被告人的事实,将有利于被告人的事实呈现给法庭。一方面,展示有利于辩方案情的主要情节及细节;另一方面,揭露控方证据的瑕疵和谬误。发问的内容主要包括存在的无法排除的矛盾、存在无法解释的疑问、不能形成完整的证明体系,以及结论不具有唯一性,根据证据认定案件事实不足以排除合理怀疑等。

在法庭上,公诉人和辩护人发问都是帮助法庭审理查明案件事实,准确适用法律。但是,鉴于诉辩双方立场不同,虽然公诉人的发问要全面、客观,但重点在于证明有罪、罪重方面;辩护人发问则相反,是为了作出对被告人有利的无罪、罪轻辩护。

二、发问的作用

控辩双方对当事人的发问,虽然都是帮助法庭查明案件事实,但由于辩护人与公诉人在法庭的角色、地位不同,代表的立场自然不同,发问的重心和角度自然也不相同。与控方着重指控犯罪不同,辩护人侧重当事人的无罪或者罪轻辩护。辩护人发问自然有利于当事人的事实,从而平抑控方的不当或者不实指控。在控辩双方动态发问过程中,实现控辩双方平等对抗,帮助法庭查明案件事实。庭审当中,辩护人发问具有独特的价值和意义。

1. 促进案件本来事实的还原。庭审发问是法庭调查环节的一项重要工作,通过庭审发问,以促进还原案件的本来事实;对被告人的充分发问是查清案件事实特别是对被告人有利的案件事实的重要手段。开庭之前,辩护人了解到的案件事实一般源于阅卷、当事人陈述、当事人亲属陈述。通过上述几种途径了解的“法律事实”并不一定等同于“案件事实”,两者有时还存在“较大差距”。庭审过程中,在中立的审判人员主持下,通过律师对被告人进行思路清晰、重点突出的发问,被告人才有条件和机会将对其有利的案件事实全面、客观地展示给法庭,争取法庭作出对被告人有利的处理。

2. 展示有利于当事人的事实与理由。辩护律师通过发问,将有利于当事人的事实和理由展现给法庭,为接下来的法庭举证、质证做好铺垫。例如,对于无罪辩解,发问应当指向是被告人没有实施指控犯罪的证据和理由,不具备实施犯罪的犯罪动机、目的、时间、地点、手段、工具等。对于罪轻辩解,发问应当指向公诉人没有讯问的被告人具有的法定免除、减轻、从轻处罚的情节和酌定从轻处罚的情节;对于公诉人讯问的对被告人不利的事实和情节,被告人没有解释清楚的,应当有针对性地发问,并及时让被告人予以澄清。

3. 做好法庭辩论的铺垫。在法庭不是为了发问而发问,而是有准备有目的地发问。发问的问题应是有利于当事人的事实,与举证质证、辩论相结合,为法庭辩论做好铺垫。如对于有争议的问题,通过发问,向法庭展现案件的完整、客观过程,之后在法庭辩论阶段,结合发问阶段通过发问固定的事实和举证质证,再进行法庭辩论。只有通过发问和举证质证为法庭辩论做好铺垫,才是有力量的辩论,才能取得良好的庭审效果。

4. 辨析证据真伪、合法与否。通过庭审发问,可以判断和检验在案证据的真伪、合法与否。案件的很多证据一般都与被告人的供述和辩解有一定的关系,要么能够相互印证,要么相互矛盾。律师有目的的发问,给予被告人在庭审中充分的辩解机会,可以印证某些证据或某一份证据的相应内容与被告人的某一辩解相互印证;也可以印证某些证据与被告人的辩解相互矛盾;也可以证明哪些证据的取得是否合法。这些将为下一环节的举证质证做好铺垫,为整个庭审效果打好基础。

三、发问的原则

公诉人的讯问主要围绕被告人有罪、罪重展开，与之相反，辩护律师的发问要针对被告人无罪、免除处罚、从轻或减轻进行，最终将有利于被告人的案件事实呈现给法官，实现说服法官的目的。基于此，发问要遵循必要原则，而非漫无目的、漫无章法地发问。

1. 有利于被告人。辩护律师要围绕被告人无罪、罪轻或者减轻、免除处罚的问题进行发问，要确定所问的问题有利于被告人。例如，在有自首情节的案件中，要问“你是怎样到案的？”被告人通过回答这个问题可以证明其有自首情节，法官在量刑时可以酌情从轻处罚。对于被告人不利的问题要尽量回避，如果辩护律师在庭审上突然觉得某个问题非常重要，但是又不确定能否得到有利于被告人的回答，一定要谨慎发问，并要注意发问的角度用语，确保被告人回答符合自己设计发问的预期。

2. 明知故问。通过多次会见和阅卷，辩护人已经了解了案件的相关情况，发掘了对犯罪嫌疑人有利的案件信息，庭审中的发问就是要针对当事人有利的问题进行明知故问，通过被告人之口向庭审法官展示有利事实。

3. 认真聆听，并确保法庭进行记录。庭审是一个高度互动、参与性极强的活动，法庭上辩护人一定要聚精会神、兼顾各方，及时调整庭审中发问的问题，不仅要避免自说自话，与诉方和当事人脱节，而且要确保所发问的问题以及被发问人的回答被法官所知晓，并被书记员记录。

4. 紧扣辩点事实。辩护律师发问的每一个问题都必须服务于自己的辩护观点，问题的设置都是为了强调和支持自己的辩护观点。发问就是论据的提取和证据的相互印证。因此，发问应当围绕案件事实，紧扣争议焦点，观点明确不跑题。发问的方式根据案件类型有所区别，如无罪辩护，第一，应当问被告人没有实施指控犯罪的证据和理由；第二，应当问被告人不具备实施犯罪的具体情况，包括没有犯罪动机、目的、时间、地点，且没有犯罪的手段和工具等。

四、发问攻略

发问在法庭调查、查明案件事实过程中具有至关重要的作用。律师发问既是律师在庭审中辩护的一项权利，更是一种辩护技巧。律师发问最能彰显律师的随机应变、语言组织、逻辑思维等综合实力，也最能显现律师对案件的认识把握程度，体现律师对案件的准备程度。律师如何通过发问向法庭展示有利于当事人的事实真相，直接关涉辩护的庭审效果，甚至关系辩护的成败。所以，律师一定要讲究发问的方法、技巧，充分发挥律师辩护中发问的价值和作用。

（一）发问的方法

庭审发问是法庭调查事实真相的重要方法和程序设计，是辩护律师的一项重要诉讼权利，也是律师辩护的第一"利器"。一位优秀的辩护律师首先是一名熟练掌握发问方法和技巧的律师。

1. 制作发问提纲，做好庭前辅导。法庭调查作为庭审中至关重要的环节，辩护律师必须做好充分准备，认真阅卷和与被告人充分沟通，在庭前设计好发问提纲，才能在庭审中胸有成竹、应对自如。在拟定提纲时，要注意发问的整体思路与辩护思路一致，发问重点与辩护重点一致，不仅要被告人能理解，更要方便法官深入了解。

辩护人的发问与被告人的高效、默契配合必不可少，因此，设计好发问提纲，要在审前对被告人进行全方位且有针对性的辅导。第一，告知其庭审的流程，以削减其对未知庭审的恐惧，降低心理压力。第二，告知被告人可能被问到的问题，对问、答内容要做到彼此心中有数，但不能告诉被告人回答问题的具体内容，以防止执业风险的发生。第三，与被告人提前沟通好辩护思路，既保证庭审中被告人的回答统一于辩护思路，不跑偏、不越位、不遗漏，又做到庭审中对突发情况的随机应变。

特别需要注意的是，在庭审时，由于被告人心理压力过大，往往焦虑不安、高度紧张,影响当庭发挥、语言表述,因此,在辩论律师发问时,要注意引导、稳定和控制被告人情绪,避免其因紧张而影响发挥。例如,首先说:“你好,我是你的辩护律师,现在向你提问几个问题,请你考虑清楚后如实回答,以便法官查清案件事实,回答的时候语速慢一点,方便书记员记录,可以吗?”这样有利于被告人稳定思绪、冷静应对、沉着回答。

(1)问题设计层次分明。设计发问的层次要坚持由总到分、点面结合、侧重在点。认识感受是面,行为过程是点。尤其在案情复杂的案件中,涉及的事项众多、起诉的罪名众多,可能存在事实不清等问题,需要借助发问环节,将有利于被告人的问题逐一提出,以此期待法官作出有利于被告人的倾向性认识和判断。

分层提问。按照犯罪构成和人们认识事物的思维逻辑规律,对问题进行分层、层层递进,方便庭审参与人能明白提问题的目的。但是分层不宜过多,不要超过5个层次。

遵循内在逻辑排序。发问的问题要有内在的逻辑排序,如犯罪构成要件、时间先后等。例如,以犯罪构成要件为发问的内在逻辑顺序和步骤,从其主观方面上是否有犯罪的故意和动机,到客观方面是否实施了犯罪行为,再到在犯罪过程中是否有从轻或减轻的情节,最后对犯罪后是否有自首情节进行发问。对于特殊主体才能构成的犯罪,还应当对被告人是否具有特殊主体身份进行发问。

(2)问题设计突出主题,环环相扣。由于庭审时间有限,辩护人应当将有利于被告人的事实尽快呈现给法庭,被法庭接受和认定。发问时要抓住重点,突出主题,其内容须与主要辩护观点相联,尽量避免发问与辩护内容无关或关系不大,更不能为细枝、浪费时间。同时要注意问题之间的衔接性,下一个问题的内容最好是从上一个问题的答案中得出,使问题之间相互衔接、过渡自然。

(3)问题明确,切入精准。辩护律师发问的问题应当具体明确,简明扼要,避免因为概念化的发问或者问题模糊,致使被告人不理解律师发问内容和意图、法官不知所言的情形发生。发问问题最好采用一问一答的方式,便于法庭接受理解,强化吸收,从而增强辩护效果。

2. 结合被告人、证人等庭前形成的笔录内容,有的放矢。律师庭审发问是为了帮助法庭查明案件事实、厘清责任,但是在司法实务中,在案证据往往存在供证不一致、被告人法庭陈述与其在侦查阶段供述不一致的情况,即使被告人认罪认罚的案件也不例外。被告人虽然在审判前选择了认罪认罚,签署了认罪认罚具结书,但是被告人选择认罪认罚的原因往往不得而知,究竟是其真实意思反映还是其权衡利弊的现实考量,是受到外在威胁还是受到其他各种压力等不尽相同。因此,很难确保当时被告人认罪认罚完全符合其真实意思,司法实务中被告人在庭审时面对辩护人的公开发问,对起诉指控的事实和罪名往往有异议,甚至会推翻认罪认罚。

辩护人一定要抓住庭审发问的机会,紧紧结合当事人、证人在侦查阶段的供述,在庭审发问时与其侦查阶段供述作比较,必要时宣读侦查阶段和当庭陈述不一致的询问笔录,并让当事人当庭确认:"你今天的庭审陈述和在侦查阶段的供述不一致,以哪次为准(或者哪一次更加符合事实)?"向法庭呈现当事人或者证人陈述前后矛盾的地方,有悖常理的地方,削弱当事人违心供述的合法性和证明效力,争取好的辩护效果。尤其在对共同犯罪案件的某个被告人辩护庭审过程中对不同被告人发问时,更是如此。

3. 埋下伏笔,预设端口,与接下来的质证、辩论形成呼应。辩护人的问题要和之后举证质证中提出的问题、提供的证据相关联,充分展示有利于被告人的事实,充分展现辩方对案件事实的基本立场和态度。好的发问能够准确地挖掘办案机关所搜集的瑕疵证据,甚至是非法证据,为接下来的质证环节打下坚实的基础,同时,也可以与卷宗证据中对被告人有利的证据相互呼应、印证。

(二)发问的禁忌

发问的禁忌包括以下几点,是辩护律师在庭审发问时需要特别注意的。

1. 概括性、笼统性发问。例如,在故意伤害的案件中,有的律师会提问:"你当时是怎么打的被害人?"被告人往往不清楚该如何回答。律师提的问题一定要具体,如可以问:当时你手中拿的是什么工具?有没有击打到被害人?如果击打的话,击打到被害人身上的具体哪个部位?打了几下?再如,在受贿罪无罪辩护的案件中,律师问被告人:你受贿王某的45万元了吗?或者问行贿人:你向被告人行贿了多少钱?这里直接用受贿、行贿的概念,未分解细化概念中的行为,这种问题设置就很不可取。

2. 复合型问题,一事一问。律师辩护,不应向被告人连珠炮式地发问复合型问题,如案发当天你什么时间、在哪个地方看到了被害人?他在干什么?而是应当将案件事实拆解为单一的问题发问。

3. 诱导性发问。诱导性发问是指律师在发问时,将需要被告人回答的答案在发问中直接表述出来。诱导性发问很容易导致事实被歪曲。进行诱导性发问往往会被审判人员制止,或招致控方异议,以致陷入尴尬境地。如问被告人:当时你没有用刀砍到被害人头部吧?此类发问就是不可取的。辩护律师避免自己诱导性发问的同时,当控方有诱导性发问时,也要向法庭提出反对。

4. 重复性发问。庭审中,律师对于当事人陈述过的、回答过公诉人或者其他辩护人的问题,除非是为了强调或纠正,甚者是为了让审判人员能够从中理解问题的意义和价值,否则,不允许律师对同一问题进行反复发问。

5. 无法确保对自身有利的问题。辩护人不能临时起意问一些不能确保对被告人有利的问题,否则被告人意外回答会使辩护被动,很难扭转法官的印象,陷当事人于不利的境地。

6. 核实其他人言词证据的问题。不要问被告人除其本人之外言词证据需要核实的问题。如问:“另一被告人为什么和你说的不一致?”“另一被告人说,张某某当时在场打了被害人头部,是这样的吗?”

7. 对法律理解和适用的问题。如问:“你认为你的行为构成贪污罪吗?你认为你的行为应该承担什么责任?”律师在庭审中发问法律理解的问题没有任何意义,被告人对自身行为在法律上的理解并不影响本案的处理。

8. 不要问与案件无关或没有争议的事实。律师发问要紧扣有争议的问题,对定罪量刑有影响的事实进行明确和有针对性地发问,避免涉及一些无关紧要或者没有争议的问题。

（三）发问的要求

在庭审发问环节，成功的辩护对发问有着很高的要求。

1. 目的明确，精准发问。辩护律师在庭审中对被告人发问的目的就是给被告人提供一个进行充分辩解的机会，并通过律师的专业引导，让被告人对案件事实作出完整、清晰、重点突出地辩解；让审判人员对被告人的辩解有全面、深刻的了解，并对辩护律师的辩护思路和立场有明确的认识，在以后的审理中予以充分关注。所以，在庭审中发问，一定要有明确的目的，让审判人员有所了解，达到成功辩护的效果。

2. 语言准确，没有歧义。在发问时，律师要充分考虑被告人的理解能力和语言表达能力，提问时的用词要具体、直接、精准，避免让人产生歧义。

3. 反应敏捷，应对及时。庭审如战场，如果检察官提问失当、剑走偏锋，存在诱导发问、甚至提出有损被告人人格的问题时，律师应当及时提出异议，表示反对。如果被告人因为没有听明白公诉人发问导致错误回答，辩护人应该在接下来的发问环节中，就同一问题再次向被告人发问，并由其确认。如果被告人当庭陈述、回答与此前卷宗记载的内容不一致，一定要让被告人答复"以哪次为准"，必要时还应当让其释明不一致的原因。

4. 切换模式，综合运用肢体语言。在法庭上，辩护律师承载着被告人的希望和重托，是被告人的心理寄托，辩护律师的一言一行都影响着被告人的发挥和配合。辩护律师要展现出色的专业能力、高度的责任担当、独特的人格魅力，发问更应该具有强大的感染力和震撼力，不仅要让被告人信赖，也要让被告人感觉到辩护人友善可陈。因此，辩护人应当切换一种适于被告人配合、法庭容易听取的模式，使用适合的语气、语锋以及表情动作等发问，使被告人能够完整地陈述案情，争取最佳的庭审问答效果，积极影响法庭的认识和判断。

5. 视庭审情况，及时调整思路和重点。律师庭审前拟定的发问提纲，不可能完全预知庭审的所有变数。庭审时，辩护律师应集中精力，注意聆听被告人供述、审判人员、公诉人及其他辩护人的发问,随时修改发问提纲,不要与公诉人重复发问,又要根据公诉人的讯问及时组织有针对性的问题。当发问或者回答出现意外,要沉着冷静,适时调整内容和角度,以取得最佳辩护效果。

第五节　举证、质证

刑事审判中所依据的事实并非绝对的"客观事实",而是通过各种证据证明的"法律事实",因此,证据是法官据以定罪量刑的唯一根据。证据必须遵循一定的规则进行提出,即举证;也要经过严格的审查,即质证,最终影响法官的心证,被法庭采信才可以作为定案的根据。

一、概念

举证是指在法庭主持下,由控辩双方分别向法庭就其提供的证据材料进行说明、展示和论证其证明力的诉讼行为。质证就是在庭审中控辩双方围绕证据的"三性"(真实性、关联性、合法性)进行说明、质疑、反驳,从而确定证据的证明力和证据能力,以便法庭进行认证,决定该证据是否被采信。

二、作用

基于证据的重要作用,举证、质证便成为刑事诉讼不可或缺的重要环节,也对辩护律师是否能达到有效辩护起到至关重要的作用。

1. 查清法律事实。任何单一证据只能反映事实的一个方面,举证质证过程中控辩双方各自提出证据,对自己的主张加以证明,对对方主张进行反驳,进而较为全面地还原案件的本来面貌。在举证质证的过程中,对证据的真实性、合法性、关联性进行说明,证据的性质和内容得以被查清,成为法官认可的法律事实。查清案件的法律事实,是举证质证最为重要的价值。

2. 排除非法证据。在刑事诉讼中,非法证据不得作为定罪的根据。通过举证、质证,控辩双方对每一项证据进行确认,将非法取得的证据、内容不可靠的证据进行排除,保证每项证据的合法性、真实性,防止冤案、错案的发生。例如,侦查人员通过刑讯逼供、威胁、诱导等非法形式取得的证据,在举证质证环节,辩护律师可以通过非法证据排除的途径,要求办案人员证明证据取得的合法性,进而将非法证据予以排除。

3. 规范审判程序。法律对举证、质证过程包括证明对象的确定、证明责任的主体、证明标准等有明确的规定,诉讼各方都应严格按照法律的规定和程序进行。控方无法回避举证的义务,法官也不能改变规则、剥夺辩方的权利,从制度层面确保审判程序的公平、公正。而举证、质证无疑是确保依法审判的有力保障。

4. 保障司法效率。如果审判程序不能有序、高效进行是对司法资源的浪费,因此,要从诉讼制度层面进行设计,以确保诉讼活动在合理期限审结,以保证司法效率。而举证、质证要求控辩双方要在法定时间内提出证据,并在规定的时间内将证据进行查验、比对,避免诉讼拖延,保障司法效率。

三、举证、质证攻略

在庭审举证、质证环节,控辩双方就证据的真实性、合法性、关联性逐一质证核实,进而还原、呈现案件的事实。而如何通过举证、质证将所要展示的案件事实呈现给法庭,需要律师掌握一定的方法和技巧。

(一)举证攻略

公诉机关作为控方代表国家行使控诉职能,不仅要指控犯罪,还要证明犯罪。即不仅要证明有犯罪事实,犯罪事实系被告人所实施,还要证明被告人是如何实施犯罪,犯罪情节的轻重及所要承担的刑事责任,所有的控诉证据都要通过公诉人在法庭上出示、说明,论证其起诉书所指控事实和罪名的正确性。被告人及其辩护人没有举证证明自身有罪或无罪的义务,但辩护方有权利提出有利于己方的主张和证据。

在公诉刑事案件中一般是由控方承担证明责任,法庭调查中的证据大多由公诉人所举。在司法实践中,绝大部分证据都由公诉人提供,在"以审判为中心"的司法环境下,律师举证的情况相对较少。但是一名优秀的辩护人不仅要善于调查取证,更要善于在法庭之上举证、质证。

1. 举证证据的收集和选择。根据《刑事诉讼法》第 50 条的规定,可以用于证明案件事实的材料,都是证据。证据包括:物证,书证,证人证言,被害人陈述,犯罪嫌疑人或被告人的供述和辩解,鉴定意见,勘验、检查、辨认、侦查实验等笔录以及视听资料、电子数据。辩护律师在举证时,不仅要保证证据的合法性、客观性,经得起控方的质证,同时要注意规避律师执业风险(如何保证证据的合法性、真实性已在前文调查取证一章详解,此处不再赘述)。另外,还要保证证据证明问题的目的性,即出示的证据是为了证明什么问题,能够使自己的举证目的更容易为法庭所接受。

2. 申请向被害人及其亲属、被害人提供的证人收集证据,申请调取新的证据,申请证人、鉴定人、专家证人、调查人员、侦查人员等出庭作证。辩护人限于自身的力量,有的证据无法调取,需要向人民法院申请调取并将其作为举证内容在法庭出示,以证明自己的辩护主张。申请时,应当以书面的形式提出,并说明理由,写明需要收集、调取证据材料的内容或者需要调查问题的提纲,包括三种情形:一是根据《刑事诉讼法解释》第 58 条的规定,申请向被害人及其近亲属、被害人提供的证人收集与本案有关的材料,人民法院认为确有必要的,应当签发准许调查书;二是根据《刑事诉讼法解释》第 60 条的规定,申请人民法院向证人或者有关单位、个人收集、调取证据材料;三是根据上述司法解释第 57 条的规定,辩护人认为在调查、侦查和审查起诉期间监察机关、公安机关、人民检察院收集的证明被告人无罪或者罪轻的证据材料未随案移送,申请人民调取的,应当以书面形式提出,并提供相关线索或者材料。同时,根据《刑事诉讼法解释》第246条的规定,在控诉方举证后,被告人及其法定代理人、辩护人可以提请法庭通知证人、鉴定人、有专门的知识的人、调查人员、侦查人员或者其他人员出庭,或者出示证据。出示证据,应当说明证据的名称、来源和拟证明的事实。

3. 提前制作证据目录。辩护人在举证过程中,应制作举证目录,将证据分门别类,以便向法庭说明举证的内容、证明事项和证明目的。当证据众多、证明目的不同时,可以按照一定的顺序进行编排,如犯罪构成的不同方面。这样不仅可以提高诉讼效率,也有利于法官理解辩护人的证明目的。

4. 按时向法庭提交,按证据清单列举顺序进行举证。根据《刑事诉讼法司法解释》第221条的规定,辩护律师提交证据的时间为开庭5日以前。如果逾期,除非特殊情况,法官有可能不接收相应证据。公诉机关提起公诉时,已将全部的案卷材料移交法院,法官已对案卷进行阅读,并对案卷形成一定的理解,如果辩护律师迟延提交证据,可能导致法官因时间限制不能详细地理解辩护人的举证内容。为了使法官能够有时间理解辩护律师的证据,辩护律师应当按时提交证据。

在法庭举证时,为了节省庭审时间,提高庭审效率,辩护律师应当按照提交的证据清单的顺序进行举证。

5. 质证时,将在案证据中对被告人有利的证据作为辩方证据。在我国公诉案件主要由侦查(调查)机关调查收集证据的指控特征,过程中涉及当事人的相关证据,不论罪与非罪、罪重罪轻都要做到客观、全面地收集。与此同时,正是由于言词证据先天的不稳定性等原因,导致公诉机关起诉到法院的在案证据往往存在矛盾。实践中,公诉机关在出示证据时,往往只出示支持控方的证据或同一份证据中只对控方有利的内容。此时,辩护人应当要求公诉人完整出示该证据。如果公诉人不出示或者不完整出示,质证时,辩护人可以当庭出示宣读公诉人未出示或未完整出示部分内容,以此作为举证的内容。当然,也可以待公诉机关出示证据结束后,将公诉机关未出示或未完整出示的证据作为辩方证据出示。

6. 辩论终结后辩护人发现、收集的新证据。目前,我国《刑事诉讼法》

及相关解释对一审、二审刑事诉讼程序中有关新证据的认定没有规定，仅在《刑事诉讼法解释》第458条规定的审判监督程序中有关于新证据认定的情形，即具有其中情形之一的，可能改变原判决、裁定据以定罪量刑的事实的证据，应当认定为《刑事诉讼法》第253条第1项规定的“新的证据”。

虽然《刑事诉讼法》第197条以及《刑事诉讼法解释》第273规定了法庭审理过程中，控辩双方申请通知新的证人到庭，调取新的证据，申请重新鉴定或者勘验的，法庭认为有必要的，应当同意，并宣布休庭；根据案件情况，可以决定延期审理。但对于一审开庭审理辩论终结后，辩护人能否申请调取新证据以及发现、收集的新证据如何使用，目前法律没有明确规定。司法实务中，多由审判人员自由裁量决定是否开庭，是否组织控辩双方进行质证，辩护律师很难再获准调取新的证据，对新证据组织开庭质证。如果审判人员决定不再调取新证据或者不再开庭组织对新证据的质证，那么，辩护人在辩论终结后发现、收集的证据就属于二审时的新证据，可以依据新证据证明的事实与一审判决认定事实相矛盾，以一审认定事实、采信证据错误为由提起上诉。

关于一审阶段新证据的收集、调取，我国现行法律规定对公诉机关作出了相对辩护人更宽泛的规定。《刑事诉讼法解释》第274条第1款规定：“审判期间，公诉人发现案件需要补充侦查，建议延期审理的，合议庭可以同意，但建议延期审理不得超过两次。”该款并没有辩论终结后公诉机关不得补充侦查、建议延期审理的限制；相反，该规定实际上是授予了公诉机关在审判期间两次补充侦查的权力，而无须考虑开庭辩论终结后是否有所限制。司法实务中，公诉机关往往在庭审辩论终结后提出补充侦查，法院往往也会同意。由此看来，我国刑事诉讼侧重于公诉机关指控犯罪、打击犯罪，而对保障律师辩护权利、保障被告人、犯罪嫌疑人人权明显不足。

（二）质证攻略

在对证据审查判断的过程中，举证、质证是法定的程序，也是审查证据的重要方式。基于我国司法实践,举证基本上都是公诉人进行的,质证就成为律师履行辩护职责的一项极其重要工作。通过有效的质证促使法官准确认定对被告人有利的案件事实,本身就是刑辩律师的一项基本执业技能。

1. 质证的原则。第一,依法质证原则。刑事诉讼对证据不论形式、内容,还是取证的主体、调查取证的程序等方面都有着严格的规定。相较于民事诉讼、行政诉讼,刑事诉讼对证据"三性"有着更严格的要求,既涉及证据的资格和证明能力,又涉及证据能否被采信的问题。仅程序一项就具有至关重要的作用,取证程序一旦出现问题,小到出现瑕疵,导致证明力下降,大到非法证据,应当予以排除。因此,辩护人对证据的质证不仅是对证据形式、内容的质疑和分析,更需要对证据的收集主体、程序等合法性进行全面审查。不仅对证据真实性、合法性审查,还要对支持指控犯罪的证据体系是否符合指控犯罪的犯罪构成及其内在的因果关系作出判断。故质证既要对指控犯罪的实体事实有清晰地认识,又要对法定的证据形式和取证程序等熟练于心。

第二,合理质疑原则。质证就是质疑控方的证据,排除合理怀疑,从而达到刑事诉讼唯一排他性的证明标准。质证不仅需要法律、司法解释为基础,而且还要有生活常识和经验。质证中,涉及特殊行业(如金融、证券、建工)的还需要业内专业人士提供专业知识和经验解决专业问题,为庭审顺利进行提供了专业技术。只有这样辩护人才能在纷繁芜杂、相互矛盾的在案证据中,对控方证据的真实性提出合理怀疑,进而削弱或否定其证明效力。同时,辩护人根据证据效力体系规则,证据数量及是否能够相互印证,并结合生活经验判断等,对证据提出质证意见,从而达到预期的质证效果。

第三,充分证明事实原则。法庭质证是调查阶段的重要环节,与调查阶段的发问侧重让法庭认识案件事实不同,质证则更侧重证明案件事实。未经质证的证据不得作为认定案件事实的依据,所有证据只有经过法庭控辩双方的质证才可以采信。只有将审判前侦查、调查阶段取得的证据经过法庭质证,听到法庭上相反的辩护声音,才能确保被告人的诉权,据以定案的证据才能最终认定合法有效,才能有效证明案件事实。

第四,协调兼顾原则。质证作为审理案件的重要环节,起着调查和辩论两大阶段的承上启下作用,既要对发问阶段被告人当庭供述与审判前供述和其他证据是否相印证进行评判分析,还要与发问时被告人陈述一起作为接下来法庭辩论的基础,辨法析理。因此,质证一定要衔接兼顾法庭调查发问环节,在质证时要突出强化发问时被告人对我们有利的当庭供述或者辩解的效力,削弱降低对我们不利的言词证据效力。同时,质证时要考虑总体辩护思路和接下来的辩论阶段,发表质证意见时做好预设、埋下伏笔,为接下来的辩论提供论据。另外,如果质证未能充分发表质证意见或者遗漏了质证意见,就要记录下来,等到辩论时再更好地融入辩论意见中。

第五,分工合作原则。围绕证据"三性"进行质证,不仅需要辩护人的专业能力,而且被告人的意见必不可少。因此,法庭质证时,辩护人与当事人应当就质证进行分工合作、相互配合、扬长避短。作为案件事实的亲历者,当事人对案件事实的真实情况了解得更为客观、具体、全面,证据的真实性质证,由当事人进行更为适合;而证据的合法性和关联性的质证的专业性、逻辑性较强,由专业知识过硬、庭审经验丰富和心理素质良好的辩护律师进行则更为妥当。故质证时,辩护人应当和当事人分工协作,以实现更为有利的质证效果。

2. 质证的要求。首先,要"准",应紧扣证据客观性、合法性和关联性进行质证。客观性是指证据的形式应当客观真实,证据内容所指向的事实客观真实、并确实发生。合法性是指证据的形式即证据收集的主体、方法和程序应当符合法律的规定。关联性是指证据与案件事实具有内在的联系。合法性决定是否可以作为证据的资格,客观性、关联性决定证据的能力,而只有当证据同时具备客观性、关联性、合法性,才具有完整证明能力,才能作为认定案件事实的定案证据。为此,辩护人在质证的时候应当围绕"三性"提出相关的疑问并展开,使法官对证据认定的案件事实产生怀疑,进而不采信公诉人出示的对被告人不利的证据。

其次,要"精",应对具体证据进行质证,质证不宜过度展开。辩护律师在提出异议的同时,应具体指出控方证据的问题,出发点在对证据"三性"评价上,落脚点则在"三性"对应的结论上,而不是将质证意见当作对本案是否构成犯罪以及构成何种犯罪的对整个案件评价的辩护观点。例如,公诉机关出示证据后,在被告人先发表质证意见情况下,辩护律师可以作如下质证表述:对于该组证据,第一对该证据的合法性有异议,理由如下……第二对证据真实性有异议,理由如下……同时,质证不是辩论,仅应就质证的证据“三性”发表意见,就具体问题进行论证,不宜长篇大论展开阐述,以节省质证时间、提高质证效率。

再次,要“综”,质证要有比对、有结论,必要时可以对一组证据、全案证据进行综合质证。为证明某一案件事实,公诉人往往会提供多个证据予以佐证,辩护律师在质证时应当对所有证据进行对比以发现是否有矛盾或瑕疵,进行综合质证。例如,被害人作为所涉案件的利益相对方,其陈述往往带有个人情绪和臆断内容,甚者陈述的事实经常出现多次前后矛盾时,律师应当结合被害人多次陈述形成的询问笔录,找出自相矛盾之处,可取得对事实认定上的突破。

最后,要“印”,质证要突出、强化与发问环节印证的证据及相关部分。发问往往与举证、质证紧密相连。法庭发问是法庭调查的基本方法,通过发问发现问题,还原事实真相。公诉机关举证则是在法庭调查中证明其指控事实的重要环节。为了帮助法庭查明事实,与之相对应,辩护人质证就具有极其重要的价值和意义。通过辩护人质证,在诸多证据、甚至相互矛盾的在案证据中去伪存真,证明案件事实,促使庭审法官内心确认对自己当事人有利的事实判断。

辩护人在发问环节为质证就埋下了伏笔,奠定了基础,并在法官内心形成了初步判断,质证时要再次强调发问时呈现出的对当事人不利的质疑及对被告人有利的事实,推动法官谨慎分析该证据,促使法庭采信对自己当事人有利的证据,查明对自己当事人有利的案件事实。

3. 围绕证据“三性”的质证方法。质证一定要紧扣证据真实性、合法性和关联性发表意见。合法性决定证据的证据资格问题;而真实性和关联性决定着证据的证据能力。

证据“三性”之一的合法性,首先要求证据必须要有法定人员收集,必须由监委调查人员、侦查人员、检察人员、审判人员、当事人及其辩护人、代理人收集的证据才具有证据资格；其次，证据必须是依照法定程序收集，如办案人员收集证据需要出具相关调查手续、制作提取笔录、提取、扣押证据清单等；再次，证据需要符合法定的种类和形式，不符合法定种类和法定形式都影响证据的合法性；最后，证据的来源必须合法。

关于证据合法性的质证，主要围绕以上几个方面内容进行，尤其要熟练掌握每一种证据的法定要求的内容、形式和获取程序，依法质证，“质”之有据。例如，言词证据取得是否在法定的时间和地点，调查人员是否具备调查资格，是否存在非法取证情形等。又如，对鉴定意见的质证，首先要看鉴定单位和鉴定人员是否具备鉴定资质和鉴定资格；其次看委托鉴定的单位、委托事项、委托目的、鉴定依据的材料、鉴定方法、程序等；再次重点审查鉴定的结论；最后还要看鉴定过程方法与得出的结论是否具备因果关系。再如，办案机关对涉案财物的查封、扣押和冻结的程序性法律文书，协助调查函、提取笔录和清单等手续是否有齐全、规范，填写内容是否准确、完整，办案人、证据保管人和见证人是否签字等。

通过以上严格依法质证，发现具有非法取证情形的，视案件情况结合当事人意愿决定是否提起排除非法证据申请，对其证据资格进行审查；如果出于减少对抗等原因不能提出排除非法证据申请的，或者证据具有其他瑕疵的，就要充分利用质证的机会，削弱、降低涉嫌非争取得的证据及存在瑕疵证据的证据能力，强化法官的内心确认，争取作出对当事人有利的证据采信。

证据“三性”之一的真实性，首先，表现为形式的客观性，证据必须具备客观存在的形式，能以某种形式为人所感知，而不是凭揣测和分析得来的意见，意见证据不能作为定案依据，不具备证明力。其次，证据所反映的内容必须是真实发生的事实，必须是对客观存在的事实的反映。再次，证据的内容本身必须是客观的，必须符合客观发生过的实际情况。最后，证据的来源要具有可靠性和说服力。比如，原始证据就比传来证据效力高，与案件有利害关系的证据效力就比没有利害关系的证据效力要高。

对证据真实性审查主要包括三方面内容：

第一，对证据的形式进行审查。证据不仅具有法定的种类，而且对每一类证据的形式也有着相应的规定。比如，书证原则上都要求原件，复印件不能作为单独定案的证据；电子证据需要原始介质，修改的电子数据证据就不能真实客观反映案件事实。故凡是不符合法定证据、种类、形式等要求，合法性存在问题的证据，真实性必然存疑。

第二，对证据的内容进行审查。对证据内容的真实性审查，首先，审查是否与自然法则、规律、定律、规则和常识是否矛盾，比如，当事人供述的作案时的天象明显不符合实际情形；没有合理解释却有悖艾宾浩斯遗忘曲线规律的陈述等。其次，对言词证据内容的审查，根据证据效力规则，审查言词证据是否与书证、鉴定意见相矛盾。如言词证据证明的内容与当时的会议纪要等笔录内容不一致；与通话详单内容、银行流水凭证不一致；言词证据几乎必然为假。再次，还要审查前后供述的稳定性和一致性，稳定性差、自相矛盾的证据自然真实性就差，尤其是当庭调查供述与侦查、调查阶段供述不一致，却要与侦查、调查阶段供述为准的言词证据。最后，要审查言词证据与在案证据的印证程度，供证一致、与其他证据形成相互印证的证据链条的言词证据真实性自然就高，否则证明力就低，法庭采信度就低。

第三，对证据的真实性效力进行审查。首先，对证据的来源进行审查，来源不仅关系证据的合法性，更关系着证据的真实性、证明能力，如同属于书证，从当事人家里搜查、从涉案单位提取和从国家机关调取得来的证据证明力自然不同。其次，对证据的权威性进行审查，如公证的证据和国家机关出具的证据，专业权威机构出具的证据自然要比来自一般自然人的证据效力要高。再次，要对证人的证明能力和制作证据的人的能力进行审查，如一个未成年人作出的超出其认知范围和表达能力的言词证据效力自然效力就低。复次，审查证人及提交证据的人与本案是否存在利害关系，存在利害关系的证据自然不如没有利害关系的证据效力高。最后，审查证据的数量，数量越多且相互印证的证据，证明事实的能力自然越强。如关键事实如果只有一个证据证明，甚至只有一个证人证言，那么，根据“孤证不能定案”的证明原则，该事实就不能认定。

证据“三性”之一的关联性，指证据与待证事实的关联程度，不仅要求证据与本案事实相关联，而且与待证事实质相关并对待证事实具有证明作用。

对证据关联性的质证主要包括以下三种：第一，证据与案件事实是否有关系。比如，对评价当事人道德层面的品格证据。第二，证据与指控犯罪事实是否有关系。比如，网上开设赌场罪、对网站开办者是否明知有人利用网络游戏进行游戏币兑换。第三，证据是否能够支持控方指控犯罪的证明目的。比如，行贿犯罪，即使有请托和送礼行为，但是不是出于不正当目的，也不能因此支持控方指控犯罪目的；关于法律适用和理解的不同罪名的辩护，即使证据能够证明存在犯罪事实，但也不能支持控方指控的罪名。

4. 具体的质证方法。（1）做好质证准备，制作好书面质证意见，对全案证据的质证内容了然于胸。无论案件难易、卷宗繁简，为了有效质证，辩护律师都应当制作书面质证意见。具体制作方法根据律师自己的个人喜好和工作习惯，可以采用制作表格形式的质证意见，也可以采用一般记录方式制作质证意见（适用于案卷证据材料数量少的案件，记录方式见表 11－1）。

表 11－1　质证意见记录

序号	被告人×××供述（卷××）				
	证据名称（如×××第一次讯问笔录）	页码（证据第×第××页）	内容（证据的内容）	质证意见（合法性、客观性、关联性有异议）	具体质证意见
1					
2					

（2）关于质证的顺序，这个问题需要公诉机关出示证据的顺序。有的公诉机关按照卷宗的顺序出示证据；有的公诉机关按照证据种类出示，即先出示书证、物证，再出示证人证言，最后出示被告人供述与辩解等。在具体出示证据时，有的一份一份出示，有的一组一组出示，对应律师在质证时需要根据实际情况，进行一证一质或一组一质。关于出示证据方式，律师可以在庭前与检察官或者法官沟通，或者在庭前会议中确认。

(3)不同证据的质证方法。每种证据的呈现方式、表达方式不尽相同,故质证过程中针对每种证据遵循的方法也不尽相同。

①物证,是能够据以查明案件真实情况的一切物品和痕迹,包括作案的工具、行为所侵害的对象、行为过程中所遗留的痕迹与物品,以及其他能够揭露和证明案件发生的物品和痕迹。对物证的质证一般包括:物证是否是原物;取得的程序是否合法;是否与本案有联系;有无其他证据予以佐证。

②书证,是能够以其所记载的内容查明案件真相的物品、符号和图形。对书证的质证一般包括:书证是否伪造或者变造;取得的程序是否合法;书证是否与本案有联系;对书证鉴定意见是否存在争议;书证是否是原本、正本或者节录本;与其他证据是否有矛盾(书证、物证中的非法证据排除情形见表11-2)。

表11-2 书证、物证中的非法证据

序号	具体内容
1	在勘验、检查、搜查过程中提取、扣押的物证、书证,未附笔录或者清单,不能证明物证、书证来源的,不得作为定案的根据
2	物证的照片、录像、复制品,不能反映原物的外形和特征的,不得作为定案的根据
3	书证有更改或者更改迹象不能作出合理解释,或者书证的副本、复制件不能反映原件及其内容的,不得作为定案的根据
4	对物证、书证的来源、收集程序有疑问,不能作出合理解释的,该物证、书证不得作为定案的根据
5	侦查机关收集物证、书证不符合法定程序,可能严重影响司法公正,不能补正或者作出合理解释的,应当依法予以排除;收集物证、书证不符合法定程序,可能严重影响司法公正的,应当予以补正或者作出合理解释;不能补正或者作出合理解释的,对有关证据应当予以排除

③证人证言,是指知道案件真实情况的人向办案人员所做的关于本案部分或者全部事实的陈述,其具有不稳定性、主观性、多边性的特点。针对证人证言的质证一般从以下几个方面进行:证人证言取得是否合法;证人证言的来源是直接还是间接的;证人身份、地位、年龄、身体情况、精神状况对其证言是否有影响;证人与被害人、被告人是否有利害关系;证人证言前后是否有矛盾、是否多次反复,与其他证据是否存在矛盾(证人证言中的非法证据排除情形见表11-3)。

表 11－3　证人证言中的非法证据

序号	具体内容
1	采用暴力、威胁等非法手段取得的证人证言、被害人陈述 对采取刑讯逼供、暴力、威胁等非法方法收集的言词证据，应当依法予以排除
2	处于明显醉酒、麻醉品中毒或者精神药物麻醉状态，以致不能正确表达的证人所提供的证言，不能作为定案的根据
3	证人的猜测性、评论性、推断性的证言，不能作为证据使用，但根据一般生活经验判断符合事实的除外
4	询问证人没有个别进行的
5	书面证言没有经证人核对确认的［没有经证人核对确认并签名（盖章）、捺指印的书面证言］
6	询问聋、哑人，应当提供通晓聋、哑手势的人员而未提供的
7	询问不通晓当地通用语言、文字的证人，应当提供翻译人员而未提供的
8	询问笔录没有填写询问人、记录人、法定代理人姓名以及询问的起止时间、地点，不能补正或者作出合理解释的
9	询问地点不符合规定的，不能补正或者作出合理解释的
10	询问笔录没有记录告知证人有关作证的权利义务和法律责任，不能补正或者作出合理解释的
11	询问笔录反映出在同一时段，同一询问人员询问不同证人，不能补正或者作出合理解释的
12	依法应当出庭作证的证人没有正当理由拒绝出庭或者出庭后拒绝作证，其庭前证言真实性无法确认的，不得作为定案的根据 经人民法院通知，证人没有正当理由拒绝出庭或者出庭后拒绝作证，法庭对其证言的真实性无法确认的，该证人证言不得作为定案的根据 经依法通知不出庭作证证人的书面证言经质证无法确认的，不能作为定案的根据 未出庭作证证人的书面证言出现矛盾，不能排除矛盾且无证据印证的，不能作为定案的根据

④被害人陈述直接反映案件的情况，但是由于被害人对被告人的仇恨，其陈述可能与案件的真实情况或多或少有出入，存在主观性、可变性。因此，对被害人陈述进行质证需要着重查明以下要素：被害人陈述的取得是否合法；是否与其他证据相互印证；被害人的身体及精神状况是否对其陈述有影响；被害人陈述前后是否一致；被害人与被告人的关系及被害人的品质。

⑤犯罪嫌疑人、被告人的供述和辩解,可以说,这是刑事诉讼中最为关键的证据,与案件最终结局的切身关系决定了犯罪嫌疑人、被告人的供述和辩解真假混杂。对此进行质证时的焦点包括:讯问被告人是否存在非法取证的情况;结合案情分析口供的合理性;与同案人的供述及其他证据是否有矛盾;前后供述是否矛盾(犯罪嫌疑人、被告人供述和辩解中的非法证据排除情形见表 11 -4)。

表 11 -4　犯罪嫌疑人、被告人供述和辩解中的非法证据

序号	具体内容
1	采用刑讯逼供等非法手段取得的犯罪嫌疑人、被告人供述(使用肉刑或者变相肉刑,或者采用其他使被告人在肉体上或者精神上遭受剧烈疼痛或者痛苦的方法)
2	采用以暴力或者严重损害本人及其近亲属合法权益等进行威胁的方法,使犯罪嫌疑人、被告人遭受难以忍受的痛苦而违背意愿作出的供述,应当予以排除
3	采用非法拘禁等非法限制人身自由的方法收集的犯罪嫌疑人、被告人供述,应当予以排除
4	未依法对讯问进行全程录音、录像取得的供述。对于应当对讯问过程录音、录像的案件没有提供讯问录音、录像,或者讯问录音、录像存在选择性录制、剪接、删改等情形,现有证据不能排除以非法方法收集证据情形的
5	对与定罪量刑有关的内容,讯问笔录记载的内容与讯问录音、录像是否存在差异。存在实质性差异的,以讯问录音、录像为准(注:排除笔录差异部分)
6	讯问笔录没有经被告人核对确认的[讯问笔录没有经被告人核对确认并签名(盖章)、捺指印的]
7	讯问聋、哑人,应当提供通晓聋、哑手势的人员而未提供的
8	讯问不通晓当地通用语言、文字的被告人,应当提供翻译人员而未提供的
9	讯问笔录填写的讯问时间、讯问人、记录人、法定代理人等有误或者存在矛盾,不能补正或者作出合理解释的
10	讯问人没有签名,不能补正或者作出合理解释的
11	首次讯问笔录没有记录告知被讯问人相关权利和法律规定,不能补正或者作出合理解释的

⑥鉴定意见,是各行业的专家对案件中的专门性问题出具的专门性意见,具有一定的权威性,主要包括法医鉴定、司法精神病学鉴定、笔迹鉴定、化学鉴定等。对鉴定意见进行质证可以遵循以下几点:鉴定人是否具有相应的资格;

鉴定所依据的材料是否充分、客观;论证是否充分,是否排除了一切合理怀疑;鉴定人是否具备专业知识和经验,采用的设备、方法、程序是否符合要求;鉴定结论与其他证据是否存在矛盾(鉴定意见中的非法证据排除情形见表 11 –5)。

表 11 –5　鉴定意见中的非法证据

序号	具体内容
1	鉴定人不具备法定资质,不具有相关专业技术或者职称,或者违反回避规定的
2	送检材料、样本来源不明,或者因污染不具备鉴定条件的
3	鉴定对象与送检材料、样本不一致的
4	鉴定程序违反规定的(鉴定程序,方法有错误的)
5	鉴定过程和方法不符合相关专业的规范要求的(违反有关鉴定特定标准的)
6	鉴定文书缺少签名、盖章的

⑦勘验、检查、辨认、侦查实验笔录是司法机关运用公权力所赋予的调查权形成的。对此进行质证应当注意以下几方面:笔录的取得是否符合法律程序;笔录的内容是否全面准确;笔录是否完整具有法定的签名和盖章;笔录是否与本案有联系;笔录是否与其他证据相矛盾(勘验、检查、辨认、侦查实验笔录中的非法证据排除情形见表 11 –6)。

表 11 –6　勘验、检查、辨认、侦查实验笔录中的非法证据

序号	具体内容
1	勘验、检查笔录存在明显不符合法律、有关规定的情形,不能作出合理解释或者说明的,不得作为定案的根据
2	辨认不是在侦查人员主持下进行的
3	辨认前使辨认人见到辨认对象的
4	辨认活动没有个别进行的
5	辨认对象没有混杂在具有类似特征的其他对象中,或者供辨认的对象数量不符合规定的
6	辨认中给辨认人明显暗示或者明显有指认嫌疑的
7	侦查实验的条件与事件发生时的条件有明显差异,或者存在影响实验结论科学性的其他情形的,侦查实验笔录不得作为定案的根据

⑧视听资料、电子数据。视听资料是可以重现案件原始声响,形象的录音、录像资料。电子数据是借助一定的信号传输和转化设备,以其记载的信息内容来证明案件事实,主要包括电子邮件、微信数据、手机短信等。对此类证据进行质证应当注意以下几方面:是否伪造、变造、剪辑过、重新重组过,有无鉴定;获取手段是否合法;收集储备的方法、方式是否科学;与本案是否有联系;是否与其他证据存在矛盾(视听资料、电子数据中的非法证据排除情形见表11－7)。

表11－7 视听资料、电子数据中的非法证据

序号	具体内容
1	视听资料、电子数据经审查或者鉴定无法确定真伪的(经审查无法确定真伪的)
2	对视听资料、电子数据的制作和取得的时间、地点、方式等有异议,不能作出合理解释或者提供必要证明的(制作、取得的时间、地点、方式等有疑问,不能提供必要证明或者作出合理解释的)

5. 综合质证

控方证明犯罪事实是依据紧扣犯罪构成要件的证据形成的证据体系而非简单的几组或者几个证据,所以辩护人庭审质证时,不仅要对每个证据具体质证时发表综合质证意见,而且还要对每组证据和全案证据发表综合质证意见,尤其是无罪辩护案件。同时,在刑事庭审司法实务中,为了提高庭审举证质证效率,控方往往分组出示证据,而不是一证一举一质。所以,分组综合质证既是庭审辩护实务现实需要,也是辩护高效的内在要求。只有有针对性地对每个证据质证并充分结合分组综合质证,才能有效削弱甚至瓦解控方的证据体系,取得很好的质证效果。

综合质证分为分组综合质证和全案综合质证。分组质证在质证阶段进行,可以就证据进行适当综合分析,但不宜对全案证据的证明目的、适用法律发表过度延展的意见,落脚点应紧扣证据"三性",否则就偏离了庭审调查质证的设置功能,与辩论混淆。全案证据质证可以在庭审质证阶段发表意见,主要在法庭辩论阶段总结庭审调查情况时进行,辩论阶段对全案证据发表综合质证意见就可以与法律理解和适用联系在一起展开论述。

分组质证可以从以下四个方面质证：(1)证据本身"三性"问题；(2)证据之间是否相互印证/存在矛盾；(3)证据与待证事实的关系，证据能否证明待证事实，支持指控目的；(4)证明效力甄别分析。

全案质证主要是对全案证据发表质证意见，融入了辩论，可以就全案证据证明的事实并结合法律理解和适用详尽分析。全案质证主要审查控方指控犯罪事实的全案证据的证明体系，审查全案证据在整体上是否形成完整的证据链条，是否达到了待证事实清楚、证据确实充分的程度；或者是否达到了待证事实基本清楚、证据基本充分的程度。

发表全案质证意见，首先总结庭审调查举证质证情况，并结合当事人当庭陈述和回答控辩审庭审发问情况，概括、提炼庭审调查发现证据存在的问题和突出特征。其次从以下几个方面具体分析：(1)是否存在证明关键事实的证据环节缺失；(2)证明体系自身逻辑是否存在严重缺陷，自相矛盾，不能相互印证；(3)是否存在控方理解适用法律错误导致的组织证据、适用标准错误的问题；(4)除了在案证据想要证明的待证事实，是否还存在待证事实以外证明事实的可能性，证据及证据体系是否存在漏洞，是否全案证据达到了排除合理怀疑的标准。

案例链接

非法证据排除案例之张某某涉嫌放火案

基本案情：本案被告人张某某自2009年10月13日到12月18日一直在山西省T市的一家塑料颗粒厂打工。其间，除2009年11月10日、12日大雪导致无法正常上班外，被告人一直保持日出而作、日落而息的正常上班状态。但是，本案经由河北省W县公安局侦查终结后以被告人涉嫌放火罪、盗窃罪、非法持有枪支罪于2010年2月28日移送河北省W县人民检察院审查起诉。在经过2010年4月12日、6月21日两次退回补充侦查的情况下，公诉机关仍然在被告人没有作案时间的情况下，仅凭被告人与范某仲曾有矛盾、利害关系人的证人证言，指控其于2009年10月29日0时许窜至位于河北省

W 县某庄某村范某仲所办的油漆厂纵火,引起油漆厂内化工原料着火并造成总价值为 363,750 元的损失,一并指控2007 年9 月22 日夜,被告人盗窃本村胡某生所属的蓝色“田野”牌水泵一台(鉴定价值为 713 元);指控2008 年以来,被告人先后 7 次盗窃本村张某星所承包的变压器机井房内的漏电保护器 7 块、交流接触器 1 块(鉴定价值为 348 元)。同时,还指控被告人非法持有枪支 10 余年。经过相关工作人员一再补充侦查、协调后移交的 2010 年 7 月 1 日的冀 W 检刑诉(2010)55 号起诉书中,被告人被控犯有放火罪、盗窃罪和非法持有枪支罪,并认为“犯罪事实清楚,证据确实充分”。

案件经过几次审理,被告人因涉嫌放火罪于 2009 年 12 月 19 日被 W 县公安局刑事拘留,同年 12 月 29 日被逮捕,被羁押于 W 县看守所。笔者与陈振谦律师作为本案被告人的辩护人积极参与了一审、二审辩护的全过程。

案情分析:(1)关于放火罪,被告人根本不具有放火的作案时间。被告人在2009 年10 月13 日至12 月18 日一直在山西省T 市打工。经调查,有打工工厂的老板孙某法、负责记工的王某杰的证言及他们提交的记工表和被告人工作 61 天半获得共计 3275 元的工资,张记某、张某立等工友证明等相关事实证明。另外,一位年近 60 岁的打工者在每天打工工资才 60 元左右的情况下,为报复他人千里迢迢坐车赶赴异地,寒夜放火却不事先预备引火物,而仅在有霜降的深夜(有河北省 W 县气象局关于 2009 年 10 月 28 日、29 日地面气温观测的证明)现场碰运气找寻别人丢弃的旧衣服,无论从事实还是常理上都很难讲通。而且,被告人的几次供述内容与其他证据之间存在明显矛盾。另外,火灾事件发生时,即 2009 年 10 月 28 日、29 日 T 市和 W 县某庄的往返客运时刻表、司机证明也可佐证被告人在 2009 年 10 月 28 日、29 日案发时没有作案时间。而消防机关的结论也矛盾重重,接警时间和报警时间、出警派员勘查时间差别太多,无法形成完整的证据链条,过火面积的勘查反倒比实际的面积少了 23.2 平方米等。

(2)在放火罪中,本案被告人自 2009 年 12 月 18 日下午在长途汽车上被限制人身自由后,被羁押到某中队,遭受了严重的刑讯逼供。另外,侦查机关拘留证和延长拘留期限通知书显示的拘留时间不一致,最开始填写的拘留日期为 12 月 19 日，但有明显涂改的痕迹，移送看守所的时间显示日期为 12 月 20 日，并有接收民警签字；后者填写的被告人被刑事拘留时间是 12 月 20 日，被告人部分有罪供述是在超出合法传唤时间 12 小时后非法羁押期间取得的。而且，公诉机关出示被告人的证据是不连贯、不完整的（有罪证据全部在某刑警中队期间取得，且据询问笔录显示在 2009 年 12 月 29 日 16 时 45 分之前至少有四次讯问，但卷宗中却只有一次相关的讯问材料）。

（3）关于盗窃罪，本案在证据和程序方面的问题不少。盗窃案的相关侦查工作启动于 2009 年 12 月 19 日，也就是在侦查放火案的过程中启动的。在指控的 2007 年 9 月 22 日夜，侦查人员对被告人盗窃本村胡某生所属的鉴定价值为 713 元水泵一台时，无视胡某生家所丢的为蓝色“田野”牌水泵，而从被告人家中查没之水泵品牌、颜色等均与胡某生丢失的水泵不同，罔顾事实、强行入罪的倾向极为明显。

（4）关于非法持有枪支罪，疑点主要体现在关于枪支的鉴定程序和鉴定结论上。办案机关在未对送检的材质是否为法律意义上的枪支进行定性的情况下，对一堆十余年前的废品拼制而成的废铁木头贸然给出“各部分机件完整，击锤弹簧有力，扳机、击锤配合良好。装入底火，可以顺利击发”的描述，想当然得出“送检的火药枪具有杀伤力”的结论，不足取信。

针对以上证据的疑点，两位办案律师拟定了详细的辩护思路，作出对被告人张某某放火罪、盗窃罪采取无罪辩护，对非法持有枪支罪采取证据不足辩护的策略，并援引《关于办理死刑案件审查判断证据若干问题的规定》和《关于办理刑事案件排除非法证据若干问题的规定》两部司法解释，主攻本案据以定罪的核心证据——张某某有罪供述的合法性，并先后提交了《关于被告人张某某审判前有罪供述系非法所得的书面意见》《请求依法传唤证人苏某俊出庭接受质询的申请书》《请求依法传唤韩某冰、王某水、张某战等讯问人员、讯问时在场人员等出庭的申请书》《请求对相关物品进行重新鉴定的申请书》《致本案办案人员的法律意见书》等法律意见书，经历六个诉讼阶段，步步为营，直至本案辩护成功。

第六节 法庭辩论

一、法庭辩论概述

法庭辩论,浓缩了案件的庭审事实和庭审过程。在庭审调查的基础上,控辩双方围绕案件争议焦点,从事实和法律两方面进行辩论。因此,法庭辩论对法庭查明案件事实、准确适用法律具有重要的价值和意义。

(一)概念

法庭辩论,是指控辩双方在法庭调查的基础上,就被告人的行为是否构成犯罪,罪责轻重,证据是否确实、充分,程序是否合法,以及如何适用刑罚等问题进行互相争论和反驳的诉讼活动。法庭辩论是法庭开庭审理程序的重要环节。

法庭辩论的基本的顺序为公诉人发言、被害人及其诉讼代理人发言、被告人自行辩护、辩护人辩护,第二轮辩护顺序同上。

(二)法庭辩论的作用

法庭辩论是律师在法庭调查的基础上开展的对案件认定事实、适用法律的综合发言,是辩护律师集中发表辩护意见的阶段,是辩护人实现辩护职责的最为重要的途径,辩护律师进行法庭辩论具有重要的作用。

1. 体现辩护律师对案件事实的认识。在司法实践中,一般不允许在法庭调查阶段进行辩论,在质证阶段辩护律师也只能就证据的“三性”简单阐述观点,进入法庭辩论阶段对案件事实详细地阐述。

2. 体现辩护律师对案件定性和法律适用的理解。法庭调查阶段主要针对案件事实。对法律的适用和理解则是在法庭辩论阶段进行的,辩护律师与公诉人就法律适用展开辩论,以此维护被告人的合法权益。

3. 体现辩护律师刑事辩护的综合实力。法庭辩论是对法庭调查的总结和升华，体现了律师对案件证据的把握、对法律适用的理解以及临场应变能力等综合实力。律师如果不具备扎实的法学法律功底、较强的语言表达能力、机智的临场反应能力以及驾驭庭审现场，就很难获得良好的辩论效果。

（三）选择辩点

辩点，是辩护律师经常使用的一个词，但是其定义至今没有明确。辩点就是有利于被告人的事实认定和法律适用的“点”。辩护既有有罪与无罪的分歧，也有此罪与彼罪的争议，还有实体法上的分歧和程序法上的分歧。选准辩护的点是辩护律师从事辩护业务成功的关键。

1. 证据之辩。证据之辩的最终目的是让法院不采纳公诉机关提交的证据，如果相关的证据之间存在矛盾，法院不采纳其中一部分证据就会导致证据链条缺失，对被告人的定罪量刑上有利，即“事实不清，证据不足”的辩点。

2. 定性之辩。定性之辩分为无罪之辩和轻罪之辩。在指控确实存在事实不清、证据不足或指控的事实明显不构成犯罪的案件中，自然选择无罪辩护。罪轻辩护的情况则包括：犯罪较轻，有可能判处缓刑、免予刑事处罚的案件；指控的甲罪不成立但构成乙罪，乙罪的法定刑轻于甲罪；数个罪名中可以推翻其中一个或数个罪名的。

3. 量刑之辩。量刑之辩常见于有法定或酌定量刑情节的案件，如立功、与被害人和解、积极赔偿被害人损失取得谅解书等。

4. 程序之辩。程序之辩最为重要的是非法证据的排除规则，如办案人员存在刑讯逼供的行为。其他程序之辩包括：违反回避制度；剥夺或者限制当事人的诉讼权利，可能影响公正审判；违反公开审判制度等。

值得注意的是，无论辩护律师选择哪个辩点都应该尊重委托人或被告人的意见。应先征询被告人的意见，进行沟通，达成共识，切不可在法庭上强行发表被告人不能接受的辩护意见，否则，被告人一旦在法庭上表明不同意辩护意见，甚至当庭拒绝辩护律师，会对律师执业形象造成极其负面的影响。

二、法庭辩论攻略

法庭辩论是对案件事实、法律适用的分析陈词，对律师的辩护技巧提出更高的要求，其意义和重要性不言而喻。法庭辩论反映了律师对案件事实的了解和认识程度、对证据的掌握程度，体现了律师对法律适用的理解以及临场应变能力等综合实力。

（一）法庭辩论的技巧

法庭辩论是辩护律师刑事辩护的一个重要环节，辩护律师在进行法庭辩论时应掌握以下技巧：

1. 先声夺人，亮明观点，再陈述事实理由。对己方极有利的问题，先在论辩发言中全面论证，以达到先入为主，争取主动权的庭辩战术。实践中，应用此法须在庭审前做好充分准备，以便在庭审调查阶段对己方有利的事实、证据进行逐一认定；然后根据事实和证据，对对方不正确或意见相左的观点主动出击进行反驳，以此夺取辩论主动权，占领制高点，促使对方陷入被动。

2. 先总后分，分类分层，四层以下为宜。法庭辩论要有逻辑层次，每个逻辑层次的变换均要有过渡性的词语进行连接，且每个观点都要做到清晰准确。进行逻辑分类分层，尽量不要超过四层，否则，不易突出观点和重心，分类分层太多反而显得冗杂。

3. 分阶段辩护，各有侧重。首轮阶段辩护做到先立后驳，立驳结合；先要亮明自己的观点，再对控方的观点进行反驳。第二轮及以后各轮的辩护要以驳为主；经过第一轮的法庭辩论，控辩双方的观点都已经详细阐述，以后各轮要坚持辩护思路，抓住主要辩点，围绕争议焦点进行反驳，切忌泛泛而谈。同时，不要对所有对方观点平均用力，而要有所侧重，以防被带偏节奏，偏离辩论目标。

4. 事实和证据分开陈述。要先陈述事实，再列举证据来印证所陈述的事实；综合庭审质证的证据，予以证明辩方力陈的事实，支持辩方的观点和主张。

5. 调整、提交辩护词。辩护词是辩护人以法庭调查查明的案情为基础，针对指控犯罪事实，提出的维护被告人合法权益的辩论意见。辩护人在庭前撰写的辩护词主要是为了应对开庭辩论，根据预判预设的庭审问题进行的文书准备，撰写的辩护词只是初稿，远不足以万无一失，甚至遇上法庭突发情况，庭前的辩护词都无法保证正常使用。所以，辩护律师当庭发表辩护意见时，应当根据庭审情况随机应变，及时调整。庭审后，还要结合庭审情况调整完善辩护词，将庭审中出现的争议焦点问题翔实地融入辩护词中，及时向法庭提交。

（二）法庭辩论的注意事项

在法庭辩论中应当注意以下事项：

1. 辩论要针对起诉书和公诉词的指控事实和适用法律，有的放矢。辩论一定要有针对性，力争做到弹无虚发，命中要害，刀刀见骨、针针见血。切忌自说自话，洋洋万言、离题万里，也不要拘手拘脚或隔靴搔痒。所以，开庭前一定要详细研究起诉书认定的事实、采信的证据、适用的法律以及内在的指控思路、逻辑体系和证据体系，预判预设庭审焦点，做好认真充分的准备；辩论发言前一定要认真听取公诉人的公诉词，结合庭审情况，迅速组织材料和语言，准备有针对性的辩论发言，形成交锋，才能取得良好的庭审效果，影响法庭对案件事实的认识和对法律适用的理解判断。

2. 结合庭审情况发挥，切忌照本宣科宣读事先准备好的辩护词。法庭辩论阶段的功能，主要是对庭审调查的事实进行总结归纳、总结发言，并在其基础上对行为性质与法律适用提出意见。庭审辩论是对案件诉讼阶段全过程的高度浓缩，更是对庭审调查的高度概括。辩护人既需要具备良好的心理素质、机敏的反应能力，更需要有强大的概括、提炼、总结的逻辑思维能力，以及必不可少的法律专业知识和语言组织能力等。事先准备好的辩护词不可能全部预判预设到庭审中出现的状况，甚至相差甚远，因此，脱离庭审调查中出现的新情况，与庭审调查的严重脱节，就是刻舟求剑。不仅缺乏辩论交锋中兵来将挡的针对性，唇枪舌剑的现场感，而且也背离了庭审辩论设置的初衷和目的。庭审中，辩护人照本宣科只会使人心生厌烦，不仅难以吸引法官，还会适得其反，甚至遭到法官批评制止，影响庭审效果，降低自身形象。

3. 切换成有现场感的演讲模式。法庭辩论中，辩护律师应表现得体，声音饱满，声情并茂，并且控制语速，口齿清楚，发音准确。有了好的辩论内容，还需有好的表达方式，力争达到声调上的抑扬顿挫，以提高论辩的现场感染力。

4. 关注各方反应，与之良性互动。注意观察法庭各方参与者的反应，与法官、公诉人、当事人及旁听席上的观众进行眼神互动，注意周边环境的反应，注意法官、公诉人及其他人的情绪变化。在法庭辩论中可能会遇到法官走神或者沉思、公诉人惊异或不耐烦、旁听群众庭下唏嘘等情况，这时，律师最好的应对方式就是直接和他们互动，即组织好语言，调动听众情绪，与他们眼神互动，吸引他们关注。庭审辩论是一个律师务必抓住的、难得的陈述事实法律、据理力争、展现律师风采的机会。为此，律师应当在庭前充分准备，庭上充分发挥，与其他诉讼参与人进行良性互动，发言过程中把法庭聚焦中心吸引到自己身上，才能赢得很好的庭审辩护效果。

三、庭审各个环节之间的关系

法庭调查过程中发问、质证、举证和法庭辩论三个环节一脉相承，三位一体、相互呼应；发问、质证、举证是辩论的前提和基础，辩论是发问、质证、举证的延伸和结果；法庭辩论的观点和依据都源于发问、举证、质证，发问和质证、举证则预设、突出、强化了辩论的方向和结论。

发问、质证、举证和辩论各有特点，发问重在“问”；质证重在“质”（质疑）；举证重在“示”；辩论重在“论”（论证）。发问、举证、质证是在摆事实，法庭辩论是在论证观点。发问、质证、举证和辩论各有侧重，发问、质证、举证侧重查清案件事实，辩论则是事实法律并重。发问、质证、举证侧重在某个环节，某个点，要求问题精准，质证到位，侧重微观，不宜宏观阐述；辩论则重在

“面”，重在阐述推理，得出全案辩护结论，对案件进行总结概括，最终说服法官采纳辩护观点，实现有效辩护。

综上，在庭审“发问”、“举证质证”和“辩论”三个最重要的环节中，对案件查明事实、适用法律既各具特点，各有侧重；又紧密相连，不可分割。与此相适应，辩护人在法庭各个环节辩护中虽各有不同，但实则三位一体。辩护时要相互结合，融会贯通，不可偏废任何一个环。唯有如此，才可以发挥出良好的庭审效果，展现良好的辩护风采，实现有效的法律辩护。

第十二章　第二审程序的辩护

在两审终审的诉讼制度框架下，刑事二审程序在纠正错误判决、保障当事人合法权益方面发挥着重要作用。同时，第二审程序作为上诉审程序，其独特的价值意义可以概括为“四个有利于”。

➢ **有利于发挥防错屏障的作用**。二审程序主要是通过对一审判决的事实认定、法律适用以及诉讼程序的审查来实现的，其审查依据应当是一审法院移送的案卷材料。我国的二审裁判并不是脱离一审判决而产生的，而是建立在对一审判决认定事实和适用法律的基础上。并且，除发回重审外，二审法院应当在终局裁判文书中对一审判决予以维持或者变更。所以，二审法院应当就一审判决认定的事实和适用法律进行全面审查，以防二审裁判中所确认的一审判决内容存在重大瑕疵，确保司法裁判的权威性。

➢ **有利于维护当事人的合法权益**。通过第二审程序，纠正一审法院的错误裁判，准确地惩罚犯罪分子，保护被告人的合法权益。地方各级人民法院审判第一审案件，应当做到事实清楚，证据确实、充分，定罪量刑适当，程序合法。但是犯罪现象是十分复杂的，要彻底查清案件事实，是一项艰难的任务。由于某种客观原因，或者审判人员认识上的片面性或者工作上的失误都可能发生错误。通过第二审程序可以及时纠正第一审法院的错误裁判，保证生效判决的正确性，既有利于准确地处罚犯罪分子，保护被害人的人身权利和其他权益，又能使罚不当罪得到纠正，无罪的人免受刑罚处罚，有效地保护被告人的合法权益。

➢ **有利于维护法制的统一**。通过第二审程序，可以发现并纠正第一审程序发生的裁判错误，包括影响程序公正的程序性错误或者维护正确合法的第一审判决、裁定。无论是纠正错误的一审判决、裁定，还是维护正确合法的一审判决、裁定，都具有维护法制统一的功能和意义。

➢ **有利于实现上级法院对下级法院的监督和指导，提高刑事审判的水平**。第二审程序是上级人民法院对下级人民法院审判工作实行监督的有效方法。上级人民法院通过撤销、变更下级人民法院所作的错误裁判，指出下级人民法院审判工作存在的问题和缺点；通过维护下级人民法院的正确判决，肯定下级人民法院审判工作中的办案成果，有利于下级人民法院改进审判工作，提高办案质量，保证人民法院审判权的正确行使。

第一节　第二审程序的概述

一、第二审程序的概念及特征

我国实行两审终审制，二审程序在对一审法院的监督、对保障当事人的合法权益、维护法律的准确实施等方面起着非常关键的作用。

（一）概念

我国刑事审判实行的是两审终审制，刑事案件的第二审程序，是指第二审人民法院根据上诉人的上诉或者人民检察院的抗诉，就第一审人民法院尚未发生法律效力的判决或裁定所认定的事实和适用法律进行审理所应当遵循的步骤和方法。第二审程序又称上诉审程序，它是刑事诉讼中一个独立的诉讼阶段。

(二)特征

第二审程序并非所有案件必经的阶段,其具有以下特征:

1. 被动性。第二审程序是因当事人的上诉或检察院的抗诉引起的,如果没有当事人上诉或者人民检察院抗诉,就不会引起第二审程序。并且,当事人上诉或人民检察院抗诉必须在法律规定的期限内提出,如果超出法律规定的期限,即使提起上诉或者抗诉,也不能引起第二审程序。

2. 救济性。第一审的判决或者裁定在认定事实或者适用法律上有可能存在错误或者不当之处,第二审程序给诉讼双方提供了救济的机会,可以纠正一审错误的判决或裁定,或者维持正确合法的第一审判决或裁定,准确地打击犯罪,保护当事人的合法权益,维护法制的统一,充分发挥第二审程序的作用。

3. 终局性。所谓终局性,有两层含义:就争议的解决途径而言,当诉讼进入第二审判程序,则意味着争议处理程序已经进入终端程序,在审判程序后,争议处理程序将终结;就审判程序本身而言,我国刑事诉讼的第二审程序是两审终审审级制前提下的上诉审程序,地方各级人民法院审理第一审案件所作出的裁判,如果当事人不服或提起公诉的人民检察院认为确有错误,在法定的上诉或抗诉期限内可向上一级人民法院提出上诉或抗诉。第二审法院就上诉或抗诉案件所作出的裁判为终审裁判,除依照法律规定需要特别程序核准以外,立即发生法律效力,并应依法交付执行,当事人不能再行上诉,人民检察院也不能再按上诉审程序抗诉。由于最高人民法院是我国的最高审判机关,故由最高人民法院作出的一审判决和裁定具有诉讼的终局性,二审终审制对经由最高人民法院作出的一审裁判不适用,这类案件不能进入第二审程序,其判决、裁定作出后立即发生法律效力。

4. 全面性。实行全面审查原则是我国上诉审程序的重要特征。在第二审程序中,第二审人民法院要对第一审未生效的判决、裁定认定的事实是否清楚,证据是否确实、充分,定性是否准确,量刑是否适当,诉讼程序是否合法等诉讼事项进行全面复审,并可通过二审裁判解决复审中所发现的各种错误问题。通过二审人民法院对案件的全面审查,使正确的裁判得以维护,错误的裁判得以纠正,保证法律正确实施,体现司法尊严,保护诉讼当事人尤其是上诉被告人的合法权益。

二、第二审程序的原则

根据《刑事诉讼法》的相关规定并结合司法实践,在第二审刑事审判程序中,法院审理需要遵循以下原则。

(一)全面审查原则

《刑事诉讼法》第 233 条规定:"第二审人民法院应当就第一审判决认定的事实和适用法律进行全面审查,不受上诉或者抗诉范围的限制。共同犯罪的案件只有部分被告人上诉的,应当对全案进行审查,一并处理。"据此,全面审查的内容包括:(1)既要对原审法院所认定的事实是否正确进行审查,又要对其适用法律是否正确进行审查。(2)既要对上诉或抗诉的部分进行审查,又要对未上诉或抗诉的部分进行审查。(3)在共同犯罪案件中,只有部分被告人上诉的,或者人民检察院只就第一审人民法院对部分被告人的判决提出抗诉的,第二审人民法院应当对全案进行审查,一并处理。即既要对已上诉的被告人的问题进行审查,又要对未上诉的被告人的问题进行审查;既要对被提起上诉或抗诉的被告人的问题进行审查,又要对未被提起上诉或抗诉的被告人的问题进行审查,概言之,就是应对共同犯罪中的所有被告人的问题进行审查。另外,在共同犯罪案件中,如果提出上诉的被告人死亡,其他被告人没有上诉,第二审人民法院仍应当对全案进行审查。死亡的被告人不构成犯罪的,应当宣告无罪;审查后认为构成犯罪的,应当宣布终止审理。对其他同案被告人仍应当作出判决或者裁定。(4)对于附带民事诉讼的上诉案件,应当对全案进行审查,既不仅审查附带民事诉讼部分,还要审查刑事诉讼部分,以便确定民事责任。如果第一审判决的刑事部分并无不当,第二审人民法院只需就附带民事诉讼部分作出处理。如果第一审判决附带民事部分事实清楚，适用法律正确的，应当以刑事附带民事裁定维持原判，驳回上诉、抗诉。同时，附带民事诉讼案件，只有附带民事诉讼的当事人和他们的法定代理人提出上诉的，第一审刑事部分的判决，在上诉期满后即发生法律效力。应当送监执行的第一审刑事被告人是第二审附带民事诉讼被告人的，在第二审附带民事诉讼案件未审结之前，可以暂缓送监执行。

在司法实践中，第二审人民法院的审查包括对案卷材料的程序性审查以及对案件的实体性审查。程序性审查，是指第二审人民法院对第一审人民法院移送上诉、抗诉的案卷，应当审查是否包括下列内容：(1)移送上诉、抗诉案件函；(2)上诉状或者抗诉书；(3)第一审判决书或者裁定书8份(每增加1名被告人增加1份)；(4)全部案卷材料和证据，包括案件审结报告和其他应当移送的材料。如果上述材料齐备，第二审人民法院应当收案；材料不齐备的，应当通知第一审人民法院及时补送。实体性审查，是指第二审人民法院对于上诉、抗诉案件应当审查下列主要内容：(1)第一审判决认定的事实是否清楚，证据是否确实、充分，证据之间有无矛盾；(2)第一审判决适用法律是否正确，量刑是否适当；(3)在侦查、起诉、第一审程序中，有无违反法律规定的诉讼程序的情形；(4)上诉、抗诉是否提出了新的事实和证据；(5)被告人供述、辩解的情况；(6)辩护人的意见以及采纳的情况；(7)附带民事部分的判决、裁定是否适当；(8)第一审法院合议庭、审判委员会讨论的意见。以上内容审查后，应写出审查报告。

(二)上诉不加刑原则

上诉不加刑原则是第二审人民法院审判只有被告人一方上诉的案件，在作出新的判决时，不得对被告人判处重于原判刑罚的一项原则。《刑事诉讼法》第237条第1款规定："第二审人民法院审理被告人或者他的法定代理人、辩护人、近亲属上诉的案件，不得加重被告人的刑罚。"这就是我国关于上诉不加刑的法律规定。该原则旨在保护被告人的上诉权，防止因上诉招致不利的后果。

上诉不加刑的例外。根据《刑事诉讼法》第 237 条第 2 款的规定："人民检察院提出抗诉或者自诉人提出上诉的，不受前款规定的限制。"上诉不加刑原则，只适用于被告人和他的法定代理人、辩护人、近亲属提起的上诉案件。而人民检察院提出抗诉或者自诉案件自诉人提出上诉的，第二审人民法院对案件进行判决时，不受该原则的限制。

第二审人民法院具体运用上诉不加刑原则时，不得对被告人的刑罚作出实质不利的改判，并应当执行下列规定：(1)同案审理的案件，只有部分被告人上诉的，既不得加重上诉人的刑罚，也不得加重其他同案被告人的刑罚。(2)原判认定的罪名不当的，可以改变罪名，但不得加重刑罚或者对刑罚执行产生不利影响。(3)原判认定的罪数不当的，可以改变罪数，并调整刑罚，但不得加重决定执行的刑罚或者对刑罚执行产生不利影响。(4)原判对被告人宣告缓刑的，不得撤销缓刑或者延长缓刑考验期。(5)原判没有宣告职业禁止、禁止令的，不得增加宣告；原判宣告职业禁止、禁止令的，不得增加内容、延长期限。(6)原判对被告人判处死刑缓期执行没有限制减刑、决定终身监禁的，不得限制减刑、决定终身监禁。(7)原判判处的刑罚不当、应当适用附加刑而没有适用的，不得直接加重刑罚、适用附加刑。原判判处的刑罚畸轻，必须依法改判的，应当在第二审判决、裁定生效后，依照审判监督程序重新审判。另外，共同犯罪案件中，人民检察院只对部分被告人的判决提出抗诉的，第二审人民法院对其他第一审被告人也不得加重刑罚。

三、第二审程序的提起及审理方式

与一审程序相比，第二审程序提起的主体、理由、期限和审理方式具有以下特殊性。

(一)第二审程序提起的主体

有权提起上诉的人员包括：自诉人、被告人或者其法定代理人，以及经被告人同意的辩护人、近亲属，还有附带民事诉讼的当事人及其法定代理人。

由于各种上诉人在刑事诉讼中所处的地位不同,《刑事诉讼法》对其上诉权限也作了不同的规定。

有权提出抗诉的机关是地方各级人民检察院。人民检察院是国家法律监督机关,对人民法院的错误判决、裁定,人民检察院应当提起抗诉。虽然公诉案件中的被害人及其法定代理人具有当事人的诉讼地位,但法律只是赋予他们请求抗诉的权利,而不能直接提起上诉。

(二)上诉、抗诉理由

《刑事诉讼法》对于上诉权人提出上诉的理由没有明确规定,但对于人民检察院能否提起抗诉作出了明确要求——人民检察院只有认定原判决、裁定"确有错误"时,才能提出抗诉。

在司法实践中,作为上诉或抗诉的理由主要有以下三点:第一,判决、裁定在认定事实上有错误,或者缺乏确实、充分的证据;第二,判决、裁定在适用法律、定罪量刑上有错误;第三,违反诉讼程序,使当事人依法享有的诉讼权利受到侵犯,可能影响判决、裁定的正确性。需注意的是,在提出上诉或抗诉后以及在二审法院审理过程中,上诉方或抗诉方在原有理由基础上仍可作补充阐述或提出新的理由。

(三)上诉、抗诉期限

《刑事诉讼法》第230条规定:"不服判决的上诉和抗诉的期限为十日,不服裁定的上诉和抗诉的期限为五日,从接到判决书、裁定书的第二日起算。"

(四)提出上诉和抗诉方式

上诉人提出上诉,可以通过原审人民法院提出,也可以直接向第二审人民法院提出。上诉可以是书面的,也可以以口头的方式提出。抗诉应以书面的形式,必须制作抗诉书。

(五)二审审理方式

第二审人民法院对于上诉案件,有两种审理方式:开庭审理和不开庭审理。

《刑事诉讼法》第234条规定:"第二审人民法院对于下列案件,应当组成合议庭,开庭审理:(一)被告人、自诉人及其法定代理人对第一审认定的事实、证据提出异议,可能影响定罪量刑的上诉案件;(二)被告人被判处死刑的上诉案件;(三)人民检察院抗诉的案件;(四)其他应当开庭审理的案件。第二审人民法院决定不开庭审理的,应当讯问被告人,听取其他当事人、辩护人、诉讼代理人的意见。第二审人民法院开庭审理上诉、抗诉案件,可以到案件发生地或者原审人民法院所在地进行。"

第二节　第二审程序的辩护攻略

一、律师二审辩护的特殊性

二审的辩护有其特殊性,体现在两个方面:第一,针对性更强,不同于一审法院针对公、检、法三家,二审辩护主要体现在二审阶段,特别是针对二审法院和派员出庭的二审检察院。第二,难度更大。众所周知,我国二审的发回重审很少,改判率很低,大部分维持原判,辩护难度更大。

二、辩护律师二审辩护的攻略

刑事案件二审的改判率并不高,一是一审法院对刑事案件本身就很慎重,作出的判决多数比较客观;二是二审法院在审查一审判决时,如果不是有明显的认定事实错误或适用法律错误时,通常不会作任何改变,或者在认定事实或适用法律上稍作变动,但定罪量刑不变。因此,律师在二审辩护工作中有很大难度,应当注意以下事项。

(一)思路明确,有针对性

二审的辩护点要明确,紧扣上诉理由,针对一审判决认定事实、适用法律或者程序错误进行辩护,庭审辩护要突出重点,对一审认定事实中没有异议的部分不要再过于纠缠。这就要求辩护律师对一审判决书进行充分研究,吃透案情,找出一审判决错误的地方,有的放矢地进行辩护。

(二)会见被告人时要做的工作

1. 心理疏导。一审宣判后,有的被告人认为一审判决过重,不能认罪服判,情绪急躁。律师一定要告诫被告人认真遵守看守所的规定,争取好的表现,不能因小失大、节外生枝,更不能触犯法律再次犯罪。律师要劝导被告人,相信律师一定会竭力维护被告人的合法权益,相信法律的公正。

2. 会见。二审阶段常规会见与会见章节所述的基本相同,在此不赘。

3. 二审可能开庭审理也可能书面审理,若开庭审理,开庭前要会见被告人。与被告人沟通并向其阐明上诉的具体理由和依据,告知其二审开庭程序及注意事项,促使其配合律师的工作。

(三)阅卷工作

1. 总结一审。对于侦查阶段来委托的当事人,要求其讲述其所了解的具体情况以及诉讼程序进展的问题;而对于一审已经结束,进入二审程序的案件,则需根据一审判决书总结一审的工作状况。二审程序是以一审裁判的宣布为基础的,二审中辩护律师应先将一审的情况进行总结分析。

在进行总结时,应首先了解公诉机关的具体指控,辩护律师的辩护观点,法院对控辩双方的争议焦点归纳,法院审理查明、本院认为部分的提炼。在了解上述案情的基础上,分析一审判决的错误,辩护的不足和失误,提出二审阶段的辩护方案。

2. 重点阅看一审庭审笔录。刑事二审中的阅卷不同于一审程序中的阅卷，二审程序的阅卷主要应当围绕一审判决书中认定的事实和理由进行，特别是应当着重审查一审判决中法院判决所依据的证据，重点阅看一审庭审笔录。分析一审定案的证据是否存在漏洞和矛盾，如不一致的案发时间、地点、证人证言之间矛盾等。二审阅卷也应当制作阅卷笔录，以便比较，发现突破点。

（四）调查取证

调查取证要做好收集实体方面的新证据、收集一审程序违法的证据工作。

二审辩护律师一定要重视程序问题，很多案件发回重审都是由于一审程序出了问题。因此，辩护律师可以了解一审审判人员是否有违法行为，是否有违反程序的情形。违反程序的行为主要包括：(1)积极的程序违法，即一审法院在审判中严重违反法律程序，影响公正审判的行为，包括但不限于审判人员应回避没有回避；审判组织的组成不合法，应组成合议庭的却适用了独任法官；法院的审判破坏了审判公正原则，应公开审判的没有公开审判；法官应允许被告人辩护的没有允许等。(2)消极的程序违法，即一审法院对违法的侦查行为、公诉行为采取消极不作为的态度。《刑事诉讼法》第238条规定："第二审人民法院发现第一审人民法院的审理有下列违反法律规定的诉讼程序的情形之一的，应当裁定撤销原判，发回原审人民法院重新审判：(一)违反本法有关公开审判的规定的；(二)违反回避制度的；(三)剥夺或者限制了当事人的法定诉讼权利，可能影响公正审判的；(四)审判组织的组成不合法的；(五)其他违反法律规定的诉讼程序，可能影响公正审判的。"

（五）争取开庭审理

在司法实践中，刑事二审开庭审判的比例比较低，而二审法院开庭审理的，改判或者发回重审的概率会更高些；书面审理，维持原判的概率会高一些。而且，二审不开庭审理，导致辩护律师除提交辩护词外，没有机会参与二审的其他诉讼活动。因此，争取开庭审理是二审辩护的首要任务。

开庭审理的二审案件，除与一审基本相同的程序，也有其特点：（1）二审的发言顺序有所不同。在被告人上诉的二审程序中先由法院宣读一审判决书，上诉人宣读上诉状，如果有抗诉的则由抗诉机关宣读支持抗诉意见书，由控方先行发言。（2）二审中辩护观点针对的是一审的判决和裁定。（3）辩护观点要有针对性，在一审中已经提过的观点不再赘述。

（六）撰写上诉状

1. 注意上诉期限。我国《刑事诉讼法》明确规定，不服第一审判决的上诉和抗诉的期限为10日，不服第一审裁定的上诉和抗诉的期限为5日。一审判决或裁定宣告后，如果被告人不服一审判决或裁定，委托律师代理二审案件，律师一定要注意刑事案件的上诉期间，在规定的期间内要递交上诉状和证据材料。

2. 上诉状的制作。一份完整的刑事上诉状，由首部、正文和尾部三部分组成。

（1）首部标题要写明“刑事上诉状”，当事人的基本情况。由于公诉案件与自诉案件不同。因此，在上诉人书写刑事上诉状，列明当事人时，也应有所区别。具体而言，在公诉案件中一般应写明上诉人（原审被告人）之姓名、性别、出生年月日、民族、职业或工作单位和职务、住址。如果原审被告人系未成年人而由其法定代理人或指定代理人提起上诉的，应写：“上诉人（原审被告人的法定代理人或指定代理人）。”之后，另行写明原审被告人的基本情况。如果是由原审被告人的辩护人或近亲属经原审被告人同意后提出的上诉，应写：“上诉人（原审被告人的××）。”之后，另行写明原审被告人的基本情况。值得注意的是，公诉案件的刑事上诉状中无“被上诉人”一栏。在自诉案件中，一般应写明：上诉人（原审自诉人或被告人）之姓名、性别、出生年月日、民族、职业或工作单位和职务、住址。如果自诉人、被告人系未成年人而由其法定代理人或指定代理人提起上诉的，应写：“上诉人（原审自诉人或被告人的法定代理人或指定代理人）”，并另起一行写明原审自诉人（或原审被告人）的基本情况。如果自诉人提起上诉时委托了诉讼代理人或被告人提起上诉时委托了辩护人的，应分别在各自的项目下增写委托代理人或辩护人一栏。普通公民担任诉讼代理人或辩护人的，应写明其姓名、工作单位和职务或职业、住址。律师担任诉讼代理人或辩护人时，只需写明姓名、工作单位和职务。上述关于上诉人的基本情况交代完毕后，应另行写明被上诉人的基本情况。具体写法同前述上诉人的情况。

(2)正文包括以下内容：①案由。一般用语为：上诉人因××案，不服××人民法院××××年××月××日(20××)××字第××号刑事判决(或裁定)，现提出上诉。②上诉请求。这是制作刑事上诉状时不可忽略的一项内容。上诉人的诉讼请求一般应包括以下两个方面的内容：一是表明不服一审裁判的态度和对象，即说明对一审裁判是全部不服，还是只对某一部分不服；二是表明自己希望通过二审程序达到的目的，即请求第二审人民法院对原审裁判作出撤销或变更，如要求全部或部分改判。上诉请求务必明确、具体，切忌含糊其词、模棱两可。③上诉的事实和理由。在这一部分，上诉人主要是针对原审裁判的不当之处进行有理有据地论证。这种论证是对一审裁判的反驳，不能与人民检察院的公诉词或当事人的自诉状或答辩状混同起来。在写明事实并以之作为反驳依据时，要注意详略得当。即对一审认定事实没有异议的，尽量不要重述；对于一审裁判中遗漏的重要事实，应予补充，并举出确实、充分的证据；对一审裁判所认定的事实，或认为不实，或认为缺乏证据，或认为无中生有的等，均可以在上诉状中明确指出其错误所在。同时，对用以否定原裁判认定事实的客观事实，必须提出确实、充分的证据来加以证明，而不能仅以想象或推断的事实作为论据。

在理由上，主要可以从下面几个方面进行考量：

第一，关于案件的定性。如果上诉人认为一审裁判的罪名有误，就应说明就本案的客观事实，根据实体法的规定究竟该定什么罪，并指出一审裁判错在何处及错误原因。事实方面，看原审认定的事实是否真实，是否有证据证明。如果没有证据而认定了上诉人不利的事实，或者对上诉人有利的事实没有认定导致认定事实错误，均可以作为上诉的理由。证据方面，原审法院在认定事实时是否有证据支持，所有证据的来源是否合法；原审法院是否不恰当地确定了当事人的举证责任。

第二，关于法律的适用。如果上诉人认为原审裁判适用法律不当，如直接地违反了法律规定或因错误理解而不正确地运用了法律条文等，应在反驳时，提出正确适用法律的理由。

第三，关于审判程序。如果上诉人认为原审人民法院在审理案件时严重违反法律规定的诉讼程序并影响了公正裁判时，如违反公开审判规定，违反回避制度，剥夺或限制当事人的法定诉讼权利，审判组织组成不合法等，可以依法请求二审人民法院撤销原判，并将案件发回原审人民法院重新审判。

(3)尾部包括刑事上诉状致送的第二审人民法院名称，上诉人的签字，提出刑事上诉状的日期，有关附项内容。

文书样式

刑事上诉状

上诉人：×××，性别×，××××年××月××日出生，身份证××××××××××××××××××，民族×族，政治面貌××××，户籍所在地及现住址……

辩护人：×××，××律师事务所。

上诉人因非法吸收公众存款案，不服××省××人民法院刑事判决(20××)冀××××刑初××号判决，现依法提起上诉。

上诉请求：

1. 依法撤销(20××)冀××××刑初××号判决。

2. 依法改判或发回重审。

上诉理由：

一、一审判决认定事实错误

(一)一审判决认定的非法吸收存款的行为与××投资集团有限公司无任何法律上的关联。

……

二、一审判决适用法律错误

（一）×××的行为不符合非法吸收公众存款罪的犯罪构成要件，不构成非法吸收公众存款罪。

……

综上所述，×××的行为不符合非法吸收公众存款罪的犯罪构成要件，×××不构成非法吸收公众存款罪。恳请贵院依法撤销一审判决，支持上诉人的上诉请求，依法维护×××的合法权益！

此致

××中级人民法院

上诉人：×××

二零××年××月××日

知识链接

第二审程序中检方的称呼

在一审庭审中，检察机关的职责和地位比较明确，是以指控犯罪为主。庭审中，控辩双方直接的唇枪舌剑有助于查明案件事实，还原事件的真相，为审判人员作出公正判决提供依据，所以，检察人员被称为"公诉人"。而在二审程序中，无论是抗诉案件还是上诉案件，二审庭审中检察机关已不具备指控犯罪的职责，仅负有法律监督的责任。关于二审中检方的称呼，《刑事诉讼法》并没有明文规定，仅是在第235条规定："人民检察院提出抗诉的案件或者第二审人民法院开庭审理的公诉案件，同级人民检察院都应当派员出席法庭。""检察员"这一称呼在《人民检察院刑事诉讼规则》和《刑事诉讼法解释》中有体现。

《人民检察院刑事诉讼规则》第445条规定："对提出抗诉的案件或者公诉案件中人民法院决定开庭审理的上诉案件，同级人民检察院应当指派检察官出席第二审法庭。检察官助理可以协助检察官出庭。根据需要可以配备书记员担任记录。"

《刑事诉讼法解释》第398条第2项规定:"法庭辩论阶段,上诉案件,先由上诉人、辩护人发言,后由检察员、诉讼代理人发言;抗诉案件,先由检察员、诉讼代理人发言,后由被告人、辩护人发言;既有上诉又有抗诉的案件,先由检察员、诉讼代理人发言,后由上诉人、辩护人发言。"

在司法实践中,二审程序中检方座席卡写的是"检察员"。

第十三章　刑事审判监督程序中的辩护

我国刑事诉讼中设置审判监督程序，是我国一贯倡导的“实事求是，有错必纠”的刑事政策在刑事诉讼中的充分体现，对于实现我国刑事诉讼目的有非常重要的意义。

保障当事人的合法权益。刑事诉讼关涉人的名誉、财产、人身自由乃至生命。确有错误的生效裁判无疑会对被告人及其亲友造成无法挽回的负面影响，同时会使被害人的合法诉求受到侵害。刑事审判监督程序通过对有错裁判的纠正使当事人的合法权益得到维护。

激励法官增强责任感、提高业务水平。审判监督程序的提起可以使承办法官认识到自己认定的事实和适用法律上的错误，同时对其他法官起到警示作用。有利于法院在总结经验、教训的基础上总体改进审判工作，提高办案质量。

实现司法公正、树立司法权威。公正是司法的灵魂，是法律追求的终极目标。遵循在合法诉讼程序下正确裁判是司法公正的基础。对于确有错误的生效裁判置之不理将大大降低社会公众对司法裁判的信任，有损司法权威。审判监督程序的存在使人们对于司法公正的期盼得到满足。

第一节　刑事审判监督程序概述

一、审判监督程序的概念及特征

刑事审判监督程序，又称为再审程序，是人民法院发现已生效的刑事判决、裁定，在认定事实或适用法律上确有错误以及人民检察院按再审程序提出抗诉的案件，决定予以重新审理的一种特殊程序。再审程序是整个刑事诉讼的重要组成部分，但它并不是每个案件的必经阶段，只是对已经生效的确有错误的判决或裁判的一种救济程序，具有以下特点：

1. 审理对象是已经发生法律效力的判决或裁定。根据我国《刑事诉讼法》的规定，原生效裁判存在错误，才可以启动再审程序，这有别于普通程序，是再审程序的特征之一。

2. 提起主体的特定性。有权提起审判监督程序的主体是最高人民法院、上级人民法院、最高人民检察院、上级人民检察院，以及各级人民法院院长及其审判委员会。当事人及其法定代理人、近亲属不能成为审判监督程序的提起主体。

3. 提起理由及条件的严格性。根据《刑事诉讼法》的规定，提起审判监督程序的理由必须是已经发生法律效力的判决或裁定在认定事实或适用法律上确有错误。并且，启动审判监督程序的条件非常严格。

4. 提起期限无时间限制。提起审判监督程序，法律没有规定期限。只有在无罪为有罪时，要受《刑法》规定的追诉时效期限的限制。这意味着在任何时间都可以对确有错误的生效裁判提起审判监督程序，即使是已经执行完毕的错案也可以提起此程序。

5. 法院的广泛性。根据《刑事诉讼法》的规定，有权按照审判监督程序审理案件的法院，可以是最高人民法院、上级人民法院以及原审人民法院，可以不受原审级的限制。

6. 程序的重复性。按照审判监督程序重新审判的案件,如果原来是第一审的案件,应当依照第一审程序进行审判。如果原来是第二审案件,或者是上级人民法院提审的案件,应当依照第二审程序进行审判。

7. 特别的纠错程序。由于审判监督程序是特别的纠错程序,因此,对于确有错误的生效裁判既可以改判无罪、减轻处罚,也可以加重处罚。

8. 非法定的必经程序。刑事再审程序虽然是刑事诉讼程序的重要组成部分,但却不是必经程序。刑事诉讼中,多数的案件经过一审和二审法院的审理,判决结果一般是正确的,但有些案件错综复杂,由于办案人员业务水平或外界干扰等原因,裁判可能会出现错误,再审程序的设置就是对这种情况的补救。

二、审判监督程序的提起

审判监督程序相对于一审程序和二审程序而言具有一定的特殊性。

(一)提起再审的材料来源

提起再审的材料来源主要包括:(1)当事人及其法定代理人、近亲属的申诉。(2)人民法院、检察院在办案过程中和检查工作时发现的错误裁判,定期或不定期地自查或互查,或按上级指示进行必要的总结检查或复查。通过日常的工作检查及全面复查或对部分案件的复查,发现生效裁判确有错误,就应当提起审判监督程序。(3)各级人民代表大会代表提出的纠正错案的议案,人大代表与广大人民群众有密切的关系,人民群众乐于向他们反映情况和要求。(4)机关、团体、企事业单位、新闻媒介、人民群众等对生效判决、裁定提出的质疑、意见和情况反映等。(5)党的纪律检查委员会、国家监察机关、律师协会及律师事务所等机关、团体转处的材料或法律意见书也是再审材料的一个重要来源。当事人及其法定代理人、近亲属的申诉是其中最主要的形式。上述材料来源并不必然引起再审程序,是否提起再审程序,取决于是否具有法定理由。根据《刑事诉讼法》第253条的规定,因申诉而重新审判的情形包括:“当事人及其法定代理人、近亲属的申诉符合下列情形之一的,人民法院应当重新审判:(一)有新的证据证明原判决、裁定认定的事实确有错误,可能影响定罪量刑的;(二)据以定罪量刑的证据不确实、不充分、依法应当予以排除,或者证明案件事实的主要证据之间存在矛盾的;(三)原判决、裁定适用法律确有错误的;(四)违反法律规定的诉讼程序,可能影响公正审判的;(五)审判人员在审理该案件的时候,有贪污受贿,徇私舞弊,枉法裁判行为的。”

(二)申诉的提出和受理

1. 申诉的提出。当事人及其法定代理人、近亲属、利害关系人的申诉,既可以向人民法院提出,也可以向人民检察院提出。

2. 申诉的审查受理。人民法院对申诉应作如下审查处理:(1)各级人民法院对当事人及其法定代理人、近亲属对已经发生法律效力的判决、裁定提出的申诉,应当进行登记并认真审查处理。人民法院经审查,对不符合法定条件的申诉,按来信、来访处理。(2)受理、审查申诉一般由作出发生法律效力的判决、裁定的人民法院进行。直接向上级人民法院申诉的,如果没有经作出发生法律效力的判决、裁定的人民法院审查处理,上级人民法院可以交该人民法院审查,并告知申诉人;如果属于案情疑难、复杂、重大的,或者已经由作出发生法律效力的判决、裁定的人民法院审查处理后仍坚持申诉的,上级人民法院可以直接受理、审查,下级人民法院也可以请求移送上一级人民法院审查处理。(3)原审人民法院审查处理的申诉、上级人民法院直接处理的申诉和转交下级人民法院审查处理的申诉,应当立申诉卷。(4)第二审人民法院对不服本院维持第一审人民法院裁判的申诉,可以交由第一审人民法院审查。第一审人民法院审查后,应当写出审查报告,提出处理意见,报第二审人民法院审定。(5)对最高人民法院核准死刑的案件或者授权高级人民法院核准死刑案件的申诉,可以由原核准的人民法院直接受理,也可以交由原审人民法院审查。原审人民法院应当写出审查报告,提出处理意见,逐级上报原核准的人民法院审定。(6)人民法院受理申诉后,应当在3个月内作出决定,至迟不得超过6个月。经审查认为符合《刑事诉讼法》第258条规定的情形之一的,由院长提请审判委员会决定重新审判;对不符合法律规定的申诉,应当说服申诉人撤回申诉。对仍然坚持申诉的,应当书面通知驳回。(7)根据《刑事诉讼法解释》第459条的规定,申诉人对驳回申诉不服的,可以向上一级人民法院申诉。上一级人民法院经审查认为申诉不符合《刑事诉讼法》第253条和《刑事诉讼法解释》第457条第2款规定的情形之一的,应当予以驳回。经两级人民法院处理后又提出申诉的,如果没有新的充分理由,人民法院可以不再受理。

检察院对申诉的审查处理:当事人及其法定代理人、近亲属对已经发生法律效力的判决、裁定,认为有错误向检察院申诉的,检察院控告申诉部门、监所检察部门应当分别处理,依法审查,将审查结果告知申诉人。经审查,检察院认为人民法院已经发生法律效力的判决、裁定确有错误,具有《刑事诉讼法》规定的情形之一的,应当按照审判监督程序向人民法院提出抗诉。

(三)提起审判监督程序的主体

为了维护已经发生法律效力判决和裁定的严肃性和稳定性,《刑事诉讼法》对提起审判监督程序的主体及其权限作了明确的规定。

1. 各级人民法院院长和审判委员会。此处的“各级人民法院”,是指作出生效判决、裁定的人民法院。该人民法院院长对已经发生法律效力的判决和裁定,如果发现在认定事实上或者适用法律上确有错误,必须提交审判委员会处理。审判委员会经过讨论作出本院再审的决定。

2. 最高人民法院和上级人民法院。最高人民法院对各级人民法院已经发生法律效力的判决、裁定,上级人民法院对下级人民法院已经发生法律效力的判决和裁定,如果发现确有错误,可以指令下级人民法院再审;对于原判决、裁定认定事实正确,但是在适用法律上有错误,或者案情疑难、复杂、重大的,或者有其他不宜由原审人民法院审理的情况的案件,也可以提审。

3. 最高人民检察院和上级人民检察院。(1)最高人民检察院对各级人民法院已经发生法律效力的判决和裁定,上级人民检察院对下级人民法院已经发生法律效力的判决和裁定,如果发现确有错误,有权按照审判监督程序向同级人民法院提出抗诉。(2)对人民法院已经发生法律效力的判决、裁定需要提出抗诉的,由控告申诉部门报请检察长提交检察委员会讨论决定。人民检察院决定抗诉后,由审查起诉部门出庭支持抗诉。(3)最高人民检察院发现各级人民法院已经发生法律效力的判决或者裁定,上级人民检察院发现下级人民法院已经发生法律效力的判决或者裁定确有错误时,可以直接向同级人民法院提出抗诉,或者指令作出生效判决、裁定人民法院的上一级人民检察院向同级人民法院提出抗诉。(4)人民检察院认为人民法院已经发生法律效力的判决、裁定确有错误,具有下列情形之一的,应当按照审判监督程序向人民法院提出抗诉:①有新的证据证明原判决、裁定认定的事实确有错误的;②据以定罪量刑的证据不确实、不充分或者证明案件事实的主要证据之间存在矛盾的;③原判决、裁定适用法律确有错误的;④审判人员在审理该案件的时候,存在贪污受贿、徇私舞弊、枉法裁判行为的。

(四)提起审判监督程序的方式

提起审判监督程序的方式包括:决定再审、指令再审、决定提审和提出抗诉。

决定再审,是指各级人民法院院长对本院已经发生法律效力的判决和裁定,如果发现在认定事实或者适用法律上确有错误,经提交审判委员会讨论决定再审,从而提起审判监督程序的一种方式。它是各级人民法院对本院发生法律效力的判决和裁定提起审判监督程序所采取的方式。

指令再审,是指最高人民法院对各级人民法院已经发生法律效力的判决、裁定,上级人民法院对下级人民法院已经发生法律效力的判决、裁定,如果发现确有错误,可以指令下级人民法院再审,从而提起审判监督程序的一种方式。它是最高人民法院对各地方人民法院、上级人民法院对下级人民法院实行审判监督的一种方式。

决定提审,是指最高人民法院对各级人民法院发生法律效力的判决、裁定,上级人民法院对下级人民法院发生法律效力的判决和裁定,如果发现确有错误，需要重新审理，而直接组成合议庭，调取原审案卷和材料，并进行审判从而提起审判监督程序的一种方式。它是最高人民法院对地方各级人民法院、上级人民法院对下级人民法院已经发生法律效力的判决、裁定，向该院提起审判监督程序的方式。

提出抗诉，是指最高人民检察院对各级人民法院发生法律效力的判决和裁定，上级人民检察院对下级人民法院已经发生法律效力的判决和裁定，如果发现确有错误，向同级人民法院提出抗诉从而提起审判监督程序的一种方式。

（五）开庭审理、不开庭审理与不得加重刑罚的情形

最高人民法院《关于刑事再审案件开庭审理程序的具体规定（试行）》第5条规定："人民法院审理下列再审案件，应当依法开庭审理：（一）依照第一审程序审理的；（二）依照第二审程序需要对事实或者证据进行审理的；（三）人民检察院按照审判监督程序提出抗诉的；（四）可能对原审被告人（原审上诉人）加重刑罚的；（五）有其他应当开庭审理情形的。"第6条规定："下列再审案件可以不开庭审理：（一）原判决、裁定认定事实清楚，证据确实、充分，但适用法律错误，量刑畸重的；（二）1979年《中华人民共和国刑事诉讼法》施行以前裁判的；（三）原审被告人（原审上诉人）、原审自诉人已经死亡或者丧失刑事责任能力的；（四）原审被告人（原审上诉人）在交通十分不便的边远地区监狱服刑，提押到庭确有困难的；但人民检察院提出抗诉的，人民法院应征得人民检察院的同意；（五）人民法院按照审判监督程序决定再审，按本规定第九条第（五）项规定，经两次通知，人民检察院不派员出庭的。"第7条规定："人民法院审理共同犯罪再审案件，如果人民法院再审决定书或者人民检察院抗诉书只对部分同案原审被告人（同案原审上诉人）提起再审，其他未涉及的同案原审被告人（同案原审上诉人）不出庭不影响案件审理的，可以不出庭参与诉讼；部分同案原审被告人（同案原审上诉人）具有本规定第六条第（三）、（四）项规定情形不能出庭的，不影响案件的开庭审理。"第8条规定："除人民检察院抗诉的以外，再审一般不得加重原审被告人（原审

上诉人)的刑罚。根据本规定第六条第(二)、(三)、(四)、(五)、(六)项、第七条的规定,不具备开庭条件可以不开庭审理的,或者可以不出庭参加诉讼的,不得加重未出庭原审被告人(原审上诉人)、同案原审被告人(同案原审上诉人)的刑罚。"

第二节　审判监督程序辩护攻略

作为刑事辩护律师,要灵活掌握上述关于审判监督程序的基础知识,并在此基础之上掌握一些办案技巧,以达到尽快启动再审程序的目的。

一、明确再审程序中的申诉不同于上诉

两者的主要区别有以下几个方面:(1)对象不同。申诉的对象是已经发生法律效力的判决、裁定,可能是一审的也可能是二审的;而上诉的对象是尚未发生法律效力的一审判决、裁定。(2)适用主体的范围不同。申诉的主体是当事人及其法定代理人、近亲属、有利害关系的案外人;而上诉的主体是被告人、自诉人、附带民事诉讼当事人及其法定代理人。(3)受理机关不同。受理申诉的机关包括原审法院及其上级人民法院,也包括与上诉法院相对应的人民检察院;而上诉的受理机关只能是原审法院及其上一级法院。(4)期限不同。申诉的期限一般为刑罚执行完毕 2 年内;而上诉的期限,判决的上诉期限是 10 日,裁定的上诉期限是 5 日。(5)后果不同。申诉只是提起再审程序的一种材料来源,不能停止判决、裁定的执行;而上诉必然引起二审程序,导致一审判决、裁定不能生效。

二、注意申诉的时间、条件等程序

最高人民法院《关于规范人民法院再审立案的若干意见(试行)》第 10

条规定："人民法院对刑事案件的申诉人在刑罚执行完毕后两年内提出的申诉，应当受理；超过两年提出申诉，具有下列情形之一的，应当受理：（一）可能对原审被告人宣告无罪的；（二）原审被告人在本条规定的期限内向人民法院提出申诉，人民法院未受理的；（三）属于疑难、复杂、重大案件的。不符合前款规定的，人民法院不予受理。"

三、做好准备工作

申诉前的准备工作包括：

1. 收集证据。再审律师接受代理后，运用自己的专业经验收集两级法院审理过程中忽略的证据材料。比如，证明与两级法院认定不一致的案发时间、地点、目击证人、书证、物证、视听资料等证据，或者对于两级法院审理时的鉴定报告、伤情鉴定、尸检报告等技术性报告有合理的证据加以否定，尤其对于那些对案件事实有重大影响的证据要更加留意，只要有证据可以证明原审判决认定的事实有误，则比较容易启动再审程序，以更好地维护当事人的利益。

申请再审的启动并不是简单地明事辩理的问题，而是一种对国家司法权威的挑战，对于再审程序的不满必然会带到司法工作中，因此，在办理再审刑事案件时，律师一定要把握好法律的严格规定，不要有任何"触雷"的行为出现，也不要存在侥幸的心理，为了达到胜诉的目的而越过法律规定的红线。律师在办理再审案件时，取证一定要严格按照法律的规定进行。

2. 查找原审漏洞、矛盾。再审律师需要寻找原审案件证据之间的矛盾以及适用法律的错误。例如，有的证人言辞模糊，或证人属于间接证人，证据是传来证据，几次证言之间有矛盾。这就需要辩护律师查询相关的法律规定，对于法律规定的时效、矛盾之处有全方位了解，再审查原审判决适用的法律是否适当。

3. 了解审判程序有无违法行为。对原审理过程中审判人员有无违法的情形进行了解，如有此情形可以申请再审，或者了解原审审理过程中有没有违反程序的情形，以便为启动再审做准备。

四、提交材料

律师代理申诉案件主要工作是提交再审申请书。

1. 再审申请针对的是生效的判决、裁定。因此，再审申请书的内容比起诉状、上诉状复杂得多，要写明生效判决、裁定中的错误。应当从整体上思考，明确表达的中心思想，对所掌握的材料进行分类归纳。

2. 再审申请书的制作。刑事再审申请书由首部、请求事项、事实与理由和尾部组成。(1)首部。①文书名称。在文书上部正中写明文书名称“刑事再审申请书”。②再审申请人的基本情况。申请人为自然人的，写明其姓名、性别、出生年月日、民族、出生地、文化程度、职业或工作单位和职务、住址等。申请人为法人或者其他组织的，写明其名称、所在地址和法定代表人或者代表人的姓名、职务。法定代理人、近亲属代为申请的，申请人仍列当事人，另起一段写明代为申请人的基本情况，并注明其与申请人的关系。③申请事由。申请人因××案，对××人民法院20××年××月××日(20××)××字第××号刑事判决(或裁决)不服，提出再审申请。

(2)请求事项。即申请人申请再审的目的，应写得明确具体。例如，向原审人民法院的上级人民法院申请，希望上级人民法院提审，不希望指令原审人民法院再审的，请求事项应当写为：“请依法对本案提审，作出公正合法判决。”如果申诉人认为自己无罪，向原审人民法院申请的，请求事项应当写为：“请依法对本案进行再审，宣告申请人无罪。”

(3)事实与理由。事实与理由是再审申请书的关键部分，包括案件事实和申请再审的理由两部分，围绕人民法院重新审判的法定事由进行阐述。一方面，概述已经发生法律效力的判决和裁定的主要内容，即原裁判认定的事实和证据、裁判的理由和法律根据以及裁判的结果。另一方面，根据《刑事诉讼法》关于申请再审案件重新审判的有关规定，对原裁判存在的主要问题和错误进行分析论证，阐明申请再审的理由以求实现请求事项。这一部分主要从以下一个或者几个方面阐述：第一，原判决、裁定在认定事实上确有错误。主要是指原判决、裁定认定的主要事实或重大情节不清楚或者失实。第二，原判决、裁定在适用法律上确有错误，如有罪判无罪，无罪判有罪，混淆罪与非罪的界限；重罪轻判，轻罪重判，量刑不当等。第三，严重违反法律规定的诉讼程序，影响案件的正确裁判，例如，违反回避制度，审判组织的组成不合法等。第四，审判人员在审理案件中，有贪污受贿、徇私舞弊、枉法裁判的行为。

(4)尾部。①写明申请再审书送达的机关名称，即分行写明"此致×××人民法院"或"×××人民检察院"。附项写明"附：原审刑事判决(或裁定)×份"。最后，由申请人签名，注明年月日。②原生效刑事判决书、裁定书，经过人民法院复查后再审的，应当附有驳回通知书、再审判决书或裁定书。③以有新的证据证明原裁判认定的事实确有错误为由申请再审的，应当同时附有证据目录、证人名单和主要证据复印件或者照片。需要人民法院调查取证的应当附有证据的线索。但值得注意的一点，尽量不要把再审的希望落在证人证言上，因为证人证言的多变性可能使律师有涉嫌伪证罪的执业隐患。

五、注意事项

一般再审以开庭或者谈话方式审理，因此，再审律师在审理开庭或谈话前，应该做好准备，做到有的放矢。要先把再审的理由叙述清楚，思路明确，不要胡子眉毛一把抓，这样再审法官可能会梳理不清诉求；诉求要有针对性，申诉点要明确，不要将原审认定的而自己又没有异议的事实花大气力叙述，这些内容可以一笔带过或不讲，必须将要讲的部分突出。

第十四章　死刑复核程序中的辩护

死刑复核程序贯彻了“保留死刑、少杀慎杀”的死刑政策，具有纠正死刑错误、减少死刑适用的作用，是死刑案件的最后一道把关程序，体现了国家对于死刑适用的审慎的态度。死刑复核程序对于保障公民的人权和维护社会公平正义有着十分重要的意义。

通过死刑复核程序，可以保障死刑适用的正确性。一般来说，死刑案件较一般案件更为复杂，并且人死不能复生，死刑判决一旦执行就无法补救。因此，死刑案件比普通的刑事案件在一审、二审、再审的基础上，又增加了复核程序，并由最高人民法院核准，通过最高人民法院发现死刑适用中可能出现的错误并及时纠正，保障不应被判处死刑的被告人不被适用死刑，从而保证死刑判决的正确性，避免冤假错案的发生。

同时，死刑复核程序也是严格死刑适用、统一死刑适用标准的关键程序。所有的死刑案件都由最高人民法院进行复核，严格控制死刑案件的数量，并且从诉讼程序上保证死刑适用标准的统一，防止地区之间死刑适用的标准宽严不一致。

第一节　死刑复核程序概述

一、概念

死刑复核程序只适用于死刑案件。死刑是我国《刑法》中规定的最严厉的刑罚，存在于我国数千年，具有强烈的震慑性，现阶段对惩罚打击犯罪、预防犯罪和安抚民心有着重要作用。死刑剥夺的是被告人的生命权利，它对被告人造成的损害是所有刑罚中最大的，具有不可还原性。因此，死刑的适用十分慎重，一般只适用于罪大恶极的犯罪分子，并且死刑的判决和执行从程序上规定十分严格。

死刑复核程序是人民法院对被告人被判处死刑的案件进行核准所遵循的一种特殊审判程序。死刑复核程序贯彻了少杀、慎杀的原则，是刑事审判中重要的程序。近些年来，我国不断出台死刑适用的相关司法解释，对于死刑的适用越来越审慎。

二、相关法律规定

1998 年公布并施行的最高人民法院《关于执行〈中华人民共和国刑事诉讼法〉若干问题的解释》规定了死刑由最高人民法院核准，但依法授权高级人民法院核准的除外。对判处死刑的案件，复核后应当根据案件情形分别作出裁判，裁判结果有三种。对于原审判决认定事实和适用法律正确、量刑适当的，裁定予以核准；对于原审判决认定事实错误或者证据不足的，裁定撤销原判，发回重新审判；对于原审判决认定的事实正确，但适用法律有错误，或者量刑不当，不同意判处死刑的，应当改判；对于发现第一审人民法院或者第二审人民法院违反法律规定的诉讼程序，可能影响正确判决的，应当裁定撤销原判，发回第一审人民法院或者第二审人民法院重新审判。

2006 年，第十届全国人大常委会第二十四次会议通过了《全国人民代表大会常务委员会关于修改〈中华人民共和国人民法院组织法〉的决定》，将《人民法院组织法》第 13 条修改为："死刑除依法由最高人民法院判决的以外，应当报请最高人民法院核准。"从此，所有死刑案件复核都由最高人民法院核准。

2007 年，最高人民法院审判委员会第 1414 次会议通过了《关于复核死刑案件若干问题的规定》，该规定结合审判实践基础，为确保死刑案件审判质量作出了进一步的规定。之后，由于被最高人民法院《刑事诉讼法解释》的相关内容代替，2014 年最高人民法院《关于废止部分司法解释和司法解释性质文件（第十一批）的决定》废止了最高人民法院《关于复核死刑案件若干问题的规定》。

2012 年，最高人民法院审判委员会第 1559 次会议通过了《刑事诉讼法解释》，自 2013 年 1 月 1 日起施行。该解释第十五章对于死刑复核程序作出了具体规定。我国现行《刑事诉讼法》第三编第四章也从程序上专门对死刑复核作出了规定，保障死刑适用的严谨和慎重。

2013 年，最高人民法院印发《关于建立健全防范刑事冤假错案工作机制的意见》。该意见第 6 条明确规定，死刑案件，认定对被告人适用死刑的事实证据不足的，不得判处死刑。

2019 年，最高人民法院审判委员会第 1767 次会议通过了《关于死刑复核及执行程序中保障当事人合法权益的若干规定》。该规定对死刑复核程序中当事人权益的保护进一步完善。这也是我国刑事法律制度不断发展、实现法治的必然要求。

三、特点

死刑复核程序是我国刑事诉讼中的一项特别程序，具有以下特点：

1. 核准权专属性。我国死刑复核程序的主体是最高人民法院和高级人民法院。所有的死刑案件必须经过死刑复核程序，我国的死刑由最高人民法院核准。死刑复核的对象有两种：一种是被告人被判处死刑立即执行的刑事案件，另一种是被告人被判处死刑缓期二年执行的刑事案件。对于中级人民法院判处死刑的第一审案件，被告人不上诉的，应当由高级人民法院复核后，报请最高人民法院核准。对于中级人民法院判处死刑缓期二年执行的案件，由高级人民法院核准。只有经过死刑复核并且复核结果为核准的死刑判决才能发生法律效力。

2. 非公开性。目前，我国的相关法律没有规定死刑复核需要公开开庭审理，实践中，死刑复核阶段为不公开审理，最高人民法院复核死刑案件、高级人民法院复核死刑缓期执行的案件，由审判员三人组成合议庭进行，合议庭对报请死刑核准的案件卷宗进行书面审理。根据《刑事诉讼法》的规定，最高人民法院复核死刑案件，应当讯问被告人，辩护律师提出要求的，应当听取辩护律师的意见。在复核死刑案件过程中，最高人民检察院也可以向最高人民法院提出意见。由于采取的是非公开审理，所以没有控辩双方举证质证或者辩论的环节，合议庭如果对案件事实有疑问，一般会自行调查。这种情况下，控辩双方不能充分发挥作用。

3. 自动性。死刑复核程序具有自动性，与刑事案件的一审、二审、审判监督程序的被动型不同。一审、二审、审判监督程序采取的是不告不理原则，法院只有在检察机关提起公诉或者自诉人提起自诉的情况下才能启动刑事一审程序；法院只有在检察机关提起抗诉或者被告人、自诉人提起上诉的情况下才能启动刑事二审程序。而死刑复核程序的启动不需要检察机关提起公诉或者抗诉，也不需要被害人提起自诉或者被告人提起上诉，当一审法院作出死刑判决后，检察院在法定期限内没有提起抗诉并且被告人在法定上诉期内没有提起上诉，或者二审人民法院审理后仍作出死刑判决的，就自动启动死刑复核程序，法院就应将案件的卷宗资料逐级报送给有复核权的人民法院进行复核。

第二节　死刑复核阶段律师辩护的内容

刑事诉讼关系着被告人的切身利益，在司法实践中，死刑案件的被告人很多受教育程度低，法律知识匮乏，人民法院对于有可能被判处死刑的被告人应当为其指定辩护人，通过律师来为被告人辩护，提供专业的法律服务，最大限度地维护被告人的合法权益。对于被判处死刑的被告人来说，死刑复核是其最后一次辩护机会，所以在死刑复核阶段的辩护尤为重要。辩护律师在这个阶段可以做的工作主要有以下几方面。

一、向死刑复核的合议庭提交新发现的事实和证据

最高人民法院《刑事诉讼法解释》第 428 条第（5）项规定："复核期间出现新的影响定罪量刑的事实、证据的，可以裁定不予核准，并撤销原判，发回重新审判，或者依照本解释第二百七十一条的规定审理后依法改判。"一般的死刑复核案件，经过了一审或者二审，案件的不利证据都已经十分清楚，所以，律师可以有针对性地收集对被告人有利的证据，一旦发现可以影响定罪量刑的新证据，要及时提交给合议庭。这也是刑事律师行使辩护权利的基本形式。

二、向死刑复核合议庭提交专家意见书

有的死刑案件可能争议很大，这时可以寻求法学理论界的帮助，将理论联系实践，特别是一些法律界的泰斗，这些学者在法学理论上有着深厚的造诣，在司法机关办案时，司法人员和律师经常借助这些专家的帮助研究案件。在死刑复核案件中，律师可以与相关方面的专家学者进行研究探讨，将专家的意见汇集成法律意见书，提交到死刑复核的合议庭，供法官参考。

三、向死刑复核合议庭提交辩护意见

这也是律师在这个阶段辩护的主要方式。既可以针对案件的事实发表自己的看法,也可以对法律适用发表意见。一般来说,死刑复核案件在定罪上争议不大,争议的焦点往往在于是否适用死刑,因此,在死刑复核中律师做量刑辩护的比较多。律师提出有利于被告人的量刑情节,论证本方的量刑意见,希望合议庭采纳辩护意见,可以将案件发回重审,或者直接改判。

量刑辩护在死刑复核案件中十分重要,可以酌情考虑的量刑情节也有很多,包括自首、立功、被害人过错、被害人谅解等,辩护律师要主动收集有利于被告人的量刑情节。例如,某故意杀人案中,王某某杀害了李某某,王某某被法院判处了死刑并且到了死刑复核阶段,王某某及其家属积极赔偿被害人损失,获得了被害人家属的谅解并出具谅解书,并且王某某一向表现良好,律师可以提出,希望合议庭考虑给予王某某一个悔过自新的机会。有些律师的辩护意见只说"被告人认罪态度好,并且一向表现良好,希望合议庭给他一个改过自新的机会"这样一句话,就很单薄,缺乏说服力。律师的量刑建议一定要详细,晓之以理、动之以情,即使有些量刑情节可能已经在一审或者二审阶段提过了,但也有可能被法官忽略,所以,在死刑复核阶段还要强调。死刑复核阶段作为被告人的最后一次机会,律师要尽力阐述、论证有利于被告人的量刑情节,为其做有效辩护。

第三节　死刑复核阶段的辩护问题

目前,被告人的辩护权在死刑复核程序中已经得到了一定保障,但是实践中还存在一些问题,仍需解决并完善。

一、法律援助缺位

我国辩护律师在死刑复核阶段的参与度很低,大多数死刑案件的被告人

由于经济原因等并没有聘请律师，虽然最高人民法院《刑事诉讼法解释》第47条第2款规定："高级人民法院复核死刑案件，被告人没有委托辩护人的，应当通知法律援助机构指派律师为其提供辩护。"但在司法实践中，最高人民法院对于死刑复核案件的法律援助问题却没有得到全面落实，大部分死刑案件的被告人在死刑复核阶段无法获得法律援助律师辩护。并且，我国现行《法律援助法》中并没有关于死刑复核阶段法律援助的规定，即使死刑复核案件的被告人及其近亲属在死刑复核期间向法律援助机构申请法律援助，也很难被受理。

近年来，媒体曝光了一些震惊全国的刑事冤案，其中有被告人被判处了死刑。这些冤案的发生严重侵害了被告人的合法权益，并且无法挽回。死刑复核案件的被告人如果得不到法律援助就很难进行有效辩护，因此，死刑复核法院应该听取辩护律师的意见，提高律师在这个阶段的参与度，避免冤假错案的发生。

二、律师会见权难以保障

实践中，死刑复核阶段律师去看守所会见被告人时，有些看守所以种种理由阻碍律师会见。有些是出于安全和防范风险的考虑，因为已被判死刑的被告人往往情绪起伏大，担心律师会见后被告人情绪激动，故以法律没有明确规定律师可以在死刑复核程序期间会见被告人为由拒绝会见；还有的以律师在死刑复核阶段会见被告人需要得到最高人民法院的同意为由拒绝律师会见。特别是对死刑复核程序中刚介入案件的律师，会见被告人比较难，只能去找案件一审或者二审的辩护人了解案件情况。律师无法正常会见案件被告人，导致律师的辩护工作受到很大影响。

三、律师难以与法官直接沟通

最高人民法院《刑事诉讼法解释》第434条规定，死刑复核期间，辩护律师要求当面反映意见的，最高人民法院有关合议庭应当在办公场所听取其意见，并制作笔录；辩护律师提出书面意见的，应当附卷。但在司法实践中，辩护律师很难通过正常途径约见案件承办法官并沟通。

死刑复核程序对于律师来说并不透明。最高人民法院《关于死刑复核及执行程序中保障当事人合法权益的若干规定》第3条规定："辩护律师提交相关手续、辩护意见及证据等材料的，可以经高级人民法院代收并随案移送，也可以寄送至最高人民法院。"但在实践中，辩护律师很难知道下级法院是否已经报送案件材料，最高人民法院是否已经收到，案件具体被分到最高人民法院哪一个刑事审判庭，更无从知晓死刑复核合议庭法官的联系方式。律师想要和法官当面沟通，需要通过信访途径预约并提交相关资料，但仍难以与法官当面沟通。很多辩护律师转而采取直接向最高人民法院邮寄辩护意见的方式，并在邮寄材料中附上联系方式，但很少能得到法官的回复。

四、律师辩护意见难以得到回应

2013年，中央政法委发布了《关于切实防止冤假错案的规定》。该规定第9条规定："切实保障律师会见、阅卷、调查取证和庭审中发问、质证、辩论等辩护权利。人民法院、人民检察院、公安机关在侦查终结、审查起诉、死刑复核等环节，应当依法听取辩护律师的意见。对于被告人及其辩护人提出的辩解辩护意见和提交的证据材料，人民法院应当认真审查，并在裁判文书中说明采纳与否的理由。"但最高人民法院在死刑复核书中一般不载明律师辩护意见，也不予回应。实践中，刑事案件的一审、二审或者再审会在裁判文书中高度概括律师的辩护意见，并给出回应是否采纳。若没有采纳会给出不采纳的理由。但是，在最高人民法院的死刑复核书中可能仅仅提到一句"听取了辩护人的意见"，并不会载明辩护人的辩护意见，也不会给出不予采纳的理由。辩护律师在这个阶段做的工作很难体现，外界就更难看到律师在死刑复核阶段辩护的重要性。

死刑复核终结后，最高人民法院也不会将死刑复核结果通知律师，而是由受委托进行宣判的人民法院在宣判后5个工作日内将最高人民法院裁判文书送达辩护律师。实践中，发生过被告人已经被执行死刑，辩护律师却仍不知道被告人已被核准死刑的情形。这就使得辩护律师的处境非常尴尬。

第四节 如何实现死刑复核阶段的有效辩护

律师为死刑复核阶段的被告人辩护是《宪法》赋予被告人的权利，是保障已被判处死刑的被告人最后一次辩护的权利，也可以避免错杀、滥杀，是实体与程序公平正义的必然要求。律师在死刑复核阶段能够有效辩护，离不开法律的护航，法律规定得越详尽，律师的辩护权利越能得到保障。最高人民法院也非常重视保障律师依法行使辩护权，律师参与死刑复核阶段，可以确保案件质量并防止冤假错案的发生。2015年，最高人民法院印发了《关于办理死刑复核案件听取辩护律师意见的办法》，规定辩护律师在死刑复核案件中可以查询立案信息、查阅案卷材料、摘抄案卷材料、复制案卷材料、当面反映意见、提交书面意见、送达裁判文书、约见法官等权利。但总的来说，我国关于死刑复核程序的相关规定还是不够完善。对于死刑复核程序阶段的法律可以从以下几点完善。

一、完善死刑复核程序中的法律援助制度

2021年8月20日，第十三届全国人民代表大会常务委员会第三十次会议通过了《法律援助法》。该法第25条规定，申请法律援助的死刑复核案被告人，法院应通知法律援助机构指派律师担任辩护人。该法的实施解决了死刑复核阶段律师介入的问题。从理念到立法再到实践，法学界长期呼吁的死刑复核阶段法律援助制度已经成为现实。《法律援助法》施行后，死刑复核案由司法部法律援助中心指派律师提供法律援助。

为充分发挥辩护律师在死刑复核程序中的作用,切实保障死刑复核案件被告人的诉讼权利,最高人民法院、司法部于2021年12月30日联合印发了《关于为死刑复核案件被告人依法提供法律援助的规定(试行)》,该规定确立了最高人民法院死刑复核案件被告人依申请通知辩护制度,落实了《法律援助法》第25条的相关规定。死刑复核案件被告人依申请通知辩护制度是中国法律援助制度迈入新时代的一大亮点,也是最高人民法院统一行使死刑案件核准权后死刑复核程序的重大改革,是完善法律援助制度、强化人权司法保障的重要举措。

二、从立法上明确死刑复核期间律师的会见权、约见权

我国现有的法律并没有对律师在死刑复核阶段的会见作出明确规定,辩护律师在死刑复核阶段难以见到被告人。对此,首先要从立法上进行规定,律师在死刑复核期间的会见可以参照《刑事诉讼法》第39条的规定,律师持律师执业证书、律师事务所证明和委托书或者法律援助公函到看守所会见时,看守所应当及时安排律师会见,不得以各种理由阻碍辩护律师会见。此外,还可以通过公安部内部发文,落实各地看守所保障律师在死刑复核阶段的会见权利。

三、建议在复核文书中对辩护意见进行答复

司法实践中死刑复核裁定书的格式如下:

文书样式

××××人民法院

刑 事 裁 定 书

被告人______,性别____,年龄____,民族____,籍贯______,住址______。

工作单位、职业____,________年____月____日被逮捕。现在押。

人民法院审理××人民检察院指控被告人________犯__________罪案,于________年____月____日以(__)____字第____号刑事判决,认定被告人______犯有____罪,判处死刑,剥夺政治权利终身。宣判后,被告人____不服,提出上诉。____人民法院于________年____月____日以(____)____字第____号刑事判决,驳回上诉,维持原判,并依法报送本院复核。

本院依法组成合议庭,对本案进行了复核,依法讯问了被告人,听取了辩护律师意见。现已复核终结。

经复核确认:被告人______________________________。

上述事实,有____证实。被告人______亦供认。足以认定。

本院认为,被告人的____行为已构成____________________罪。犯罪情节恶劣,后果特别严重,社会危害极大,应依法惩处。第一审判决、第二审裁定认定的事实清楚,证据确实、充分,定罪准确,量刑适当。审判程序合法。依照《中华人民共和国刑法》第____条第____款之规定,并经本院审判委员会________年____月____日讨论决定,裁定如下:

核准______________人民法院(______)____字第____号维持第一审对被告人____________以__________________罪判处死刑,剥夺政治权利终身的刑事裁定。

本裁定自宣告之日起发生法律效力。

审判长

审判员

审判员

年　月　日

书记员

实践中,负责死刑核准的合议庭出具的复核裁定书中绝大多数忽略了律师意见,只是提及听取了辩护人的意见,并不载明律师的辩护意见,更不会写明是否采纳辩护意见以及不予采纳的理由。因此，建议最高人民法院或者高级人民法院在复核裁定书中针对律师的辩护意见进行说理，对于不予采纳的应当有理有据地说明，展示出合议庭的法律推理过程。这种对于律师辩护意见有针对性的说理，可以体现死刑复核决定的公正性，以及在处理死刑复核案件中的严谨性，同时有助于提高司法公信力。

四、提升律师辩护水平

现实中，由于死刑复核阶段的不透明性，不同于公开庭审，被告人及其家属看不到律师的工作，甚至有些律师在死刑复核阶段只是走个过场，准备不充分，并不认真对待。对此，无论是被告人委托还是法律援助的律师，都要首先端正态度，对自己严格要求，保障死刑复核阶段的辩护质量。死刑案件不同于一般刑事案件，对于被告人来说生死攸关，对律师的辩护水平也要求更高，律师的辩护水平对于死刑复核结果可能影响重大。

作者建议对从事死刑案件辩护的律师设置门槛，通过提高死刑案件辩护律师的专业水平来提高辩护质量，可以从办理刑事案件数量或者从业年限等方面进行限制，确保死刑案件辩护律师整体具有较高的职业素养。

第十五章　无 罪 辩 护

从辩护制度的发展演变来看，刑事辩护制度是法律专门设计出来监督、制衡乃至对抗公权力的角色，其诉讼价值在于均衡控辩双方的力量，从而保证案件得以查明，切实维护犯罪嫌疑人或被告人的合法权益。

无罪辩护在刑事辩护中难度最大且最为复杂。不言而喻，无罪辩护自身的意义重大，不仅直接关系着“保障无辜”目标的实现，而且对“查清事实”和“处罚有罪”起着间接的推动作用。无罪辩护是对辩护人能力和学识的巨大挑战，辩护人通过无罪辩护可以快速地提升专业技能。同时，无罪辩护也考验着整个社会的司法状况和发展水平，反映着我们生存环境的阴晴冷暖。

一次成功的无罪辩护，不仅最大限度地维护了被告人的合法权益，更可以弘扬法律公平正义的价值，提升司法公信力。无罪辩护贯彻了疑罪从无的精神，保障了被告人的基本人权，并可以制约公权力的滥用，防止司法腐败。这既是现代法治国家发展的必然要求，也充分反映了社会的司法文明程度。

第一节　无罪辩护概述

一、概念

无罪辩护，是指刑事诉讼过程中，辩护人针对控方的控诉进行辩驳，提出有利于犯罪嫌疑人或者被告人的意见，以获得无罪处理的诉讼活动。《刑事诉讼法》第37条规定："辩护人的责任是根据事实和法律，提出犯罪嫌疑人、被告人无罪、罪轻或者减轻、免除其刑事责任的材料和意见，维护犯罪嫌疑人、被告人的诉讼权利和其他合法权益。"无罪辩护从法律上得到了明确。

广义的无罪辩护贯穿于刑事诉讼的全过程，在侦查阶段、审查起诉阶段、庭审阶段都可以进行无罪辩护。狭义的无罪辩护主要指人民法院庭审阶段的无罪辩护。庭审阶段的无罪辩护结果只有两个：一是无罪辩护的意见得到法院支持，被告人被法院判决无罪；二是公诉人的诉求得到法院支持，被告人被判有罪。本书中涉及的无罪辩护是指广义上的无罪辩护。

近年来，随着司法改革进程的推进，无罪辩护越来越受到重视，我国也出台了关于无罪辩护的相关规定。2013年，最高人民法院印发了《关于建立健全防范刑事冤假错案工作机制的意见》，明确了要严格执行法定证明标准，强化证据审查机制。针对定罪证据不足的案件，应当坚持疑罪从无原则，依法宣告被告人无罪，不得降格作出"留有余地"的判决。

2020年，最高人民法院、最高人民检察院、公安部、国家安全部、司法部联合发布《关于规范量刑程序若干问题的意见》。该意见第15条规定："对于被告人不认罪或者辩护人做无罪辩护的案件，法庭调查和法庭辩论分别进行。""被告人及其辩护人参加量刑问题调查的，不影响作无罪辩解或者辩护。"

二、无罪辩护的法理基础

刑事辩护可以衡量一国刑事诉讼制度民主化和公正化的程度。而无罪辩护作为刑事辩护的典型形态,可以直观地反映一个国家(地区)刑事辩护乃至刑事法治发展水平。因此,开展无罪辩护,更需要有扎实的法学理论功底。

(一)无罪推定原则

无罪推定原则,即任何人在接受审判之前都不得被视为有罪,更不能被处以刑罚,这也是无罪辩护的首要法则。在这一原则之下,无罪辩护获得了生存土壤。只有在无罪推定原则下,才存在为当事人进行无罪辩护的空间,而且无罪推定是无罪辩护的首要生存根源。《刑事诉讼法》对无罪推定原则从立法上进行了肯定。《刑事诉讼法》第 12 条规定:"未经人民法院依法判决,对任何人都不得确定有罪。"这一规定体现了人权保障观念,由于理论上的重大突破和具体规定更加明确,只要证据不足,就不能认定犯罪嫌疑人或被告人有罪,辩护人就可以进行无罪辩护。

(二)犯罪嫌疑人、被告人有权获得辩护原则

犯罪嫌疑人、被告人有权获得辩护原则,是无罪辩护的法律依据。该原则从法律上确认了犯罪嫌疑人、被告人享有辩护权,并在诉讼中保障犯罪嫌疑人、被告人行使辩护权。我国法律赋予犯罪嫌疑人、被告人辩护权,并在制度和程序上充分保障其行使权利。《刑事诉讼法》规定了法律援助机构可以在法院、看守所等场所派驻值班律师,进一步保障了犯罪嫌疑人获得辩护的权利。自 2022 年 1 月 1 日起《法律援助法》正式施行,标志着我国法律援助事业进入了高质量发展的新阶段。《法律援助法》对扩大通知辩护范围、发挥值班律师法律帮助作用等作出了明确规定,为深化刑事案件律师辩护全覆盖试点工作提供了依据。为贯彻落实《法律援助法》,进一步加强刑事案件犯罪嫌疑人、被告人人权司法保障,2022 年 10 月 12 日,最高人民法院、最高人民检察院、公安部、司

法部联合出台了《关于进一步深化刑事案件律师辩护全覆盖试点工作的意见》。该意见改变了过去犯罪嫌疑人、被告人获得辩护率低的现实状况，有效贯彻落实了有权获得辩护原则，对维护当事人合法权益，促进司法公开、公平、公正，彰显我国社会主义民主法治事业进步，具有重大的历史和现实意义。

(三)诉讼模式的变革

诉讼模式的改革也为无罪辩护提供了广阔的空间。我国庭审制度改革后，形成了以职权主义模式为基础，吸收当事人主义模式的合理因素，强化辩论性和对抗性的具有中国特色的诉讼模式。控辩双方地位基本趋于平等，辩护人在庭上有比较充分的质证权、辩论权。

当前，以审判为中心的诉讼制度改革，要求侦查、审查起诉的案件事实证据必需经得起审判的检验。而以控辩对抗式为特征的当事人主义诉讼模式，必然要求在侦查阶段、审查起诉阶段和审判阶段的公、检、法必须足够重视、倾听辩方的意见，才能共同构筑科学合理的侦控辩的刑事诉讼模式，通过平等的控辩对抗，实现公正审判的目的。审判通过辩方非法证据排除等辩护，倒逼侦查、起诉规范，从而给侦查、起诉提供重要的借鉴和指引。

三、无罪辩护的特征

无罪辩护，在任何国家都是难度最大也是效果最好的辩护，推翻指控、认定无罪，被称为刑事辩护皇冠上最璀璨的明珠。

(一)对抗性最强

无罪辩护是刑事辩护中对抗最强的辩护。一方面是源于双方没有重叠一致的地方，针对指控事实，在基本证据相同的情况下，观点完全对立，没有回旋空间和妥协余地；另一方面是无罪辩护一旦实现，不仅意味着刑事诉讼前期的工作消弭于无形，而且面临着国家赔偿和错案追究。

(二)竞技性最强

鉴于无罪辩护的上述对抗性特征,对无罪辩护律师提出了更高的专业能力要求,而且对辩护人的心理素质、应变能力、表达能力、沟通能力、控场能力等方面提出了全方位的要求。一位优秀的律师是一个出色的演员,他必须将自己深厚的理论知识、丰富的实操经验、机敏的反应能力和善于雄辩的口才融入对案件事实和法律的认识评价和判断上,通过一种直观的形式达到说服办案人员、说服合议庭成员的结果。因此,刑事辩护的竞技性也是法律业务中最强的。

(三)风险性最高

由于刑事辩护对抗性很强,双方几乎没有回旋空间和妥协余地,经常会引起办案机关转移矛盾,由对涉案当事人犯罪事实的抗辩,转变为控辩双方意志的较量,这可能会给辩护人带来较高的执业风险。

第二节　无罪辩护分类

一、按照刑事诉讼的阶段分类

按照刑事诉讼的一审阶段分类,无罪辩护可以分为四类。

1. 侦查阶段的无罪辩护,是指通过律师的辩护活动达到侦查机关作出不立案或撤销案件、不追究或者终止追究刑事责任的处理结果。律师根据《刑事诉讼法》第 16 条的规定,如果认为犯罪嫌疑人的行为符合该条适用的情形,对于刑事诉讼立案前审查阶段已经发现的,可以要求侦查机关作出不立案决定;对于侦查阶段发现的,可以要求侦查机关撤销案件。侦查机关如果认为案件符合不立案或者撤案的规定,则应作出不立案或撤案处理,并制作不立案或撤销案件决定书,不追究或者终止追究犯罪嫌疑人的刑事责任。

2. 审查起诉阶段的无罪辩护,是指通过律师的辩护活动,达到检察院作出不起诉决定或者使检察院将案件退回补充侦查的效果。律师根据《刑事诉讼法》第 16 条、第 177 条及《人民检察院办理不起诉案件质量标准(试行)》等关于不起诉的法律规定,经过分析认为案件符合不起诉条件的,应当书面向检察院提出《呈请不予起诉法律意见书》,并和检察官沟通,争取让检察院作出不予起诉的处理结果。

3. 审判阶段的无罪辩护,是指通过律师的辩护活动,达到法院判决无罪的效果。根据《刑事诉讼法》第 200 条的规定,无罪判决的情况有两种:一是依据法律认定被告人无罪的,应当作出无罪判决;二是证据不足,不能认定被告人有罪的,应当作出证据不足、指控的犯罪不能成立的无罪判决。因此,律师应根据这两种情况对案件进行分析,确定辩护思路、收集对被告人有利的证据,并将事实依据、证据和法律依据写入辩护词提交给审判庭,争取法院采纳律师的辩护意见,对被告人作出无罪判决。

4. 终止追究刑事责任的辩护。解除、撤销拘留或者逮捕措施后虽尚未撤销案件、作出不起诉决定或者判决宣告无罪,符合下列情形之一的,属于“终止追究刑事责任”的法定情形:(1)《国家赔偿法》第 17 条规定:“行使侦查、检察、审判职权的机关以及看守所、监狱管理机关及其工作人员在行使职权时有下列侵犯人身权情形之一的,受害人有取得赔偿的权利:(一)违反刑事诉讼法的规定对公民采取拘留措施的,或者依照刑事诉讼法规定的条件和程序对公民采取拘留措施,但是拘留时间超过刑事诉讼法规定的时限,其后决定撤销案件、不起诉或者判决宣告无罪终止追究刑事责任的;(二)对公民采取逮捕措施后,决定撤销案件、不起诉或者判决宣告无罪终止追究刑事责任的……”

(2)最高人民法院、最高人民检察院《关于办理刑事赔偿案件适用法律若干问题的解释》第 1 条规定:“赔偿请求人因行使侦查、检察、审判职权的机关以及看守所、监狱管理机关及其工作人员行使职权的行为侵犯其人身权、财产权而申请国家赔偿,具备国家赔偿法第十七条、第十八条规定情形的,属于本解释规定的刑事赔偿范围。”第 2 条规定:“解除、撤销拘留或者逮捕措施后虽尚未撤销案件、作出不起诉决定或者判决宣告无罪,但是符合下列情形之一的,属于国家赔偿法第十七条第一项、第二项规定的终止追究刑事责任:(一)办案机关决定对犯罪嫌疑人终止侦查的;(二)解除、撤销取保候审、监视居住、拘留、逮捕措施后,办案机关超过一年未移送起诉、作出不起诉决定或者撤销案件的;(三)取保候审、监视居住法定期限届满后,办案机关超过一年未移送起诉、作出不起诉决定或者撤销案件的;(四)人民检察院撤回起诉超过三十日未作出不起诉决定的;(五)人民法院决定按撤诉处理后超过三十日,人民检察院未作出不起诉决定的;(六)人民法院准许刑事自诉案件自诉人撤诉的,或者人民法院决定对刑事自诉案件按撤诉处理的。赔偿义务机关有证据证明尚未终止追究刑事责任,且经人民法院赔偿委员会审查属实的,应当决定驳回赔偿请求人的赔偿申请。”

二、按照实体和程序分类

按照依据的法律类型可以分为实体性无罪辩护和程序性无罪辩护。

(一)实体性无罪辩护

所谓实体性无罪辩护,是指在一个刑事案件中,辩护人从事实与法律适用的角度寻找根据,为案件的被告人做无罪的辩护。实体性无罪辩护又可以分为案件的事实无罪辩护、证据无罪辩护和法律适用无罪辩护。

事实无罪辩护,是指辩护人以被告人不存在犯罪事实或者不存在法定犯罪构成事实为由进行的无罪辩护。刑事案件中的事实是法律事实,不同于客观事实,法院认定的事实是案件发生后通过证据支撑起来的事实。由于在刑事案件中,公诉机关负有对嫌疑人有罪的举证责任,辩护律师只需要在公诉机关的案卷中认真研究,尤其是在案卷事实和被告人事实不一致的地方,找到突破口推翻公诉机关认定的案件事实。如果案件事实都不存在,那么就失去了刑罚的根本。

证据无罪辩护,是指辩护人通过综合全案证据情况,论证公诉人没有达到法定证明标准的辩护活动,旨在追求达到指控犯罪事实不清、证据不足,指控罪名不能成立的目的。2013 年,中共中央政法委发布《关于切实防止冤假错案的规定》，明确要严格执行法定的证明标准。只有被告人供述，没有其他证据的，不能认定被告人有罪和处以刑罚。对于定罪证据不足的案件，应当坚持疑罪从无原则，依法宣告被告人无罪，不能降格作出“留有余地”的判决。证据无罪辩护始终贯彻疑罪从无和证据裁判原则，最大限度地实现了尊重法律、保障人权的原则。

法律适用无罪辩护，是指辩护人根据公诉机关对被告人所指控犯罪适用法律的理解，论证公诉机关指控犯罪或者指控罪名不能成立的无罪辩护。例如，王某某盗采某单位的砂石并变卖，被公安机关以盗窃罪立案侦查。而万某某曾向王某某介绍拉砂车辆被公安机关以盗窃罪的共犯立案。万某某的辩护律师通过调查发现，该案定性为盗窃罪不当，该行为涉嫌非法采矿，但涉案金额尚未达到该罪的立案标准，因而无罪。该案的律师进行无罪辩护并得到了法院支持。这就是通过对于适用法律有不同的理解，达到无罪辩护的效果。

（二）程序性无罪辩护

程序性无罪辩护，是指以《刑事诉讼法》为依据，辩护人指出刑事办案人员在侦查、起诉或者审判过程中严重违反了有关《刑事诉讼法》的规定，或者在办案过程中有严重侵犯犯罪嫌疑人或者被告人基本权利的行为，从而否定某一证据的有效性或者某一诉讼行为的有效性，将侦查人员、检察官和法官的行为置于被审查的境地，达到阻却犯罪指控、维护被告人合法权益的目的。

程序性的无罪辩护旨在维护程序的公平正义，而刑事案件的程序正义是实现维护法律公正不可或缺的重要组成部分。根据《刑事诉讼法》第56条第1款的规定：“采用刑讯逼供等非法方法收集的犯罪嫌疑人、被告人供述和采用暴力、威胁等非法方法收集的证人证言、被害人陈述，应当予以排除。收集物证、书证不符合法定程序，可能严重影响司法公正的，应当予以补正或者作出合理解释；不能补正或者作出合理解释的，对该证据应当予以排除。”例如，侦查机关通过刑讯逼供得到了被告人的有罪供述，即使该供述从客观上来说是真实的，为了实现维护程序正义的目的，根据非法证据排除规则，该供述也不得作为证据。实体正义和程序正义，两者相辅相成、相互促进，都是司法公正的有机统一。在追求司法公正的过程中，坚持程序正义是维护司法公正的必要手段，即使会出现疏漏和不足，但瑕不掩瑜。如果程序公正都无法保障，那么司法的公正更无从谈起。

第三节　无罪辩护的策略和技巧

无罪辩护的策略和技巧，是指辩护人为追求犯罪嫌疑人或被告人被无罪处理的结果，通过事实和法律两方面的应用予以实现。

一、刑事辩护的职业定位和行为准则

刑事辩护律师必须深刻认识到其法定职责，并正确把握律师与犯罪嫌疑人、被告人之间的关系。除法律有特殊规定以外，刑辩律师在履行辩护职责时不得违背犯罪嫌疑人、被告人的意志，损害他们的利益，这也应当是刑辩律师遵循的职业伦理和行为准则。

二、无罪辩护的理论基础和实操经验

刑事辩护律师在无罪辩护时，必须熟练掌握和运用犯罪理论，尤其是犯罪构成理论，特别要熟练把握常见多发罪的罪与非罪、此罪与彼罪的界限，并将相关立法、司法解释了然于胸，以此为据，从充分维护犯罪嫌疑人、被告人的合法权益和维护实体公正的角度进行辩护。

三、熟稔刑事诉讼程序，充分利用刑事诉讼程序进行无罪辩护

作为一名刑辩律师，不仅要能从实体上维护犯罪嫌疑人、被告人的合法权益，还要能从程序上维护犯罪嫌疑人、被告人的合法权益。这就要求刑辩律师

在刑事诉讼过程中，能够熟练地掌握和运用刑事程序法，切实维护犯罪嫌疑人、被告人的诉讼权利。

四、熟练掌握和运用刑事辩护的各种基本技能和技巧

在整个刑事诉讼过程中，辩护律师在接受委托后要开展以下工作：

1. 研究涉嫌或者被指控犯罪的相关法律法规、案例以及学术著作、论文。

2. 主动、及时地会见犯罪嫌疑人。会见犯罪嫌疑人的意义和作用在于通过会见建立和案件当事人的链接，掌握案件的枢纽；及时制止当事人合法权益被侵害情形进一步发生，为被羁押的当事人筑牢保障合法权益的心理防线；尽力避免继续被办案机关不当误导；了解核实全案事实，找出有利于当事人的辩点。

通过会见要掌握以下内容：了解本案的基本事实，提炼建构的法律事实，逐步确定辩点；就本案事实证据及其证据线索进行核实，为下一步阅卷、调查取证和开庭等做好准备工作；向当事人解释涉案法律规定，对本案进行初步分析；告知本案法律程序以及实务中办案机关的办案手法和特点，提醒本案当事人不同阶段的注意事项。

3. 认真查阅案卷、梳理案件的事实和证据。辩护人进行无罪辩护首先要查阅案、了解案情，这是无罪辩护的前提，一定要认真细致。通过阅卷，对侦查卷宗中的证据甄别、解构、重构；审查侦查案卷中呈现的法律事实是否充分反映、还原了案件的原本事实，包括定罪和量刑；审查适用全案法律；了解案件是否存在管辖、非法取证等程序违法；删繁就简、抽丝剥茧、去伪存真。

4. 主动收集、发现和出示被告人无罪的证据。为被告人做无罪辩护时，主要从以下几方面收集证据：(1)当事人没有实施犯罪行为的证据；(2)被告人行为情节显著轻微、危害不大，不认为是犯罪的证据；(3)收集阻却犯罪成立的证据，如正当防卫、紧急避险的证据；(4)收集、发现、出示不符合犯罪构成事实的证据，如犯罪构成中主体、客体等证据；(5)收集、发现、出示刑法总论中规定不构成犯罪的几种情形的证据，如特赦、时效等证据；(6)收集、申请调取涉案行为系合法行为的证据；(7)核实、补充相关证人证言的证据或者证据线索；

(8)申请重新补充鉴定的证据；(9)指控犯罪事实不构成犯罪的专家意见。

5. 开庭前一定要会见被告人，并为其做庭前辅导。做庭前辅导，首先考虑排除非法证据。非法证据排除，是指采用刑讯逼供等非法手段取得的犯罪嫌疑人、被告人供述和采用暴力、威胁等非法手段取得的证人证言、被害人陈述，经依法确认，应当予以排除，不能作为定案的根据。检察院对于非法言词证据应当予以排除，不能作为批准逮捕、提起公诉的根据。

在法庭调查过程中，被告人有权提出其审判前供述是非法取得的意见，并提供相关线索或者证据。程序启动后，法庭应当进行审查。合议庭对被告人审判前供述取得的合法性没有疑问的，可以直接对起诉指控的犯罪事实进行调查；对供述取得的合法性有疑问的，则由公诉人对取证的合法性举证。并且，开庭时律师的发问要注意技巧，发问目的是将有利于本案被告人的事实查清楚。发问中要坚持有利于被告人、“明知故问”、确保法庭聆听记录等原则。

举证质证阶段，律师要在质证前准备好阅卷笔录或者质证意见一览表。质证举证要围绕证据的真实性、合法性和关联性“三性”进行；质证要具体、到位；要有比对、有结论；要突出与发问环节印证的证据及相关内容；质证仅限于质证的证据本身，不宜展开。此外，律师还要在开庭前三天向法院提交自己收集的证据；提前准备证据清单，列明证据来源、证明内容、证明目的等。庭审中，按清单列举顺序进行举证。

庭审辩论阶段，律师辩论要先声夺人，亮明辩护观点，后再围绕辩点陈述事实和理由；分类分层发表意见，不要超过四类四层；分阶段辩护，各有侧重，首轮辩护先立后驳，立驳结合，第二轮至以后的辩护，以驳为主；事实、证据分开陈述。

案例链接

笔者执业二十年，深耕刑事无罪辩护领域，至今承办的无罪辩护案例达123起，其中不乏在国内产生较大影响的经典案例，如刘某连涉嫌故意杀人案和李某兴涉嫌故意杀人案，两案例分别从实体和程序方面进行辩护，取得了良好的辩护效果。

案例1.实体性无罪辩护——李某兴涉嫌故意杀人案

案情介绍:2003年5月30日上午,被告人李某兴看到原村支书李某义家的羊啃了自家枣树很生气,便找其理论,但李某义态度非常蛮横,当晚被告人李某兴余怒未消,带着一把斧子来到李某义的枣树地里,砍毁了李某义家的四棵枣树。6月6日傍晚,被告人李某兴被公安机关传唤后回到村里,想到李某义还要整自己,更加生气,便到现任村支书、治保主任等家里收集原支书涉嫌违法乱纪的材料,准备检举揭发他。但当晚12时许,现任村支书李某行在看护晾在别人家宅基地上刚收获的麦子时遇害。

公安机关立案后,很快锁定了李某兴具有重大犯罪嫌疑,并对其采取了人身强制措施,于3天后取得了被告人李某兴的有罪供述。根据李某兴口供,公安机关认定其实施了犯罪的事实,后侦结本案移送C市检察院审查起诉,C市检察院根据公安机关的侦查事实顺利将本案起诉至C市人民法院。根据C市检察院的起诉意见,C市人民法院于2003年10月17日,作出河北省C市中级人民法院(2003)沧刑初字第169号刑事附带民事判决书,支持了C市检察院的全部指控意见,认定:2003年6月6日,被告人砍了原村支书李某义的枣树被公安机关传唤后,怀疑是现任村支书李某行报的案,又想起自己和现任村支书的矛盾,便产生了杀害李某行之念。当晚12时许,被告人李某兴来到本村李某行的新房处,找到了正在露天看麦子的李某行,见其正熟睡在屋檐下的晾台上,即随手拿起一根木棍,朝正在熟睡的李某行头部猛砸了一棍,致被害人颅骨凹陷性骨折、颅底骨折、颅内出血,颅内压升高,压迫抑制生命中枢死亡。该判决认为,被告人李某兴实施杀人的行为事实清楚,证据充分,依法构成故意杀人罪,判处其死刑,剥夺政治权利终身,并赔偿附带民事诉讼原告人经济损失10700元。

办理结果:本案一波三折,历经两级法院四次审理,从被控故意杀人、两次被判处死刑到终获无罪释放,羁押915天的64岁老人经历了"生死两重天"。本案经过笔者两年半的三次辩护和两次代理,将看似环环相扣的有罪证据各个击破,河北省高级人民法院最终采纳了辩护人的观点,宣告被告人无罪,并给予被告人国家赔偿。本案引起了全国轰动,包括中央电视台、东方卫视、《中国青年报》等有影响力的主流媒体予以关注和报道,被司法部评为"全国优秀法律援助案例"之一,笔者也因此获选石家庄市2005年度"感动省城十大人物"之一。该案的成功辩护对实践"疑罪从无"的先进司法理念有着里程碑式的意义。

案情分析:本案辩护成功的关键在于辩护人紧紧抓住了案中除了被告人供述没有其他证据与被告人口供相互印证形成证据链条,基于此,进行了卓有成效的实体辩护。辩护人通过大量调查取证、无数次会见被告人,通过被告人口供、现场勘察笔录、证人证言等证据反复对比、调查试验等手段,从一审判决认定的被告人犯罪动机、作案过程、被告人口供效力等方面入手,不放过包括被告人供述的作案时自然环境、作案后的凶械丢弃位置以及口供形成的时间等每一个细节,在看似严谨的证据链条中,发现了破绽,撕开证据之间"裂口",由此发现证据之间或同一证人先后证言之间存在矛盾,以及侦查机关违法取证的线索,据此对被告人口供提出了有力的质疑,疑点各个击破,直至从根本上瓦解了一审判决认定的事实基础,取得了理想的辩护效果,使被冤关押两年半的被告人终于无罪获释!

案例2. 偏重程序性无罪辩护——刘某连涉嫌故意杀人案

案情介绍:2006年3月22日中午,被害人放学后到其姑姑家吃午饭,后途经被告人家门口,再回到自己家中又吃了一碗面条再去上学,到校后不久便出现抽搐、口吐白沫等中毒症状,后经抢救无效于当日深夜死亡,经法医鉴定为毒鼠强中毒致死。同一天上午,被告人刘某连到同村蒋某坡家参与村主任竞选活动,中午在蒋某坡家吃过饭后,回到自己家取了洗澡用品再到村东头公共浴池洗澡。

2006年4月25日,侦查机关通知包括被告人刘某连在内的16位村民到W县旅游宾馆做心理测试。被告人作为第三个被测试对象,接受测试时显示心理异常,遂被侦查机关锁定为投鼠药杀害被害人的犯罪嫌疑人,并于当日对其实施刑事拘留。接下来,侦查机关在日升大酒店206房间经过侦讯,于4月28日获取了被告人的有罪供述,4月29日晚被告人刘某连被侦查机关移送至W县看守所。2006年4月29日,当地基层检察院以故意杀人罪批准逮捕刘某连。2006年10月8日,H市人民检察院以故意杀人罪向H市中级人民法院提起公诉。2009年8月17日,H市中级人民法院认定刘某连为泄私愤,毒杀幼童,其行为已构成故意杀人罪,应予严惩,以刘某连犯故意杀人罪判处其死刑,缓期二年执行,剥夺政治权利终身,赔偿附带民事诉讼原告人经济损失12233.7元。一审判决后刘某连不服,向河北省高级人民法院提起上诉。

办理结果:2009年10月,笔者接受河北省法律援助中心指派,为被告人提供二审法律援助,笔者的无罪辩护意见引起了二审法院的重视。2009年12月4日,河北省高级人民法院以本案事实不清、证据不足为由撤销H市中级人民法院(2006)H市刑初字第139号刑事附带民事判决书,将本案发回H市中级人民法院重新审理。重审期间,H市人民检察院向H市中级人民法院申请撤回起诉。2010年9月29日,H市中级人民法院作出(2010)H市刑初字第22号刑事裁定,准许H市人民检察院撤诉。H市人民检察院将该案移送W县人民检察院。W县人民检察院于2010年12月14日向W县人民法院提起公诉,经康律师的层层程序性辩护,终于促使本案走向正轨,检察院后申请撤回起诉,W县人民法院裁定准予撤回起诉,W县人民检察院将该案移送至H市人民检察院。2011年8月7日,H市人民检察院做出冀H市检刑不诉字〔2011〕1号不起诉决定,认为刘某连故意杀人犯罪的证据不足,不符合起诉条件,依照《刑事诉讼法》第140条第4款的规定,决定对刘某连不起诉。当日刘某连被释放。此后,笔者又两次代理刘某连申请国家赔偿,帮助其取得了全额赔偿款项。至此,历时两年多,六个诉讼阶段的辩护尘埃落定,画上了一个圆满的句号。

案情分析:本案从一审判处死刑到二审高院发回重审,再至检察院撤回起诉到案件匪夷所思的“降级起诉、审理”,被羁押5年有余的被告人面临司法审判实体与程序的双重不公。辩护律师在案件发回重审阶段紧扣证据,为被告人作实体辩护,在面临对当事人极为不利的“降级审理”严峻局面下,反守为攻,对司法程序中出现的严重错误据理力争,进行程序辩护,终使本案回归法律轨道,命悬一线的刘某连也绝路逢生,无罪获释。辩护人运用虚实结合两个层面的辩护体现了审时度势的把控能力和高超的辩护技巧,反映了辩护律师对生命权利和法律程序的尊重和敬畏。本案是国内少见的刑事案件程序辩护无罪成功案例。

第十六章　特 殊 辩 护

未成年人是国家的未来与希望,未成年人犯罪不仅是法律问题,更是社会问题,因此,未成年人犯罪是每个国家都十分关注的问题。在未成年人刑事案件中,律师的有效辩护显得非常重要,这是保障未成年人基本权利的重要力量。

2021 年 6 月 1 日正式施行的《未成年人保护法》是我国在未成年人司法保护方面的最新成果。同时,我国未成年人司法保护工作还存在诸多需要完善之处。这是一个不同于成年人的特殊群体,未成年人的认知和控制能力相较成年人欠缺,心智也不成熟,刑事责任能力相对较低,相应地,对未成年人犯罪的刑事辩护也有其特殊性。律师对未成年人进行辩护不仅是刑事诉讼领域的问题,也是法律援助以及未成年人保护的重大问题,需要有爱心、责任心的专业人才,在专业化的辩护策略指导下,才能最大限度地保障未成年人的合法权益,构建体系化的未成年人司法保护路径,撑起未成年人司法保护之伞,为未成年人提供全面的司法保护。

第一节 未成年人刑事案件的辩护

“善良的心是最好的法律。”律师在未成年人刑事案件中的有效辩护，促成合情、合理、合法的裁判结果，在个案中彰显司法温度和人性的光辉，实现教育、感化、挽救未成年人的价值追求，最大限度地实现政治效果、法律效果和社会效果的统一，为未成年人保护事业贡献力量，律师责无旁贷且大有可为。

一、未成年犯罪案件概述

未成年人犯罪是相对于成年人犯罪而言的，指的是 18 周岁以下的人犯罪，它在刑事责任认定和刑罚适用上与成年人犯罪有着明显的区别。

（一）概念

未成年人犯罪，是指已满 12 周岁不满 18 周岁的未成年人实施了犯罪行为，该行为触犯了《刑法》并且按照法律规定应当负相应的刑事责任。未成年人是一个特殊的群体，未成年人犯罪不仅是法律问题，更是整个社会的问题，也是每个国家都很关注的问题。

1991 年我国出台了《未成年人保护法》，旨在保护未成年人的身心健康，保障未成年人的合法权益，并于 2006 年修订、2012 年修正、2020 年修订。为了预防未成年人犯罪，1999 年又出台了《预防未成年人犯罪法》，并于 2012 年修正、2020 年修订。其中，2020 年修订中将未成年人的偏常行为分为不良行为、严重不良行为、犯罪行为等由轻及重的三个等级，针对不同的等级采取相应的措施，以期更好地保护、关爱未成年人。

（二）未成年人犯罪刑事责任年龄的法律规定

未成年人由于各方面还不成熟，自身的控制和辨别能力都达不到成年人的标准，根据罪责刑相适应原则，未成年人承担的刑事责任也不同于成年人。根据未成年人身心发展规律以及认识和实践能力，一般对未成年人的刑事责任年龄划分为完全负刑事责任年龄阶段、相对负刑事责任年龄阶段和完全不负刑事责任年龄阶段。

1. 完全负刑事责任年龄阶段。《刑法》第 17 条第 1 款规定："已满十六周岁的人犯罪，应当负刑事责任。"因为已满 16 周岁的未成年人从生理和心理上已经发展比较健全，对于事物的辨别能力和对自身行为的控制能力已经比较成熟，已经具备了《刑法》要求的辨认或者控制自己行为的能力。因此，他们应当为自己的行为负全部责任。

2. 1997 年《刑法》规定了已满 14 周岁不满 16 周岁的人，犯故意杀人、故意伤害致人重伤或者死亡、强奸、抢劫、贩卖毒品、放火、爆炸、投毒罪的，应当负刑事责任。近年来，未成年人犯罪呈现低龄化趋势，如 2019 年"10·20 大连故意杀人案"引起社会的广泛关注，[1]未成年人极端犯罪不被追究刑事责任引发公众激烈争论，越来越多的人呼吁修改《刑法》，降低刑事责任年龄。

2020 年 12 月，第十三届全国人民代表大会常务委员会第二十四次会议通过了《刑法修正案（十一）》，将《刑法》第 17 条修改为："已满十六周岁的人犯罪，应当负刑事责任。已满十四周岁不满十六周岁的人，犯故意杀人、故意伤害致人重伤或者死亡、强奸、抢劫、贩卖毒品、放火、爆炸、投放危险物质罪的，应当负刑事责任。已满十二周岁不满十四周岁的人，犯故意杀人、故意伤害罪，致人死亡或者以特别残忍手段致人重伤造成严重残疾，情节恶劣，经最高人民检察院核准追诉的，应当负刑事责任。对依照前三款规定追究刑事责任的不满十八周岁的人，应当从轻或者减轻处罚。因不满十六周岁不予刑事

---

〔1〕 2019 年 10 月，大连市沙河口区发生一起故意杀人案，年仅 10 岁的受害者王某被残忍杀害，公安机关侦查后抓获了犯罪嫌疑人蔡某某，蔡某某对杀害王某的作案事实供认不讳，但因为蔡某某年仅 13 岁，依法不予追究刑事责任，仅被收容教养。

处罚的，责令其父母或者其他监护人加以管教；在必要的时候，依法进行专门矫治教育。”也就是说，在《刑法修正案(十一)》施行后，只要公民在犯罪行为发生时年满12周岁，同时其行为满足了该条规定的要求，经最高人民检察院核准追诉，就要负相应的刑事责任。这意味着刑事责任年龄下调到12周岁。该规定回应了社会的现实需求，填补了未成年犯罪预防的薄弱点，同时，因为其身心发展的确不成熟，法律规定年满12周岁的未成年人只对几种恶性犯罪行为负法律责任，并须经最高人民检察院核准后才能追诉，充分体现了国家对未成年人保护的重视。

3. 完全不负刑事责任年龄阶段。不满12周岁的未成年人，属于完全不负刑事责任年龄阶段。因为不满12周岁的未成年人生理和心理都尚不健全，没有辨认或者控制自己行为的能力，对于这个阶段的未成年人主要以保护、教育为主，不要求他们对自己的行为负法律责任。

二、未成年人刑事犯罪的特点和处理原则

近年来我国未成年刑事犯罪的相关数据显示，未成年犯罪呈现年龄小、受教育程度低、团伙作案、性质恶劣的发展趋势，且主要集中在盗窃、抢劫、强奸和故意伤害这四种案件类型。“教育为主，刑罚为辅”是我国处理未成年人犯罪的总体原则。所谓“教育为主”，即对违法犯罪的未成年人不能一审一判了之，应该立足挽救改造教育。所谓“惩罚为辅”，即对未成年人案件的处理，在强调德治的基础上，辅之以法治。我国处理未成年人犯罪原则符合未成年人身心特点，体现了法律对未成年人的特殊保护。

(一)未成年人刑事犯罪的特点

未成年人处于成长期，心智发育尚不成熟，对事物的主观辨别能力较弱，其犯罪往往具有好奇性和盲目性，有些甚至不认为自己的行为是犯罪，只是道德问题。并且，未成年人自我控制能力较弱，容易受到外界因素的影响。作为一个特殊群体，其犯罪特征与自身的生理和心理发育程度密切相关。

对此，我国主要采用教育、感化和挽救的方针，以利于未成年人的成长为出发点，帮助他们改邪归正，健康成长。

（二）未成年人刑事犯罪的处理原则

1. 教育为主、惩罚为辅。《未成年人保护法》《预防未成年人犯罪法》等从法律上明确了司法机关在处理未成年人犯罪案件时，主要遵循保护未成年人的原则，将"教育"摆在首位。但在教育的同时，也不能忽视惩罚，不盲目宽容。毕竟未成年人的犯罪行为对社会造成了危害，受到惩罚是合法的，应当承担相应的刑事责任，这也是司法公信力的体现。

2. 从宽处理。根据《刑法》的规定，对违法犯罪的未成年人，应当依法从轻、减轻或者免除处罚。即对于不满18周岁的未成年人犯罪，在量刑上应当从宽处理，但可以根据案件的具体情况决定是从轻、减轻还是免除处罚。

犯罪时不满18周岁的人不适用死刑。死刑作为刑罚中最严厉的处罚，剥夺的是生命权。未成年人无论犯何罪都不适用死刑。因为未成年人年龄尚小、心智发育不成熟，其主观危害性相对较小，在其价值观、人生观等尚未定型的情况下，对其应以感化、改造为主，给其一个改过自新的机会。

3. 诉讼程序特殊。我国《刑事诉讼法》规定了未成年犯罪嫌疑人、被告人强制辩护的原则；未成年犯罪案件应由熟悉未成年人身心特点的审判人员、检察人员、侦查人员承办；办理未成年人刑事案件，公、检、法办案机关可以根据情况对未成年犯罪嫌疑人、被告人的成长经历、犯罪原因、监护教育等情况进行调查。此外，法律还规定对被拘留、被逮捕和执行刑罚的未成年人与成年人应当分别关押、分别管理、分别教育，以及未成年人犯罪案件不公开审理、犯罪记录的封存与查询等原则。根据《预防未成年人犯罪法》的规定，对于未成年人犯罪案件，新闻报道、影视节目、公开出版物等不得披露该未成年人的姓名、住所、照片及可能推断出该未成年人的信息。这些规定旨在最大限度地保护未成年犯罪嫌疑人、被告人的利益，使其通过教育改造早日重回正轨，避免因为刑事诉讼程序产生过重的心理负担，产生抵触心理不利于改造。

三、未成年人犯罪的有效辩护

“有效辩护”原则可以有效地维护未成年被追诉人的合法权益,在有力的国家制度保障下,充分关注未成年人的身心特点和专有权利,依照少年司法程序,为未成年人提供积极充分、全面的辩护。

(一)熟悉相关法律

我国关于未成年人犯罪的相关法律都贯彻“教育为主、惩罚为辅”的原则。辩护律师在办理未成年人刑事案件时,除了要熟悉《刑法》《刑事诉讼法》中关于未成年人犯罪的相关规定,还要熟悉其他法律及相关司法解释。我国关于未成年人有两部专门的法律,即《未成年人保护法》和《预防未成年人犯罪法》,相关的司法解释主要包括《公安机关办理未成年人违法犯罪案件的规定》《人民检察院办理未成年人刑事案件的规定》和最高人民法院《关于审理未成年人刑事案件具体应用法律若干问题的解释》等。

(二)实体性辩护

1. 确保未成年人犯罪主体适格和少年法庭审理。辩护律师在办理未成年人刑事案件时,首先要关注犯罪主体是否适格,即案发时犯罪嫌疑人的年龄、案发时其是否具有完全刑事责任能力,并且要依法保障由少年法庭审理。例如,一起盗窃案件的犯罪嫌疑人被侦查机关逮捕时已满16周岁,但是其在案发时并不满16周岁,那么,按照《刑法》的规定,犯罪嫌疑人就不负刑事责任。有些案件中,犯罪嫌疑人的实际年龄和身份证上的年龄并不相符,辩护律师一定要核实犯罪嫌疑人或被告人的实际年龄,如果身份证年龄偏大且直接关系定罪量刑,律师就应收集各种证据证明其实际年龄。

另外,2020年最高人民法院《关于加强新时代未成年人审判工作的意见》重新界定了少年法庭的立案范围。意见明确,人民法院立案时不满22周岁的在校学生案件,强奸、猥亵等性侵未成年人犯罪案件,杀害、伤害、绑架、拐卖、虐待、遗弃等严重侵犯未成年人人身权利的犯罪案件等可以由少年法庭审理。

2. 争取适用未成年人刑事辩护附条件不起诉的特殊规定。未成年人刑事案件有一个特殊规定,就是附条件不起诉。附条件不起诉,是指人民检察院在案件符合起诉的情况下,根据未成年犯罪嫌疑人自身的情况设定一定期限的考验期。考验期满犯罪嫌疑人没有违反考验期规定的,检察院就不再提起公诉。如果违反了考验期的相关规定,检察院就重新提起公诉。附条件不起诉在未成年人刑事案件中非常重要,是对未成年犯罪群体的特殊保护。《刑事诉讼法》第 282 条规定:"对于未成年人涉嫌刑法分则第四章、第五章、第六章规定的犯罪,可能判处一年有期徒刑以下刑罚,符合起诉条件,但有悔罪表现的,人民检察院可以作出附条件不起诉的决定。"该规定从可能刑罚条件、法定起诉条件、悔罪表现条件三方面对未成年人犯罪适用附条件不起诉进行了规范。关于附条件不起诉如何具体适用,目前还没有详细的规定,附条件不起诉的决定权完全在检察机关,因此,律师可以与检察官沟通并争取附条件不起诉。附条件不起诉的考验期为 6 个月以上 1 年以下,从人民检察院作出附条件不起诉的决定之日起计算。

由于附条件不起诉会对犯罪嫌疑人设定一定的义务,有些犯罪嫌疑人可能不同意。检察院在作出附条件不起诉的决定前,应当听取未成年犯罪嫌疑人法定代理人、辩护人的意见,辩护律师一定要提前与未成年犯罪嫌疑人及其法定代理人进行沟通,了解他们的想法,特别是犯罪嫌疑人或其法定代理人不同意附条件不起诉时,一定要为其进行利弊分析,一旦未成年犯罪嫌疑人及其法定代理人对检察机关决定附条件不起诉提出异议,检察院就会作出起诉的决定。

3. 寻找有利于未成年人的量刑情节。辩护人要善于发现对于未成年被告人在量刑上有利的事实,特别是可以争取判处 3 年以下有期徒刑或者更轻刑罚的量刑情节。根据《刑法》第 72 条的规定,对于不满 18 周岁的人被判处拘役、3 年以下有期徒刑的犯罪分子,同时符合犯罪情节较轻、有悔罪表现、没有再犯罪的危险、宣告缓刑对所居住社区没有重大不良影响的,应当宣告缓刑。

例如,在一起涉嫌聚众斗殴罪的共同犯罪中,有一名犯罪嫌疑人是未成年人,那么,辩护律师一定要了解其在共同犯罪中的作用,是否是主犯、是否被胁迫等,通过这些量刑情节争取3年以下有期徒刑或者更轻的刑罚。同时,律师应与公诉机关积极沟通,在构成犯罪的前提下,劝说未成年被告人及其法定代理人,争取认罪认罚、从宽处罚,创设更多有利于未成年被告人的量刑情节。如果控辩双方对未成年被告人判处管制、宣告缓刑等量刑建议达成一致,辩护人应当向法庭提供有关未成年被告人能够获得监护、帮教以及对所居住社区无重大不良影响的书面材料,争取判处管制或者宣告缓刑。

4. 充分了解未成年人的个人全部情况。律师除了解案件事实外,还要尽可能地了解案件之外的个人全部情况。因为法院在对未成年罪犯量刑时,会充分考虑是否有利于未成年罪犯的教育和矫正,也就是说,法院不仅会考虑未成年人实施犯罪的动机和目的、是不是初犯及其在犯罪后的悔罪表现,还要结合个人的成长经历和一贯表现等案外因素进行裁量。

(三)程序性辩护

1. 充分利用对未成年人依法限制适用逮捕措施的规定。未成年人刑事案件的侦查阶段,犯罪嫌疑人、被告人应当严格限制适用逮捕措施。人民检察院在批准逮捕时,应当讯问未成年犯罪嫌疑人、被告人,并且要听取辩护律师的意见。律师要抓住这个机会与检察官沟通并提交书面的《不予批捕法律意见书》。

2. 充分保障对未成年人刑事案件特殊法律保护措施的适用。律师辩护中,对未成年人刑事案件应着重注意以下几方面:

(1)对未成年犯罪嫌疑人或被告人应分别管理,对被拘留、逮捕和执行刑罚的未成年人与成年人应当分别关押、分别管理、分别教育。

(2)对未成年犯罪人的讯问与审判。在讯问和审判未成年人时,应当通知未成年犯罪嫌疑人、被告人的法定代理人到场。无法通知、法定代理人不能到场或者法定代理人是共犯的,也可以通知未成年犯罪嫌疑人、被告人的其他成年亲属,所在学校、单位、居住地基层组织或者未成年人保护组织的代表到场,并将有关情况记录在案。到场的法定代理人可以代为行使未成年犯罪嫌疑人、被告人的诉讼权利。到场的法定代理人或者其他人员认为办案人员在讯问、审判中侵犯未成年人合法权益的,可以提出意见。讯问笔录、法庭笔录应当交给到场的法定代理人或者其他人员阅读或者向其宣读。审判未成年人刑事案件,未成年被告人最后陈述完毕后,其法定代理人可以进行补充陈述。讯问女性未成年犯罪嫌疑人,应当有女工作人员在场。审判的时候被告人不满 18 周岁的案件,不公开审理。但是,经未成年被告人及其法定代理人同意,未成年被告人所在学校和未成年人保护组织可以派代表到场。对未成年人刑事案件,宣告判决应当公开进行。对依法应当封存犯罪记录的案件,宣判时,不得组织人员旁听;有旁听人员的,应当告知其不得传播案件信息。

(3)未成年人犯罪嫌疑人、被告人有获得法律援助的权利。未成年犯罪嫌疑人、被告人没有委托辩护人的,人民法院、人民检察院、公安机关应当通知法律援助机构指派律师为其提供辩护。

(4)利用办案机关对未成年人刑事案件全面调查的规定,争取对未成年人有利的事实认定。公安机关、人民检察院、人民法院办理未成年人刑事案件,根据情况可以对未成年犯罪嫌疑人、被告人的成长经历、犯罪原因、监护教育等情况进行调查。辩护人在辩护时要结合会见、阅卷和调查取证了解到的全面情况,寻找对未成年人的有利的事实认定,做出对未成年人最有利的处理结果。

(5)严格适用未成年犯罪人犯罪记录的封存与查询制度,保护未成年当事人的合法权益。犯罪的时候不满 18 周岁,被判处 5 年有期徒刑以下刑罚的,应当对相关犯罪记录予以封存。犯罪记录被封存的,不得向任何单位和个人提供,但司法机关为办案需要或者有关单位根据国家规定进行查询的除外。依法进行查询的单位,应当对被封存的犯罪记录的情况予以保密。

3. 善于利用刑事和解制度。根据《人民检察院办理未成年人刑事案件的规定》第 27 条的规定,对于未成年人实施的轻伤害案件、初次犯罪、过失犯罪、犯罪未遂的案件以及被诱骗或者被教唆实施的犯罪案件等,情节轻微,犯罪嫌疑人确有悔罪表现,当事人双方自愿就民事赔偿达成协议并切实履行或者经被害人同意并提供有效担保,符合《刑法》第 37 条和《刑事诉讼法》第 173 条的规定,对于犯罪情节轻微、依法不需要判处刑罚或者免除刑罚的,人民检察院可以作出不起诉决定,并可以根据案件的不同情况,予以训诫或者责令具结悔过、赔礼道歉、赔偿损失,或者由主管部门予以行政处罚。

在刑事案件的事发阶段,被害人往往情绪激动,难以和律师冷静地沟通,刑事和解难以进行。特别是被害人是未成年人时,刑事和解可能更难进行。如果律师发现和解很困难,可以借助其他力量,如借助司法机关办案人员或者其他可以参加刑事和解的人员促成刑事和解。在未成年人刑事案件中,一旦和解成功,检察院可能作出不起诉决定,律师辩护即达到了无罪辩护的理想效果。

四、未成年人作为性侵案被害人的特殊保护〔1〕

《刑法》对作为性侵案件被害人的未成年人权益设定了特殊的保障,2020 年颁布的《刑法修正案(十一)》中规定了加重惩处性侵致害者的情形,主要包括:(1)修改奸淫幼女犯罪规定,对奸淫不满 10 周岁的幼女或者造成幼女伤害等严重情形明确适用更重的刑罚。(2)增加特殊职责人员性侵犯罪规定,对负有监护、收养、看护、教育、医疗等特殊职责的人员,与已满 14 周岁不满 16 周岁未成年女性发生性关系的,不论未成年人是否同意,都应追究刑事责任。(3)修改猥亵儿童罪规定,进一步明确对猥亵儿童罪从严惩处的具体情形,《刑法修正案(十一)》第 28 条规定:“将刑法第二百三十七条第三款修改为:‘猥亵儿童的,处五年以下有期徒刑;有下列情形之一的,处五年以上有期徒刑:(一)猥亵儿童多人或者多次的;(二)聚众猥亵儿童的,或者在公共场所当众猥亵儿童,情节恶劣的;(三)造成儿童伤害或者其他严重后果的;(四)猥亵手段恶劣或者有其他恶劣情节的。”上述规定根据实践中出现的未

---

〔1〕 本节虽然阐述的是未成年人犯罪的特殊辩护,但未成年人被性侵的案件直接侵害了未成年人的合法权益,相关内容较少,又与保障未成年人合法权益密切相关,故将此内容置于本节阐述。

成年人被性侵案件的特点和规律,不仅加重了对性侵未成年人的惩治力度,更对未成年人负有特殊义务的人群加重了刑事责任。可见,修正案规定明显加大了对未成年人的保护力度。

第二节　涉案财物的辩护

随着社会经济的发展和刑事诉讼司法实践的深入,与财产有关的犯罪不断增多,判处的刑罚越来越多地涉及赃款追缴和涉案财物的处分,财产刑广泛适用。这为刑事辩护律师提供了新的领域、新的维度。律师在注重传统定罪量刑辩护的同时,也承担着对涉案财产进行有效辩护的使命,这样才能更好地维护当事人财产权的合法权益,实现保障人权的辩护职能。

一、关于涉案财物辩护的价值和意义

刑事辩护律师关于涉案财物的辩护具有极其重要的价值和意义。

1. 保障公私财产权益的重要手段。律师对刑事诉讼涉案财产进行有效辩护,能够使当事人或者案外人在涉案财物受到公权力机关侵害时,及时向有关机关提出请求,保障自己对于涉案财物所拥有的合法财产权益。同时,能够促进公安、司法系统工作人员严格恪守涉案财物处置和管理的有关规定,并规范自身言行。对于应当上缴国库的财产,及时、如实上缴,避免国家财产造成不必要的损失,保障公有财产权不受侵犯;属于当事人和案外人合法财产的,也应当依法受到保护,避免造成不必要的财物损失。

2. 维护证据证明价值的有效途径。律师对刑事诉讼涉案财产进行有效辩护,防止因办案机关对承担证据功能的涉案财物处置不当、保管不妥善等可能造成的涉案财物损坏、灭失的情况发生。同时,督促公安、司法机关,严格规范涉案财物处置和管理行为,倒逼其及时固定证据、妥善保全证据、保护证据价值,为保护当事人财物安全提供证据基础保障,保证刑事诉讼活动的

顺利进行。

3. 实现司法公正的必然选择。在刑事诉讼活动中，司法机关与犯罪行为人力量不平衡、权利不对等、信息不对称，公权力机关对涉案财物不当处置的情况时有发生。律师对刑事诉讼涉案财物进行有效辩护，可以起到限制办案机关对涉案财物的处置权、管理权等，预防贪污腐败行为，对保障当事人的合法财产权益，维护实体和程序公正，提高司法公信力发挥着不可替代的作用。

4. 有效维护社会秩序的必然要求。律师对刑事诉讼涉案财物进行有效辩护，使受侵害的单位和个人能够合法、合理地表达诉求，也是促进办案机关化解刑事矛盾、解决财产权属问题的最佳路径。这样既可以维护当事人的合法财产权益，维护法律的正确实施，维护社会公平和正义，也有助于法律所追求的稳定社会秩序的价值实现。

二、刑事涉案财物的概述

近年来，随着经济类刑事案件频发，刑事涉案财物的处置问题越来越得到重视，刑事案件中对于财产权的保护要求也越来越高，我国从立法层面也在不断完善相关规定。

（一）概念

刑事涉案财物的定义在理论和实务中都没有统一的界定。公安部《公安机关涉案财物管理若干规定》第 2 条规定："本规定所称涉案财物，是指公安机关在办理刑事案件和行政案件过程中，依法采取查封、扣押、冻结、扣留、调取、先行登记保存、抽样取证、追缴、收缴等措施提取或者固定，以及从其他单位和个人接收的与案件有关的物品、文件和款项，包括：（一）违法犯罪所得及其孳息；（二）用于实施违法犯罪行为的工具；（三）非法持有的淫秽物品、毒品等违禁品；（四）其他可以证明违法犯罪行为发生、违法犯罪行为情节轻重的物品和文件。"《人民检察院刑事诉讼涉案财物管理规定》第 2 条规定："本规定所称人民检察院刑事诉讼涉案财物，是指人民检察院在刑事诉讼过程中查封、扣押、冻结的与案件有关的财物及其孳息以及从其他办案机关接收的财物及其孳息……”据此,刑事涉案财物,是指司法机关在办理刑事案件时,依法扣押、查封、收缴或者追缴等方式提取的与案件有关的财物及其孳息。

(二)国外涉案财物司法处理的现状

英美法系国家关于扣押程序的启动遵循的“令状主义”,强调需经司法审查才能启动。具体而言,由法官签署令状后,侦查机关才能启动扣押程序。例如,在英国,警察实施扣押行为时,必须先向治安法官申请,并有正当、合理的理由。治安法官审查申请,认为申请合理,发布扣押令状,警察才可以实施上述行为。在英美法国家除“令状主义”的制度设计外,还规定了案件当事人或者利害关系人申请排除非法扣押所得证物的权利。

大陆法系国家关于查封、扣押等规定与英美法系国家不同,其虽没有要求侦查机关在采取扣押等强制措施前向法官申请“令状”,但亦有类似的制度设计。例如,德国执行扣押采取的是以法院司法审查为原则的司法审查制,由法院以书面裁定的方式作出。对于涉及案外人或者利害关系人的涉案物品,申请扣押的条件则更为严格。

(三)刑事涉案财物的分类

根据涉案财物的性质和来源等可以将刑事涉案财物分为三类。

1. 违法、犯罪行为所获得的财物。我国严厉打击违法犯罪行为,如果犯罪嫌疑人因为违法、犯罪行为获利,这种获利的财物就是违法、犯罪所得,属于涉案财产。例如,抢劫、盗窃直接获取的财物就属于犯罪所得。此外,还有一些财物是违法所得,但违法行为尚未构成犯罪的也属于涉案财物。例如,犯组织、领导、参加黑社会性质组织罪,法院可以判处没收财产,没收财产意味着不区分哪些是犯罪所得,直接对全部财产进行没收。

2. 为实施犯罪行为作为工具适用的财物。例如,为了故意伤害他人而购买的轿车,所购买的轿车就是作案工具。但是,犯罪工具不能扩大化,如犯罪嫌疑人开车前往犯罪发生地,所实施的犯罪行为与交通工具没有必然关系,那么,交通工具就不能作为作案工具简单认定为涉案财物予以没收。

3. 法律明确规定禁止持有或者使用的财物,即违禁品。违禁品有绝对的违禁品和相对的违禁品。绝对的违禁品是指绝对不能持有,一旦持有就违反了法律,如枪支、弹药。而相对的违禁品是指在符合某些条件下才会触犯法律,如鸦片、海洛因或者甲基苯丙胺等达到一定的数量要求才构成犯罪。

(四)刑事涉案财物的处置原则

2015 年中共中央办公厅、国务院办公厅印发的《关于进一步规范刑事诉讼涉案财物处置工作的意见》主要从程序上规范了刑事诉讼中涉案财物的处置工作,明确指出涉案财物处置工作应当坚持三个原则,即公正与效率相统一、改革创新与于法有据相统一、保障当事人合法权益与适应司法办案需要相统一。

1. 公正与效率相统一原则。查封、扣押、冻结涉案财物应当严格依照法定条件和程序进行,严禁在立案之前查封、扣押、冻结财物,不得查封、扣押、冻结与案件无关的财物。凡查封、扣押、冻结的财物,都应当及时进行审查;经查明确实与案件无关的,应当在 3 日内予以解除、退还,并通知有关当事人。同时,办案单位应提高工作效率,依法需要查询、冻结或者划扣涉案款项的,金融机构等相关单位应当予以协助,并探索建立统一的专门查询机制,建立涉案账户紧急止付制度,完善集中查询、冻结和定期续冻制度。

2. 改革创新与于法有据相统一的原则。探索建立跨部门的地方涉案财物集中管理信息平台。公安机关、人民检察院和人民法院查封、扣押、冻结、处理涉案财物,应当依照相关规定将财物清单及时录入信息平台,实现信息共享。改革创新必须以法律为基础。

3. 保障当事人合法权益与适应司法办案需要相统一原则。对权属明确的被害人合法财产,凡返还不损害其他被害人或者利害关系人的利益、不影响诉讼正常进行的,公安机关、国家安全机关、人民检察院、人民法院都应当及时返还。查封、扣押、冻结涉案财物,应当为犯罪嫌疑人、被告人及其所扶养的亲属保留必需的生活费用和物品，减少对涉案单位正常办公、生产、经营等活动的影响。

(五)刑事涉案财物的处置依据

目前，关于刑事涉案财物的处置还没有系统全面的法律依据，2019 年施行的最高人民法院、最高人民检察院、公安部、司法部《关于办理黑恶势力刑事案件中财产处置若干问题的意见》是相对完整的关于办理黑恶势力财产处置的规范性文件。该意见虽然是针对办理黑恶势力案件中财产处置的意见，但对其他犯罪的涉案财物处置也具有借鉴和参考意义。

另外，关于涉案财物增值部分如何处置是实务中的疑难问题。例如，在一起受贿案件中，案件当事人将受贿所得款 100 万元用于购买房屋。由于房价上涨，案发时房屋的评估价值已经高达 500 万元。那么，这价值 500 万元的房产是否都要追缴？作为收益的部分被收缴是否符合公平原则？在一些案件中，当事人的非法所得款项还可能用于投资，如购买股票等，那么，涉案财物的增值部分是否应该全部缴纳？对此，2021 年最高人民法院《刑事诉讼法解释》针对涉案财物的增值部分作出了明确规定，第 443 条规定："被告人将依法应当追缴的涉案财物用于投资或者置业的，对因此形成的财产及其收益，应当追缴；被告人将依法应当追缴的涉案财物与其他合法财产共同用于投资或者置业的，对因此形成的财产中与涉案财物对应的份额及其收益，应当追缴。"

实践中，关于财产处置的相关规定还是不够完善，如侦查机关在收集证据时，出于避免犯罪嫌疑人毁坏证据等原因，往往采取强制性的搜查手段，可能发生滥用执法权的行为。另外，在涉案财物的处置过程中，很多规定落实不到位，处置程序不公开，涉案财物处置不当的情况屡屡发生，监督体系、追责体系不健全，涉案财物处置违法成本低，涉案财物处置不规范，导致涉案财物损坏、流失，甚至滋生腐败的现象频现。这些都是亟须立法完善的。

三、涉案财物的辩护攻略

辩护律师在进行涉案财物辩护时应注意以下问题：

（一）涉案财物的实体辩护

涉案财物的实体辩护主要针对权属进行辩护，即辩护律师要紧扣涉案财物权属及其变化和财产的使用目的进行辩护。律师辩护的目的在于证明涉案财物是合法取得的，属于犯罪嫌疑人或被告人的合法财产，而非违法所得或者犯罪所得，也不是用于犯罪的犯罪工具。权属辩护一定要关注涉案财物的取得时间、来源、途径以及支付的对价等。

1. 根据涉案财物的取得时间区分涉案财物的性质。如果在犯罪之前完全取得的财物就与后来发生的犯罪行为没有必然关系，基本可以推定该财物是合法财产。如果财产存续期间跨越了犯罪前后且中间状况发生了变化，就要进行区分。如果是犯罪前取得部分所有权，如用合法的存款买房，之后用犯罪所得还贷，就要收集财产前后变化相对应的证据。

2. 根据涉案财物取得的场所及当事人是否支付合理对价确定涉案财物取得的合法性。如果当事人已经尽了合理的注意义务并以一种合理的方式取得涉案财物，涉案财物就具有一定的程序正当性，可基于善意取得作无罪辩护。也就是说，不仅对涉案财物取得的当事人不具有犯罪故意进行辩护，而且对涉案财物的最终处置也据理力争。例如，机动车在法定或指定交易场所完成交易，并支付了对价，交易的机动车即使是赃物，取得涉案财物的当事人也没有隐瞒犯罪所得的犯罪故意。

3. 区分合法财物与违法犯罪所得掩饰、财物混同投资的收益。如果犯罪前已经投资了股票基金，后又用犯罪所得继续追加投资的，就要区分后来财产的价值有没有增值、添附，特别是用于投资的财产，犯罪嫌疑人或被告人可能付出了大量的智力、金钱或者管理等成本，辩护人要以此据理力争，根据犯罪嫌疑人或被告人发挥作用的比例争取财产。

4. 区分涉案财物中共有人的合法财产。涉案财物辩护还要格外关注办案机关对违法、犯罪所得的孳息和收益与家庭共同财产、合伙共同财产等的认定和处置。在司法实务中,犯罪嫌疑人、被告人的违法犯罪所得往往与合法收入混同,与家庭其他成员的财产混在一起,难以准确区分。律师辩护时一定要详细调查,准确区分其合法财产和违法、犯罪所得,调查不清孳息收益财产权属或证据不足时,要按照有利于被告人的原则为当事人争取最大的权益。

5. 根据涉案财物的使用用途和专有属性进行辩护。涉案财物作为犯罪工具被查封扣押的,还要对被认定为作案工具的涉案财物认真分析。例如,为实施犯罪开车到目的地,该车并不是专为犯罪购买的,与专门实施犯罪购置的器械和作案工具有所不同,不宜将车辆定为作案工具予以没收,辩护人可以就此提出辩护,维护当事人合法权益。

(二)涉案财物处理的程序辩护

1. 严格审查办案机关查封、扣押、冻结涉案财物及孳息随案移送的实物以及对应的清单,并及时提出异议。辩护律师应严格审查查封扣押、冻结的涉案财物及孳息,涉案财物的随案移送情况是否规范、完整,是否存在移送遗漏、错误,是否存在涉案财物被办案机关和人员挪用和自行处理等情形。

涉案财物如果属于查封不动产、车辆、船舶、航空器等财物,应当着重审查扣押的权利证书,实物是否经拍照或者录像后原地封存,或者交持有人、被告人的近亲属保管,登记时是否写明财物的名称、型号、权属、地址等详细信息,是否通知有关财物的登记、管理部门办理查封登记手续。如果扣押的涉案财物属于其他物品,应当审查清单登记的是否写明物品名称、型号、规格、数量、重量、质量、成色、纯度、颜色、新旧程度、缺损特征和来源等。如果涉案财物属于扣押货币、有价证券,要审查登记时是否写明货币、有价证券的名称、数额、面额等,货币是否存入银行专门账户,并登记银行存款凭证的名称、内容。如果涉案财物扣押的是文物、金银、珠宝、名贵字画等贵重物品以及违禁品,应当审查是否拍照,需要鉴定的要进一步审查是否及时鉴定并对扣押的物品根据有关规定及时估价。

2. 审查作为证据使用的实物随案移送的情况。公诉机关对作为证据使用的实物应当随案移送。第一审判决、裁定宣告后,被告人上诉或者人民检察院抗诉的,第一审人民法院应当将上述证据移送第二审人民法院。辩护人应当认真审查作为证据的涉案财物的随案移送情况。

如果办案机关对实物未随案移送的,辩护人应当根据情况分别审查以下内容:(1)大宗的、不便搬运的物品,是否随案移送查封、扣押清单,并附原物照片和封存手续,注明存放地点等;(2)易腐烂、霉变和不易保管的物品,查封、扣押机关变卖处理后,是否随案移送原物照片、清单、变价处理的凭证(复印件)等;(3)枪支弹药、剧毒物品、易燃易爆物品以及其他违禁品、危险物品,查封、扣押机关根据有关规定处理后,是否随案移送原物照片和清单等。上述未随案移送的实物,应当依法鉴定、估价的,还应当审查是否附有鉴定、估价意见。对查封、扣押的货币、有价证券等,未移送实物的,应当审查是否附有原物照片、清单或者其他证明文件。

3. 严格审查涉案财物的查封、扣押、冻结措施的合法性,发现违法要及时提出异议。如存款凭证、股票投资证明等,还要核实涉案财物的扣押、查封、冻结等是否严格按照相关规定实施,涉案财物是否存在超标、超范围扣押、查封、冻结等不当或违法的扣押、查封等情况,是否存在不及时返还的情况。经审查发现查封、扣押、冻结的财物与本案无关但已列入清单的,应当由查封、扣押、冻结机关依法处理。查封、扣押、冻结的财物属于被告人合法所有的,应当在赔偿被害人损失、执行财产刑后及时返还被告人。

4. 对于易贬值、市场波动大、时效性强的涉案财物要及时止损,申请法院先行处置。在审判期间,对不宜长期保存、易贬值或者市场价格波动大的财产,或者有效期即将届满的票据等,辩护人要积极与权利人沟通,及时防止损失扩大,经权利人申请或者同意,并经院长批准,可以由法院依法先行处置,所得款项由人民法院保管。

5. 利用举证规则进行涉案财物的程序辩护。涉案财物的程序辩护要严格按照证据规则进行辩护,除巨额财产来源不明罪之外,举证义务在办案机关。对于律师而言,一方面,要严格按照证据进行辩护,利用举证规则主张权利、规避风险;另一方面,还要按照《刑事诉讼法》规定的救济途径主张权利,穷尽各种措施,做好涉案财物的程序性辩护工作,保护当事人的财产安全等合法权益。

6. 谨慎处理退赃、退赔。针对适用认罪认罚从宽制度的刑事案件,一定要谨慎处理"退赃退赔"争取从宽处理的行为。有些犯罪嫌疑人为争取认罪认罚从宽处罚,不顾案件事实,主动缴纳款项,即使办案机关不以赃款扣押,也会为无罪辩护和返还财物造成麻烦。在司法实践中,办案机关因为实际占有了被告人、犯罪嫌疑人财物,在利益驱动下,可能会将当事人涉嫌犯罪的事实进一步做实,以为其查封、扣押和划拨创造条件,甚至出现制造冤假错案的极端事例。因此,辩护律师一定要对具体案件区别对待,建议当事人及其家属主动缴纳财物要慎之又慎。

7. 涉案财物辩护,谨防执业风险。律师在开展涉案财物辩护时,务必防范风险。例如,当事人家属咨询是否可以转移财产等问题时,要谨慎分析,慎重出具法律意见或提出建议,不教唆、明示或暗示当事人转移财产;不轻易传送被羁押当事人对财产处置的委托授权文书或签署的处置财产的合同,防止发生职业风险。此外,还要注意律师费是否与违法所得存在关联等问题。

第十七章　不同阶段的刑事代理

在刑事诉讼过程中,律师辩护与律师代理制度是保障当事人基本权利,保证诉讼顺利进行的两项重要制度。近年来,被害人诉讼代理业务逐渐增多,“被害人”这个曾经被法律遗忘的角色得到了人们的重新认识。为了保障被害人和其他诉讼参与人的合法权益,司法实践确立了一项重要制度——刑事代理制度。律师代理制度是国家尊重和保障人权宪法精神的具体体现,是以人们能够看得见的方式实现公平正义的必然要求,是法律面前人人是平等制度设计上的充分体现,适应了以审判为中心的诉讼制度的发展方向。

对被害人权益的充分保护实际上就是对每一位公民基本人权的保护,应当赋予被害人和其他诉讼参与人更多的诉讼权利。本章致力于从被害人权益的角度探讨我国被害人代理制度的完善,强化被害人的控诉权,包括对刑事案件代理思路的形成、执行和完善以及不同阶段代理的阐述。

第一节 刑事案件的形成和来源

一、刑事案件的立案标准

刑事立案应当满足两个实体条件和一个程序条件。实体条件包括“有犯罪事实”和“需要追究刑事责任”,程序条件包括“属于受理机关管辖”。《刑事诉讼法》第112条规定:“人民法院、人民检察院或者公安机关对于报案、控告、举报和自首的材料,应当按照管辖范围,迅速进行审查,认为有犯罪事实需要追究刑事责任的时候,应当立案;认为没有犯罪事实,或者犯罪事实显著轻微,不需要追究刑事责任的时候,不予立案,并且将不立案的原因通知控告人。控告人如果不服,可以申请复议。”

(一)实体条件

1. 有犯罪事实。犯罪事实,是指能够引起刑事法律关系产生、变更、消灭的行为和状态,即该行为和状态符合《刑法》关于相关行为定罪量刑的规定。立案审查的犯罪事实是法律事实的一种,主要是指犯罪事实已经发生,具备了犯罪的客体和客观要件,而犯罪事实涉及的犯罪主体和犯罪主观方面则不是刑事立案的必要条件,可待立案后进一步查明。

认定犯罪事实是否发生或者成立,应当有相应的证据予以证明或者提供相应的犯罪线索查实。立案则不需要对犯罪嫌疑人或者犯罪事实全部查明,而是发现有犯罪事实即可。立案时只需判断接受的报案、举报等涉嫌犯罪事实是否属于刑事犯罪,以及该刑事犯罪是否已经发生,需要审查报案、举报的涉嫌犯罪事实有无相应的证据支持和可以侦查查实的证据线索。立案后则需要进一步查清全案事实。因此,刑事案件受理、立案审查的证据并不要求达到完全、确实、充分的程度,也不要求一定要查获犯罪人,更不要求查明全部案件的事实和情节,如事后发现的凶杀案、盗窃案等,只要事实发生就应当依法受理、立案。

2. 需要追究刑事责任。不是所有涉嫌的犯罪事实都需要刑事立案，只有需要追究刑事责任的犯罪事实才能达到刑事立案的标准。而对法律规定不需要追究刑事责任的，则不需要立案，即使立案，在侦查中若发现了不需要追究刑事责任的情形，[1] 侦查机关也应依法作出撤案或终止追究刑事责任的处理决定。

(二)程序条件——属于受理机关管辖

《刑事诉讼法》第 19 条规定："刑事案件的侦查由公安机关进行，法律另有规定的除外。人民检察院在对诉讼活动实行法律监督中发现的司法工作人员利用职权实施的非法拘禁、刑讯逼供、非法搜查等侵犯公民权利、损害司法公正的犯罪，可以由人民检察院立案侦查。对于公安机关管辖的国家机关工作人员利用职权实施的重大犯罪案件，需要由人民检察院直接受理的时候，经省级以上人民检察院决定，可以由人民检察院立案侦查。自诉案件，由人民法院直接受理。"

具体的受案范围如下：(1)根据《刑事诉讼法》的规定，刑事案件由公安机关管辖。(2)贪污贿赂犯罪，国家工作人员的渎职犯罪，国家机关工作人员利用职权实施的非法拘禁、刑讯逼供、报复陷害、非法搜查的侵犯公民人身权利的犯罪以及侵犯公民民主权利的犯罪案件，经省级以上人民检察院决定立案侦查的国家机关工作人员利用职权实施的其他重大的犯罪案件。(3)依法属于监察委员会调查的案件。(4)自诉案件。(5)军人违反职责的犯罪和军队内部发生的刑事案件。(6)罪犯在监狱内犯罪的刑事案件。其他依照法律和规定应当由其他机关管辖的刑事案件。

---

〔1〕《刑事诉讼法》第 16 条规定："有下列情形之一的，不追究刑事责任，已经追究的应当撤销案件，或者不起诉，或者终止审理，或宣告无罪：(一)情节显著轻微、危害不大，不认为是犯罪的；(二)犯罪已过追诉时效期限的；(三)经特赦令免除刑罚的；(四)依照刑法告诉才处理的犯罪，没有告诉或者撤回告诉的；(五)犯罪嫌疑人、被告人死亡的；(六)其他法律规定免予追究刑事责任的。"

二、刑事自诉案件的立案标准

刑事自诉案件与公诉案件的立案有所不同，刑事自诉案件将立案、起诉和受理叠加重合，并与审判直接连接，自诉人起诉后，只要符合立案条件，人民法院就应当受理；人民法院立案后，不经过侦查、审查起诉就直接进行审判。

根据《刑事诉讼法》第 210 条及《刑事诉讼法解释》第 1 条的规定，刑事自诉案件除具备刑事案件立案条件外，还应当具备下列条件：(1)案件属于自诉案件的范围；(2)案件属于受诉人民法院管辖；(3)有明确的被告人、具体的诉讼请求和能够证明被告人犯罪事实的证据；(4)起诉的主体是被害人或者他的法定代理人、近亲属。如果“被害人有证据证明对被告人侵犯自己人身、财产权利的行为应当依法追究刑事责任，而公安机关或者人民检察院不予追究被告人刑事责任”的自诉案件，还应当符合《刑事诉讼法》第 112 条、第 180 条之规定。

自诉案件由法院直接受理、立案和审判，与公诉案件需要侦查、审查起诉和法院审判不同，与此相对应，自诉案件的举证责任由自诉人承担，与公诉案件代表国家的公诉机关承担的举证责任自然不同。

三、刑事案件来源

根据《刑事诉讼法》第 110 条、《监察法》第 35 条等相关法律规定，刑事案件的来源包括：(1)公安机关、检察院、监察委员会等侦查机关、调查机关直接发现犯罪事实或者获得犯罪线索的；(2)单位或个人报案或者举报的；(3)被害人报案或者控告的；(4)犯罪嫌疑人投案、自首的；(5)扭送到案的；(6)审判机关、审计机关、税务机关、应急管理机关及其他国家行政机关在审理或者行使国家赋予的权力过程中发现移送的犯罪事实、犯罪证据及证据线索的；[1]（7）上级机关指定受理、立案的刑事案件。[2]

四、刑事案件报案、举报的受理

第一，对于刑事案件的报案、举报等应当立即接受并制作笔录，必要时应当录音或者录像。《公安机关办理刑事案件程序规定》第169条规定："公安机关对于公民扭送、报案、控告、举报或者犯罪嫌疑人自动投案的，都应当立即接受，问明情况，并制作笔录，经核对无误后，由扭送人、报案人、控告人、举报人、投案人签名、捺指印。必要时，应当对接受过程录音录像。"

第二，对于扭送人、报案人和举报人等提供的证据材料应当登记并制作接受证据清单。《公安机关办理刑事案件程序规定》第170条规定："公安机关对扭送人、报案人、控告人、举报人、投案人提供的有关证据材料等应当登记，制作接受证据材料清单，由扭送人、报案人、控告人、举报人、投案人签名，并妥善保管。必要时，应当拍照或者录音录像。"

第三，受理机关接受案件时，应当制作受案登记表并出具回执。《公安机关办理刑事案件程序规定》第168条规定："公安机关接受案件时，应当制作受案登记表和受案回执……"公安机关对于扭送人、报案人、控告人、举报人、投案人的扭送、报案、控告、举报、自首应当受理，进行登记并出具回执。即使报案、举报的不是刑事案件，立不了案，公安也应受理，但是受理不等于立案，公安受理后可以再决定是否立案。

第四，受理机关对案件审查后，根据管辖等规定决定是自己办理还是移送主管机关处理。《刑事诉讼法》第110条第3、4款规定："公安机关、人民检

---

〔1〕 如人民法院在审理民事经济和行政案件时发现的犯罪事实和线索，根据《关于在审理经济纠纷案件中涉及经济犯罪嫌疑若干问题的规定》第11条的规定，人民法院应依法移送。审计机关、税务机关等在审计或者税务稽查等执法过程中发现了犯罪事实、犯罪证据及线索时，也应当依法移送。

〔2〕 如管辖权有争议的刑事案件，《公安机关办理刑事案件程序规定》第22条规定："对管辖不明确或者有争议的刑事案件，可以由有关公安机关协商。协商不成的，由共同的上级公安机关指定管辖。对情况特殊的刑事案件，可以由共同的上级公安机关指定管辖。提请上级公安机关指定管辖时，应当在有关材料中列明犯罪嫌疑人基本情况、涉嫌罪名、案件基本事实、管辖争议情况、协商情况和指定管辖理由，经公安机关负责人批准后，层报有权指定管辖的上级公安机关。"

察院或者人民法院对于报案、控告、举报,都应当接受。对于不属于自己管辖的,应当移送主管机关处理,并且通知报案人、控告人、举报人;对于不属于自己管辖而又必须采取紧急措施的,应当先采取紧急措施,然后移送主管机关。犯罪人向公安机关、人民检察院或者人民法院自首的,适用第三款规定。”根据上述规定,公安机关、人民检察院或者人民法院对不属于自己管辖的案件应当先受理再移送主管机关,并通知报案人、控告人、举报人。

第二节　刑事代理制度的历史渊源

作为调整社会关系的法律制度,因不同国家、不同地区、不同历史时期的经济发展水平、历史、文化、传统等因素的不同而具有差异性。同时,作为社会发展文明成果的法律制度,又有其共通性。对不同国家刑事代理制度历史沿革和我国刑事代理制度演变的研究,可以为刑事代理制度的发展和实践提供借鉴。

一、外国刑事代理制度的历史渊源

奴隶社会时期,刑事诉讼的模式是“弹劾式”,即“不告不理”。诉讼始于被害人或其代理人的告诉,代理人只有被害人的监护人及刑事诉讼的告诉人担任,他们以自己的名义代他人提起诉讼。古罗马时期,出现所谓的“靠你托”,即诉讼案件的任何一方当事人都得选任代理人,这就是最早的诉讼代理人制度。公元3世纪,罗马皇帝诏令大教侣研究、学习法律,以供平民咨询法律,并接受当事人委托为他们代理诉讼。但是,这种代理仍是以代理人自己的名义进行,而不以当事人的名义进行诉讼。封建社会时期,诉讼模式从“弹劾式”发展为“纠问式”。对犯罪人的追诉是一项国家职能,由专门的国家机关进行,刑事代理失去了赖以生存的经济、政治和法律条件,逐步走向衰落。

进入资本主义阶段后,被害人的地位得到重新认识,被害人被赋予了更广泛的权利。由于被害人自身的局限性，为了更好地行使权利，需要专门的法律专业人代为诉讼，各国规定了诉讼代理制度。如俄罗斯刑事诉讼代理制度中，刑事被害人和附带民事诉讼原告人的代理人可以是律师；而作为刑事被害人的法人则可以依照《俄罗斯联邦民法典》委托其利益人担任代理人；就自然人刑事被害人而言，除律师担任代理人之外，还可以申请他们的近亲属担任代理人；除此之外，在通过和解方式结案的刑事案件中还可以由刑事被害人申请的其他人作为代理人。又如，《意大利刑事诉讼法典》第 90 条第 2 款规定，未成年的被害人、因精神病而被禁治产的被害人以及被剥夺权利的被害人应当通过《意大利刑法典》第 120 条和第 121 条列举的主体行使赋予其的各项权利。该条第 3 款规定，如果被害人因犯罪的后果死亡，法律所规定的权利由其近亲属行使。第 91 条规定，在犯罪实施以前就依法被赋予保护被害方利益的义务的非营利性机构和团体可以在诉讼的任何阶段和审计中行使赋予被害人的各项权利。《意大利刑法典》第 120 条规定，在自诉案件以及由被害人提出申请才启动追诉的案件的诉讼中，存在两种不同的刑事告诉权代理规则，对于未满 14 周岁或禁治产的精神病人由其父母或监护人行使告诉权，而已满 14 周岁的未成年人或者准禁治产人可以自己行使告诉权，也可以由其父母、监护人或者保佐人在即使犯罪被害人明示或默示方式表示相反意思的情况下代为行使。第 121 条规定了在未满 14 周岁的未成年人或精神病人是犯罪被害人，没有代表人或者代表人与犯罪被害人有利益冲突的情况下，由特别保佐人来代理行使告诉权。

由于对被害人权利的日益重视，各国对刑事代理制度的规定不断得到发展和完善。

二、我国刑事代理制度的历史渊源

我国古代所谓的诉讼代理与现代刑事诉讼代理不尽相同，其诉讼代理主要适用于贵族官僚。贵族官僚在面对刑事指控时，并不亲自到庭受审而是派其家奴或家属代理诉讼。这种制度一直延续到秦朝。自秦朝以后至唐、宋都没有关于诉讼代理的规定。元、明、清时期才在法律上规定诉讼代理制度。当时诉讼代理对象限于两类：一是官吏。明朝对于代理官吏诉讼，限于婚姻财产案件，清律的规定与明律相同，但这并不是刑事意义上的诉讼代理。二是老废笃疾。年老、废疾、笃疾者，可令家人亲属代理诉讼。但有的案件关系重大，有的案件涉及告者切身利害，则非本人控告及出庭不可。这一项也涉及刑事代理制度。

新中国成立后，1979 年《刑事诉讼法》中只规定了辩护制度，未规定刑事代理制度。1980 年《律师暂行条例》，最高人民法院、最高人民检察院、公安部《关于律师参加诉讼的几项补充规定》以及最高人民法院《关于刑事自诉案件的自诉人可否委托近亲属担任代理人的批复》等都对有关公民委托律师担任代理人参加刑事诉讼问题作了明确规定。其中规定律师的主要业务包括：接受自诉案件自诉人、公诉案件被害人及其近亲属的委托，担任代理人，参加诉讼。1996 年修正的《刑事诉讼法》第 40 条、第 41 条等对刑事诉讼中的诉讼代理作了明确规定："公诉案件的被害人及其法定代理人或者近亲属，附带民事诉讼的当事人及其法定代理人，自案件移送审查起诉之日起，有权委托诉讼代理人。自诉案件的自诉人及其法定代理人，附带民事诉讼的当事人及其法定代理人，有权随时委托诉讼代理人。"2001 年修正后的《律师法》对此也作出了规定，律师可以接受自诉案件自诉人、公诉案件被害人或者其近亲属的委托，担任代理人，参加诉讼。2021 年最高人民法院《刑事诉讼法解释》第 62 条规定："人民法院自受理自诉案件之日起三日以内，应当告知自诉人及其法定代理人、附带民事诉讼当事人及其法定代理人，有权委托诉讼代理人，并告知其如果经济困难，可以申请法律援助。"由此可见，我国的刑事代理制度同样经历了从无到有、从不完善到逐步完善的过程。

第三节 刑事案件的代理思路

一、刑事代理的概念

刑事代理，是指刑事诉讼代理人接受公诉案件的被害人及其法定代理人或者近亲属、附带民事诉讼的当事人及其法定代理人、自诉案件的自诉人及其法定代理人的委托，以被代理人的名义，在被代理人授权的范围内，为维护其合法权益进行的诉讼活动。

二、刑事代理的思路

本书所指的刑事代理思路是指遵循刑事控告规律，贯穿于刑事辩护始终并指引代理人开展刑事代理工作思维模式的条理脉络，是律师刑事代理攻略的内在遵循，也是确定刑事代理的方向和途径。刑事代理的办案思路是协助控方或者单独开展指控工作的一种思维模式，是控方指控犯罪的前提和基础，也是刑事指控的方向和途径。

三、刑事代理思路的特征

在现代刑事诉讼中，对被害人的关注度不及犯罪嫌疑人、被告人，对被害人的权利义务的规定也比较少，相应地，作为被害人的代理人权利义务规定更少。律师代理人运用仅有的权利维护被害人的合法权益，必须熟知各项诉讼权利以协助被害人揭露犯罪、证实犯罪，更好地维护其合法权益。同时，世界各国惩治犯罪主要由国家承担，由国家专门机关通过法定程序打击犯罪，刑事案件的被害人及其近亲属的权利保护大多让渡于具有强制力的国家机关行使，但是，由于刑事案件被害人及其近亲属的权利维护有其特点和规律，他们属于刑事诉讼的重要参与者也具有相应特征。

1. 控告性。在有被害人及其近亲属权利遭受侵害的情况下，刑事被害人及其近亲属权利的维护和实现具有天然正当性和合理性。随着法治文明的发展，古代同态复仇的私力救济被禁止，打击犯罪、保护被害人及其近亲属成为国家的重要职能，除非正当防卫、紧急避险等特殊情形，刑事案件被害人及其近亲属不得私力救济，维护自身合法权益必须协同至国家机关追究致害人的刑事责任的程序中，被害人及其近亲属、以及其代理人参与诉讼自然就具有了指控犯罪的特征。

2. 从属性。国家的刑罚权具有专属性质，由国家专门行使，刑事案件被害人及其近亲属不能私力救济。一旦遇有犯罪发生时，为实现刑事实体法的目的，国家必须主动启动刑事追诉权，而被害人及其近亲属则只有通过向相关部门举报、报案、起诉等程序请求国家机关打击犯罪或者参与司法机关主导的刑事诉讼中，保护自身合法权益。刑事诉讼中除了自诉案件，刑事被害人及其近亲属、代理人的权利行使必须依附于国家机关打击犯罪的行为，向国家机关提供自身权益遭受侵害的犯罪事实及其证据或线索，协助国家机关破案，追究致害人的刑事责任，具有典型的从属特征。同时，刑事诉讼代理人是以被代理人的名义参加诉讼的，而不是以自己的名义进行诉讼。代理人必须根据被代理人的意志且在其授权范围内，为维护其合法权益进行诉讼，刑事代理人的权利从属于被代理人，这与刑事辩护人有所不同。

3. 开启性。刑事案件很多源于刑事被害人、知情人的报案和举报。绝大部分刑事诉讼的开端并非犯罪事实发生后的自然启动，而是侦查机关在接到遭受犯罪行为侵害的被害人或知情人的报案和举报后，对刑事案件受理和立案，进行侦查，对犯罪嫌疑人和涉案财物采取强制措施。刑事案件被害人及其代理人的报案、举报是刑事立案的开启程序，具有启动性的特征。

4. 相对独立性。虽然刑事代理具有从属性特征，但鉴于刑事诉讼的规律和特征，刑事诉讼代理不同于普通的民事代理，具有一定的独立性。刑事代理律师不仅具有独立阅卷、调查取证的权利，而且可以有别于控方的办案思路，对案件的定罪量刑可以独立发表不同于控方的代理意见。此外，刑事代理思路还具有控方办案思路的建构性、逆向性等特征。参见本书第八章第一节“控方办案思路分析”。

四、刑事代理思路的形成、执行和完善

刑事代理的思路是一个动态、变化和发展的过程，其形成、执行和完善不是一蹴而就的。刑事代理案件过程中需要对案件定性、确定管辖法院、提供或收集证据、撰写相关材料以及与有管辖权的侦查、调查、审查起诉、审判等机关紧密协作。

1. 刑事案件的定性分析和研究。刑事案件发生后，刑事代理律师要根据案件事实情况，对案件定性及涉嫌罪名进行初步判断，查找对应的法律和司法解释规定，检索相似案例和有关学理文章，以作“适法性”研究，进行法律和事实的反复对比。再根据分析研究情况对案件作进一步的定性，形成初步的代理思路，在法律规定的框架内梳理事实、组织证据，开展代理工作。

2. 刑事案件的管辖地选择和确定。刑事立案的程序条件是受理机关有管辖权，因此，根据《刑事诉讼法》规定选择有管辖权并且易于推进侦查、调查的机关所在地至关重要，在几个地方同时都有管辖权的情况下尤为重要。刑事案件的立案，除传统犯罪之外，如经济犯罪、职务犯罪以及新型犯罪的受理立案是非常慎重的。因此，正确、合理选择有管辖权地方的受理机关是刑事代理工作顺利展开的首要因素。

3. 保护现场，固定、组织证据，收集证据线索并第一时间报警。传统的刑事犯罪案件发生后，当事人往往惊慌失措，代理律师接到求助后一定要沉着冷静并嘱咐当事人第一时间报警，在警察到达之前，一定要保护好现场，必要时通过拍照、摄像等手段初步固定证据。保存原始证据资料时不能破坏现场、碰触现场。警察到场后，律师应协助警察维持秩序，扣押、提取证据等。对于经济犯罪，在报案前一定要组织好证据，核对原件、做好备份，收集证据线索时要明确、具体，易于查实。

4. 撰写报案、举报材料并附上相关证据及证据线索。除传统的易于立案

的刑事案件外，刑事代理律师向侦查、调查机关报案、举报前，需要准备一份请求明确、事实与理由充分的报案、举报材料。撰写该法律文书，一定要线索突出、思路清晰、叙事严谨，有事实根据和法律依据。要附上证明有犯罪事实存在且需要追究刑事责任的初步证据清单及证据材料，列明证明名称、证明内容、证明目的、证据来源和证明形式等；提交了解案情的证人基本信息、联系方式，可以调取的证据形式、证据名称、存放场所等。

5. 与有管辖权的侦查、调查、审查起诉、审判等机关紧密协作。遭受刑事犯罪侵害的被害人的合法权益有赖于查明犯罪事实、惩治犯罪，有赖于有管辖权的国家机关来维护，基于此，刑事代理必须与司法机关紧密合作，尤其在刑事案件受理后、立案前与侦查、调查机关的合作。刑事案件一经立案，便产生强大的惯性，不会轻易中止。刑事立案前，刑事代理人要与侦查、调查机关密切协调，协助侦查、调查机关梳理事实和证据，反复沟通，积极参加研讨、论证，将当事人无法陈述清楚的事实提炼、翻译成办案机关易于接受的法言法语，将当事人提交的证据及线索打磨成形式规范、证明目的明确的证据及线索，及时高效地呈现给办案机关。刑事代理工作最关键的内容之一就是促使侦查、调查机关立案，立案后才可以对犯罪嫌疑人人身财产采取强制措施。立案成功就意味着刑事代理工作取得了重大进展。

6. 在刑事诉讼过程中，根据新情况、新证据适时完善代理思路。和控辩思路一样，刑事代理思路也会随着案件侦查的进展、新情况的发生、新证据的出现不断调整和完善，甚至会不止一次地推倒重来。刑事代理思路具有类似控方的特征，具体参见本书第八章第一节“控方办案思路分析”。

第四节　刑事案件不同阶段的代理

一、侦查阶段的代理

侦查阶段是收集证据、查清案件事实的重要阶段，代理律师可以帮助被害人向侦查机关陈述遭受犯罪侵害的事实、提供案件侦破线索,同时关注侦查机关是否存在违法行为,诉讼的进程是否有利于维护被害人的合法权益,必要时帮助被害人控告、申诉或申请复议。

(一)侦查、调查阶段代理的要义

侦查、调查阶段的代理,是指刑事诉讼代理律师在立案前和侦查阶段接受公诉案件的被害人及其法定代理人或者近亲属、附带民事诉讼的当事人及其法定代理人、自诉案件的自诉人及其法定代理人的委托,以被代理人的名义,在被代理人授权的范围内,为维护其合法权益所进行的诉讼活动。

(二)《刑事诉讼法》《监察法》对侦查阶段的刑事代理权利和义务没有明文规定

我国《刑事诉讼法》规定,公诉案件的被害人及其法定代理人或者近亲属,自案件移送审查起诉之日起,有权委托诉讼代理人。换言之,在公诉案件中,被害人委托的律师在移送审查起诉后才享有诉讼代理人的身份,而在移送审查起诉前,无论是立案阶段还是侦查阶段,代理律师的职能都无明确的法律规定。

代理律师代理的是被害人的权利,意即被害人立案前和侦查阶段享有什么权利,代理律师在委托的权限内就可以代理行使相关权利。在此主要阐述公诉案件中侦查阶段代理律师的权利义务:(1)代为报案、控告的权利;(2)在侦查机关不立案时,代为提起复议的权利;(3)对侦查人员因程序违法侵害刑事被害人合法权益的行为提出控告的权利;(4)经刑事被害人同意提出附带民事诉讼的权利;(5)获知侦查进程适当情况的权利;(6)在不妨碍侦查机关侦查的前提下,收集用以证明犯罪行为构成侵权的证据的权利;(7)在侦查终结时,享有获知是否建议公诉机关提起公诉的权利以及查阅侦查机关所获得的证据材料的权利;(8)证据鉴定结论、伤情鉴定结论被告知权及提请异议权;(9)申请排除非法证据的权利。

(三)侦查、调查阶段的代理攻略

1. 协助被代理人启动报案、控告和举报程序。被害人在受到犯罪行为的侵害后,通常会选择主动积极地向侦查、调查机关提出报案或者控告。律师接受委托后,可以代为控告申诉,提供帮助、梳理证据,形成有针对性的刑事控告材料,并与侦查、调查机关进行沟通,使被害人能更完整地表述所知道的案件事实,以便侦查、调查机关立案。

2. 督促、监督侦查机关、调查机关依法立案侦查、调查。代理律师应及时了解案件办理情况以及是否立案,关注侦查机关是否存在违法办案行为,诉讼的进程是否有利于维护被害人的合法权益,必要时协助被害人申请办案人员回避,申请复议、复核,申请立案监督、投诉举报等。

3. 代理控告人对侦查机关不予立案的决定提起复议、复核或者向人民检察院申请立案监督。法律上没有公诉刑事案件立案后向控告人送达立案通知书的规定,司法实践中一般会通知控告人,但是,对不予立案的决定明确规定要通知控告人。《公安机关办理刑事案件程序规定》第178条第2款规定:"对有控告人的案件,决定不予立案的,公安机关应当制作不予立案通知书,并在三日以内送达控告人。"在司法实践中,经公安机关作出不予立案决定的刑事案件,自诉到法院,立案实行的还是审查制,立案依然很难,大多控告人会在法院驳回起诉后选择民事诉讼途径。

针对侦查阶段的有控告人的刑事公诉案件不予立案决定,代理人可以代为申请复议、复核。《公安机关办理刑事案件程序规定》第179条第1、2款规定:"控告人对不予立案决定不服的,可以在收到不予立案通知书后七日以内向作出决定的公安机关申请复议;公安机关应当在收到复议申请后三十日以内作出决定,并将决定书送达控告人。控告人对不予立案的复议决定不服的,可以在收到复议决定书后七日以内向上一级公安机关申请复核;上一级公安机关应当在收到复核申请后三十日以内作出决定。对上级公安机关撤销不予立案决定的,下级公安机关应当执行。"

侦查机关不予立案的,控告人也可以向人民检察院申请立案监督,根据

《公安机关办理刑事案件程序规定》第182条的规定："对人民检察院要求说明不立案理由的案件，公安机关应当在收到通知书后七日以内，对不立案的情况、依据和理由作出书面说明，回复人民检察院。公安机关作出立案决定的，应当将立案决定书复印件送达人民检察院。人民检察院通知公安机关立案的，公安机关应当在收到通知书后十五日以内立案，并将立案决定书复印件送达人民检察院。"

4. 确因事实不清、证据不足导致不予立案的，可以继续发现新的事实、收集新的证据，再次报案促成立案。《公安机关办理刑事案件程序规定》第178条第3款规定："决定不予立案后又发现新的事实或者证据，或者发现原认定事实错误，需要追究刑事责任的，应当及时立案处理。"刑事立案确因事实不清、证据不足未能成功立案的，不要轻易放弃，可以在不予立案后继续发现事实，收集证据，再次要求立案。

5. 在侦查终结时提出意见。通过代理律师提出的意见书，使侦查机关能够听到来自被害方的声音，促使侦查机关审慎判断，作出更加科学合理的侦查终结结论，最大限度地争取被害人理解，并与刑事司法机关合作，维护控告人的合法权益。

6. 可以帮助被害人适时主张刑事附带民事赔偿或者接受民事退赔。此前已有相关阐述，参见第一章第三节"刑事诉讼代理"中的"三、刑事代理攻略"，此处不赘。

二、审查起诉阶段的代理

审查起诉是大部分公诉案件的必经程序，是检察机关对侦查机关（或者自侦部门）移送的事实和证据进行审查，以决定是否启动公诉程序的重要工作，对于诉讼程序的推进有着重要意义。在此阶段，代理律师的主要任务是了解诉讼进程，向办案人陈明被害人受犯罪侵害的后果、被害人对于案件处理的意见和对惩罚罪犯的要求，并在公诉机关作出不起诉决定时，帮助被害人行使对不起诉决定的申诉权。

(一)审查起诉阶段的代理要义

审查起诉阶段的代理,是指刑事诉讼代理人在审查起诉阶段接受公诉案件的被害人及其法定代理人或者近亲属、附带民事诉讼的当事人及其法定代理人、自诉案件的自诉人及其法定代理人的委托,以被代理人的名义,在被代理人授权的范围内,为维护其合法权益所进行的诉讼活动。此处主要阐述律师作为代理人所进行的诉讼活动,相对于侦查阶段律师作为诉讼代理人的权限更明确,范围更广。

《刑事诉讼法》第 46 条明确规定了公诉案件的被害人委托诉讼代理人的起点时间为审查起诉之日。自诉案件的自诉人及其法定代理人,附带民事诉讼的当事人及其代理人,有权随时委托诉讼代理人。人民检察院自收到移送审查起诉的案件材料之日起 3 日内,应当告知被害人及其法定代理人或者其近亲属、附带民事诉讼的当事人及其法定代理人有权委托诉讼代理人。

(二)审查起诉阶段的代理权利和义务

在此主要阐述律师作为诉讼代理人所享有的权利义务。

1. 阅卷权。刑事诉讼代理人在审查起诉阶段享有的阅卷权需要审查起诉机关的许可。《人民检察院刑事诉讼规则》第 56 条第 1 款规定:“经人民检察院许可,诉讼代理人查阅、摘抄、复制本案案卷材料的,参照本规则第四十九条的规定办理。”根据该规定,我国刑事诉讼代理人在审查起诉阶段行使阅卷权需要检察机关许可的前置程序,意即只有经过检察机关的同意,刑事诉讼代理人才可以行使阅卷权。检察机关享有很大的决定权。实践中,检察机关对被害人的代理人阅卷往往持开放态度。笔者认为,随着法律的修改完善和司法环境的改善,刑事代理权越来越受到重视,为了保障被害人的权利,科学平衡被告人、被害人之间的控辩关系,在审查起诉阶段也要充分保障刑事案件诉讼代理人的阅卷权,取消诉讼代理人阅卷需要检察机关的许可的规定是大势所趋。

2. 发表意见权。《刑事诉讼法》第 173 条第 1 款规定:“人民检察院审查案件,应当讯问犯罪嫌疑人,听取辩护人或者值班律师、被害人及其诉讼代理人的意见,并记录在案。”被害人及其诉讼代理人可以向人民检察院陈述,发表关于刑事案件的意见;可以向人民检察机关说明侦查机关的《起诉意见书》在事实认定和法律适用方面的不妥之处,以达到充分保护委托人利益的目的。

3. 代为申诉权、提起自诉权。《刑事诉讼法》第 180 条规定:“对于有被害人的案件,决定不起诉的,人民检察院应当将不起诉决定书送达被害人。被害人如果不服,可以自收到决定书后七日以内向上一级人民检察院申诉,请求提起公诉。人民检察院应当将复查决定告知被害人。对人民检察院维持不起诉决定的,被害人可以向人民法院起诉。被害人也可以不经申诉,直接向人民法院起诉。人民法院受理案件后,人民检察院应当将有关案件材料移送人民法院。”

(三)审查起诉阶段刑事代理的攻略

第一,争取检察机关许可,行使刑事被害人代理人的阅卷权,及早掌握案件证据材料信息,充分了解案情。

第二,出具异于侦查机关指控罪名和案件定性的法律意见,加强对办案机关的监督,加大对犯罪嫌疑人的心理威慑,以达到严惩犯罪或者民事赔偿的代理目的。刑事代理人可以根据阅卷的情况,结合调查、了解的案件情况,对案件定性和涉案罪名出具法律意见,独立发表不同于侦查机关的指控意见。如侦查机关定性为故意伤害罪,代理人可以据理力争,独立发表构成故意杀人罪的法律意见,以监督办案机关依法办案,促进法律正确实施,保障当事人合法权益。

第三,可以就遗漏罪名、遗漏犯罪嫌疑人向审查起诉机关发表代理意见并提交证据,促使审查起诉机关退回补充侦查或出具司法建议,全面客观地侦查案件事实,公正惩治犯罪。

第四,根据《刑事诉讼法》第 180 条的规定,对审查起诉机关作出的不起诉决定不服的,可以向上一级人民检察院申诉或者直接向人民法院起诉。

第五，可以提交刑事附带民事起诉状，主张或接受民事退赔。除对犯罪嫌疑人主张民事赔偿外，根据最高人民法院《刑事诉讼法解释》第180条之规定，可以向依法负有赔偿责任的人主张赔偿责任，包括：(1)未被追究刑事责任的其他共同侵害人；(2)刑事被告人的监护人；(3)死刑罪犯的遗产继承人；(4)共同犯罪案件中，案件审结前死亡的被告人的遗产继承人；(5)对被害人的物质损失依法应当承担赔偿责任的其他单位和个人。另外，附带民事诉讼的被告人的亲友自愿代为赔偿的，应当准许。此前已有阐述的适合本阶段代理攻略部分，参见第一章第三节“刑事诉讼代理”中的“三、刑事代理攻略”。

三、审判阶段的代理

根据现行法律规定，在法院审理阶段，被害人代理律师与辩护律师一样，可以行使申请回避权、申请排除非法证据权和参加法庭调查、法庭辩论权以及阅读、补正法庭笔录权等权利。当公诉机关与被害人提出的主张不完全一致时，由于维护利益的侧重点不同，被害人及其代理律师可以提出独立的诉讼主张。

（一）审判阶段的代理要义

审判阶段的代理，是指刑事诉讼代理人在审判阶段接受公诉案件的被害人及其法定代理人或者近亲属、附带民事诉讼的当事人及其法定代理人、自诉案件的自诉人及其法定代理人的委托，以被代理人的名义，在被代理人授权的范围内，为维护其合法权益所进行的诉讼活动，包括一审阶段、二审阶段、再审阶段以及刑事附带民事的诉讼，当然后三个并不是刑事案件的必经阶段。

（二）一审审判阶段的代理权利

律师在公诉案件审判阶段可以作为被害人及其法定代理人、已死亡被害人的近亲属或者附带民事赔偿原告人的代理人参与诉讼，享有以下权利：

1. 阅卷权。在审判阶段，律师担任刑事案件诉讼代理人，享有充分的阅卷权，与目前审查起诉阶段诉讼代理人阅卷需要检察机关许可有很大不同，其享有的阅卷权利与辩护人相同，并不需要审判机关的许可。对此，最高人民法院《刑事诉讼法解释》第 65 条第 1 款作出了明确规定："律师担任诉讼代理人的，可以查阅、摘抄、复制案卷材料。其他诉讼代理人经人民法院许可，也可以查阅、摘抄、复制案卷材料。"

2. 调查取证权和申请调查取证权。最高人民法院《刑事诉讼法解释》第 65 条第 2 款规定："律师担任诉讼代理人，需要收集、调取与本案有关的证据材料的，参照适用本解释第五十九条至第六十一条的规定。"

3. 参加庭审权利。《刑事诉讼法》第 191 条规定："公诉人在法庭上宣读起诉书后，被告人、被害人可以就起诉书指控的犯罪进行陈述，公诉人可以讯问被告人。被害人、附带民事诉讼的原告人和辩护人、诉讼代理人，经审判长许可，可以向被告人发问。审判人员可以讯问被告人。"第 194 条第 1 款规定："证人作证，审判人员应当告知他要如实地提供证言和有意作伪证或者隐匿罪证要负的法律责任。公诉人、当事人和辩护人、诉讼代理人经审判长许可，可以对证人、鉴定人发问。"

4. 质证权。《刑事诉讼法》第 195 条规定："公诉人、辩护人应当向法庭出示物证，让当事人辨认，对未到庭的证人的证言笔录、鉴定人的鉴定意见、勘验笔录和其他作为证据的文书，应当当庭宣读。审判人员应当听取公诉人、当事人和辩护人、诉讼代理人的意见。"

5. 申请通知新的证人到庭，调取新的物证，重新鉴定、勘验的权利。《刑事诉讼法》第 197 条第 1、2、3 款规定："法庭审理过程中，当事人和辩护人、诉讼代理人有权申请通知新的证人到庭，调取新的物证，申请重新鉴定或者勘验。公诉人、当事人和辩护人、诉讼代理人可以申请法庭通知有专门知识的人出庭，就鉴定人作出的鉴定意见提出意见。法庭对于上述申请，应当作出是否同意的决定。"

6. 辩论权。《刑事诉讼法》第198条第1、2款规定:“法庭审理过程中,对与定罪、量刑有关的事实、证据都应当进行调查、辩论。经审判长许可,公诉人、当事人和辩护人、诉讼代理人可以对证据和案件情况发表意见并且可以互相辩论。”

(三)二审阶段代理的权利

1. 民事赔偿上诉权。《刑事诉讼法》第231条第1款规定:“被告人、自诉人、附带民事诉讼的原告人和被告人通过原审人民法院提出上诉的,原审人民法院应当在三日以内将上诉状连同案卷、证据移送上一级人民法院,同时将上诉状副本送交同级人民检察院和对方当事人。”

2. 请求抗诉权。《刑事诉讼法》第229条规定:“被害人及其法定代理人不服地方各级人民法院第一审的判决的,自收到判决书后五日以内,有权请求人民检察院提出抗诉。人民检察院自收到被害人及其法定代理人的请求后五日以内,应当作出是否抗诉的决定并且答复请求人。”在公诉案件中被害人只享有附带民事部分的上诉权,对于刑事部分被害人没有上诉权,而只有抗诉请求权。其他刑事案件二审的代理,与一审代理权限大致相同。

(四)再审阶段代理的权利

《刑事诉讼法》第252条规定:“当事人及其法定代理人、近亲属,对已经发生法律效力的判决、裁定,可以向人民法院或者人民检察院提出申诉,但是不能停止判决、裁定的执行。”再审程序中,被害人有申诉的权利,如果申诉符合法定重新开庭审判的情形则法院应重新审判,审判中按照第一审程序审理的,被害人对法院所作的判决、裁定仍有请求人民检察院控诉的权利。

(五)刑事附带民事代理权利

刑事附带民事诉讼制度的确立,是基于刑事被告人的同一行为刑事责任和民事责任并存的这一事实。刑事诉讼的实体问题是解决被告人的刑事责任问题,附带民事诉讼所要解决的实体问题是被告人犯罪行为的民事责任问题，把两者结合在同一诉讼程序中一并解决，程序适用《刑事诉讼法》，即在刑事诉讼中解决民事责任问题。

在附带民事诉讼中，当事人对实体结果的处理享有一定的处分权，当事人可以选择增加、减少赔偿数额以及调解等。这种情况下，关键在于附带民事诉讼的当事人是否将这些权利授权给代理律师，也正因如此，附带民事诉讼当事人的授权范围直接决定了代理律师的代理活动。因而，代理律师也就只能在被代理人的授权范围内活动，不具有独立的诉讼地位。

1. 刑事附带民事代理的要义。刑事附带民事诉讼当事人的代理是刑事代理中较为特殊的一类，这是由附带民事诉讼的特殊性决定的。附带民事诉讼不是单纯的一类诉讼，它往往存在于刑事公诉案件或自诉案件中，是公诉案件和自诉案件的重要组成部分。最高人民法院《刑事诉讼法解释》第 184 条第 1 款规定："附带民事诉讼应当在刑事案件立案后及时提起。"《公安机关办理刑事案件程序规定》第 292 条规定："被害人提出附带民事诉讼的，应当记录在案；移送审查起诉时，应当在起诉意见书末页注明。"代理律师在案件侦查阶段、审查起诉阶段和审判阶段的任一个阶段都可以代理委托人向办案机关提出附带民事赔偿的请求。

2. 刑事附带民事代理的权利。附带民事诉讼当事人的代理类似于民事诉讼的代理，代理人在诉讼过程中享有的权利与民事诉讼并无太大差异，解决的问题也是与民事方面相关的赔偿问题。但附带民事诉讼中的代理并不等同于真正的民事诉讼代理。附带民事诉讼是基于刑事自诉案件或公诉案件产生的，具有一定的依附性，可能会出现由同一个人既担任被告人的辩护人，又担任附带民事诉讼的代理人。

刑事附带民事诉讼代理人的诉讼权利包括：(1)原告方代理人有权在刑事诉讼过程中，以口头或书面的方式提起诉讼。(2)对于审判人员、检察人员、侦查人员以及鉴定人员、翻译人员、书记员有《刑事诉讼法》规定的情形的，有权申请他们回避；对驳回回避申请的决定，有权申请复议一次。(3)原告方代理人有权申请诉讼保全或先行给付。(4)要求民事诉讼同刑事案件一并审判，及时处理。(5)参加法庭调查。(6)参加法庭辩论。(7)可以要求人民法院进行调解,也可以自行和解。(8)可以撤诉,也可以提起反诉。(9)对地方各级人民法院做出的一审判决不服的,可以对附带民事诉讼部分向上级人民法院提起上诉。(10)对已发生法律效力的判决、裁定,向人民法院或人民检察院提起申诉等。

(六)审判阶段的攻略

被害人在刑事诉讼中同检察机关一同构成控方,当二者诉讼主张一致时,被害人及其代理人可以处于辅助地位,帮助国家实现公诉权,从而实现自己的利益。但是,当公诉机关与被害人提出的主张不完全一致时,被害人及其代理律师可以提出独立的诉讼主张。

律师在公诉案件审判阶段可以作为被害人及被害人的法定代理人、已死亡被害人的近亲属或者附带民事赔偿原告人的代理人参与诉讼。代理律师可以查阅、摘抄、复制案件诉讼文书、技术性鉴定材料,可以申请合议庭组成人员回避,可以调取或申请调取新证据,可以对所有当庭出示的证据发表质证意见,可以对被告人定罪量刑发表意见,经法庭许可可以与公诉人或者辩护人进行辩论,可以代为提起附带民事赔偿请求,代为申请抗诉等。

刑事案件二审的代理律师与一审代理律师权限大致相同。作为刑事案件的诉讼代理人,依据法律赋予的权利,充分维护律师自身的执业权利和委托人的合法权益。

1. 参加庭审等一审诉讼活动,与公诉机关共同行使刑事指控职能。刑事代理人可以代理刑事案件被害人及其法定代理人或者近亲属、附带民事诉讼的当事人及其法定代理人参加庭前会议和庭审,即使刑事附带民事部分在侦查、审查起诉阶段达成调解或不属于刑事附带民事诉讼,不能依法提起刑事附带民事诉讼的,只要是犯罪行为致其财物损失的被害人及其法定代理人、近亲属都可以依法参加诉讼,从自身角度行使指控犯罪的职能。刑事代理人参与诉讼的本身就是对被告人的威慑,对司法机关的监督制约,就有机会寻找对被代理人利益最大化的机会,实现被代理人的诉讼目的。

2. 独立发表不同于审查起诉机关指控罪名和案件定性的法律意见。参见本节“审查起诉阶段刑事代理的攻略”，在此不再赘述。

3. 提交刑事附带民事起诉状，作为附带民事原告人的代理人为其主张或接受民事赔偿。刑事附带民事诉讼在刑事立案后就可以提起，包括侦查、审查起诉和审判阶段。参见第一章第三节“刑事诉讼代理”中的“刑事代理攻略”和本节的“审查起诉阶段刑事代理的攻略”，此处不再赘述。

4. 可就遗漏罪名、遗漏被告人发表庭审代理意见并提交证据，促使审查起诉机关退回补充材料或出具司法建议，全面客观侦查案件事实，客观公正惩治犯罪。

5. 代理提起刑事自诉。参见本章第一节“刑事自诉案件的立案标准”。

6. 就刑事定罪量刑部分提请抗诉或者就刑事附带民事部分提起上诉，引起二审程序，争取有利于被代理人的条件，实现刑事诉讼代理的目的。

我国刑事诉讼律师代理制度从无到有，逐渐向扩大人权和保障人权的方向发展。2004 年《宪法修正案》写入了“国家尊重和保障人权”的原则，意味着我国人权制度设计逐步完善——在继续强调生存权、发展权的同时，承认个人基本权利的固有性、普遍性和不可侵犯性，承认政府有义务通过国内宪法、司法手段和接受国际社会的合作与帮助提供切实有效的人权保障。2018 年修正的《刑事诉讼法》将保障人权理念纳入其中，不仅象征了一种符合国际惯例的先进立法理念，也为牵制各种侵犯人权的司法乱象提供了切实规制依据。

检察机关代表国家行使权力，维护受害人的利益，本应无须代理律师介入，但在实践中，检察机关的公诉活动多以追究犯罪人的刑事责任为主，往往会忽视受害人的个人权利。在我国法治建设大力推进的过程中，应该加强对被害人个体权益的保护，支持律师的代理工作。

赋予公诉案件代理律师独立的诉讼地位、自诉案件代理律师相对独立的地位是刑事诉讼法律制度在保护人权方面的又一巨大进步。被害人律师代理制度的出现使被害人拥有了一把维权“利剑”。此制度的确立弥补了被害人法律专业知识的不足，解决了被害人不能或不便直接参加诉讼活动的难题,同时,代理律师从被害人的立场出发,切实维护其权利,使公共权利和私人权利之间达到一种平衡,对于实现社会公平正义,促进社会和谐具有十分积极的意义。

主要参考文献

一、著作类

1. [美]史蒂文·鲁贝特:《现代诉辩策略与技巧》,王进喜等译,中国人民公安大学出版社 2005 年版。

2. 陈永学、余斌:《刑事辩护技巧》,中国民主法制出版社 2012 年版。

3. 康君元:《法佑中华:康君元律师办案集萃》,法律出版社 2013 年版。

4. 刘绍奎:《刑事辩护的专业化与精细化》,中国政法大学出版社 2018 年版。

5. 樊崇义、田文昌等:《刑辩之道》,中国政法大学出版社 2019 年版。

6. 吴立伟:《刑事辩护实务操作技巧》,法律出版社 2020 年版。

二、论文类

1. 文正邦、王剑南:《正确处理公诉人与辩护人之间的关系》,载《政治与法律》1987 年第 3 期。

2. 张月满、陈玉琳:《浅谈律师如何做好刑事诉讼代理工作》,载《政法论丛》1997 年第 4 期。

3. 赵秀奇:《谈正确处理公诉人与辩护律师的关系》,载《河北法学》1999 年第 1 期。

4. 罗国良:《从徐振祥杀人案论公诉案件被害人的代理》,载《诉讼法论丛》2000 年第 1 期。

5. 陈卫东、石献智:《刑事诉讼律师代理之探讨》,载《福建政法干部管理学院学报》2001 年第 1 期。

6. 聂京波、吴建华:《论侦查阶段律师会见权的保障》,载《西昌学院学报(社会科学版)》2007 年第 4 期。

7. 郑允展、钟育周:《刑事附带民事调解的若干法律难题与对策》,载《法制论坛》2010 年第 2 期。

8. 申君贵、刘慧:《辩护律师阅卷权的法律冲突、立法缺陷及解决》,载《广西民族大学学报(哲学社会科学版)》2010 年第 6 期。

9. 陈学权:《侦查期间合理限制律师会见权研究》,载《现代法学》2011 年第 5 期。

10. 谢恩芝:《〈刑事诉讼法〉修改背景下辩护律师阅卷权的发展和理性回归》,载《法制与社会》2013 年第 17 期。

11. 陈光中、马康:《认罪认罚从宽制度若干重要问题探讨》,载《法学》2016 年第 8 期。

12. 曹骥:《公诉案件被害人律师代理制度的反思与完善》,载《中国政法大学学报》2017 年第 4 期。

13. 张兆松、罗薇:《律师会见权 40 年:变迁、问题和展望》,载《山东警察学院学报》2020 年第 1 期。

14. 张倩:《论我国刑事再审程序的完善》,河北经贸大学 2014 年硕士学位论文。

15. 何永福：《刑事诉讼涉案财物处置程序研究》，西南政法大学 2017 年博士学位论文。

16. 王晟：《刑事庭审交叉询问制度研究》，浙江大学 2018 年硕士学位论文。

后　记

我出生在河北省最南端革命老区——涉县的一个军人家庭。父亲曾追随刘邓大军南征北战，血战太行，挺进大别山，跨过鸭绿江……屡立战功，被组织鉴定为“忠勇可嘉”。我母亲勤劳善良，心直口快，传承了我外祖父说书先生立马万言、能言善辩的优良基因。他们阳光乐观、善良聪明的天然禀赋和刚正不阿、永不言弃的高贵品格浑然天成融入了我的精神血脉。

这种品性在我幼年时就已萌芽，更成为我后来选择律师职业并忠贞不渝为之坚守的人生财富和力量源泉，这是父辈和命运给我的最好馈赠。尤其在当时贫困的成长环境中能汲取如此丰富的精神滋养，使我逐渐养成了坚韧不拔的性格，成就了我后来选择并坚持的刑事辩护代理的奋斗历程。从少时扶弱济困朴素正义观的形成，到执业律师辩冤白谤的淬炼，一路走来，我不忘初心，负重前行。

承载着父母的殷切期望和回报社会的历史使命，踏着中国社会进步、法治进程的鼓点，我经历了从教师到律师，从民主党派人士到政协委员、人大代表的身份转换，从一名名不见经传的小律师成长为经验丰富、技能娴熟的资深律师。在昂扬激越的伟大时代旋律中激流勇进，我有幸一次次地完成了人生蜕变,也亲历和见证了中国法治的沧桑巨变。

在二十余载的刑事辩护代理职业生涯中,我有为位高权重的官员提供辩护,也有为人微言轻的百姓提供法律援助,我深知一起刑事案件对于一个人、一个家庭、一个群体的影响,“一人羁于囚,十人奔于途”。我更深知在强大的国家机器前,刑事案件的当事人是何等渺小和无助,他们是如何渴望得到法律公正的保护和有效辩护。刑事案件对当事人及其亲近的人的命运冲击,犹如战争对国家运势和社会发展的影响,巨大且惨烈。

长期深耕刑事辩护代理领域的我,创造了 123 起成功无罪辩护的佳绩,为众多当事人洗刷了冤屈,争得了清白、自由和尊严。近年来,出版了三部刑事实务方面的专著,并担任中国人民大学、河北大学等国内数所大学的硕士生实务导师。但即使如此,我常常深感势单力薄,仅凭一己之力对众多需要有效辩护代理的刑事案件当事人而言,就是杯水车薪,沧海一粟。我一直在思考如何能将刑事辩护代理实务中的策略技巧和规律系统地呈现,以使更多热爱刑事法律专业或者有志于从事刑事辩护代理的学生、律师快速跨入刑事辩护代理的“大门”,便捷登堂入室,摘得律师业务“皇冠上的明珠”,为促进我国的刑事辩护代理、人权保障和社会进步贡献微薄之力。

今《辩控攻略:刑事律师胜诉之道》终于付梓,既如释重负,又惴惴不安。如释重负是因为本书不仅是我个人上百起无罪辩护案件经验的沉淀结晶,而且承载了很多人的希望,凝结了很多人的智慧和心血。本书出版感觉了却了一桩多年的心愿,心下一时释然不少。感谢陈卫东老师在百忙之中为本书的创作进行指导,提出了很多建设性意见并欣然作序;感谢本书另一位作者姜瑞云老师为本书的体例、内容设置做了很多具体工作;感谢在本书创作和出版过程中无私奉献的律师同仁;最后还要感谢法律出版社对本书出版的大力支持。同时,本书从 2014 年尚法团队提出创作计划到今年出版,历经 10 年时间,参与本书创作者前仆后继,薪火相传,并历经了疫情影响,使得出版一波三折。但无论如何,终于迎来了面世这一天,着实令人感动,也足以令人欣慰。仅以本书给逝者一个告慰,给生者一个交代,给热爱刑事辩护和代理的律师奉上一本系统阐释刑事辩护代理策略技巧的实务用书,以期启迪;为法律界提供一本系统的理论联系实务又兼备辩护代理权发展沿革的刑事实务书籍,以填空白。

惴惴不安是因为创作、出版本书颇有蚍蜉撼树的无力感。刑事辩护和代理专业博大精深,不唯是律师业务“皇冠上璀璨的明珠”,其直接关涉刑事案件当事人的生命和财产权利,体现人权保障和惩治犯罪的国家正义,更是衡量一国法治进步和社会文明的标尺。本人才疏学浅,不揣浅陋,纵有匡扶正义的家国情怀和报效祖国的凌云壮志,纵有刑事辩护和代理的骄人业绩和些许体悟,但创作本书还是感觉力不从心,远达不到对刑事辩护与代理专业系统阐述的程度和高屋建瓴的高度。书中很多刑事辩护代理策略仅是本人一家之言,有的不仅未能充分展开,甚至还挂一漏万,还望法律同仁不吝赐教。

出版本书只是本着刑事律师的一份初心,对己聊慰心愿,不负韶光;对人抛砖引玉,以启后人。只愿本书在浩瀚的人类文明法治史上,在漫长的法治建设征程中,能够发出一点点光,能够给予那些关注、热爱或者选择刑事辩护代理的人一些指引,足矣!

谨以此书,献给那些守望法律公平正义、怀揣刑事辩护代理梦想的人。

康君元

二〇二三年九月三十日于石家庄

致　谢

感谢陈卫东老师在百忙之中为本书创作进行指导,提出了很多建设性意见并欣然作序。

感谢本书另一作者姜瑞云老师为本书的体例、内容设置做了很多具体工作。

张晶律师、高孟龙法官根据我的现场讲授内容整理成文,玉汝于成。

刘魏律师精心编写总结,收集、筛选参考文献,对接、跟进出版,为本书的成功出版立下了汗马功劳。

本所胡蒙、康阿宁、李国栋、韩孟伟、白晓锋、邢飞虹、温存颢、王玉宁等律师数校其稿,无私奉献。

法律出版社法商分社的编辑们为本书出版提出了很多有益的创作、完善意见,为本书的最终面世做出了重要贡献。

河北乾骥律师事务所全体同事对本书创作、出版给予了大力支持。

本人在此一并表示感谢!

康君元

2023 年 10 月 7 日